◈ 로마제국의 유럽지역 지도입니다. 굵은 고딕으로 표기한 곳은 필자가 여행한 지역들입니다.
  로마시대 명칭은 괄호 안에 넣었습니다. 참고로 유럽의 주요 도시들도 가는 고딕으로 표기했습니다.
  굵은 명조로 쓴 것은 지금의 나라 이름이며 붉은 명조로 쓴 것은 로마시대의 지역 이름입니다.

로마제국은 아직도 멸망하지 않았다

로마제국을 가다 ①

최정동 로마제국을 가다 ❶

독일・프랑스・영국・에스파냐・포르투갈・그리스 편

한길사

로마제국을 가다 ❶

지은이 · 최정동
펴낸이 · 김언호
펴낸곳 · (주)도서출판 한길사

등록 · 1976년 12월 24일 제74호
주소 · 413-756 경기도 파주시 광인사길 37
www.hangilsa.co.kr
E-mail : hangilsa@hangilsa.co.kr
전화 · 031-955-2000~3
팩스 · 031-955-2005

상무이사 · 박관순 | 총괄이사 · 곽명호
영업이사 · 이경호 | 관리이사 · 김서영 | 경영기획이사 · 김관영
기획 편집 · 박희진 안민재 김지연
전산 · 김현정 | 마케팅 · 윤민영
관리 · 이중환 문주상 김선희 원선아
출력 · 지에스테크 | 인쇄 · 현문인쇄 | 제본 · 자현제책사

제1판 제1쇄 2007년 2월 5일
제1판 제4쇄 2014년 1월 7일

값 20,000원
ISBN 978-89-356-5843-5 03920
ISBN 978-89-356-6127-5 (세트)

• 잘못 만들어진 책은 구입하신 서점에서 바꿔드립니다.

• 이 도서의 국립중앙도서관 출판시도서목록(CIP)은
e-CIP 홈페이지(http://www.nl.go.kr/cip.php)에서 이용하실 수 있습니다.
(CIP제어번호: CIP2007000244)

영원한 제국 로마로 초대합니다

• 이 책을 읽는 분들에게

1996년 초가을, 이탈리아 로마 도심의 포로 로마노에는 투명한 햇살이 쏟아지고 있었습니다. 약간 덥다는 느낌이 드는 날씨였지만 알프스 북쪽에서 온 금발들은 횡재라도 한 듯 털이 숭숭한 알몸을 드러내고 여기저기 드러누워 해바라기를 하더군요.

그곳에서 시오노 나나미 여사를 만났습니다. 그녀는 고민이 많아 보였습니다. 담배 연기를 깊이 들이마시고 한숨처럼 길게 내쉬었습니다. 전년도에 『로마인 이야기』 5권을 끝낸 그녀는 6권을 마무리하는 중이었습니다. 미간을 찌푸리며 이렇게 묻더군요.

"카이사르에 열광했던 독자들이 밋밋한 아우구스투스를 과연 흥미 있게 읽어줄까요?"

시오노 여사는 카이사르를 자신의 '연인'이라고 한 바 있습니다. 그런데 자신이 써나가는 로마 역사에서 그 남자는 막 퇴장해버렸습니다. 혹시 그녀는 독자들이 아우구스투스를 재미없어 할까봐 걱정한 것이 아니라, 연인의 죽음으로 잠시 허탈감에 빠져 있었던 것은 아닐까요?

제국의 영광이 폐허로 남아 있는 포로 로마노 한가운데서 로마 역사 쓰기에 몰두하고 있는 환갑의 동양여성을 바라보며 묘한 느낌을 받았습니다. 그날의 만

1996년 초가을, 로마 포로 로마노에서 만난 시오노 나나미 여사.

남은 이후 10년 동안 제가 로마라는 학교의 학생이 되는 계기가 되었습니다.

역사의 현장은 지식 없이 보면 허허벌판이나 돌무더기일 뿐입니다. '아는 만큼 보인다'는 말이 정직하게 반영되는 곳이지요. 우선 책을 읽기 시작했습니다. 여행은 현장을 보고 싶은 열망이 넘칠 때 떠나는 것이 좋다고 생각했습니다. 한 권을 다 읽고 마지막 페이지를 덮으니 다음에 읽을 책이 자연스럽게 떠오르더군요. 독일인이 로마 가도를 육로로 주파한 기록, 프랑스 학자가 제국 전성기 로마인들의 일상을 복원한 글……. 그런 책들의 안내를 받아 로마라는 코끼리를 더듬기 시작했습니다. 커다란 로마제국 지도를 펼쳐놓고 가보고 싶은 곳들을 표시했습니다. 가장 완전한 형태로 남아 있다는 에스파냐의 로마 다리, 영국을 가로지르는 하드리아누스 성벽, 유럽 역사를 바꾼 독일 숲속의

영원한 제국 로마로 초대합니다

전투현장······.

준비가 끝났을 때 여행을 시작했습니다. 여행이야 그전에도 많이 다녔지요. 워낙 길 떠나기를 좋아합니다. 일본 나라(奈良)에서 자전거를 타고 고분들을 돌아본 일이라든지, 시베리아 횡단열차로 사흘간 달린 끝에 도착한 바이칼 호수에서 장엄한 일몰을 본 순간은 지금까지도 아름답고 강렬한 인상으로 남아 있습니다. 괴테의 도시 바이마르에 머물던 어느 날 일름 공원의 벤치에 앉아 있을 때 들려온 바흐의 무반주 첼로 소나타 한 소절은 우주의 숨소리 같았습니다. 하지만 포로 로마노의 만남 이후 모든 여행은 로마제국에 집중되었습니다. 2002년 가을, 첫 여행으로 그리스를 다녀왔습니다. 이 책에는 마지막 장에 '고향 그리스'라는 제목으로 등장합니다. 본토는 버스를 타고, 에게 해의 섬들은 페리와 비행기를 이용했지요. 2004년 봄에는 에스파냐와 포르투갈을 자동차를 몰고 한 바퀴 돌았습니다. 대중교통이 다니지 않는 오지의 유적들을 살펴보기 위해서였습니다. 이때의 기록들은 4장 '보급기지 히스파니아'로 묶었습니다. 2005년 가을엔 독일과 프랑스 · 영국을 여행했습니다. 잘 발달된 기차 노선을 이용해 광대한 지역을 비교적 짧은 시간에 주파했습니다. 이 기간에 다닌 곳들은 1장부터 3장까지 각각 '전선 게르마니아' '카이사르의 땅 갈리아' '변경 브리타니아'로 제목을 붙였습니다. 세 차례의 여행으로 다녀온 곳은 로마제국의 갈리아 · 히스파니아 · 브리타니아 그리고 그리스 속주에 해당합니다. 아직 가볼 곳은 많지만 벌써 책 한 권 분량의 여행기가 마련되었습니다.

그런데 사람들은 왜 1,500년 전에 해체된 제국을 끊임없이 이야기하며, 저 또한 그 대열에 끼어들었을까요? 로마에 관심을 가지기 전에도 현대 세계는 동 · 서양 할 것 없이 로마의 유산을 광범위하게 물려받고 있다고 생각했습니다. 그런데 오랫동안 로마에 대해 읽고 보고 글을 쓰다보니 지금은 고대 제국이 멸망하지 않고 여전히 번성한 국가로 존재하는 게 아닌가 하는 느낌이 듭니다. 동유럽 도나우 강 북쪽, 트라야누스 황제가 정복한 뒤 세운 다키아 속주가 로마를 계승해 루마니아(Romania)라는 나라로 존재한다는 이야기를 하고자 하는 것이 아닙니다.

로마군단 기를 장식했던 독수리는 제국의 계승자를 자처하는 여러 나라의 국가 상징으로 남아 있습니다. 미국이 그렇고 독일·러시아·폴란드도 마찬가지입니다. 로마는 법의 나라였습니다. 로마법 체계는 제국 해체 후에도 고스란히 유럽 대륙에 남았지요. 독일과 프랑스가 발달시킨 로마법은 개화기 일본을 거쳐 식민지 조선에까지 들어왔습니다. 대한민국 법률체계가 로마법을 근간으로 하고 있는 것입니다. 그러니, 로마의 국가 상징과 법률은 시퍼렇게 살아 있는 셈입니다. 과연 로마가 멸망했다고 말할 수 있을까요?

건축도 마찬가지입니다. 하드리아누스의 판테온은 세계 곳곳에 재건축되었습니다. 이탈리아 로마에 고대 모습 그대로 남아 있는 판테온 신전의 가장 장대한 모방은 미국 국회의사당이라고 할 수 있습니다. 그 부근 포토맥 강변의 제퍼슨 기념관은 로마의 판테온을 실측해 그대로 재현했다는 느낌이 들 정도로 외형이 비슷합니다. 파리의 팡테옹은 건축 양식은 물론 이름까지 그대로 물려받고 있지요. 결국 로마는 소프트웨어뿐 아니라 하드웨어도 그대로 살아 있습니다. 관심을 가질 만하지 않습니까?

물론 로마는 위대하기만 한 것은 아니었습니다. 잔혹한 정복국가였지요. 굴복하지 않는 민족은 사상 최강의 살인기계인 로마군단을 보내 무자비하게 정복하고 무기를 빼앗았습니다. 그 뒤의 수순은 총독과 군대를 파견하고 세금과 물자를 거두어 지배층은 상상을 초월하는 향락을 누리는 것이었지요. 빼어난 문장가 카이사르도 게르만족 수만 명을 살해하고도 "그 날은 여자와 아이들도 용서받지 못했다"고 태연히 기록했습니다. 지나치게 '간결하고 명료한' 표현이라 읽는 순간 멍한 느낌조차 들더군요. 하지만 로마의 이런 모습조차도 끊임없는

하드리아누스 황제 치세에 건축된 판테온. 거대한 하나의 원형세계로 지어진 만신전(萬神殿)이었다. 돔 가운데 뚫린 지름 9미터의 구멍으로 햇빛이 쏟아지고 있다.

연구의 대상입니다. 현대에도 전쟁은 계속되니까요.

왜 이런 책을 내는지 자문해봅니다. 먼저 기록을 남기는 것은 인간의 본성에 속한다는 생각이 듭니다. 고대 제국의 장대한 유적과 역사의 흐름을 바꾼 전투의 현장에 서면 감상이 있게 마련입니다. 그런 곳에서 느낌을 메모하고, 사진을 찍고, 현장에서 만난 사람들과 대화도 나누었습니다. 그런 기록들을 정리해두고 싶었습니다.

문제는 이 책이 혼자만의 기록이 아니라 독자들께 전달된다는 점입니다. 전문적 식견이 없는 사람이 책을 낸다는 것은 두려운 일입니다. 하지만 현장에 가보고 싶어도 갈 수 없는 분들께는 간접경험이 될 수도 있겠다는 생각이 듭니다. 게르마니아의 숲에서 출발해 아테네 아크로폴리스까지 이어지는 이 글이 '로마제국을 직접 답사한 듯하다'는 느낌을 여러분들께 준다면 더 바랄 것이 없겠습니다.

마지막 그리스 부분은 로마보다는 그리스를 본다는 자세로 여행했습니다. 로마 귀족들이나 황제들의 그리스 여행을 답습해보기 위해서입니다. 로마시대에도 상류층은 해외여행을 떠나곤 했는데 경로는 으레 그리스 본토와 에게 해의 섬들, 그리고 소아시아의 명소들을 들른 다음 세계의 끝인 나일 강까지 가는 것이었습니다. 정신적 고향을 찾아가는 길이었겠지요. 미개한 서북지역으로 '놀러가는' 경우는 거의 없었습니다. 황제들도 라인 강이나 도나우 전선을 시찰할 때는 군복을 입고 핏발 선 눈으로 강 건너 숲을 노려봤겠지만 그리스에서는 한껏 풀어져 여유를 부렸습니다. 네로는 가는 곳마다 그리스 악기를 연주하며 노래 불렀고, 하드리아누스와 마르쿠스 아우렐리우스는 아테네 시민들과 섞여 종교의식에 참석했습니다.

그런 이유로, 저 또한 그리스를 로마의 한 속주가 아니라 로마 문명의 고향으로 보려 했습니다. 수도교라든지, 방어선 또는 전투현장들은 다른 지역에서 많이 이야기했으니까요. 서양문학의 뿌리인 그리스 신화가 탄생한 곳에 관심을 가졌고, 신(神)들도 로마식 명칭인 비너스, 넵튠이 아니라 그리스 식인 아프로디테, 포세이돈으로 불렀습니다. 물론 곳곳에서 만난 로마 사람들의 자취는 빠뜨리지 않고 언급했습니다.

이 책에서는 고대 이야기만 하지는 않았습니다. 남프랑스 아를에서는 빈센트 반 고흐의 발자취를 쫓기도 하고, 에스파냐 바르셀로나에서는 가우디의 멋진 건축들을 꼼꼼히 둘러봤습니다. 그런 곳들은 로마를 찾아가는 길에 마주친 보너스였습니다.

영원한 제국 로마로 초대합니다

여행은 아테네의 조그만 호텔 테라스에서 끝납니다. 지중해의 푸른 밤하늘 아래 하얗게 빛나는 파르테논 신전이 보이는 곳이었지요. 하지만 여행은 아직 끝나지 않았습니다. 로마제국은 광대했습니다. 아직 가보지 못한 곳이 수없이 많습니다. 도나우 방위선이 탄생시킨 비엔나와 부다페스트, 소아시아의 장려한 에페수스 유적, 시리아 사막의 팔미라 폐허, 명장 한니발의 운이 다한 북아프리카 자마……. 얼마나 즐겁고 가슴 뛰는 일입니까?

여러분께서 이 책을 읽고 있을 무렵 저는 나일 강을 거슬러 오르고 있을지도 모릅니다. 이집트 여인 클레오파트라와 카이사르·안토니우스·옥타비아누스 등 로마 사내들의 숨결이 밴 그 태고의 강 말입니다.

2007년 1월
최정동

로마제국을 가다 ❶

영원한 제국 로마로 초대합니다 | 이 책을 읽는 분들에게 · 5

1 전선 게르마니아

역사의 물줄기를 바꾼 바루스 전투 · 16
제국의 최전선 게르마니아 방벽 · 44
카이사르, 라인 강을 건너다 · 66
안개에 잠긴 트리어 · 84

2 카이사르의 땅 갈리아

갈리아의 운명을 결정한 알레시아 공방전 · 108
따뜻한 남쪽나라에서 발을 쉬다 · 142
아그리파의 유산 · 164
대륙의 출입구 칼레의 비극 · 184

3 변경 브리타니아

브리타니아 상륙작전 · 202
비 내리는 런던 · 226
하드리아누스 성벽 · 236
로마의 온천장 배스 · 262

4 보급기지 히스파니아

불화의 사과 · 286

세고비아의 수도교 · 296

반도의 중심 톨레도 · 306

알칸타라의 로마 다리 · 318

제국의 땅끝 로카 · 326

전략거점도시 메리다 · 340

현제들의 고향 이탈리카 · 358

이슬람의 땅 · 374

악마의 수도교 · 390

카잘스와 가우디의 도시 바르셀로나 · 404

5 고향 그리스

에게 해의 전설 · 418

에게 해의 방파제 크레타 · 430

장미꽃 피는 섬 로도스 · 454

세계의 배꼽 델포이 · 478

비밀의식의 무대 엘레우시스 · 492

언덕 위의 도시 아크로폴리스 · 504

이제, 이런 책도 읽어보는 건 어떨는지요 | 이 책을 읽은 분들에게 · 530

1
전선 게르마니아

역사의 물줄기를 바꾼 바루스 전투

게르마니아 숲의 참사

로마군 게르마니아 사령관 푸블리우스 퀸틸리우스 바루스(Publius Quinctilius Varus)의 갑옷이 오후의 햇살을 받아 반짝인다. 그는 게르마니아 북부 평원을 바라보는 야트막한 산을 감싸며 난 길을 따라 군단 행군을 이끌고 있다. 호위 군인들이 주변을 둘러싸고 있다. 3개 군단으로 이루어진 긴 행렬의 선두와 후미에는 기병대가 행진하고 있고, 바루스와 측근들은 중간쯤에 위치하고 있다. 선두는 이미 숲속으로 사라져 말 등에서 봐도 시야에 들어오는 군대는 얼마 되지 않는다. 이 지역은 바루스와 그의 군단이 라인 강 동쪽에서 새로 개척한 영토다.

바루스는 무려 3만 5,000명의 대군을 이끌고 있다. 로마 정규군 제17 · 18 · 19군단과 3개 기병중대, 현지 게르만인으로 구성된 6개 보조병 대대에다 비전투원까지 포함된 숫자다. 다양한 피부색의 군인들과 말들, 수많은 수레들이 숲속에 난 좁은 길을 따라 천천히 움직이고 있다. 각 군단의 선두에서는 로마군의 자랑이자 상징인 독수리 깃발이 대열을 이끌고 있다. 반들거리는 투구, 반짝이는 갑옷, 화려한 색깔의 군복, 장교들의 옷과 무기에 달린 금 · 은제 장식, 그리고 기병대의 화려한 마구(馬具)가 장관을 이루고 있다. 무기들이 절거덕거리는 소리, 보병의 발자국 소리, 수레들이 삐걱거리는 소리가 인적 없는 숲을 뒤흔든다.

이들은 두 세대 전 카이사르가 갈리아에서 그랬던 것처럼 게르마니아 정복작전을 마무리하기 위해 행군하는 중이다. 작전에 나서도록 정보를 제공한 사람은 이 지역의 게르만 유력자 아르미니우스(Arminius)다. 그는 로마군단에서 게르만족으로 구성된 보조부대장을 지냈고 전투에서 혁혁한 공도 세웠기 때문에 바루스가 신뢰하는 인물이다.

며칠 전 아르미니우스는 바루스에게 게르만 부족이 소규모 반란을 일으켰다는 정보를 전해왔다. 위치는 로마군 숙영지에서 하루나 이틀 정도 서쪽으로 행군해야 하는 곳이었다. 같은 게르만족 유력자가 아르미니우스의 변절을 의심해봐야 한다는 이야기도 했지만 바루스는 아르미니우스를 더 믿었다. 그래서 그는 군단을 이끌고 숙영지를 떠나 반란이 일어났다는 곳으로 행군하고 있는 것이다. 군단의 겨울 숙영지인 라인 강변의 크산텐으로 가려면 어차피 가야 하는 방향이기도 하고, 반란이 발생한 곳은 조금만 우회하면 되는 곳이다. 아르미니우스는 자신이 먼저 반란지역으로 가서 로마군과 합세할 게르만 군대를 모집하겠다는 이야기도 했다. 바루스는 현장에 도착할 때까지는 어떤 위험도 없을 것이라고 생각했기 때문에 행군 중에 특별한 경계를 지시하지도 않았다.

로마군이 서쪽 방향으로 행군하고 있는 길은 비헨게비르게(Wiehengebirge)라고 불리는 산지의 북쪽을 감싸고 있다. 동서로 펼쳐진 이 고지대는 북유럽의 평평한 모래평원과 중부유럽 산악지대의 경계에 위치하고 있다. 로마군은 이 지역을 왼쪽에 두고 평원의 남쪽 끝을 따라가고 있는 것이다. 바루스와 군단 병사들은 이런 길에 익숙하지 않다. 지난 20년 동안 게르마니아에서의 로마군 작전은 주로 산악지역인 남부지역에서 이루어졌기 때문이다. 남부지역은 로마

군단의 기동작전이 여러 차례 이루어진 곳이기 때문에 숲속에는 길이 닦여 있고 다리도 가설되어 있다. 그래서 행군하기가 비교적 수월하다. 그러나 현재 바루스 군단이 행군하는 길은 로마군이 처음 가는 길이고, 따라서 로마식 도로는 뚫려 있지 않다. 게르만 원주민들이 사용하는 길이 있지만 어떤 곳은 6열 종대조차 유지하기 힘들다. 선두 부대는 가끔 길 위에 쓰러진 나무도 치워야 했고, 수레가 통과할 수 있도록 구덩이도 메워야 했다.

길은 숲으로 덮여 있다. 참나무 종류가 주종을 이루고 자작나무·너도밤나무·오리나무도 섞여 있다. 어떤 곳은 숲이 너무 빽빽해 어두침침하고 길도 좁은가 하면, 어떤 곳은 농경지나 목초지로 사용하기 위해 나무가 잘려나간 곳도 있다. 어두운 숲을 통과하면서 막연한 불안감에 사로잡혔던 로마군은 환하게 밝은 목초지가 반갑다. 목초지에는 이제 풀이 노랗게 말라가고 야생화가 무리지어 피어 있다. 로마군은 밀밭과 보리밭을 지나고, 잠시 전까지만 해도 소가 풀을 뜯은 듯한 초지를 지나고, 원주민의 조잡한 농가도 지나친다. 그러나 사람은 그림자도 보이지 않는다. 원주민들이 엄청난 규모의 로마군 행렬에 놀라 가축을 모두 끌고 숲속으로 도망갔기 때문이다.

비헨게비르게 산지에서 북쪽으로 돌출해 있는 110미터 높이의 칼크리제(Kalkriese) 산에 접근했을 때, 로마군은 북쪽으로 우회하는 길을 찾아야 했다. 길은 마치 모래시계의 허리부분처럼 좁은 땅으로 이어져 있다. 남쪽은 가파른 언덕으로 막혀 있고 북쪽은 거대한 늪지가 가까이 접근해 있는 지형인데 중앙 부분의 폭이 겨우 수백 미터에 불과하다. 다른 조건들이 아무 문제가 없는 경우에도 이런 지형으로 대규모 군대가 들어가는 것은 아주 위험하다. 그런데 수없이 많은 개울이 남쪽의 산지에서 흘러내려 행군로를 구불구불 지나 북쪽의 습지로 흘러들고 있다. 개울이 길을 끊어놓은 곳에서는 수레를 밀고 가는 것이 힘들다. 이런 길을 로마군 지휘관이 좋아할 리 없다. 그러나 행군하기 편한 길을 찾기 위해 3킬로미터나 되는 긴 행렬을 이끌고 숲속을 헤맬 수도 없다. 병사들은 축축한 땅을 피하기 위해 산지에 가까이 붙어 행군한다. 숲이 우거진 경사면이 왼쪽 가까이 접근해 있고, 오른쪽에는 버드나무와 오리나무가 갈대 위로 드문드문 서 있는 습지가 보인다.

행렬에서 갑자기 날카로운 외침이 터져 나왔다. 왼쪽 숲속에서 누군가 일제히 공격을 퍼붓기 시작했기 때문이다. 로마군은 완전 무방비상태에서 공격에 노출되었다. 그들은 신속히 전투대형으로 전환할 수 있는 대형으로 행군하지도 않았고, 숲속에서의 전투에 익숙하지도 않다. 함정에 빠져버린 것이다. 적들은 숲속에서 활을 쏘고 창을 던진다. 나무가 들어찬 숲속에서 미끄러운 진흙에 발목까지 빠진 로마군은 신속히 무기를 꺼내들고 대항하기도 어렵고 도망갈 수도 없다. 게다가 앞에서 무슨 일이 생겼는지 모르는 후미에서는 행군을 멈추지 않으니 로마군은 서로 부딪치며 쓰러진다. 날카로운 철제 창이 일시에 수백 명의 로마군 가슴을 관통한다. 즉사를 모면한 병사들은 자신의 몸에 박힌 창을 부여잡고 처절하게 비명을 내지른다. 로마군이 효과적인 방어대형을 갖추지 못하고 있다는 걸 파악한 숲속의 무리는 이제 참호에서 칼을 들고 뛰쳐나와 마음껏 찌르고 벤다. 일방적인 살육이다. 로마군은 그제야 숲속의 적이 게르만족이라는 것을 확인한다. 군단은 공황상태에 빠지고, 순식간에 수천 명이 목숨을 잃는다. 숨이 미처 끊어지지 않은 자들은 피가 흥건한 진흙탕에서 몸부림친다. 바루스는 덫에 걸려버렸다는 걸 깨닫는다. 공포와 절망으로 정신을 차리지 못하는 그의 눈에 말을 타고 게르만군을 지휘하며 자신의 군단을 짓밟는 적장이 눈에 들어온다. 그는 얼마 전까지만 해도 자신의 휘하에서 복무하던 아르미니우스다. 며칠 전 게르만 부족이 반란을 일으켰다는 첩보를 전해오며 자신도 진압을 돕겠다고 했던 바로 그 게르만족 왕자인 것이다. 배신감으로 치를 떨며 이를 악물지만 그는 이미 사태가 되돌리기 힘든 상황이라는 걸 알아차린다.

엘베 강까지, 다시 라인 강으로

서기 9년 초가을에 벌어진 이 단 한 차례의 전투로 로마제국의 3개 군단이 지상에서 사라져버렸다. 아우구스투스 시절 로마는 전 세계에 28개 군단을 주둔시키고 있었다. 3개 군단이면 유럽지역에 배치한 병력의 3분의 1에 해당한다. 그야말로 로마군 역사상 최악의 참사라 할 만하다. 세계 최강의 로마군단에 왜 이런 일이 벌어졌는가? 무엇이 잘못되었는가?

기원전 1세기 중반까지 카이사르는 라인 강 서안까지의 갈리아 지역을 제패했다. 그때부터 라인 강은 로마제국과 게르만족의 경계가 되어왔다. 로마군은 갈리아 내륙에 주둔했고 라인 강에는 별다른 방어시설을 하지 않았다. 일단 유사시에는 잘 정비된 가도를 이용해 신속히 분쟁지역으로 이동할 수 있었기 때문이다. 그러나 가도는 로마군에게만 편리한 것이 아니었다. 강 저쪽의 게르만족도 심심찮게 강을 건너 잘 닦인 길을 따라 풍요로운 갈리아 지역을 노략질했다. 기원전 16년 강을 건너온 게르만족에게 제5군단이 공격당하는 사태가 발생하자 아우구스투스는 본격적으로 라인 강 방어대책을 세우기 시작했다.

기원전 12년 드루수스를 사령관으로 하는 로마군은 라인 강을 건너 게르마니아 공략에 나섰고 엘베 강까지 진격했다. 이 군사작전은 라인 강 가까이 살며 수시로 갈리아에 쳐들어오는 게르만족을 '로마화'해 로마와 게르만족 사이의 긴장을 줄이기 위한 것이었다. 드루수스는 성공적으로 작전을 수행했다. 다음해에는 게르마니아 지역의 여러 곳에 로마군 주둔지를 설치할 수 있었다. 드루수스는 이 공로로 게르마니쿠스, 즉 '게르마니아를 평정한 자'라는 칭호를 받았다.

이렇게 해서 기원전 7~8년쯤 게르마니아는 어느 정도 평정되었고 로마군은 갈리아로 돌아왔다. 그뒤 몇 차례 게르만족이 반란을 일으켰지만 모두 진압되었고, 로마군의 주둔지도 그대로 유지되었다. 드루수스가 말에서 떨어지는 사고로 사망한 뒤 로마군 사령관은 그의 형 티베리우스를 거쳐 서기 7년에는 바루스가 이어받았다. 그는 아우구스투스 황제의 친족으로, 집정관을 역임하고 아시아와 아프리카 속주의 총독을 역임한 경험 많은 정치인이었다.

그런데 이 시점에서의 게르마니아 상황은 로마인이 믿고 판단했던 것과 실제 사이에 큰 차이가 있었다. 로마인은 이제 게르마니아가 거의 복속되었고 조금만 더 노력하면 갈리아처럼 로마화가 완료된다고 생각했다. 그러나 실제 로마의 힘은 그들이 정복한 지역에만 미치고 있었다. 게르마니아 땅은 광대했고, 로마군단의 발길이 닿지 않은 지역에서는 여전히 게르만족들이 그들 방식대로 자유롭게 살고 있었다.

서기 9년, 로마군 게르마니아 사령관 바루스는 라인 강 동쪽의 점령지를 로마 속주로 만들기 위한 준비작업을 열심히 진행하고 있었다. 게르만 부족간의 다툼을 중재하고, 가도를 비롯한 사회 간접자본을 확충하며, 로마의 법과 조세 제도를 정착시키는 것이 그가 해야 할 일들이었다. 그런데 이 과정에서 바루스는 신중하지 못했다. 게르만족의 전통과 습속을 무시하고 무리하게 로마의 방식을 강요했던 것이다. 게르만족 실력자들은 앙심을 품게 되었다.

9월이 되자 바루스는 매년 그랬던 것처럼 모든 군단을 이끌고 라인 강변의 겨울철 숙영지로 출발했다. 치안유지를 위해 소규모 부대만 게르마니아에 남겨두었다. 베저(Weser) 강의 케루스키족 영토에 도착했을 때 아르미니우스로부터 첩보가 전달되었다. 아르미니우스는 유력한 게르만 부족인 케루스키족의 족장 아들이었는데 최근까지 바루스 군단에서 게르만족 보조부대를 이끌다 로마군을 떠난 인물이었다. 바루스는 반란을 진압하기로 하고 군단을 북쪽으로 우회시켰다.

거짓 정보에 의해 함정에 빠진 로마군은 케루스키족 · 브룩테리족 · 마르시족·카티족으로 구성된 게르만족 연합군의 공격을 받았다. 아르미니우스가 이 반란군을 이끌었는데 아마도 그는 로마군을 떠나기 전부터 비밀리에 거사를 계획했을 것이다. 로마군은 지형적으로 매우 불리한 상황에서 싸워야 했을 뿐 아니라, 게르만족으로 구성된 기병부대와 보조부대로부터도 버림받았다. 전투는 사흘간 계속되었다. 로마군은 첫째 날은 겨우 숙영지를 세울 수 있었지만 다음날부터는 적의 포위 속에서 노숙을 하며 밤을 새워야 했다. 결국 로마군은 전멸당하고 말았다. 몇백 명 정도만 살아서 도망칠 수 있었을 뿐이다.

절망적인 상황에서 바루스는 자결하고 말았다. 아르미니우스는 바루스의 목을 잘라 게르만의 한 부족인 마르코만니족의 왕 마르보드에게 보냈다. 반로마 동맹을 맺자는 뜻이었다. 하지만 마르보드는 그 목을 로마로 보냈다. 로마군단 사령관의 시신을 모욕했다가는 감당하기 어려운 보복을 당할 것이라고 생각했기 때문이다. 더구나 바루스는 황실의 인척이다.

3개 군단이 게르마니아의 숲에서 궤멸했다는 소식이 로마에 전해졌을 때 아우구스투스가 보인 반응은 충격과 공포 그 자체였다. 지난 10여 년 동안 라인 지역의 사령관들이 보내온 보고서들은 대부분 긍정적이었기 때문에, 황제는 이제 게르마니아도 로마의 지배에 들어왔다고 믿었다. 그가 장군이라기보다는 정치인에 가까운 바루스를 사령관으로 보낸 것은 평화를 정착시키고 게르마니아 속주화를 완성하기 위해서였다. 그런데 그런 날벼락 같은 소식이 들려온 것이다. 3개 군단이 사라져버린 것은 로마에게는 심대한 타격이었다. 수많은 인명의 손실도 회복하기 어려운 것이었지만 심리적인 충격이 더 컸다. 자타가 인정하던 '무적' 로마군의 신화가 깨져버린 것이다.

극도의 공포에 빠진 아우구스투스는 주변을 둘러보고는 화들짝 놀랐다. 근위병 중에 게르만족 출신이 있었기 때문이다. 그는 즉시 게르만족을 가려내 내쫓았다. 그들의 황제에 대한 충성은 변함이 없었지만, 아우구스투스는 그들이 게

'바루스 전투' 상상도. 백마를 탄 아르미니우스가 로마군을 짓밟고 있다. 칼크리제 박물관 소장.

르마니아 땅의 동족과 공모해 자신에게 칼을 들이댈지 모른다고 의심했다. 로마군 총사령관이 얼마나 놀라고 충격을 받았는지 알게 해주는 대목이다.

바루스의 목을 황제영묘에 안장하라고 명령한 아우구스투스는 로마 시민들에게 1년간 상복을 입으라고 명령했다. 자신도 몇 달 동안 이발도 하지 않고 수염도 깎지 않았다. 그리고 혼자 있을 때면 가끔 넋 나간 사람처럼 중얼거렸다고 한다. "바루스, 내 군단을 돌려줘!" 이때 전멸당한 로마군 제17·18·19군단은 이후로 다시는 명명되지 않았다. 그 숫자들은 로마로서는 영원히 기억하고 싶지 않은 치욕의 상징이었다.

1 전선 게르마니아

이 재앙 이후로 로마군의 주요 관심은 라인 강의 안보를 확실하게 하는 것이었다. 게르마니아 땅으로는 거의 들어가지 않았다. 사건이 발생한 지 6년이 지난 서기 15년이 되어서야 로마는 게르마니아 땅으로 다시 출정했다. 드루수스의 아들이 그 임무를 맡았는데, 그도 아버지와 마찬가지로 나중에 게르마니쿠스 칭호를 받았다. 그에게 부여된 임무는 로마군의 불명예를 씻는 것이었다. 이때 동원된 군단은 모두 여섯 개로 바루스 군단의 두 배에 달했다. 그러나 그는 로마군의 명예를 완전히 회복하지는 못했다. 군사적 재능이 아르미니우스에 미치지 못했기 때문이다. 한번은 바루스와 같은 운명에 처할 뻔한 적도 있었는데 많은 손실을 입은 채 겨우 달아날 수밖에 없었다.

서기 16년, 새 황제 티베리우스는 게르마니쿠스를 소환했다. 전쟁이 조만간 끝날 전망도 없고 비용도 감당하기 힘들었기 때문이다. 그는 게르만 전쟁을 끝냈다. 그리고 라인 강을 로마의 국경으로 삼았다. 약 30년 만에 로마의 동북쪽 국경은 다시 라인 강까지 후퇴한 것이다. 이때부터 로마는 라인 강 서안을 따라 수비목적의 강력한 군사기지를 건설하게 된다. 결과적으로 중부 유럽지역에 고밀도 군사지역이 형성되었다. 군사기지가 확장되면서 부근에 주민들의 주거지도 생겨났는데 이 주거지들은 중세와 근대를 거치며 유럽의 중심도시로 발전해나갔다. 본과 쾰른·마인츠·스트라스부르 같은 도시가 로마군단의 기지를 모태로 하고 있다.

아우구스투스와 그의 후계자들은 이 참사로 인해 심리적 영향을 강하게 받은 듯하다. 몇 차례 예외가 있긴 했지만 그들은 이후 유럽뿐만 아니라 아프리카와 아시아에서도 군사적 확장정책을 가급적 삼가는 정책으로 일관했다. 결국 게르마니아 숲에서의 한 차례 전투가 세계사의 물줄기를 크게 바꾸는 역할을 한 셈이다.

토이토부르크 숲은 어디에?

역사적으로 이렇게 중요한 의미를 가지는 사건이었지만 당대가 지나고 시간이 흐르면서 사람들은 서서히 잊어갔다. 로마와 그리스의 몇몇 역사가들이 이 사실을 기록했지만 머지않아 세월 속에 묻혔다. 중세 사람들은 역사를 기록하고 읽는 일에 무심했다. 게르만은 승자였지만 그들은 아직 기록문화를 가지고 있지 않았다.

르네상스기에 이르러 고대역사는 다시 사람들의 관심을 끌기 시작했다. 1505년 중부 독일 코르베이의 한 수도원에서 먼지를 뒤집어쓴 책 한 권이 발견되었다. 로마 역사가 타키투스(Tacitus, 55~117)가 쓴 『연대기』(*Annales*)의 9세기 사본이었다. 내용은 서기 14년부터 96년까지의 로마 역사로 티베리우스 황제의 등극으로부터 도미티아누스 황제의 죽음까지가 연대순으로 기술되어 있었다. 책은 1508년 로마로 보내졌고 1515년에 출판되었다.

이 책은 로마 역사를 연구하는 학자들의 관심을 집중시켰다. 서기 9년 로마와 게르만 사이에 벌어졌던 그 전설적 전투의 장소를 이야기하고 있었기 때문이다. 타키투스는 드루수스의 아들 게르마니쿠스가 사건 발생 6년 만인 서기 15년 전투현장을 방문하는 상황을 설명하면서 바루스 군단이 전멸한 장소를 언급하고 있다. 이 내용으로 타키투스는 후대의 역사가들에게 전장의 위치에 대한 정보를 제공했을 뿐만 아니라, 아르미니우스라는 게르만 민족의 영웅을 부활시킴으로써 사료가 빈약한 고대 게르만 역사를 복원시켜주는 기여도 하게 되었다.

그러나 타키투스의 설명으로 문제가 해결된 것은 아니었다. 오히려 수백 년 동안 계속될 논란이 시작되었다. 전장의 위치가 모호하게 설명되어 있기 때문이다. 그러면 여기에서 타키투스가 『연대기』에 기록한 전투의 장소에 대한 부분을 읽어보자. 라틴어 원문은 구하기도 힘들고 구해봐야 읽을 수도 없으니 하버드 대학에서 영문으로 번역 출판한 것을 다시 우리말로 번역해 인용한다.

> 로마군은 브룩테리족 영역의 가장 먼 변경까지 진군하여 엠스 강과 리페 강 사이에 있는 지역 전체를 황폐화시켰다.
> 그리하여 바루스와 군단병들의 유체가 매장되지 않은 채 방치되어 있다고 소문난, 저 토이토부르크의 숲에서 그리 멀지 않은 지점에 이르렀다.

장소를 설명해주는 힌트는 '엠스 강과 리페 강 사이'라는 것과 '토이토부르크 숲에서 멀지 않다'는 것이다. 엠스 강은 라인 강과 엘베 강 사이의 북독일 산지에서 발원해 북해로 흘러가는 강이고, 리페 강은 엠스 강과 비슷한 곳에서 발원해 라인 강과 합류하는 강이다. 그렇다면 '엠스 강과 리페 강 사이'라는 말은 두 강의 상류 부근이라고 해석할 수 있다. 그런데 학자들은 토이토부르크 숲이 어딘지 도저히 알 수 없었다.

그때부터 타키투스가 던져준 화두, 즉 '토이토부르크 숲'을 가지고 로마와 게르만이 대 충돌을 일으킨 곳을 찾는 연구가 시작되었다. 처음부터 로마시대 주화(鑄貨)를 연구하는 방법이 사용되었다. 그러나 성과는 지지부진했다. 1,500년 세월이 흐르는 동안 역사의 현장은 땅속 깊이 묻혀버렸다. 1885년 독일의 역사학자 몸젠(Theodor Mommsen)은 그때까지의 연구성과를 검토한 끝에 '바루스 전투의 현장은 독일 북부의 칼크리제(Kalkriese)'라는 요지의 논문을 발표했다. 그러나 당시에는 어떤 역사학자와 고고학자도 그의 주장을 믿지 않았다.

금속탐지기와 인터넷

1987년 이 지루한 상황에 일대 전환이 일어났다. 사건을 일으킨 주인공은 클룬(J. A. S. Clunn)이라는 영국인 아마추어 고고학자였다. 그는 군 장교 신분으로 고대유물 발굴에 열광하는 사람이었다. 그는 전투의 현장이 칼크리제라는 몸젠의 이론을 검증하는 독일 고고학 팀에 합류했다. 그러고는 대뜸 금속탐지기를 들고 칼크리제의 숲을 뒤지기 시작했다. 결과는 금방 나타났다. 그해 여름 수백 개의 로마 데나리우스 주화가 영국 장교의 금속탐지기를 울려댔다.

이때 발견된 주화를 검토한 결과 모두 아우구스투스 이전에 주조한 것이라는 사실이 밝혀졌다. 짧은 기간에 벌어진 대규모 전투가 아니라면 그런 결과가 나오기는 힘들다. 몸젠도 그때까지 칼크리제에서 발견된 모든 주화들이 아우구스투스 이전에 주조되었다는 사실을 근거로 칼크리제가 전투의 현장이라고 주장했었다. 하지만 주화만 가지고는 그곳이 전투의 현장이라는 사실을 입증하기 힘들다. 얼마 후 영국군 장교는 훨씬 더 확실한 증거물을 찾아냈다. 대단한 물건은 아니었지만 분명 무기였다. 납으로 만든 아몬드 모양의 전투용 팔매 세 개를 찾아낸 것이다. 길이가 3.7센티미터 정도로 손아귀에 움켜쥐고 던지기에 딱 알맞은 크기와 무게였다. 그것은 로마 당시의 일반적인 전투용 무기였다.

이로써 칼크리제가 전투의 현장이었다는 사실이 밝혀지게 되었고 집중적인 발굴이 시작되었다. 유물은 칼크리제 산과 북쪽 습지 사이의 광범위한 지역에서 쏟아져 나왔다. 칼과 창·방패·투구와 같은 무기뿐만 아니라 술잔·게임용 구슬 등의 일상 생활용품도 나왔고 여성용 머리핀과 브로치 같은 장신구도 발견되었다. 바루스 군단은 월동지로 철수하는 중이었기 때문에 행렬에는 군단과 관계되는 민간인도 상당수 포함되어 있었고 아마 여자도 있었을 것이다.

나는 이 전투를 언급한 『로마인 이야기』 6권을 읽으며 현장이 궁금했지만 직접 가볼 수 있을 것이라고는 전혀 생각하지 못했다. 저자 시오노 나나미 여사가 "현대에 이르기까지 수많은 연구자들이 다각도로 조사하고 연구했는데도 정확한 장소는 아직 알려져 있지 않다"고 말했기 때문이다. 그녀가 6권을 쓴 시기는 영국 장교 클룬이 금속탐지기를 이용해 전투의 증거물을 찾아낸 해로부터 9년이나 지난 1996년이지만 그때까지도 칼크리제에서는 발굴이 한창 진행 중이었고, 신중한 독일 학자들은 '100퍼센트 확실하다'는 이야기를 하지 않았다. 그러니 시오노 여사가 칼크리제의 발굴상황을 알고 있었다 하더라도 바로 그곳이 전투의 현장이라는 이야기는 할 수 없었을 것이다.

그러나 그 사이 상황은 많이 진전되었다. 발굴과 연구는 계속되었고 2002년에는 그 동안의 성과가 집대성된 박물관이 건립되었다. 만에 하나 칼크리제가 그 현장이 아닐 수도 있겠지만 지금까지의 발굴상황을 보면 그럴 가능성은 거의 없다.

나는 이 모든 발굴과 연구의 성과를 한 권의 책을 통해 알게 되었다. 외국에서 나온 로마관련 서적을 찾아보기 위해 인터넷 서점에서 'Rome'을 입력하고 검색한 적이 있는데, 그때 모니터에 떠오른 책이 『The Battle that stopped Rome』이었다. 인터넷 서점은 친절하게도 책의 처음 몇 페이지를 공짜로 보여주었는데, 이 책 시작 부분의 전투묘사가 바로 그 내용이다. 책은 태평양을 건너 공수되었고 나는 흥미진진하게 읽었다. 미국 미네소타 대학 교수인 웰스(Peter S. Wells)는 칼크리제에서 출토된 유물을 면밀히 연구하고 현장을 발로 답사한 후 고대의 전투를 눈앞에서 보여주는 듯한 글을 써냈다. 묘사가 너무 생생해 로마군이 비명 지르고 피 흘리는 정경이 보이고 들리는 듯했다. 그는 칼크리제가 바로 그 전투의 현장이라고 확신했다.

이 책을 읽고 난 다음 다시 인터넷에서 검색한 키워드는 'Kalkriese'였다. 모니터에 떠오른 것은 북부 독일의 한적한 동네 칼크리제에 세워진 박물관이었다. 웰스 교수의 책을 읽는 동안 상상만 하던 현장의 모습이 사진으로 떠오를 때는 가벼운 흥분마저 일었다. 박물관의 이름은 다소 길었다. 'VARUSSCHLACHT im Osnabrücker Land Museum und Park Kalkriese'. 한국어로 말끔하게 옮기기 어렵지만 '전시관과 야외현장으로 이루어진, 오스나브뤼크에 있는 바루스 전투 박물관'이라는 뜻이다. 타키투스가 수수께끼를 내듯이 이야기한 '토이토부르크 숲에서 멀지 않은' 재앙의 현장은 21세기에 이르러 박물관으로 변모해 나의 방문을 기다리고 있었다.

칼크리제로 가는 길

오스나브뤼크(Osnabrück)라는, 이름을 발음하기도 쉽지 않은 도시는 독일 북부 뮌스터와 하노버 중간쯤에 위치하고 있다. 타키투스가 2천 년 전에 수수께끼를 푸는 열쇠로 알려준 '토이토부르크 숲'에 관심이 없는 사람이라면 별로 방문할 일이 없는 도시다. 시내에는 고딕시대에 지어진 몇몇 건물들과 구도심을 둘러싼 중세 성벽이 있지만 나의 관심대상은 아니다. 고대 로마에 관심을 가지면서 생긴 경향이지만 중세나 근대의 현장은 아무래도 좀 우습게 보인다. 2천 년 전의 사회간접자본이 당연하다는 듯이 현대인에게 편의를 제공하는 현장을 보면 중세 이후의 것들은 너무 가까운 시절에 만들어졌다는 생각이 들고, 그래서 쉬워 보인다. 만약 내가 5천 년 전의 이집트 피라미드에 빠져 있다면 로마의 수도교 같은 것들은 '요즘' 물건처럼 보일지도 모르는 일이다.
로마군이 게르만족의 매복공격을 받을 당시의 게르마니아 땅은 지금과 완전히 달랐다. 햇빛도 잘 들어오지 않는 검은 숲이 끝없이 펼쳐져 있었다. 오늘날의 독일을 보면 상상하기 쉽지 않다. 그러나 달라지지 않은 것도 있다. 밤이 길고 낮이 짧은 것이다. 10월 하순, 북위 52도 상에 있는 오스나브뤼크는 아침 7시가 넘었는데도 한밤중이다. 동이 틀 기미조차 보이지 않는다. 서머타임이 해제되려면 아직 4일이 남았는데도 북유럽은 벌써 낮이 많이 짧아져버렸다. 그렇지만 시민들은 어둠에 익숙한 듯 출근을 서두른다. 아마도 오후 4시쯤이면 해는 져버릴 것이다. 이런 곳은 낮이 짧기 때문에 햇빛이 있는 상태에서 해야 할 일이 있다면 서둘러야 한다. 사진을 찍는 일도 거기에 속한다.

중앙역 앞 버스정류장에서 칼크리제로 가는 버스를 기다린다. 칼크리제는 이 도시의 북쪽 20킬로미터쯤에 위치하고 있다. 정류장에 주차된 버스들의 차체에 'WESER-EMS BUS'라는 글씨가 커다랗게 쓰여 있다. 버스회사나 노선 이름일 것이다. 베저(Weser)와 엠스(Ems)는 이 지역을 흐르는 강의 이름이고 고대 역사가들의 책에 등장한다. 타키투스는 『연대기』에서 엠스 강의 상류에서 바로 그 전투가 벌어졌다고 했다.

어둠이 걷히기 시작한다. 하지만 하늘에는 검은 구름이 낮게 깔려 있다. 바람도 차갑다. 아마 기후도 고대나 지금이나 별로 다르지 않을 것이다. 그래서 고대에는 가을이 되면 전쟁도 끝냈고, 로마군은 초가을이 되기가 무섭게 짐을 싸서 게르마니아를 떠났던 것이다.

오스나브뤼크 시내를 벗어난 버스가 외곽의 주택지역을 빠져나가더니 218번 국도로 접어든다. 깨끗하게 포장된 왕복 2차선 도로다. 여행을 떠나기 전에 지도상에서 수차례 가상의 여행을 했기 때문에 처음 가는 길이지만 익숙하다. 멀리 왼쪽에는 비헨게비르게 산지가 펼쳐져 있고 오른쪽은 평원이다. 도로가 그 옛날 바루스 군단이 행군하던 길을 따라 나 있는 것이다. 포플러와 비슷한 가로수는 샛노랗게 물들어 바람이 불 때마다 나뭇잎이 차창을 후두둑 때린다. 옛날 습지가 펼쳐졌던 오른쪽 평원은 이제 깨끗한 경작지로 다듬어져 추수를 마친 옥수숫대가 갈색으로 말라가고 있다. 평원을 관통하며 나 있는 운하에는 화물선이 미끄러지듯 흐르고 있다. 평온하고 정갈한, 전형적인 독일의 전원풍경이다. 전쟁은 흔적조차 없다. 살육의 현장을 찾아가고 있긴 하지만 이렇게 평화로운 풍경을 보고 있노라면 전쟁이 없는 나라와 시대에 태어난 것이 진정 다행스럽다는 생각이 든다.

왜 '바루스 전투'죠?

버스 종점이 바로 박물관 마당이다. 박물관은 'Museum und Park Kalkriese'라는 명칭에서 알 수 있듯 두 부분으로 되어 있다. 발굴조사를 마친 전투의 현장을 공개하고 유물을 전시하는 공간이다. 하지만 아직 문을 열지 않았다. 10시부터 개관인데 아직 30분이 남았다. 현관문을 열고 들어가니 매표소와 스낵바, 박물관 상점의 기능을 동시에 하는 공간이 나타난다.

이제 막 출근해서 뜨거운 커피를 마시며 업무를 시작하는 직원이 미소로 맞아준다. 금발에 푸른 눈동자, 그리고 키가 훤칠한 것이 전형적인 게르만 여성이다. 나이는 50대 초반쯤. 박물관을 보기 위해 한국에서 일부러 왔다고 하니 놀라며 커피를 권한다. 박물관의 구성과 관람순서를 설명해주는데 그녀의 똑똑 부러지는 독일식 영어 발음이 알아듣기 편하다. 단순히 매표만 하는 사람 같지도 않고 마침 시간도 남아 간단히 인터뷰를 해보기로 했다. 독일 사람을 만나면 꼭 물어보고 싶은 것이 있었는데, 그것이 그들이 로마의 지배를 받지 않은 점에 대해 어떻게 생각하느냐 하는 것이었다. 로마의 지배를 받은 영국인은 라인 강 동쪽의 게르만족을 야만족이라고 조롱하기도 하는데, 그렇다면 당사자인 그들은 과연 어떻게 생각할까?

"이곳에서 벌어진 전투에서 게르만족 왕자 아르미니우스가 침략자 로마군을 격퇴했잖아요. 그런데 이 박물관을 왜 '바루스 전투(VARUSSCHLACHT) 박물관'이라고 부르죠? '아르미니우스 전투 박물관'이라고 해야 맞는 거 아닌가요?"

지체 없이 대답이 나온다.

"아, 그건 그렇지 않아요. 로마 역사가 타키투스가 그의 저서에서 '바루스 전투'라고 명명한 이후 2천 년 동안 그 전투는 '바루스 전투'라고 불려왔습니다. 용어 자체가 학술용어가 되었기 때문에 이제 누구도 다른 이름으로 부를 수 없습니다. 그러니 당연히 이 박물관에서도 그 용어를 채택한 거죠. 그리고 게르만 측에서는 아무 기록도 남기지 않았어요."

맞는 말이기는 하다. 버스를 타고 박물관으로 오는 중에도 '바루스 전투 몇 킬로미터'라는 간판이 서 있는 걸 봤다. '바루스 전투'는 이제 이 지역의 지명으로도 통하고 있다. 그리고 박물관 명칭을 표기할 때도 'VARUSSCHLACHT'는 특별하게 대문자로 표기한다. 로마는 전투에서는 졌지만 기록에서는 이겼다고 해야 할까. 하지만 그녀의 이런 학술적 설명은 나의 의문을 충분히 해결해주지는 않는다.

"그렇다고 하더라도 게르만의 자부심과 긍지를 어느 정도 드러내는 이름을 붙일 수도 있지 않았나요?"

이번에는 대답이 금방 나오지 않는다. 그녀는 약간 난처한 낯빛으로, 목소리까지 낮추면서 말했다.

"아주 민감한 문제가 있죠. 독일은 제2차세계대전에 책임이 있잖아요. 여기서 가까운 데트몰트라고 하는 마을에 아르미니우스 동상이 있어요. 독일이 통일되고 난 직후인 1875년에 세워졌는데 엄청난 규모랍니다. 물론 게르만의 민족정신을 북돋우기 위해 정치인들이 세운 것이지요. 그런데 그 동상이 제2차세계대전 때 나치의 순례지가 되었어요. 히틀러가 아르미니우스를 정치적으로 이용한 것입니다. 소년단원들이 단체로 게르만의 영웅을 참배하러 갔죠. 그랬으니 아르미니우스라는 이름을 이 박물관에 붙일 수는 없지요. 독일은 전쟁에 책임이 있으니까요. 그리고 이 박물관의 건립에는 영국인의 공헌도 컸답니다."

칼크리제에서 발굴된 '바루스 전투'의 유물들이 전시되어 있는 박물관.
꼭대기의 전망대에 올라가면 넓은 전투현장을 한눈에 내려다 볼 수 있다.
벽을 장식하고 있는 철제 안면 가리개는 로마 병사가 사용하던 것으로
박물관의 대표적인 소장품이다.

데트몰트의 아르미니우스 동상은 19세기 중반 독일에서 일어난 민족주의적 열정의 결과물이었다. 당시 사람들은 그곳을 토이토부르크 숲으로 알았다. 게르만 민족의 영웅은 해발 390미터의 산 정상에 서 있는데 동상의 크기는 26미터, 치켜들고 있는 칼만 7미터나 된다. 칼끝은 당시 독일에 위협적이었던 프랑스 방향을 향하고 있다. 그런데 이 동상이 나치 정권에 의해 독일 국민들에게 광기를 주입하는 도구로 활용됨으로써 현대 독일인은 아르미니우스라는 이름을 드러내놓고 입에 올리지 못하게 된 것이다. 하지만 그녀는 마지막에 이렇게 말했다.

"그렇긴 하지만 독일 각지에는 아르미니우스를 기리는 동상이나 시설이 수도 없이 많이 있답니다."

그녀의 이 말에는 민족적 긍지가 묻어난다. 박물관에 아르미니우스라는 이름을 붙일 수는 없지만 그를 민족의 영웅으로 생각하는 것이 분명하다. 그러나 그렇다고 해서 라인 강 동쪽에 살던 그녀의 조상들이 로마의 지배를 받지 않았다는 사실에 대해 열광하는 정도는 아닌 듯하다. 아마 대다수의 독일 국민들도 그럴 것이다. 사실 2천 년은 너무 긴 세월이다. 그때의 어떤 사건을 현재의 자신과 관련시켜 치열하게 생각하기에는.

비극의 현장

그녀는 야외공원의 안내도를 한 장 주더니 발굴현장을 먼저 보고 난 다음 박물관을 보라고 한다. 전투의 흔적은 주변 50평방킬로미터에 걸친 광대한 지역에서 발견되고 있지만 현재 공원으로 꾸며놓은 지역은 2만 평방미터 정도다.

입구에 들어서니 직사각형의 큼직한 금속판들이 땅바닥에 깔려 있다. 금속판들은 완만한 곡선을 그리며 나 있는 공원 관람로를 따라 수없이 많이 깔려 있다. 대부분 무늬가 없지만 어떤 것들은 글씨가 새겨져 있다. 금속판이 깔린 길

좌측에는 쇠파이프가 역시 완만한 곡선을 그리며 1미터 간격으로 줄지어 꽂혀 있다. 전투의 현장치고는 뜻밖이다. 야외미술관에 들어선 느낌이 든다.

사실 고고학 발굴현장을 관람객들이 재미있게 둘러보게 한다는 것은 쉬운 일이 아니다. 2천 년 전에 치열한 전투가 벌어진 곳이라 해도 숲과 들판일 뿐이고, 발굴이 끝나고 난 다음에도 역시 황무지로 방치되기 쉽기 때문이다. 그런데 스위스 건축가 마이크 구이에르(Mike Guyer)와 아네트 기곤(Annette Gigon)은 참신한 발상으로 재미있는 공원을 조성했다. 금속판을 깔아놓은 길은 로마군이 파멸을 향해 행군하던 길이며, 금속 파이프가 세워진 곳은 로마군을 공격하기 위해 게르만족이 토벽을 쌓았던 곳을 나타낸다.

그러니 관람객이 금속판을 밟으며 천천히 걸음을 옮기다보면 그 옛날의 로마군이 된 듯한 느낌이 든다. 그리고 금속판에 새겨진 글은 바로 그 자리에서 발굴된 내용에 관한 것이다. 그런데 글이 은유적이고 상징적이다. 자세한 설명을 하지 않는다. 말하자면 이런 식이다.

"군단병사들이 이리저리 흩어지다……" "공포로 방패를 집어던지다……" "무덤들……"

이런 글을 읽게 되면 관람객은 상상을 하게 마련이다. 스위스의 건축가들이 노린 점은 바로 그것이다. 관람객에게 복잡하고 장황한 설명을 제공하기보다는 스스로 생각하고 상상력을 발휘하게 하는 것. 400미터에 걸쳐 깔려 있는 철판을 밟으며 천천히 걷다보면 그런 시와도 같은 서른여덟 개의 글을 읽게 되고, 그러면 관람객은 그 현장에서 어떤 일이 일어났는지 자기만의 해석을 만들어 간직하는 것이다.

공원의 한가운데 부분은 이와 반대로 아주 구체적인 정보를 제공하는 장소로 꾸며져 있다. 1,600평방미터 넓이의 직사각형 구역이 2천 년 전의 모습으로 재현되어 있다. 1미터 정도 쌓인 흙을 걷어내서 전투 당시의 지표면을 드러내고

금속판들이 깔린 길은 로마군단이 파멸을 향해 행군하던 길이다.
왼쪽의 숲 속에서는 게르만군이 숨을 죽인 채 창을 겨누고 있었다.

게르만군이 쌓았던 토벽도 원래 모습대로 만들어놓았다. 언덕과 경사면, 습지도 2천 년 전의 모습대로 꾸몄다. 게르만군은 매복용으로 높이 1.5미터 정도의 토벽을 쌓았고, 그 위에 다시 나뭇가지를 엮어서 은신할 수 있도록 했다. 그리고 군데군데 뛰쳐나갈 수 있도록 통로를 만들었다.

게르만군은 천천히 접근하는 로마군의 발자국 소리를 들으며 숨을 죽이고 기다렸을 것이다. 매복공격을 하는 입장이지만 그들도 당연히 두려웠을 것이다. 당시 로마군은 세계 최강이었다. 그러고는 마침내 신호에 따라 손아귀에 쥐고 있

1미터 정도의 흙을 걷어내고 고대의 지표면을 드러내 전투현장을 복원한 모습. 로마군은 숲과 습지 사이의 좁은 땅을 행군하다 매복공격을 받고 제대로 반격조차 해보지 못한 채 전멸했다.

던 창을 로마군을 향해 있는 힘을 다해 던졌고, 그렇게 살육전은 시작되었다. 토벽 위에 올라서서 내려다보니 텅 빈 공간이 펼쳐져 있다. 이른 시간이라 다른 관람객은 아무도 없다. 이 땅이 바로 바루스와 그의 군단병사들이 쓰러져 피 흘리던 곳이라니 감회가 새롭다. 전투가 끝나고 몇 년이 지나고 난 뒤에도 이 땅에는 사람과 말의 백골이 가득했다.

6년 후 게르마니쿠스가 군단을 이끌고 이곳에 왔을 때도 로마군의 백골은 그대로 방치되어 있었다. 타키투스는 그 당시의 정경을 『연대기』에서 자세히 전하고 있는데 그 부분을 인용한다. 타키투스가 『연대기』를 쓴 것은 전투로부터 1세기 정도 후의 일이라 그도 다른 사람의 기록을 옮겨 적었을 것으로 생각되

1 전선 게르마니아

게르만군이 매복하던 토벽을 복원한 모습.
1.5미터 높이의 토벽 위에 나뭇가지를 얽어놓았고 군데군데 뛰쳐나갈 통로도 만들었다.

는데 묘사가 너무 생생해 현장을 직접 보는 듯하다.

그곳은 거기에 선 사람의 가슴속에 6년 전의 비참한 기억을 되살리기에 충분했다. 맨 처음 눈에 들어온 것은 허둥지둥 만든 것이 분명한 울타리를 둘러친 진영지였다. 총사령관 바루스의 막사를 비롯하여 막사를 친 흔적도 남아 있었지만, 3개 군단을 수용하기에는 턱없이 모자란 넓이였다. 그곳을 지나 잠시 가자 반쯤 파괴된 울타리와 얕게 판 참호가 눈에 들어왔다. 그것은 적의 기습으로 이미 숱한 사망자를 낸 뒤 진영지에서 수비할 수도 없게 된 로마 병사들이 최후의 저항을 시도한 흔적을 보여주고 있었다. 이 두 개의 진영지 사이에는 이미 백골이 된 시체들이 흩어져 있거나 한곳에 무더기로 쌓인 채 방치되어 있었다. 그것은 절망에 빠진 병사들이 뿔뿔이 흩어져 달아나려 했거나, 한데 뭉쳐서 싸운 흔적을 말해주고 있었다. 백골은 부러진 창이나 말의 해골 옆에 흩어져 있었다. 수많은 나무줄기마다 박혀 있는 두개골은 산 채로 처형되었음을 입증하고 있었다. 숲속에는 수많은 제단이 남아 있었는데, 게르마니쿠스와 동행한 바루스 군대의 생존자가 증언한 바에 따르면 게르만족은 그 제단 위에서 대대장들이나 백인대장들을 마치 산 제물로 바치는 짐승처럼 죽였다고 한다. 백인대장 중에서도 제1대대 소속만 골라서 산 제물로 바친 사실을 보면 군단 편성을 잘 아는 자의 소행이 분명하다.

살아남은 병사들은 저마다 군단장이 어디서 전사했는지, 어디서 군단의 은독수리 깃발을 적에게 빼앗겼는지, 어디서 바루스가 처음으로 상처를 입었는지, 어디서 스스로 가슴을 찔러 죽음을 택했는지를 이곳에 처음 온 동료 병사들에게 알려주었다. 또한 어디서 아르미니우스가 승리의 연설을 했는지, 포로가 된 병사들을 죽이기 위해 얼마나 많은 처형대가 세워졌는지, 아르미니우스가 얼마나 오만방자하게 로마 군기를 모욕했는지도 알려주었다.

패배한 지 6년 뒤 비극의 땅에 선 로마병사들은 흩어진 유골을 매장하는 작업에 착수했다. 어느 것이 군단 병사의 유골이고, 어느 것이 보조부대 병사의 것인지도 알 수 없었다. 하지만 유골을 수습해서 안식처를 마련해주는 작업을 진행하는 로마 병사들 가슴속에는 더 이상 군단 병사와 보조부대 병사의 차이는 존재하지 않았다. 어느 유해도 자기와 같은 피가 흐르는 동포의 것이었고, 그 동포를 이토록 잔인하게 죽인 적에 대한 분노가 활활 타올랐다. 총사령관 게르마니쿠스는 산더미처럼 쌓인 유골 위에 최초의 흙을 덮었다. 병사들도 그뒤를 따랐다. 이리하여 죽은 자의 슬픔과 살아 있는 자의 고통은 하나로 이어졌다.

그 처절했던 비극의 현장이 오랜 잠에서 깨어나 다시 햇살 아래 펼쳐져 있다. 공원 주변은 숲으로 둘러싸여 있고, 이제 노랗게 빨갛게 물들기 시작한다. 한 무리의 어린 학생들이 인솔교사를 따라 금속판을 밟으며 '로마군단의 길'을 따라 걸어 들어오고 있다. 하지만 그들에겐 이 공원이 그리 재미있는 것 같지는 않다. 교사가 열심히 설명을 하지만 아이들은 카메라를 들고 사진 찍는 내 모습을 훔쳐보느라 정신들이 없다. 금발과 파란 눈동자의 게르만 아이들이다. 저들이 태어난 이 시대에는 힘겹게 로마에 저항하지 않아도 되고, 군복을 입고 아르미니우스의 동상을 참배하지 않아도 된다. 얼마나 다행인가. 부디 다 자라서도 전쟁을 겪지 말고 행복하게 한평생 살기를.

세 개의 방

박물관을 디자인한 건축가 구이에르와 기곤은 이 공원에 아주 특별한 장치를 해놓았다. 'pavillon sehen' 'pavillon hören' 'pavillon fragen'이 그것이다. '보는 방' '듣는 방' '묻는 방'이라 해석되는 이 설치물들은 로마군단의 길을 따라 순서대로 설치되어 있다. 길이 시작되는 곳에 '보는 방'이 있고, 중간쯤에는 '듣는 방'이, 그리고 길이 끝나는 지점에 '묻는 방'이 있다.

방이라고 하지만 모습은 야외미술관의 설치미술품처럼 생겼다. 표면이 일정하게 부식되면 더 이상 부식이 진행되지 않는 철판을 이용해 정육면체의 공간을 제작해 야외에 설치했는데, 처음 '보는 방'에 들어갔을 때 나는 좀 당황했다. 안에 들어서자 완벽한 어둠이 나를 포위했다. 바로 옆에 누가 있다고 해도 소

바깥에서 본 '보는 방.' 커다란 렌즈가 깜깜한 실내에 전투현장을 뒤집힌 모습으로 비춘다.

리를 내지 않는다면 전혀 알 수 없을 정도로 어둡다. 무섭다는 느낌이 들 정도다. 그런데 그 깜깜한 공간에 희부연 공 같은 것이 떠 있다. 그곳에는 바깥 공원의 모습이 거꾸로 상(像)을 맺고 있다. 밖에 나와서 보니 방의 한쪽 면에 농구공만한 카메라 렌즈가 설치되어 있다. 이 렌즈를 통해 전투의 현장이 뒤집힌 모습으로 암흑 속에 떠 있는 것이다.

'듣는 방'은 커다란 금속제 나팔이 방 외부로 연결되어 있다. 내부가 어둡지는 않다. 이 방에서는 나팔의 끝 부분을 귀에 대고 있으면 바깥의 소리가 증폭되어 들린다. 그래서 미세한 소리도 놓치지 않고 들을 수 있다. 안에서 나팔을 잡고 돌리면 지붕 위로 나와 있는 거대한 나팔이 빙글빙글 돈다.

마지막 '묻는 방'에 들어갔을 때는 깜짝 놀랐다. 벽면에 설치된 아홉 개의 멀티비전 화면이 갑자기 작동되기 시작했기 때문이다. 센서가 설치되어 있는 듯했

1 전선 게르마니아

다. 아홉 개의 화면은 세계 각지에서 일어나고 있는 전쟁과 분쟁을 보여준다. 체첸 전쟁, 이라크 전쟁, 그리고 아프리카의 내전들……. 엄청난 소음과 함께 인류가 현재 겪고 있는 분쟁을 보여주고 난 다음 아홉 개의 화면에는 물음표가 떠오른다. 그러고는 끝이다. 역시 구체적인 설명을 해주지 않는다.

이런 방들을 고대 전투의 현장에 설치한 건축가들은 무슨 생각을 한 걸까? 나는 여행을 다녀와서 이리저리 생각을 한 끝에 나름대로 건축가들의 의도를 파악하긴 했는데 그래도 좀 더 정확한 이야기를 듣고 싶어 박물관에 메일을 보내 문의했다. 도대체 '세 개의 방'의 정확한 의미가 무엇이냐고.

박물관 학예연구원 하이드룬 데르크스는 제법 긴 답변을 보내주었는데 요지는 간단했다. 그것들은 묵상을 위한 공간(Space for Retreat)이라는 것이다. '보는 방'은 과거의 전투장면을 보여주는 것이 아니요, '듣는 방'은 아무 답변도 주지 않기 때문에 관람객이 묵상을 통해 스스로 생각해야 한다는 말이다. '로마군단의 길'에 은유와 상징으로 압축된 설명만 제공한 것과 마찬가지 의도다.

그렇다면 그 방들을 둘러보고 고민까지 했으니 나는 나름의 해석을 내놓아야 한다. 첫째, '보는 방'은 그 어두운 공간에 떠 있는 뒤집힌 상이 실마리가 된다. 말하자면 바루스 전투를 다른 관점에서, 즉 뒤집어서 생각해보자는 이야기를 하고 있는 것이다. 독일인 관람객 입장에서는 이곳은 조상의 승전의 현장인데, 그렇게만 보지 말고 다른 측면도 생각해보자는 말이다. '듣는 방'은 좀 더 쉽게 이해했다. 이 비극의 현장이 들려주는 역사의 메시지를 마음속에 새기자는 말 아닐까? '묻는 방'은 더 쉽다. 전쟁은 안 된다는 것이 그 방의 메시지다.

물론 이런 해석은 순전히 나만의 것이고 사람마다 다를 것이다. 또 그래야 한다. 그것이 바로 건축가들이 의도한 바니까.

제국의 최전선 게르마니아 방벽

숲에서 길을 잃다

북쪽으로 향하는 타우누스(Taunus) 선 기차는 나만 달랑 역에 내려놓고 단풍이 붉게 불타는 숲속으로 사라져버렸다. 간이역에는 근무자도 없다. 역을 나서서 마을에 들어섰는데도 오가는 사람이 없다. 마을은 적막감이 감돌 정도로 한산하다. 아침 일찍 프랑크푸르트 중앙역에서 기차를 타고 50분 거리의 잘부르크(Saalburg) 역에 내렸는데 도대체 마을이 대도시 교외답지 않다. 다행히 내가 갈 방향을 알려주는 안내판이 서 있다. 'Römerkastell(로마 기지) 2.4킬로미터'. 이 정도 거리라면 3, 40분 정도 열심히 걸으면 목적지에 도착할 수 있겠지.

남자에서 여자로 성전환해 유명해진 잔 모리스(Jan Morris)라는 웨일스 출신 작가가 있다. 그는 자신이 평생 동안 살아온 유럽을 주제로 『50년간의 유럽여행』이라는 기행문을 펴냈는데, 나는 이 책을 단순한 기행문이 아니라 유럽문화 총론서로 읽었다. 「유럽의 가장자리」라는 제목으로 역사적으로 중요한 의미를 지닌 경계선을 다룬 부분에서 그는 잘부르크의 게르마니아 방벽에 있는 로마군 기지를 이렇게 언급하고 있다.

숲을 끼고 서 있는 그 요새는 프랑크푸르트에서 당일치기로 다녀오기에 적당한 곳으로, 꽤나 먼 변경의 분위기를 간직하고 있다. 주도면밀하게 복원되어 있는 요새에서는 로마군의 가죽신 소리와 백인대장들의 호령 소리가 들려오는 듯했다.

로마 여행을 준비하던 나는 이 글을 읽고 눈이 번쩍 뜨였다. 게르마니아 방벽은 라인 강과 도나우 강을 잇는 로마제국 북쪽 방위선으로 로마 역사에서 중요한 곳인데, 그것이 옛 모습대로 복원되어 있다고 했기 때문이다. 그래서 프랑크푸르트 북쪽의 이 한적한 마을은 나의 여행계획에 일찌감치 포함되어 있었다.

게르마니아의 숲에 가을이 깊었다. 활엽수들은 모두 짙은 가을 색으로 물들어 약간의 바람만 스쳐도 이파리들을 우수수 날린다. 숲 사이로 난 좁은 길에는 습기를 머금은 낙엽이 푹신하게 깔려 있다. 가을이 가장 슬프도록 아름다운 때다. 이제 며칠이면 나무들은 앙상하게 가지만 남을 것이다.

길은 산의 경사면을 따라 나 있다. 왼쪽 언덕은 소나무와 전나무로 이루어진 침엽수림이다. 햇빛도 들지 않을 만큼 빽빽하게 나무들이 들어차 있다. 과거부터 숲은 게르만의 어머니였고, 이제는 독일의 풍요를 상징한다. 오른쪽 낮은 지대에는 침엽수와 활엽수가 섞여 있다. 인공이 닿지 않은 숲이 널따랗게 펼쳐져 있는데, 녹색의 바다 위에 노랗고 빨간 물감이 번지는 풍경이다. 그 위로 열린 푸른 하늘에는 하얀 뭉게구름이 떠간다.

그런 길을 한참 동안 혼자 걷자니 숲을 혼자서 다 차지했다는 생각에 뿌듯하기도 하지만 좀 무섭기도 하다. 침엽수 조림지역에는 방금 간벌작업을 한 듯 하얀 톱밥이 흩어져 있는데, 인부들은 보이지 않는다. 내가 길을 제대로 가고 있는지 물어보고 싶지만 물어볼 사람이 없다. 계속 숲길을 따라갈 수밖에.

조그만 언덕을 하나 넘으니 갈림길이 나온다. 그런데 안내판이 없다. 더 높은

만추(晩秋)의 게르마니아 숲.
한 시간 남짓 걸어가는 동안 아무도 만나지 못했고 결국 길을 잃었다.

쪽의 숲길로 들어가는 길과 숲을 벗어나서 아래쪽으로 내려가는 길이 있다. 잠시 망설였지만 숲속으로 방향을 잡았다. 어차피 확률은 반반이다. 이마에 땀이 배어날 만큼 걸었을 때, 나는 말 그대로 검은 숲(Schwarz Wald)에 갇히고 말았다. 단풍은 이제 흔적도 없고 하늘을 찌를 듯 높이 솟은 전나무들만 사방에 들어차 있다. 숲은 끝이 보이지 않고, 길도 어디까지 이어지는지 알 수 없다. 목표가 분명하지 않으니 다리에 힘이 빠진다. 그리고 이제 본격적으로 무섭기도 하다.

그때 숲속에서 트럭이 한 대 천천히 굴러 나온다. 구세주를 만난 듯 반갑다. 차의 주인은 노인 부부다. 운전대를 잡고 있는 할아버지는 칠순도 넘어 보인다. 로마군 기지에 간다고 했더니 할머니는 이 길이 아니라며 차에 타라고 한다. 유창한 영어다. 다행이다. 이 사람들을 만나지 못했더라면 나는 어두운 숲길을 확신도 없이 한참동안 걸어 들어갔다가, 방향이 잘못되었다는 것을 확인하고는 다시 걸어 나오는 헛수고를 해야 했을 것이다.

뒷좌석에는 버섯이 가득 담긴 광주리가 여러 개 실려 있다. 크기가 아이 팔뚝만하고 송이와 비슷하게 생겼는데 향기가 차 안에 은은하다. 할머니가 둘이서 아침부터 캔 것이라며 함박웃음을 짓는다. 게르마니아의 숲이 이들한테 주는 선물이다. 이 사람들은 맛있는 버섯을 요리해서 먹기도 하고 장에 내다팔기도 할 것이다.

내가 숲속으로 방향을 잡았던 갈림길에 도착했다. 할머니는 내리막길을 따라 조금만 내려가면 기지가 보일 거라며 반대방향으로 떠난다. 독일 사람들은 대체로 영어를 잘한다고 하지만 저 할머니는 도대체 어디서 영어를 배웠을까.

숲길이 끝나는 곳에서 로마군 기지가 보인다. 게르만족의 침입을 막기 위해 방벽을 지키던 로마 병사들이 주둔하던 곳이다. 바로 곁으로 지나가는 456번 고속도로와 주차장의 BMW승용차가 아니라면 로마시대로 되돌아 간 것이 아닌가 하는 착각을 할 뻔했다. 너무나 완전한 모습의 로마군 기지가 한바탕 게르마니아의 숲속을 헤맨 내 눈앞에 모습을 드러냈기 때문이다.

리메스 게르마니쿠스

바루스의 3개 군단이 게르마니아의 숲에서 궤멸한 뒤 로마는 공격에서 수비로 전환했고, 방위선은 라인 강으로 굳어지게 되었다. 본과 코블렌츠 중간지점을 경계로 저지 게르마니아(Germania Inferior)와 고지 게르마니아(Germania Suferior)로 나누어 라인 강 방위를 담당하는 속주를 설치하고 군단기지를 건설했다. 이렇게 해서 로마제국의 북쪽 방위선은 라인 강과 도나우 강으로 정해졌다. 하지만 두 강으로 방위선을 삼는 데는 문제가 있었다. 상류지역의 방위가 부실했던 것이다.

지금도 독일 지도를 펼쳐놓고 보면 슈투트가르트 아래에 검은 숲이 있고 이 숲속으로 라인 강과 도나우 강의 상류가 사라져버리는 것을 볼 수 있다. 오랜 세월이 지난 현대에도 이 지역은 검다고 할 정도의 푸른 숲으로 뒤덮여 있으니 옛날에야 말할 것도 없는 일이다. 이 숲속에 게르만족이 둥지를 틀고 있는 한 로마 사람들은 결코 두 발을 뻗고 잠을 잘 수 없었다. 그래서 이에 대한 대책은 이미 티베리우스 시절부터 강구되기 시작했다.

황제 도미티아누스는 자기 아내의 당번 노예 스테파누스에 의해 살해되었고, 죽은 다음에는 원로원에 의해 기록말살형에 처해졌다. 그가 로마의 엘리트로서는 가장 치욕적인 기록말살형에 처해진 것은 집권 후반기의 공포정치 탓이었다. 하지만 도미티아누스가 로마 황제로서 해야 할 일을 아무것도 안 한 것은 아니었다. 오히려 열심히 일한 편에 속했다. 그중 가장 중요한 업적이 게르마니아 방벽, 즉 리메스 게르마니쿠스(Limes Germanicus)를 건설한 일이다.

리메스 게르마니쿠스를 따라 세워졌던 요새의 기단이 아직도 남아 있다.
예나 지금이나 게르마니아의 숲은 햇빛조차 잘 들지 않는다.

평균 500미터마다 사방 4미터
규모로 세워진 요새 상상도.
사다리를 이용해 2층으로 출입했다.

라인 강과 도나우 강의 상류지역이 취약한 것은 로마의 오래된 고민거리였는데, 그는 과감하게 행동에 들어가 문제를 해결해버린 것이다. 그는 라인 강을 건너 게르마니아로 쳐들어가 오늘날 헤센 북쪽에 사는 카티족을 동쪽으로 몰아낸 다음 검은 숲을 등지고 방벽을 건설했다. 방벽에는 평균 500미터 거리마다 사방 4미터의 요새를 세웠다. 요새는 적의 접근을 쉽게 관측할 수 있는 높은 곳을 골라 세워졌는데 탁 트인 평지에서는 간격이 길어지고, 복잡한 지형에서는 짧아졌다.

요새는 3층으로 되어 있었는데, 맨 아래층은 음식이나 땔감 등을 보관하는 창고로 사용했다. 중간층은 잠을 자고 식사하는 생활공간이었다. 여기에는 식탁과 침대도 갖추어져 있었다. 그리고 외부와의 출입은 이 중간층에서 사다리를 통해 하도록 했다. 이것은 적이 가까이 왔을 때 사다리만 치워버리면 적이 요새로 진입하는 걸 막을 수 있도록 하기 위해서였다. 맨 위층은 경계근무를 위한 공간이었는데 요새 외벽에 통로를 둘러쳤다. 규모는 작지만 이렇게 완벽한 기능을 갖춘 요새가 게르만족을 내려다보는 언덕 위에 수도 없이 세워졌다.

게르마니아 방벽은 이런 요새들로만 이루어진 것이 아니었다. 요새 후방 가까운 곳에는 요새에 근무하는 병사들이 주둔하는 보조부대 기지가 있었고, 더 후방에는 군단기지가 있었으며, 그 기지들은 모두 로마가도로 연결되어 있었다. 즉 요새와 보조부대 기지·군단기지·로마가도가 게르마니아 방벽의 네 가지 요소였던 것이다. 이렇게 유기적인 요소들로 이루어진 방벽은 장장 542킬로미터에 걸쳐 뻗어나갔다. 저지 게르마니아와 고지 게르마니아의 중간지점, 즉 오늘날의 본과 코블렌츠 중간에서 시작해 마인츠 북쪽까지 라인 강을 따라 내려와서는 프랑크푸르트 북쪽에서는 게르마니아 땅으로 깊숙이 들어갔다. 다시 곧장 남하하여 로르히에 이르면 동쪽으로 방향을 틀어 도나우 강 상류의 레겐스부르크까지 이어졌다. 로마는 방위의 근심거리였던 두 강의 상류지역을 영토로 편입하고 라인 강과 도나우 강을 연결해버린 것이다.

게르마니아 방벽은 이후 하드리아누스 시절에 더욱 철벽화되면서 완전한 모습으로 거듭나게 된다. 서기 121년 로마를 떠나 제국 순행에 나선 하드리아누스는 라인 강 전선의 배후 도시인 트리어에서 저지·고지 게르마니아 속주 총독과 군단장, 고위 장교들을 접견한 뒤 게르마니아 방벽을 직접 시찰했다. 치밀한 성격의 그는 방벽을 둘러보고는 방벽이 지나가야 할 곳을 다시 그어주었고, 결과적으로 전체의 3분의 1이나 되는 구간이 동쪽으로 30킬로미터 전진하게 되었다. 요새 사이의 방어시설도 더욱 물샐틈없는 모습으로 바뀌었다. 요새 앞에 흙을 쌓아 다진 토벽을 세우고 그 앞에는 해자를 팠다. 해자 앞에는 통나무

울타리를 둘러쳤다. 또 그 전방은 이발기계로 밀 듯 숲을 깨끗하게 잘라내 적의 침입을 관측하기 쉽도록 했다. 이런 장애물을 설치하기 전에는 각 요새가 순찰로로 연결되어 있었다. 이렇게 해서 게르마니아 방벽은 그야말로 철벽 같은 모습을 갖추게 되었는데, 오늘날 이와 같이 강력하고도 복잡한 형태의 군사분계선을 보려면 한반도 허리에서 찾을 수밖에 없다.

하드리아누스는 병사들의 주둔기지도 대규모로 확장했다. 잘부르크에는 도미티아누스 시절 목책으로 둘러싼 소규모의 기지가 건설되었는데 하드리아누스 시절 그 기지 터에다 가로 221미터 세로 147미터 규모의 웅장한 기지를 신축하고 둘레는 석조 성벽으로 둘러쌌다. 주둔군은 500명 규모의 대대병력이었고, 속주 주민들로 구성된 보조부대였다.

독일 황제 카이저의 기지 재건

그러나 이런 철벽 같은 게르마니아 방벽도 영원히 유지되지는 못했다. 3세기 중엽 갈리에누스 황제는 이 방벽 안쪽에 게르만 일파인 알레마니족을 끌어들여 방위를 맡겼다. 비록 알레마니족이 로마에 우호적이었고 그들의 간청에 의한 것이기는 했지만, 게르만족을 막기 위해 건설한 방벽을 게르만족에게 맡겼다는 것은 방벽이 방위선으로서의 수명을 다했다는 걸 말해준다. 이렇게 해서 티베리우스가 계획하고, 도미티아누스가 공사를 시작하고, 하드리아누스가 철벽화하고, 마르쿠스 아우렐리우스가 보강하여 200년 이상 로마를 지켜준 방벽은 3세기 후반 그 기능을 다했다.

방벽은 버려졌고 병사들이 주둔하던 기지는 폐허로 변했다. 중세를 거치며 기지는 지역 주민들의 편리한 채석장 역할을 했다. 18세기에 이르러 고대에 대한 관심이 커지면서 이곳 잘부르크 기지는 세인의 관심을 끌기 시작했고, 19세기

에 대규모 고고학 발굴조사가 이루어졌다. 하지만 남아 있는 것은 건물과 성벽의 기단뿐이었다.

1898년에서 1907년 사이 이곳 잘부르크에는 오랜 발굴조사 결과를 바탕으로 로마군 기지가 재건되었다. 가능한 한 원형대로 복원하기 위해 세심한 주의가

1세기 전 독일 황제 빌헬름 2세에 의해 복원된 로마 기지. 게르마니아 방벽을 지키던 500명 규모의 보조부대 병사들이 주둔하던 곳이었다. 하드리아누스 청동상이 입구에 서 있다.

기울여졌다. 학자들은 다른 지역에 남아 있는 로마시대 기지들을 모두 참고했고, 로마인들이 남긴 기록을 철저히 분석했다. 카이사르나 타키투스 같은 작가들의 글 중에서 군사용 건물의 모습을 묘사하는 부분들은 중요한 단서가 되었다. 복원비용은 독일 정부가 주로 부담했고 미국과 다른 나라들도 보탰다.

기지는 완벽한 모습으로 복원되었고 화려한 낙성식이 열렸다. 당시의 행사 모습이 사진과 그림으로 남아 있어 우리는 로마군 기지의 복원이라는 것이 당시의 위정자에게 어떤 의미를 가졌는지 충분히 짐작할 수 있다. 행사장은 신전 파사드(Facade)와 로마군단의 상징인 은독수리 깃발로 둘러싸여 제국의 영광을 연출하고 있다. 그 마당 한가운데 예복을 입은 독일 황제 빌헬름 2세가 주빈으로 행사에 참석하고 있다. 그런데 재미있는 것은 행사 참석자들이 모두 로마식 복장을 하고 있다는 점이다. 신하들은 로마 남자의 복장인 흰 토가를 걸쳤고, 머리를 꽃으로 장식한 도우미 소녀들도 역시 로마식 흰옷을 입고 행사장에 둘러서 있다. 경호 군인들은 완전한 모습의 로마 병사 차림을 하고 있다. 분위기와 옷차림으로만 본다면 2천 년 전 전성기 로마제국의 행사장으로 보인다.

프로이센을 중심으로 독일이 통일된 뒤 독일 황제를 카이저(Kaiser)라고 불렀지만, 보통 카이저라고 하면 이 행사에 주빈으로 참석한 빌헬름 2세를 가리킨다. 그런데 카이저라고 하는 것이 무엇인가. 러시아의 차르(Tsar)와 마찬가지로 로마의 카이사르(Caesar)를 그들 식으로 발음한 것에 지나지 않는다. 빌헬름 2세는 황제가 되고 난 뒤 보불전쟁을 승리로 이끌어 독일제국 탄생에 결정적인 공헌을 한 비스마르크 재상을 해임해버렸다. 유럽대륙 내에서의 안정적 지위 확보에 치중한 비스마르크의 정책에 찬성하지 않았기 때문이다. 대신 그는 적극적으로 해외 진출을 도모하는 세계정책을 택했다. 즉 그는 제국의 주인이 되고 싶었고, 따라서 로마 황제는 숭배의 대상이었다. 그러니 자신을 카이저, 즉 카이사르로 불러주길 바랐던 것이다. 이곳 잘부르크에서 100여 년 전에 열린 연극과 같은 로마군 기지 낙성식은 그의 이 같은 욕망을 드러내는 행사였다.

재미삼아 했겠죠

긴 석조 성벽이 가을빛으로 물든 고목들 사이에 웅장하게 솟아 있다. 현재의 기지 외벽은 하드리아누스 시대의 축조와 그 이후의 보완된 모습을 복원한 것이다. 과연 최전성기 로마제국이 남긴 유적답게 강하고도 아름다운 모습이다. 머나먼 제국 변경에 이 정도로 강력한 건조물을 세울 생각을 했으니 제국의 힘이 얼마나 강력했고 위정자들의 방위 의지가 얼마나 강했는지 충분히 느낄 수 있다.

흉벽(胸壁)을 설치한 긴 성벽 중간에 기지 정문이 나 있다. 두 개의 큰 아치형 출입구와 그 양쪽에 뾰족지붕의 망루가 높이 솟아 있다. 투박하지만 소박한 아름다움이 있다. 로마네스크 건축양식의 원형을 보는 듯하다. 양 출입구 사이에는 오른손을 들고 군대를 사열하는 하드리아누스 황제의 청동상이 서 있다. 군복을 입고 독수리가 장식된 홀을 들고 있다. 로마군 총사령관의 모습이다. 현재의 모습과 같이 기지를 만든 것이 그였기 때문에 그의 동상이 서 있는 것이다. 동상 뒤 출입구 상단에 라틴어를 새긴 커다란 동판이 걸려 있다. 거기에는 "독일 황제 빌헬름 2세는 그의 부모를 기려 이 기지를 복원했다"는 글이 적혀 있다. 기지 복원에는 그의 정치적 야심이 강하게 작용했겠지만 그 속마음을 글로 써서 벽에 붙여놓기는 어려웠을 것이다.

출입문을 통과하니 일직선으로 난 길이 본부 건물로 통한다. 건물은 가로로 길고 석조 벽면에는 아치형 창문이 두 줄로 나 있다. 오래된 학교건물 분위기를 풍긴다. 내부는 거의 비어 있고 하드리아누스와 세베루스 알렉산데르 황제의 청동상이 빈 공간을 지키고 있다. 동상들은 로마 당시의 유적이 아니라 기지 복원 당시 제작되었다는 설명이 붙어 있다. 뒷문으로 나가니 고요한 분위기의 공간이 나타난다. 바닥에는 깨끗한 모래가 깔려 있고 회랑으로 둘러싸여 있다.

기지 정문을 지키는 하드리아누스 청동상 뒤에 라틴어 동판이 걸려 있다.
"독일 황제 빌헬름 2세는 그의 부모를 기려 잘부르크에 로마군 기지를 복원했다"고 되어 있다.

마당에는 지붕으로 덮인 우물도 두 개 있다. 무장한 로마 군인이 살던 공간이라기보다 일본 정원의 분위기를 간직하고 있다.

맞은편에 본부 건물보다는 조금 규모가 작은 건물이 이어진다. 이곳에는 잘부르크 기지의 역사와 관련된 유적들이 전시되어 있다. 전시된 비석에는 이 부대의 명칭이 적혀 있다. 'cohors II Raetorum civium Romanorum'. '라에티아 속주 소속 군단의 보조부대 2대대' 정도로 번역할 수 있겠다. 이런 기록을 통해 속주 주민들로 구성된 보조부대 병사들이 게르마니아 방벽을 지켰다는 걸 알 수 있다. 병사들을 이끌던 지휘관들의 이름도 남아 있다. 'Mogillonius Priscianus와 Sextius Victor'. 그들은 장교였기 때문에 돌에 이름이 새겨졌고, 2천 년이 지난 오늘까지 전해지고 있다.

독일인 일가족이 나와 동선을 같이하며 전시물을 살펴보고 있다. 30대 중반 정도의 부부와 여덟 살쯤 되는 사내아이다. 부모들은 공부하듯 차근차근 전시물을 살펴보며 천천히 이동한다. 특히 남자는 어떤 유물 앞에서는 사색에 잠긴 듯 꼼짝하지 않고 서 있기도 한다. 하지만 어린아이가 이런 곳에서 진지한 태도를 유지하기는 힘들다. 도대체 재미라고는 없는 돌덩어리들 앞에서 아빠 엄마가 움직일 줄 모르니 심심할 뿐이다. 무료함을 달래자면 장난을 칠 수밖에 없다. 흉상의 코를 잡아당기기도 하고, 비석을 손으로 쓱 쓰다듬기도 한다. 어머니는 내 눈치를 보며 아이의 소매를 잡아당기기에 바쁘다. 그런 모습을 보다 남자에게 슬쩍 말을 걸어보았다.
"로마에 관심이 많으시군요."
"네, 역사를 좋아하는 편입니다."
"로마제국과 당신들의 조상인 게르만족의 관계에 대해서는 어떻게 생각하세요? 게르만족은 로마의 침입을 막아냈고, 결국 라인 강 동쪽은 로마의 지배를 받지 않았잖아요."
"로마는 우리한테 '문화'일 뿐입니다."
"물론 현재는 그렇지요. 하지만 게르만족은 고대 사회에서는 드물게 로마에 지지 않은 민족인데, 그에 대해 민족적 자부심 같은 게 없단 말씀인가요?"
"저는 로마를 전쟁의 상대로 파악하지 않습니다."
"그러면 바루스 전투는 어떻게 보세요? 대단한 승리였잖아요."
"물론 그렇죠. 사흘에 걸쳐 로마 3개 군단을 전멸시킨 전투였지요. 하지만 그것도 이제 역사일 뿐입니다. 저기 지도 보세요."
흰 회벽에는 로마제국의 통치범위를 그린 지도가 새겨져 있다. 그의 손가락은 쾰른을 가리키고 있다.
"전 쾰른에서 태어났어요. 원래 로마의 식민도시였죠. 최근까지도 많은 유물이 발견되고 있답니다. 그리고 중요한 것은 로마와 게르만은 전쟁만 한 것이

기지 내부에서 본 측면 출입문. 견실하고 아름답다.

아니에요. 서로 통상하고 교류했습니다."

사내는 로마와 게르만의 투쟁의 역사에 크게 의미를 부여하지 않는다. 그리고 쾰른이면 고대 로마의 영토니까 그는 자신이 로마의 후예라고 생각하는지도 모른다. 그렇다면 그에게 로마는 적이 아니다. 마지막으로 하나 더 물었다.

"그러면 빌헬름 2세가 이 기지 낙성식에서 참석자들한테 로마 복장을 입힌 것은 어떻게 보십니까?"

그때까지 아이의 목덜미를 열심히 낚아채며 우리 대화를 듣고 있던 여자가 불쑥 나선다.

"재미삼아 했겠죠."

남자도 수긍하는지 별말이 없다. 재미삼아서라……. 독일제국 황제가 엄숙하게 거행한 로마군 기지 낙성식이 이들한테는 유치하게 보이는 것이다. 행사를 그렇게 했다고 해서 로마 황제의 계승자가 될 수 있었겠느냐는 투다. 이 독일인 부부에게 있어 로마는 흉내낼 수 없는 고대의 역사요, 현재 자신들의 문화적 뿌리다. 로마의 지배를 받았든, 받지 않았든.

로마인의 신발

기지 안에는 박물관이 있다. 원래는 부대의 곡물 저장창고였던 공간을 박물관으로 사용하고 있다. 전시물품은 다양하다. 잘부르크 기지 발굴과정에서 출토된 유물과 이 주변의 방벽 유적에서 발굴된 것들이 망라되어 있다. 무기와 생활용품과 동전들이 잘 분류되어 전시되어 있다.

전시품 중 다른 로마 박물관에서 보지 못한 것은 다양한 모양의 등잔이다. 조그만 항아리 모양의 병에 심지를 박은 단순한 모양도 있고, 화려하게 장식한 것들도 보인다. 가장 뛰어난 작품은 아라비안나이트에 등장하는 요술램프 형태의 등잔인데, 길쭉한 몸통의 양쪽 끝에 두 개의 심지 구멍을 내고 몸통 윗면에는 신의 얼굴을 새겼다. 얼굴은 주름과 수염 하나하나까지 정교하게 묘사되어 있어 한눈에 봐도 보통 솜씨가 아니란 걸 알 수 있다. 로마 전성기였다고 하지만 국경의 기지에서 이런 물건이 사용되었다는 것이 놀랍다. 부대 지휘관은 이런 등잔불 아래서 속주 총독이나 군단 사령관에게 보내는 보고서를 썼을 것이다.

하지만 이 박물관에서 놀라움과 감탄으로 본 것은 신발들이다. 사실 나는 자료를 통해 로마 군인들의 신발 모습을 보고 내심 걱정하기도 하고 의문도 가졌다. 로마 시에 있는 트라야누스 원주(圓柱) 같은 유물을 보면 군인들의 전투장면과 기지를 건설하는 모습 등이 사실적으로 묘사되어 있는데, 그들이 신고 있는 신발이 너무 부실해 보였기 때문이다. 발을 감싼 신발은 조선시대 짚신보다 못해 보였는데, 발가락은 다 드러나고 가죽 끈이 몇 가닥 발등을 감싸고 있을 뿐이다. 나는 그 모습을 본 순간 내 발가락이 다 아픈 느낌을 받았다. 아무리 좋은 갑옷을 입어도 신발이 부실하면 군인은 제대로 활동하지 못한다.

사실 이탈리아 반도는 샌들이 어울리는 기후다. 날씨가 춥지도 않고 비도 별로 내리지 않는다. 하지만 알프스를 넘으면 사정이 다르다. 게르마니아는 뼈가 시리게 춥고, 브리타니아는 비가 많이 내린다. 트라야누스가 다키아 전쟁을 벌인 오늘날의 루마니아 땅도 포근한 곳이 아니다. 사정이 그런데도 다른 장비는 당시의 어느 민족보다 진보된 것을 사용했으면서 신발은 왜 그런 걸 신었는지 이해가 안 되었다.

그런 나의 눈에 박물관 선반의 로마군 군화가 눈에 들어왔다. 전체적인 모습은 오늘날의 목 짧은 부츠와 크게 다르지 않다. 하지만 전투현장의 환경을 고려한 기능적 디자인이 가미되어 있다. 우선 신발 끈을 매는 앞부분이 지그재그로 터져 있다. 흙이 신발 안으로 들어가는 것을 방지하기 위한 것이다. 뒷부분에는

복원된 로마군 신발. 바닥에 금속 스파이크가 붙어 있고 앞부분이 지그재그로 되어 있어 흙이 들어가는 걸 막는다. 이 정도면 어떤 전투현장에서도 발을 보호할 수 있었을 것이다.

신발을 신을 때 사용하는 손잡이가 큼직하게 붙어 있다. 오늘날의 캐주얼화도 그대로 채용하고 있는 기능이다. 그리고 바닥에는 놀랍게도 금속 스파이크가 가득 박혀 있다.

물론 이런 디자인의 신발을 모든 병사들이 다 신을 수 있었는지는 알 수 없다. 하지만 국경지역의 보조부대에서 발견되었으니 소수의 특정인만을 위한 것은 아니었다는 것이 분명하다. 어쨌든 이 정도라면 아무리 험한 전투현장에서도 병사들은 자기의 전투력을 충분히 발휘할 수 있을 것이다.

또 다른 한 쌍의 신발. 이것은 정말 감탄할 만하다. 고대의 병영에서 발견된 신발이라고는 도저히 믿어지지 않는 물건이기 때문이다. 전체적인 형태는 오늘날의 구두와 같지만 몸통 전체에 지름 1센티미터 정도의 동그란 구멍이 빠짐

없이 뚫려 있고, 구멍 사이의 빈 공간에는 미세한 무늬가 장식되어 있다. 발등 부분은 동그랗게 노출되어 있고, 끈을 졸라매면 발목도 부드럽게 졸리도록 끈이 발목을 감싸고 있다. 가히 패션의 첨단을 달리는 요즘의 디자이너들도 한번 보면 울고 갈 디자인이다. 나는 이 신발을 봤을 때 정교하게 투각(透刻) 기법을 사용해 제작한 조선시대의 도자기 필통을 떠올렸다. 쾌적한 이탈리아의 궁정에서 황실 가족들이나 사용했을 법한 이런 신발이 어떻게 게르마니아 방벽을 지키는 기지에서 발견됐을까?

병사들은 게르마니아 방벽에서 전쟁만 한 것은 아니었다. 평온한 세월이 지속되면서 긴장감도 떨어지고 사용하는 물건도 사치해졌다. 그리고 그 시절은 로마의 전성기였다. 지휘관이나 장교는 이 변방의 기지에서 신의 얼굴이 새겨진 등잔불에 불을 밝히고, 가볍고 아름다운 가죽신을 신고 지내기도 했던 것이다. 그런데 가죽신발과 같이 상하기 쉬운 물건이 어떻게 오늘날까지 이렇게 멀쩡한 모습으로 보존될 수 있었을까. 그것은 기지에 있었던 수많은 우물 덕분이다. 사람이 사는 공간이니까 물은 필수적이었고, 기지가 유지된 200년이 넘는 세월동안 수많은 우물을 새로 파고, 또 물이 마르면 메웠다.

발굴조사에 의하면 기지 안팎에 99개나 되는 우물이 있었다고 하며 가장 깊은 것은 26미터나 됐다고 한다. 물을 확보하기 위해 피나는 노력을 기울였던 것이다. 덕분에 발굴 팀은 그 많은 우물을 발굴하면서 나무와 가죽으로 된 유물을 많이 건져 올렸다. 빛도 들지 않고 공기도 차단된 우물 속의 축축한 진흙은 타임캡슐의 역할을 해 로마 군인들의 신발을 원래 모습 그대로 보존했다. 청소하기 위해 우물 속으로 들어간 병사가 '아차' 하고 바닥에 떨어뜨린 모습대로, 그리고 어느 봄날 공놀이하던 장교가 '어어' 하며 실수로 빠뜨린 모습 그대로.

질서의 저편

기지 정문 앞에는 목욕탕 유적이 있다. 발굴은 했지만 원형대로 복원하지는 않고 방치되어 있다. 하지만 드러난 기단만으로도 규모가 대단했음을 알 수 있다. 조사에 의해 탈의실과 화장실 · 냉탕 · 미온탕 그리고 열탕이 어떤 공간에 배치되어 있었는지 밝혀졌다. 워낙 목욕을 좋아하던 민족이었으니 이런 변방의 병사들도 도시와 별다를 바 없는 목욕의 혜택을 누렸다.

그 목욕탕 옆으로 난 길을 따라 숲속으로 들어간다. 10여 분쯤 걸었을까. 숲속을 가로지르는 둔덕이 보인다. 분명 인공적인 구조물이다. 관심을 가지지 않고 보면 그것이 리메스를 이루고 있던 장애물의 일부라는 걸 알기 힘들다. 그러나 두 눈을 크게 뜨고 찾는 사람한테는 놀라울 정도로 잘 보존된 로마 유적이다. 흙으로 쌓은 구조물이 그렇게 오랜 세월이 흘렀음에도 뚜렷한 형태를 유지하고 있다는 사실이 놀랍다. 물론 토벽 앞의 해자는 메워졌고, 그 앞에 설치되어 있었던 통나무 울타리는 흔적도 없다. 토벽도 나무들이 뿌리를 깊게 박고 있어서 원형은 아니다. 하지만 현재도 1~2미터 정도의 높이를 유지하며 일직선으로 숲속에 뻗어 있다.

토벽 바깥은 깊은 숲이다. 다양한 종류의 활엽수들이 화려하게 물든 이파리들을 끊임없이 날리고 있다. 로마는 저 안에 사는 게르만족으로부터 제국을 지키기 위해 리메스를 쌓았다. 여기는 제국의 최전선이었다.

카이사르, 라인 강을 건너다

ICE 유감

하얀 차체에 붉은 줄이 일자로 그어진 독일의 고속열차 ICE(InterCity Express)가 프랑크푸르트 중앙역을 출발했다. 행선지는 쾰른이다. 이 구간은 이번 여행 중 가장 경치 좋은 곳이다. 라인 강변의 가파른 경사면에 펼쳐진 포도밭과 산꼭대기마다 자리 잡고 있는 중세의 고성들, 그리고 전설이 깃든 여러 명소들이 줄지어 있기 때문이다. 그래서 이 철길은 세계에서 가장 아름다운 것 중의 하나로도 꼽힌다.

이곳에는 로마 역사에서도 중요한 현장들이 포함되어 있다. 저지 게르마니아와 고지 게르마니아가 나뉘는 지점, 게르마니아 방벽이 시작되는 지점, 카이사르가 라인 강을 도강한 지점이 모두 이곳에 들어 있다. 그러니 열차를 타고 달리면 로마의 방위선으로서의 라인 강의 역사가 파노라마처럼 떠오르는 곳이기도 하다.

나는 몇 년 전 마인츠에서 코블렌츠까지 라인 강 유람선을 타고 내려가본 적이 있다. 시간도 많았고, 열차 패스로 유람선을 무료로 탈 수 있었기 때문에 여유를 부려본 것이다. 시기는 늦여름이었는데 강변의 아름다운 경치를 마음껏 즐기며 여행했다. 그런데 아름다운 풍경과는 별도로 몇 가지 점에서 깊은 인상을 받았는데 간단히 이야기하면 다음과 같다.

첫째, 강이 비교적 좁고 물살이 센 데도 엄청나게 많은 배들이 강을 오르내리고 있는 모습이었다. 석탄을 가득 실은 배, 화물을 실은 배, 관광객을 실은 배들이 줄지어 달리는 모습이 장관이었다. 라인 강의 기적이라는 말을 들었지만 그 기적은 지금도 계속되고 있는 듯했다.

둘째는 유람선마다 가득한 일본인 관광객이었다. 내가 탄 배의 승객도 90퍼센트 이상이 일본인 단체관광객이었는데, 대부분이 노인인 그들은 뱃머리에 자리 잡고 앉아 수업태도 좋은 학생들처럼 안내방송을 들었다. 방송은 당연히 일본어였고, 배 꼭대기에서 펄럭이는 깃발도 일장기였다. 배의 국적을 표시하는 국기는 배 뒤에 달면 되니까 물주 일본인들의 기분이나 맞춰주자는 뜻인 듯했다. 그 탓에 나는 배에서 하는 방송을 한마디도 알아듣지 못했다. 일본인 노인들은 강변의 조그만 마을에 내렸는데 아마도 와인 여행을 하는 듯했다. 라인 강변의 유명한 와인 생산지를 돌아다니며 마시고 먹고 자는 여행 말이다. 나도 시간이 많았기 때문에 보파르트라는 마을에 내려 점심식사와 함께 백포도주를 1리터나 마시고 대낮에 얼근하게 취했다.

세 번째는 로렐라이 언덕이 너무 볼품없다는 것이었다. 로렐라이 언덕은 이곳을 항해하던 선원이 아름다운 금발 소녀에게 매혹당해 노를 놓쳐 난파하게 되었다는 전설이 있는 곳이다. 말하자면 독일판 세이레네스 전설이 깃든 곳이다. 나는 어린 시절 「로렐라이」라는 노래를 학교에서 배운 적이 있는 터라 막연하게 기대를 했다. 하지만 막상 눈앞에 나타난 언덕은 볼품없는 바위산일 뿐이고, 신비함이라고는 눈 씻고 봐도 찾을 수 없었다. 하기야 오늘날 신화와 전설의 현장 중 신비한 분위기를 간직하고 있는 곳이 어디 있으랴. 쓸데없는 기대를 했으니 실망했을 뿐이다.

그렇게 유람선을 타고 내려가며 보니 강변 양쪽에 기차가 오가는 모습이 보였다. 강의 흐름을 따라 내려가는 방향에서 보자면 좌측에는 여객용 기차가, 우측에는 화물용 기차가 달렸다. 그래서 나는 다음 기회에는 배보다는 기차를 타고 이곳을 달리며 다시 한 번 라인 강의 정취를 느끼고 싶었고, 드디어 프랑크푸르트에서 쾰른까지 가는 구간에서 기차를 타게 된 것이다.

기차는 시내를 벗어나더니 속도를 높이기 시작한다. ICE는 일본의 신칸센이나 프랑스의 TGV보다 늦게 개발된 대신 완성도가 뛰어나고 시설도 훌륭하다. 객차 출입문 상단에는 다음 정차역과 현재 속도가 번갈아가며 표시되는데, 속도를 시속 240, 280킬로미터로 올리던 기차는 직선코스에 접어들자 단숨에 300킬로미터를 돌파해버린다. 워낙 정숙하고 안정감 있게 달리기 때문에 속도감이 잘 느껴지지 않지만, 차창으로 보이는 경치는 눈이 어지러울 정도로 빨리 흘러간다.

그런데 강이 보이지 않는다. 프랑크푸르트를 떠난 지 10분 이상이 흘렀으니 이제 라인 강이 보이기 시작해야 하는데, 왼쪽을 봐도 오른쪽을 봐도 강은 그림자도 보이지 않는다. 쏜살같이 내달린 기차는 불과 한 시간 남짓 만에 쾰른 역에 도착했고, 역사를 벗어나면서 나는 비로소 그 이유를 깨달았다. 당연한 이야기지만 라인 강변의 그 구불구불한 철길로는 고속열차가 달릴 수 없다. 내가 탄 고속열차는 새로 건설된 직선의 전용철도를 이용해 강과는 멀찍이 떨어진 곳을 달린 것이다. 이런 실수를 한 것은 여행 전에 읽은 철도여행안내서의 한 구절 때문이다. 거기에는 이렇게 적혀 있었다.

"프랑크푸르트에서 비스바덴을 거쳐 쾰른에 도착하는 여객 전용의 새 ICE노선이 2000년 건설되면 라인 강을 바라보는 차창 풍경이 백미인 멋진 노선이 될 것이다."

말하자면 책의 저자는 아직 생기지도 않은 노선을 상상해서 아무렇게나 쓴 것이고, 난 어리석게도 활자의 마력에 빠져 그런 맹랑한 이야기에 보기 좋게 속은 것이다.

아그리피나의 도시

로마제국 초기 왕조인 율리우스-클라우디우스 왕조 세계도(世系圖)를 자세히 살펴보면 아주 특이한 여자를 한 사람 만날 수 있다. 우선 아우구스투스로부터 따져보자. 핏줄에 집착했던 이 사람은 자기의 피를 이어받은 딸 율리아로부터 자손을 얻기 위해 멀쩡하게 결혼생활 잘하고 있던 심복 아그리파를 이혼시키고 율리아와 결혼시켰다. 아그리파는 주인을 위해 기꺼이 종마(種馬) 역할을 한다. 이 사이에서 난 딸이 아그리피나인데, 이 여자가 게르마니쿠스(드루수스의 아들)와 결혼해 낳은 딸도 역시 아그리피나이다. 후세 사람들은 이 모녀를 구분하기 위해 어머니를 대(大) 아그리피나, 딸은 소(小) 아그리피나라 불렀다. 내가 이야기하고자 하는 특이한 여자는 바로 이 딸을 말한다.

그녀는 아헤노바르부스라는 사람과 결혼해 살다가 남편과 사별한 후 클라우디우스와 재혼하게 되는데, 이 남자는 4대 황제가 된다. 3대 황제 칼리굴라는 게르마니쿠스의 아들이기 때문에 이 여자의 오빠가 되고, 5대 황제 네로는 이 여자가 사별한 남편과의 사이에서 낳은 자식이다.

정리해보면, 초대 황제 아우구스투스의 증손녀가 되고, 3대 황제 칼리굴라의 여동생, 4대 황제 클라우디우스의 아내, 5대 황제 네로의 어머니가 된다. 이만하면 초대 로마황실의 핵심적 인물이라 할 만하다. 이런 사람이 평온하게 일생을 살자면 욕심이 없어야 하는데, 이 여자는 자존심이 센 것은 말할 것도 없고 정치적 야심까지 있었으니 나중에 자기 아들인 네로에게 살해당하는 비극을 겪게 된다.

이 여자는 아버지 게르마니쿠스가 게르마니아 사령관으로 있을 때인 서기 15년 쾰른에서 태어났다. 당시의 쾰른은 게르만족의 조그만 촌락에 불과했다. 나중에 그녀는 이 도시에 만기 제대한 고참병들을 이주시켜 식민도시로 만들고는 도시를 로마식으로 완전히 개조해 콜로니아 아그리피넨시움(Colonia Claudia

아그리피나의 대리석 두상(오른쪽). 외증조부모인 아우구스투스와 리비아와 함께 있다.
그녀가 설립한 도시 쾰른의 로마-게르만 박물관에 소장되어 있다.

Ara Agrippinensium)이라고 명명했다. 도시에 자기 이름을 붙여버린 것이다. 도시에 이름을 수여하는 영예는 황제에게만 허용된 것이었는데, 그녀는 여자로서는 최초로 그런 영예를 스스로 차지한 것이다.

이후 이 도시의 명칭은 아그리피넨시움이 빠지고 식민지라는 뜻의 라틴어 콜로니아(Colonia)가 독일식의 쾰른(Köln)으로 바뀌어 유지되고 있다. 아그리피나가 자기 이름이 빠진 것을 알게 되면 서운해 하겠지만 로마의 식민도시였다는 역사성은 그대로 유지되고 있는 셈이다.

수녀원 화장실

라인 강의 아름다운 경치를 다시 볼 수 있을 것으로 기대했는데 결국 아무것도 보지 못하고 쾰른 역에 내리고 말았다. 시간은 많이 단축되었지만 아무것도 본 것이 없으니 그것도 의미가 없다. 역사를 벗어나자마자 그 유명한 쾰른 대성당의 위압적인 모습이 눈에 들어온다. 유럽의 도시들을 다니며 고딕성당들을 많이 봐왔지만 쾰른 대성당은 정말 압도적이다. 뾰족한 쌍탑이 무려 157미터나 솟아 있다. 하늘나라에 가까이 가고 싶은 인간들의 염원이 이런 엄청난 건물을 지어냈다. 자그마치 600년이라는 세월에 걸쳐. 그래서 관광객도 많이 온다. 1년에 무려 650만 명이나 몰려온다고 한다. 오늘도 성당 광장은 인파로 가득하다.

하지만 나는 성당은 들어가보지도 않고 광장 끝에 있는 관광안내소로 직행했다. 쾰른에 가게 되면 꼭 가보고 싶은 곳이 있었기 때문이다. 직원에게 "로만 타워(Roman Tower)에 가고 싶다"고 했더니 그는 아무 말 없이 도시 지도의 한 지점에 동그라미를 그려준다.

여행을 준비하면서 읽은 책 중에 『The Roads that led to Rome』이라는 책이 있다. 하겐(Victor W. von Hagen)이라는 독일 사람이 답사팀을 이끌고 세계 각지에 깔려 있는 로마 가도를 주파하고 난 뒤 저술한 역작이다. 글도 글이지만 이 책에 실린 사진들이 아주 마음에 들었다. 사진가는 토메우치(Adolfo Tomeuci)라는 사람인데, 이 사람의 사진을 보고 여행지를 선택한 곳도 몇 군데 된다. 토메우치는 망원렌즈를 즐겨 사용했다. 그래서 유적의 전경보다는 일부를 잘라서 보여주는데, 대부분의 사람들은 이 사람의 시각으로 사물을 보기 힘들다. 그래서 어떤 현장을 다녀온 뒤 이 사람이 그곳을 찍은 사진을 보면 "거기에 이런 것도 있었나?" 하는 생각을 하게 된다. 말하자면 그는 그만의 독특한 카메라 아이(Camera Eye)를 가지고 있는 것이다.

책에 실린 쾰른 사진은 흑백사진 딱 한 장이었는데 로마시대 성벽을 이루던 망루를 찍은 것이었다. 그런데 그 망루가 참으로 특이했다. 전체적으로 어두운

라인 강변에 거대하게 솟아오른 쾰른 성당. 무려 600년에 걸쳐 지어졌다.

색깔의 돌을 사용해 원통형으로 쌓아올렸는데, 형태는 특별한 것이 없지만 벽을 장식하고 있는 무늬가 독특했다. 원형, 반원형 무늬와 신전의 파사드 형태, 가로로 규칙적으로 새겨진 띠무늬들이 복잡하면서도 조화롭게 어우러져 있는 것이었다. 고대에 방어용 성을 지으면서 그런 예술적 감각을 발휘했다는 것이 신기했고, 과연 사진작가의 시선을 끌 만한 특별한 유적이라는 생각을 했다. 나는 그 사진을 보며 조선시대 분청사기 장식기법의 하나인 인화(印花)와 고려청자의 상감(象嵌)기법이 동원된 현대식 디자인의 도자기를 떠올렸다. 그런 유적이 있는 곳이니 서둘러 발길을 재촉한 것이다.

망루는 성당에서 서쪽으로 곧게 난 길을 따라 15분쯤 부지런히 걸어간 곳에 있다. 교차로 한 귀퉁이를 차지하고 인도의 반을 차지하며 툭 튀어나와 있다. 사람들은 망루를 둥글게 돌아서 제 갈 길을 간다. 사진으로 볼 때는 웅장하게 보였으나 규모는 생각보다 크지 않다. 하지만 고대의 망루로는 충분한 크기였을 것이다.

사진을 몇 장 찍고 옆에 있는 설명문을 읽어보니 망루의 2천 년 역사가 고스란히 되살아난다. 서기 50년부터 건설된 로마의 식민도시를 감싸던 성벽의 일부인데, 북서쪽 코너의 망루였다고 되어 있다. 그렇다면 이 망루는 고대 도시의 규모를 파악할 수 있는 기준이 된다. 왜냐하면 로마시대의 쾰른은 거의 정사각형의 성채도시였고, 동쪽은 라인 강에 면해 있었기 때문에, 이 망루가 북서 코너였다면 도시의 규모가 단박에 그려지기 때문이다. 내가 출발한 대성당 주변은 성벽의 동북쪽 코너가 되고, 또한 내가 걸어온 길은 북쪽 성벽이 있었던 곳과 거의 일치한다.

무늬를 장식한 석회암과 사암·조면암 등의 돌들은 쾰른 주변과 제국 각지에서 가져온 것을 사용했다고 한다. 성벽의 장식에도 많은 정성을 기울였다는 이야기다. 그리고 이렇게 온전한 상태로 보존된 것은 14세기에 이르러 망루가 프란체스코 수도회 소속의 성 클라라 수녀원 건물에 포함되면서 화장실로 사용됐기 때문이라고 한다. 로마 식민도시의 망루가 여자화장실의 운명을 걷게 된 것은 도시의 설립자가 여자였기 때문일까, 아니면 장식이 운치 있어서 그런 용도로 적당하다고 생각했기 때문일까. 어쨌든 망루는 수녀들의 화장실로 사용되며 500년을 살아남았고, 현재는 개인 소유의 갤러리로 쓰인다고 한다. 몸치장을 예쁘게 하다보니 현대에 이르기까지 생긴 값을 하고 있는 것이다.

로마의 식민도시 콜로니아 아그리피넨시움의 서북 모서리 망루.
여러 가지 암석으로 원형·반원형·신전의 파사드 등 다채로운 무늬를 새겨 넣었다.
중세 500년간 수녀원 화장실로 사용되며 헐리지 않고 살아남았다.

1 전선 게르마니아

디오니소스 모자이크

쾰른에서 또 한 군데 방문할 곳은 로마-게르만 박물관이다. 이 박물관은 대성당에 지나치다 싶을 정도로 가까이 붙어 있는데 거기에는 이유가 있다. 제2차 세계대전이 한창이던 1941년, 성당 마당에 방공호를 파던 중 로마시대의 빌라 한 채가 발굴되었다. 아름다운 장식이 가득한 중앙정원을 중심으로 20개의 방들이 둘러싸고 있는 큰 규모였다. 그런데 식당 바닥을 장식하던 거대하고 화려한 모자이크가 거의 온전한 상태로 발견된 것이다. 규모는 가로 10.6미터 세로 7미터나 되고, 사람 손톱보다 작은 크기의 돌들이 100만 개 이상 사용된 대작이었다. 빌라의 건축시기는 서기 220년 정도로 추정된다고 했다. 쾰른 시 당국은 발굴이 끝난 다음 그 자리에 박물관을 지어 올렸다. 모자이크가 워낙 거대해 옮길 수도 없었기 때문이다.

폐관 한 시간 전에 박물관에 입장하니 한적해서 좋다. 「디오니소스 모자이크」라 이름 붙여진 작품을 혼자서 독차지하고 볼 수 있다. 박물관 측은 모자이크보다 1미터 정도 높게 관람로를 설치해 사람들이 모자이크 전체 모습을 조감할 수 있도록 배려했다. 그러나 1미터 정도의 높이로는 전체 모습이 시원하게 한눈에 들어오지 않는다. 그만큼 크다. 무늬는 거대한 양탄자처럼 짜임새 있게 디자인되어 있는데, 중앙에는 술에 취한 주신(酒神) 디오니소스가 사티로스에게 기대고 있는 모습을 새겼다. 사티로스는 신화에서 주신을 모시는 반인반수(半人半獸)의 신으로 술과 여자를 몹시 좋아하는 것으로 그려지고 있다. 모자이크에는 사티로스가 술에 취해 옷을 벗은 여자를 따라가는 모습을 새긴 것도 있다. 그리고 그들 주위에는 큰 술잔이 빈 채 바닥에 놓여 있다. 모두 디오니소스 신화와 관계있는 것들이다. 그래서 전체적인 분위기는 퇴폐적이지만, 로마 시대에는 이런 것들이 영원한 젊음과 불사(不死)와 행복의 상징

세계적으로 유명한 쾰른의 디오니소스 모자이크. 빌라의 주인은
이 모자이크가 장식된 식당에 손님들을 초대해 자신의 재력과 소양을 자랑했을 것이다.

이었다고 한다.

모자이크는 1999년에 로마시대 이후 처음으로 연회 손님들을 맞이했다. 선진 8개국 정상들이 쾰른에 모였을 때 이 모자이크에 앉아 식사를 한 것이다. 그들은 선진국의 정치지도자가 된 덕분에 고대의 유적에 앉아 밥을 먹는 호사를 한 셈인데, 독일 정부가 그런 이벤트를 생각해낸 것이 재미있다. 물론 모자이크에 손상을 주지 않기 위해 바닥은 아크릴 판으로 덮었고, 탁자도 역시 아크릴로 만든 가벼운 것을 사용했다. 정상들은 이 자리에 앉아 네 코스로 된 만찬을 즐겼고, 다음날 세 코스로 된 점심식사까지 했다.

문화재란 상태만 좋다면 본래 목적대로 사용하는 것이 생명력을 이어가는 방법이다. 특히 로마의 모자이크는 오래 사용해도 색깔이 변하지 않고 오히려 윤이 나는 특징을 가지고 있다. 모자이크는 서기 355년 게르만족의 침입으로 빌라가 파괴되면서 땅 속에 묻혔다.

카이사르의 게르만 대책

마인츠에서 코블렌츠에 이르는 라인 강 구간은 흐름이 급하고 강폭도 좁다. 강변은 온통 포도나무로 뒤덮여 있고 강을 따라 들어선 마을들도 중세 분위기가 물씬하다. 경치가 아름답고 고풍스럽다. 그러나 쾰른쯤 내려오면 강은 이제 유장해지고 강 주변도 도시와 공업지대로 바뀐다. 그래서 유람선을 타고 강을 따라 내려가다보면 중세에서 현대로 시간여행을 하는 듯한 느낌을 받는다.

이렇게 평화롭고 아름다운 라인 강을 고대 로마인들은 두려움과 경계의 시선으로 봐야 했다. 강 건너 숲속에서 게르만족이 호시탐탐 침입의 기회를 노리고 있었기 때문이다. 갈리아의 안전을 걱정한 로마군은 강을 건넜지만 근심을 끝내 제거하지는 못했다. 오히려 바루스 전투로 치명상을 입고 그뒤로는 강을 건너는 것을 아예 포기했다. 세계 최강 로마군대의 자존심을 실추시킨 곳이 바로 이 라인 강인 것이다. 그러나 훨씬 이전 로마인의 선조 중에는 라인 강을 무대로 그야말로 멋진 퍼포먼스를 펼친 인물이 있었으니 그가 바로 카이사르다.

기원전 55년, 45세를 맞은 카이사르는 4년째 갈리아 전쟁을 치르고 있었다. 그 해 겨울 라인 강 하류 동쪽에 사는 게르만 부족인 우시페데스족과 텐크테리족이 대규모로 무리를 지어 강을 건너왔다. 게르마니아에서 가장 강한 부족인 수에비족이 여러 해에 걸쳐 공격하며 못살게 굴었기 때문이다. 카이사르는 이때부터 라인 강 동쪽의 정세를 파악하기 시작했는데, 그는 우선 수에비족에 대한 정확한 정보를 확보했다.

> 수에비족은 게르만족 중에서도 가장 규모가 크고 공격적이다. 약 100개의 부락을 이루고 사는 그들은 매년 부락 당 1,000명씩, 즉 10만 명이라는 대군을 조직해 영토 밖으로 나가서 전쟁을 벌인다. 부락에 남은 사람들은 전쟁에 나간 사람들의 가족까지 부양하며, 이듬해에는 서로 임무를 교대한다. 이렇게 해서 그들은 일상과 전쟁을 중단 없이 병행한다. 토지를 개인적으로 소유하지 않으며, 한 곳에 1년 이상 거주하지도 않는다. 곡물을 거의 소비하지 않고 우유와 고기를 주식으로 하며 대부분의 시간을 사냥을 하면서 보낸다. 이런 생활과 음식, 그리고 어릴 때부터 자유롭게 생활한 덕분에 그들은 매우 건장한 체격과 강인한 힘을 가진 사람으로 성장한다. 아무리 추워도 짐승가죽 외에는 몸에 걸치지 않으며 추운 겨울날에도 강에 들어가 목욕을 한다.

카이사르가 조사해 『갈리아 전기』에 기록한 수에비족은 이런 부족이었다. 그러나 당장 눈앞에 닥쳐온 우시페데스족과 텐크테리족을 처리하는 것이 우선적인 과제였다. 이들을 원만하게 처리하지 못하면 갈리아인들이 자신을 신뢰하지 않을 것이기 때문이다.

그런데 문제 해결에 도움이 안 되는 것은 바로 갈리아인들이었다. 평소 게르만족을 두려워하던 갈리아인들은 강을 건너온 게르만족에게 '라인 강 근처에서 떠나주기만 하면 당신들이 요구하는 모든 것을 들어주겠다'고 약속한 것이다. 이런 약속에 고무된 게르만족은 더욱 넓은 갈리아 지역을 돌아다니며 침략행위를 일삼았다.

드디어 카이사르는 게르만족을 향해 군대를 이동시키기 시작했다. 전쟁을 벌이기 전에 사절들이 오가며 협상을 벌였으나 합의점을 찾기는 어려웠다. 왜냐하면 카이사르의 입장은 '그들이 갈리아에 남아 있는 한 그들과의 우정은 있을 수 없다'는 것이고, 게르만족의 태도는 '만일 로마군이 조금이라도 우리를 공격한다면 결코 전쟁을 마다하지 않을 것'이기 때문이다. 하지만 협상은 계속 진행되었는데, 그 과정에서 게르만족이 로마군을 공격하는 사건이 발생했다. 휴전 중이라 방심하고 있는 로마 기병을 게르만족 기병이 기습 공격한 것이다. 이 사건으로 로마군 기병 일흔네 명이 희생되었다.

카이사르는 드디어 전쟁을 결심했다. 이후로는 사절도 만나지 않을 것이라고 결심했다. 다음날 바로 행운이 찾아왔다. 게르만족 지도자들이 협상을 청하러 온 것이다. 카이사르는 이들을 즉시 억류하고 지도자들이 없는 상태에서 방심하고 있던 게르만족 진지로 쳐들어가 살육전을 벌였다. 기만적인 기습으로 로마의 기병이 희생당했기 때문에 잔혹하게 보복한 것이다. 이 전투에서는 여자와 아이들도 용서받지 못했으며, 43만 명에 달하는 게르만족이 라인 강 하류에서 목숨을 잃었다.

1 전선 게르마니아

라인 강에서의 퍼포먼스

전쟁이 끝나자 카이사르는 라인 강을 건너야겠다고 결심했다. 게르만족이 너무 쉽게 갈리아를 침략하기 때문에 로마군대가 라인 강을 건널 능력과 용기가 있다는 것을 보여줘서 그들에게 두려움을 심어줄 필요가 있다고 생각했기 때문이다. 그러고는 강에 다리를 놓으라고 명령했다. 로마군이 굳이 다리를 이용해 강을 건너야 하는 이유에 대해 그는 이렇게 설명했다. "배로 건너는 것은 안전하지 않을 뿐만 아니라, 나 자신의 위엄과 로마의 권위에도 어울리지 않기 때문"이라고.

카이사르의 라인 강 도하에서 가장 높이 평가할 부분은 바로 이런 남자다움과 기개라고 생각된다. 그의 육성에서는 조금의 구김살도 없는 밝은 기상이 느껴진다. 후세의 계승자들이 흉내를 내고 싶어도 끝내 할 수 없었던 부분이 바로 이런 점일 것이다.

카이사르는 다리의 건설방법을 『갈리아 전기』에 상세히 기록했다. 모호한 부분이 전혀 없는 것은 아니지만 정독해보면 라인 강에 다리가 건설되는 모습이 동영상처럼 그려진다.

> 45센티미터 두께의 말뚝들을 강물 깊이에 맞춰 자르고 밑부분을 날카롭게 깎은 다음 두 개씩 한 쌍이 되도록 60센티미터 간격을 두고 묶었다. 뗏목과 기중기를 이용해 이 말뚝들을 차례로 강바닥에 박아 넣었다. 이때 보통의 말뚝처럼 수직으로 박은 것이 아니라 강물이 흐르는 방향으로 각도를 주어 비스듬히 박아 넣었다. 강바닥을 기준으로 12미터 떨어진 맞은편 쪽에도 똑같은 방법으로 말뚝들을 박아 넣었는데 이번에는 강물이 흐르는 반대방향으로 비스듬히 박아 넣었다. 이렇게 해

서 양쪽으로 마주 선 교각 위에는 그 간격에 맞게 자른 60센티미터 두께의 가로보를 대고 고정시켰다. 가로보의 양쪽 끝은 두 개 한 조의 조임쇠로 말뚝에 고정시켜 양쪽 말뚝의 거리를 유지했다. 나란히 배열된 두 줄의 교각은 이런 식으로 일정한 간격을 유지하며 하나로 결합되었다. 결국 다리는 교각에 가해지는 강물의 힘이 크면 클수록 그 연결부들이 더욱 굳게 결합하는 성격을 띠도록 대단히 안전하게 건설되었다. 가로보 위에는 세로로 판자들을 이어 붙이고 판자들 사이에는 긴 막대기와 나뭇가지 다발을 채워 넣었다. 뿐만 아니라 하류 쪽에는 더 기울어진 각도로 말뚝을 박아 다리를 지탱하게 하여 구조물 전체가 물살의 힘을 더욱 잘 견딜 수 있도록 했다. 마지막으로 상류 쪽에는 다리에서 약간 떨어진 곳에 말뚝들을 박아서 야만인들이 다리를 파괴하기 위해 통나무나 배를 띄워 보내도 그 충격을 약화시켜 다리의 파손을 막을 수 있게 했다.

이런 다리가 열흘 만에 완성됐다. 강 저쪽에서 다리의 건설을 지켜보던 게르만족 입장에서는 비현실적이고 충격적인 광경이었을 것이다. 카이사르는 다리 양쪽에 수비대를 배치하고 강을 건넜다. 로마인으로는 최초로 라인 강을 도강하는 순간이었다. 강바닥의 교각 폭이 12미터니까 다리 상판은 이보다는 좁았다 하더라도 최소한 6열 종대 정도로 행군할 수 있지 않았을까. 카이사르의 말대로 그의 위엄과 로마의 권위는 충분히 지켜졌다.

카이사르는 강을 건넌 다음 즉시 수감브리족을 공격해 모든 부락과 건물을 불태우고 곡물을 베어버렸다. 우시페데스족과 텐크테리족의 기병들이 강을 건너가 수감브리족과 동맹을 맺었기 때문이다. 그리고 수에비족의 동태를 파악해 본 결과 그들이 부녀자들과 아이들을 모두 숲속으로 피신시킨 다음 무기를 들

수 있는 자들은 모두 한곳에 집결했다는 소식을 들었다. 카이사르는 이 소식을 듣고 도강 퍼포먼스를 펼친 목적, 즉 게르만족에게 두려움을 주는 데 성공했다고 판단하고 다리를 건너 갈리아로 돌아왔다. 라인 강 너머에 머문 기간은 18일에 불과했다. 나갈 때와 들어올 때를 알았으며, 자기가 할 수 있는 일과 할 수 없는 일을 분명히 구분했다. 하지만 카이사르 이후에는 라인 강을 무대로 이와 같은 '쌈박한' 연출을 보여준 로마인은 나타나지 않았다.

안개에 잠긴 트리어

군수도시에서 황제의 도시로

라인 강과 관련된 로마 역사를 이야기할 때 끊임없이 거론되는 코블렌츠(Koblentz)는 라인 강과 모젤 강이 합류하는 도시다. 코블렌츠라는 도시 이름은 라틴어 'Confluentes'에서 유래한다. 'Con-'은 '같이'라는 뜻의 접두어고, 'fluentes'는 '흐르다'는 뜻이니까 도시 이름은 우리 식으로 말하자면 양수리(兩水里)쯤 된다. 두 강이 만나는 지점의 언덕 위에는 에렌브라이트슈타인(Ehrenbreitstein) 성채가 있는데, 이곳에 유스호스텔이 있어서 몇 년 전 독일을 여행할 때 하루 묵은 적이 있다. 그곳에서는 코블렌츠 시가지뿐만 아니라 주변 경치가 한눈에 내려다 보인다. 그때 서쪽 방향으로 구불거리며 사라지는 모젤 강을 보며 '배를 타고 저 강을 거슬러 올라가봤으면 좋겠다'고 생각했다. 강 주변의 산과 들, 마을 풍경이 정말 아름다웠기 때문이다.

이제 드디어 강을 거슬러 올라가는 여행을 하게 되었다. 그런데 배가 아닌 기차이고, 낮이 아닌 밤이다. 저녁에 쾰른에서 출발한 기차가 코블렌츠를 거쳐 모젤 강을 따라 트리어로 향하고 있는 것이다. 시간이 촉박하기 때문에 밤에 이동하면서 시간을 절약해야 하지만, 내 기억 속에 아름답게 남아 있는 경치를 볼 수 없는 것이 아쉽다. 얼굴을 차창에 가까이 대니 어렴풋이 강이 보이긴 한다. 오래된 마을과 물가에 줄지어 선 나무들도 보인다. 유럽의 강은 호안(護岸) 공사를 별로 하지 않는다. 강물은 자연 그대로의 모습으로 아름다운 땅을 흐를 뿐이다. 이것이 가능한 것은 연중 강수량이 거의 일정하기 때문이다. 홍수가 날 일도 없고, 따라서 강에다 우악스런 시설을 갖다 붙일 필요도 없다. 만약 한강을 유럽의 강처럼 '자연스럽게' 내버려둔다면 서울 시민들은 매년 여름 물난리를 겪어야 할 것이다.

트리어의 유서 깊은 중앙시장에서 발견된 어떤 비석에는 이런 말이 새겨져 있다고 한다. "트리어의 역사는 로마 사람들이 오기 1,300년 전에 이미 시작되었다." 도시의 오랜 역사를 강조하는 말이다. 사실 트리어는 독일에서 도시라고 할 만한 것이 최초로 생긴 곳이기는 하다. 그러나 이 도시가 본격적으로 발전하기 시작한 것은 로마시대에 들어와서이다. 기원전 16년 아우구스투스가 갈리아의 한 부족인 트레베리족이 살던 이 마을을 로마식으로 개조한 다음 아우구스타 트레베로룸(Augusta Treverorum)이라 부르면서 로마 역사에 등장하게 된 것이다.

현재의 트리어는 독일 서부지역에서 프랑스 · 룩셈부르크와 국경을 맞대고 있는 조그만 도시에 불과하지만, 로마제국 당시의 갈리아 속주 지도를 펼쳐놓고 보면 사정이 완전히 다르다. 도시의 전략적 가치가 한눈에 들어오기 때문이다. 우선 제국의 주요 방위선인 라인 강으로부터 서쪽으로 100킬로미터쯤 떨어져 있다. 접적(接敵)지역과 적당한 거리에 위치해 방위의 배후기지로 기능하기에 적당한 곳이다. 모젤 강 수로를 이용하면 라인 강과 직접 이어지는 것도 이 도시의 큰 장점이다.

아우구스투스는 도시를 세우자마자 가도 정비에 착수했다. 기존에 있던 길은 모두 로마식으로 포장하라고 명령하고 없는 길은 다시 냈다. 가장 중요한 가도는 라인 전선의 군단 기지가 있던 쾰른과 마인츠로 가는 길이었다. 서쪽으로도 가도는 연결되었다. 트리어에서 메스와 디종·리옹을 거쳐 갈리아를 종단하는 가도는 지중해의 마르세유까지 일직선으로 연결되었다. 이 가도는 무려 825킬로미터에 달했다. 갈리아의 중심지였던 랭스를 거쳐 서쪽으로 가는 가도는 도버 해협으로 연결되었다. 이런 길을 통해 로마군단은 라인 지역에서 지중해로, 브리타니아로 신속히 이동할 수 있었는데, 그 중심이 트리어였다.

교통의 중심적 위치 덕분에 트리어는 로마군단의 군수품 조달센터로 번영했으며, 도매시장과 수송업이 발달했다. 라인 지역에 촘촘하게 들어선 군단기지에서 필요로 하는 물건은 많았다. 트리어에서는 무기는 기본이고 식품·의류·가죽제품·청동과 철제 장식품·유리와 도자기 같은 물건들이 대량으로 생산되었다. 물론 와인도 생산되었다. 로마인은 와인이 없으면 식사를 못하는 민족이다. 현재도 유명한 모젤 와인의 역사는 이때부터 시작되었다.

이 군사 전략도시는 로마제국이 쇠퇴기로 접어들며 정치적 스포트라이트를 받게 된다. 도시 역사에서 처음으로 그런 일이 생긴 것은 3세기 중반 제국이 세 동강 났을 때였다. 동방에서 제노비아 여왕이 팔미라 왕국을 세웠을 때, 라인 강 방위선을 담당하고 있던 장군 포스투무스가 서방에서 갈리아 제국을 창설하면서 수도로 삼았기 때문이다. 갈리아 제국이라는 것은 서기 260년 포스투무스가 동료 장군 실바누스와 다투는 과정에서 얼떨결에 갈리에누스 황제의 아들을 죽이게 되자 '하는 수 없이' 세운 나라다. 갈리아 제국은 갈리아 속주와 이베리아 반도 전체, 그리고 브리타니아까지 포함하며 14년을 존속했는데, 포스투무스가 트리어를 수도로 삼은 것은 아무래도 라인 강 군단을 이끌고 방위를 담당하던 그의 경험에서 나왔다고 봐야 할 것이다.

황제가 페르시아 왕에게 포로로 붙잡히고, 제국이 세 동강으로 쪼개지는 3세기 후반의 혼란을 수습한 사람은 디오클레티아누스다. 그는 제국의 황제가 되었지만 혼자서 모든 권리와 의무를 행사하려고 하지 않았다. 이미 로마제국은 혼자 힘으로는 유지하기 불가능하다고 판단했는지도 모른다. 그는 황제가 되자마자 자신의 군대 동료인 막시미아누스와 제국을 분할 통치했다. 그리고 얼마 지나지 않아 제국은 다시 네 사람의 황제가 다스리게 된다. 역사에서 사두정치(四頭政治)라고 부르는 사분(四分)통치가 시작된 것이다.

이때 트리어가 다시 정치적 조명을 받게 된다. 밀라노와 함께 제국 서방의 수도가 된 것이다. 트리어는 서방 부제(副帝) 콘스탄티우스가 머무는 수도가 되었고, 그의 아들로 후에 대제(大帝)로 불리게 되는 콘스탄티누스가 이곳을 기반으로 세력을 키우게 된다. 그들 부자는 군수기지였던 트리어를 완전히 개조해 제국 수도로서의 면모를 갖추었다. 황궁을 건립하고, 대규모 목욕탕을 세우고, 웅장한 성벽과 성문으로 도시를 감쌌다. 그 모든 건설작업은 신속하고도 대규모로 이루어졌는데, 제국의 다른 세 수도들과 경쟁을 했기 때문이다. 이렇게 해서 트리어는 아우구스투스가 로마식 도시로 개조한 뒤 300년 만에 제국의 수도가 되면서 최고의 전성기를 맞았다.

모젤 와인

밤 9시가 넘어서야 트리어에 도착했다. 거리는 어둡고 인적도 거의 없다. 술 취한 청소년들이 술병을 들고 비틀거리며 오간다. 저런 아이들은 조심해서 피해가야 한다. 강이 감싸고 있기 때문인지 공기가 서늘하고 축축하다. 지도를 꺼내 도시 윤곽을 머리에 넣고는 천천히 발걸음을 옮긴다. 숙소를 예약한 바도 없고, 예약할 필요도 없다. 10월 하순의 유럽은 관광의 비수기다. 이 계절에 이런 도시를 찾는 사람은 그리 많지 않다.

역에서 서쪽으로 난 크리스토프 가를 10분쯤 걷자 도시의 상징 포르타 니그라(Porta Nigra)가 우뚝 서 있다. 검은 돌덩어리가 검은 밤하늘을 배경으로 서 있는 모습이 위압적이고 기괴하다. 일부러 그랬는지 그 흔한 야간조명도 하지 않는다. 주변에 호텔이 몇 개 있다. 'Römische Kaiser(로마 황제) Hotel', 'Altstadt(고도) Hotel'. 석조건물의 호텔들은 보기에도 고급스럽지만 이름만 봐도 만만치 않다. 포르타 니그라 바로 곁에 있으니 자릿값도 내야 할 것이다. 내가 머물 곳은 아니다.

좌회전해서 구도심 가운데를 관통하는 시메온 가로 들어선다. 불은 밝혀져 있지만 상가들은 대부분 문을 닫았다. 도심 한가운데 중앙시장(Haupt Markt)이 있다. 시장이라고 하지만 광장이다. 낮에는 온갖 물건을 파는 노점이 들어서고, 가장자리는 하얀 파라솔로 뒤덮일 것이다. 여행안내서는 '독일에서 가장 아름다운 시장 광장'이라고 소개하고 있다. 돌을 깐 광장 주변은 중세풍의 건물들이 둘러싸고 있다. 하지만 밤이라 광장은 텅 비어 있다. 이 부근쯤에서 숙소를 찾는 것이 좋겠다. 좁은 골목으로 들어가니 식당과 숙박을 겸하는 조그만 호텔이 보인다. 숙박을 청하니 젊은 여주인이 반색한다. 이미 손님이 뜸한 계절이 된 것이다.

고단하지만 잠만 잘 수는 없다. 오랜 역사를 자랑하는 와인의 고장 아닌가. 나는 사실 오래 전부터 이 지방에서 생산된 와인을 즐겨 마셨다. '마주앙 모젤'이 그것이다. '현지 생산과 병입'을 강조하듯 독일 삼색국기가 병목을 감고 있는 그 와인은 제법 훌륭하다. 연한 황금빛에 새콤하면서도 서늘한 맛은 그 어떤 유명 와인에도 뒤지지 않는다. 알코올도 8퍼센트에 불과해 누구나 편하게 마실 수 있다.

화장실도 없어서 유스호스텔 같은 방에 배낭을 두고 거리로 나왔다. 광장 곁에 은은한 조명을 받고 있는 웅장한 대성당이 있다. 트리어는 유럽 기독교 전파 초기에 중요한 역할을 한 곳이기 때문에 지금도 독일 기독교에서 높은 지위를 차지한다. 그 성당 바로 앞, 환하게 불이 밝혀진 마당에서 사람들이 분분히 인사를 나누며 헤어진다. 술집이다. 분위기로 봐서 대학교 학생들과 교수다. 와인을 한잔씩 하며 모임을 가진 듯하다.

이 집 입구에 눈에 익은 조각상이 놓여 있다. 포도주 통을 가득 실은 로마시대의 배가 모젤 강을 운항하는 모습이다. 바로 『The Roads that led to Rome』에서 사진으로 본 것이다. 조각상은 로마시대 이 지역에 살았던 와인 상인의 무덤을 장식했던 것이라고 한다. 그러니 당연히 박물관에나 있어야 할 물건인데 술집 입구를 장식하고 있으니 반갑고도 놀랍다. 진품은 당연히 박물관에 있겠지만, 복제품이 이 술집 입구에 놓여 있는 것이다. 작품은 세부묘사를 하면서도 과감하게 과장기법을 동원했다. 배의 크기에 비해 와인을 담은 오크통이 크게 과장되어 있는데, 이것은 무덤의 주인이 와인 상인이었기 때문일 것이다. 배에는 아마도 고인의 친구들일 여러 명의 와인 상인들이 오크통과 나란히 앉아 있고, 뱃머리에는 또 한 사람이 이들과 마주보고 앉아 있다. 그런데 상인들은 뱃머리에 앉아 있는 사람이 무슨 말을 하는 걸 듣고 깜짝 놀라고 슬퍼하는 표정이다.

그리스와 로마 사람들은 묘비에 고인의 모습을 새겼다. 생전에 활동하던 모습이나 사랑하는 가족들과 이별하는 모습을 주로 묘사했다. 그렇다면 뱃머리에 거꾸로 앉아 있는 이 사람이 무덤의 주인공일 가능성이 크다. 그는 평생 타고 다니던 와인 수송선의 뱃머리에 앉아 친구들에게 이승에서의 작별인사를 하는 것이고, 친구들은 놀라고 슬픈 얼굴로 그를 바라보고 있는 것이다.

이런 조각이 입구를 장식하고 있는 술집을 찾은 것은 행운이다. 역시 술집은 기대대로 와인 전문점이다. 그것도 화이트 와인만 파는 집이다. 손님들은 대체로 마을 사람들로 보이고 관광객은 별로 없다. 다들 유쾌하게 이야기를 나누며 와인을 즐기고 있다. 실내는 소박한 편이지만 한쪽 벽 전체가 거대한 와인 압

트리어 와인 바 입구의 로마시대 무덤 장식. 물론 복제품이다.
와인 상인인 무덤의 주인(맨 왼쪽)이 이승에서의 이별을 고하자 친구들이 슬픈 표정을 짓고 있다.

착기로 장식되어 있어 다른 장식은 필요가 없다. 카운터 뒤의 칠판에는 '오늘의 와인'이 10여 가지나 적혀 있다. 어차피 맛을 모르니 추천을 받는 것이 낫다. "모젤 강에서 난 포도로 만든 와인을 추천해달라"고 하자 종업원은 라벨도 붙어 있지 않고 코르크 마개도 없는 술을 한 병 내온다. 하우스 와인이다. 익숙한 그 맛, 새콤하고 서늘하다. 모젤 와인의 본고장에서 마시는 술이니 감회까지 곁들여 한 병을 맛있게 비웠다.

원형경기장 지하에서는 무슨 일이?

안개가 자욱하다. 얼굴에 금방 물방울이 맺힐 것 같다. 새벽에 모젤 강에서 피어오른 안개가 도시를 뒤덮고 있다. 가끔 오가는 차는 안개 속에서 갑자기 나타나 이내 사라져버린다. 이렇게 지독한 안개는 별로 겪어보지 못했다. 물 입자가 피부로 느껴질 정도다. 안개가 낀 날은 낮이 되면 맑게 갠다는데 이런 안개에도 해당될까.

구도심을 벗어나 남동쪽으로 향하는 고개를 하나 넘으니 원형경기장이 나타난다. 로마의 원형경기장은 도심 한가운데 세워진 경우가 많지만, 이곳처럼 도심을 벗어난 곳에 세워진 경우도 있다. 경기장은 야트막한 산으로 둘러싸여 있는데, 동쪽 산은 노랗게 물든 포도밭으로 덮여 있다. 경기장의 보존상태는 좋은 편이 아니다. 관중석 구조물은 아무것도 남아 있지 않다. 하지만 그 자리에 흙을 덮고 잔디를 심어 원래의 형태와 규모를 짐작할 수 있도록 했다. 이제 그 잔디 위에도 고목이 뿌리를 내리고 있어 경기장의 역사가 장구함을 말해준다.

그런데 이 경기장은 다른 로마의 원형경기장 유적과 좀 다르다. 경기를 벌이는 그라운드인 투기장이 완전히 덮여 있고, 지하로 내려가는 계단이 설치되어 있다. 지하 구조물을 다 드러내놓은 로마의 콜로세움처럼 다른 곳은 대체로 지하를 노출시켜놓았는데 여기는 판자로 덮고 흙을 깔아놓은 것이다. 로마의 원형경기장 지하는 검투사 경기의 소품을 보관하고, 맹수를 가두는 우리가 있고, 그런 것들을 투기장 위로 올려 보내는 기계설비가 복잡하게 배치되어 있던 공간이었다. 요즘으로 말하자면 공연장 무대의 뒤쪽 공간과 무대 아래의 기계설비 공간이 합쳐진 곳이라고 볼 수 있다.

잔뜩 기대를 하고 계단을 내려갔다. 조명시설은 없고 출입문을 통해 들어오는 빛만이 지하를 희미하게 밝히고 있다. 역삼각형 형태의 기둥이 줄지어 서서 투기장을 받치고 있고, 관람객이 다니는 통로에는 판자를 깔아놓았다. 통로는 구조가 복잡한 지하공간을 따라 구불구불 이어져 있다. 하지만 지하 구조물이 원형대로 복원되어 있는 것은 아니다. 맹수 우리도 없고, 기계설비 같은 것도 없다. 다른 경기장과 마찬가지로 많이 훼손된 대로 현재의 모습을 유지하며 관람객들이 돌아볼 수 있도록 했을 뿐이다.

1 전선 게르마니아

로마 콜로세움의 복잡하기 짝이 없는 지하구조. 맹수 우리와 아프리카의 숲 등을 연출할 수 있는 소품 보관창고, 투기장 바닥을 여닫는 기계장치 등이 있었을 것이다.

로마의 원형경기장 지하시설이 어땠는지 지금은 정확히 알 수 없다고 한다. 지금 봐도 복잡하기 짝이 없는 콜로세움의 지하구조를 보면 과연 저 공간에서 누가 무슨 일을 했으며, 무슨 기계와 장치들이 있었는지 궁금하다. 그래서 우리는 할리우드 영화제작자들의 고증과 상상력을 믿어보는 수밖에 없다. 영화「글래디에이터」를 보면 '무대' 종사자들이 밧줄과 도르래를 이용해 투기장 바닥의 뚜껑을 열고 닫는 모습이라든지, 체인에 묶인 호랑이가 갑자기 투기장으로 뛰어 올라와 사람을 덮치는 장면이 나온다. 얼마나 정확한 고증인지는 모르겠으나 어쨌든 원형경기장의 지하공간은 그런 극적인 연출을 위한 공간이었던 것만은 분명하다.

모두 죽어야 끝나는 경기

여전히 안개는 자욱하다. 텅 빈 경기장이 짙은 안개에 잠겨 있다. 경기장을 둘러싸고 있는 고목들은 물기를 잔뜩 머금은 낙엽을 뚝뚝 떨어뜨린다. 이 평화로운 곳에서 더 이상 날카로운 쇳소리나 짐승의 처절한 비명은 들리지 않는다. 우리는 확실히 인류의 어떤 세대보다 문명화한 시대를 살고 있다. 그런데 2천 년 전의 로마도 문명국가였다. 오히려 현대의 상당수 국가들보다 여러 면에서 앞선 국가였다.

통치형태를 보면 로마는 민주국가였다고 할 수 있다. 500년간이나 공화정이 유지되었고, 로마 원로원과 시민(Senatus Populus Que Romanus)이 권력의 원천이었다. 이 시기 로마는 정치 엘리트들의 솔선수범과 희생으로 여러 차례의 위기를 극복하고 비약적인 발전을 이루었다. 공화정 말기 공화파들은 독재 경향을 띠어가는 '로마 역사상 유일의 천재' 카이사르를 암살하면서까지 공화정을 지키려고 하였다. 제정으로 이행한 뒤에도 황제들은 프린켑스, 즉 시민의 제일인자로 자기를 낮추었다.

그리스보다는 못하지만 지성도 부족하지 않았다. 카이사르의 문장이 있었고, 키케로의 논리가 있었으며, 유베날리스의 풍자도 있었다. 그 외에도 기라성 같은 문장들이 있었다. 호라티우스 · 오비디우스 · 플리니우스······.

로마는 또한 법의 나라였다. 로마 시민이라면 재판에 의하지 않고는 처벌받지 않는 것이 원칙이었다. 황제와 총독들도 재판관의 임무를 성실히 수행해야 했으며, 티볼리에 별장을 세우고 로마에서 은퇴해버린 하드리아누스도 별장 안에 법정을 설치해야 했다. 나중에 집대성된 로마의 법은 유럽과 일본을 거쳐 대한민국으로도 전파되었다. 요란하게 물질문명을 거론하지 않더라도 로마는 이렇게 정신적으로 깨친 국가였다.

그런데 이런 문명국가 로마의 명예를 결정적으로 더럽힌 것이 있었으니, 바로

트리어 원형경기장이 짙은 안개에 잠겨 있다. 다른 곳의 원형경기장과 달리 투기장이 판자와 흙으로 덮여 있어 지금도 검투사 경기를 재현할 수 있다.

검투사 경기였다. 검투사 경기는 공화정 시대부터 있었으나 아우구스투스 시대에 이르러 법제화된다. 말하자면 인간이 동물을 학살하거나 인간끼리 죽이는 검투사 경기가 경마·연극·서커스 등 다른 것들과 마찬가지로 공식적이고 의무적인 '공연'으로 시행되기 시작한 것이다. 이 법령을 바탕으로 생긴 공식 경기장이 바로 오늘날까지 세계 각지에 웅장한 모습으로 남아 있는 원형경기장이다.

원형경기장에서 무슨 일이 벌어졌는지 알아보기 위해서는 오늘날까지 전해지는 통계자료를 보는 것이 가장 빠르다. 먼저 동물을 보면 티투스 황제 때 치른 경기에서 단 하루 만에 5,105마리가 죽었고, 트라야누스 때 치른 두 번의 경기에서 각각 2,246마리, 2,243마리가 죽었다. 검투사들이 상대한 동물들은 보통 황소·곰·재규어·사자·표범·호랑이 등이었다. 그들은 창·활·단검 등으로 중무장하고 푸른 숲으로 꾸며진 투기장에서 최대한 화려하고 극적으로 동물들을 죽임으로써 관중들을 열광시켰다. 아무리 고대라지만 이렇게 대량으로 동물들을 학살하다보니 메소포타미아에서는 사자가, 히르카니아(이란 북부 카스피 해 남안지방)에서는 호랑이가, 북아프리카에서는 코끼리가 거의 다 자취를 감추어버렸다.

이제 인간들끼리 싸웠던 경기다. 검투사가 되었던 사람들은 로마와의 전쟁에서 패해 노예가 되었거나, 굶어죽을 정도로 가난한 사람들이 대부분이었다. 동물과 마찬가지로 통계를 보자. 트라야누스 시대의 자료만 몇 가지 살펴보면, 107년 황제는 1만 명의 검투사를 동원해 시민들을 즐겁게 해주었다. 113년에는 사흘 동안 1,202쌍의 경기를 시민들에게 하사했으며, 109년에는 117일 동안 하루도 쉬지 않고 9,824명의 검투사가 싸웠다. 물론 이 사람들이 다 죽지는 않았지만 경기는 목숨을 걸고 하는 것이었다. 트라야누스는 두 차례에 걸쳐 다키아 전쟁을 벌여 승리했으니 로마의 원형경기장에서 피를 흘리며 죽어간 검투사 중 상당수가 다키아, 즉 오늘날의 루마니아 사람들일 것이다.

그런데 로마인이 보기에 2인 검투사 경기는 너무 빨리 끝나고, 또 둘 중 하나가 살아서 경기장을 걸어나가는 것이 불만이었던 모양이다. 그래서 그들이 새로 창안한 경기가 '무네라 시네 미시오네'(munera sine missione)라는 것이었다. '그 누구도 되돌려 보내지 않는 경기'라는 뜻이니 전원 다 죽어야 끝나는 경기였다. 결투자 가운데 한 사람이 죽으면 곧바로 대체자가 나와 승자와 대적한다. 이렇게 해서 전멸할 때까지 하는 것이다. 그러니 하루 종일 경기는 계속되고, 살아남는 자도 없게 되는 것이다.

1 전선 게르마니아

이런 반문명적 공연은 물론 위정자들이 시민들의 환심을 사기 위해 벌였던 것이다. 정치적 불만을 잠재우고, 시민을 내 편으로 만들고, 배부른 자들에게 오락거리를 제공하기 위해 고안된 것이었다. 카이사르도 기꺼이 시민들에게 제공했고, 후계자 아우구스투스는 아예 법제화했으며, 철학자 황제 마르쿠스 아우렐리우스도 이의를 달지 않았다.

현대 문명사회에는 인간이 인간을 죽이는 경기는 없다. 격투기가 있지만 일정한 룰을 가지고 선수를 보호한다. 적어도 공개적으로 벌어지는 스포츠에서는 사람을 죽이지 않는다. 그런데 로마는 다른 많은 부분에서는 고도의 문명을 누렸으면서도 이 야만적인 검투사 경기를 국가 운영의 주요 도구로 사용했던 것이다. 검투사 경기는 기독교로 개종한 콘스탄티누스에 의해 서서히 중단되었고, 404년 호노리우스 칙령으로 완전히 폐지되었다.

경기장을 나서며 보니 철 지난 '검투사 공연' 포스터가 붙어 있다. 잘생긴 금발의 게르만 청년이 검투사 복장을 하고 활짝 웃고 있다. 트리어 시민들과 관광객들은 로마의 원형경기장 잔디밭에 앉아 고대의 검투사 경기공연을 보며 여가를 보내는 모양이다. 로마의 부끄러움이었던 살육전이 이제 관광상품이 된 것이다.

욕망의 기념탑들

트리어가 사분(四分)통치하의 로마에서 서방 부제의 수도가 된 것은 293년이다. 그리고 이곳을 근거지로 하고 있던 콘스탄티누스가 로마의 밀비우스 다리에서 막센티우스를 꺾고 근거지를 밀라노로 옮긴 것은 312년이다. 결국 트리어가 정치의 중심지 역할을 한 것은 20년이 채 안 된다. 다른 세 군데 수도인 밀라노(이탈리아)·미트로비차(유고)·이즈미트(터키)와 마찬가지로 트리어도 이 짧은 시기 엄청난 변화를 겪었다.

트리어는 이전부터 전략도시로 번성했기 때문에 웬만한 도시 기반시설은 갖추고 있었다. 그러나 이제 황제가 머무는 수도가 되었기 때문에 영광과 위엄을 드러내는 건축이 필요하게 됐다. 콘스탄티우스는 하층계급 출신으로 황제에 오른 사람이고, 그 아들 콘스탄티누스는 선술집 딸의 소생이었다. 그래서 더욱더 화려하고 웅장한 건물이 필요했다.

콘스탄티누스 황제의 대관식 홀로 사용되었던 바실리카는 현재 개신교 교회로 사용되고 있다. 장식 없는 나무문을 밀고 들어서자 한 번도 경험해보지 못한 공간이 열린다. 아득하게 넓고 높다. 충격이라 표현해도 무리가 없겠다. 사람이 일상적으로 사용하는 공간으로는 이렇게 큰 곳을 보지 못했다. 안내서에는 폭 27미터, 높이 33미터, 길이 67미터라고 되어 있는데, 이 수치들은 실제로 경험해보지 않으면 실감할 수 없다. 단 한 개의 방으로 된 로마시대의 건물로는 가장 크다. 형태나 디자인은 극도로 단순하다. 로마식 붉은 벽돌로 쌓아올린 장방형 건물로 맨 안쪽의 성소가 반원을 이루고 있을 뿐이다. 벽에는 대형 아치 창문이 2층으로 나 있다. 그게 다다. 그래서 엄숙하면서도 웅장해 교회건물로 어울린다.

그러나 건물이 원래 이런 모습이었던 것은 아니다. 제국의 다른 경쟁자들에게 자신을 과시하고 싶었던 야심가 콘스탄티누스가 제위에 오르면서 사용한 건물이니 이렇게 소박해서는 안 되는 것이었다. 건물은 온통 대리석과 모자이크로 덮여 있었으며, 수많은 조각상들이 안팎을 장식하고 있었다. 바닥은 난방장치까지 갖추고 있었다고 한다. 그러니 건축 당시의 바실리카는 로마 세계에 지어진 하나의 방으로서는 가장 크고 화려했을 것이다.

구도심 동남쪽 코너에 있는 황제목욕탕은 지금은 열탕 주변의 벽체만 약간 남아 있다. 하지만 처음 건설될 당시에는 무려 가로 130미터, 세로 250미터의 광대한 규모였다. 제국 전체에서도 몇 손가락 안에 꼽히는 엄청난 목욕탕이 트리

콘스탄티누스 대제의 대관식이 열렸던 바실리카.
한 개의 방으로 된 로마시대 건물로는 가장 크다. 지금은 개신교 교회로 사용된다.

어에 들어선 것은 말할 것도 없이 로마에 있는 카라칼라 목욕탕과 같은 걸작들과 경쟁하기 위해서였다. 그러나 이제 다 허물어지고 벽체의 일부만 남아 있다. 그런데 재미있는 것은 로마시대의 목욕탕 유적들이 현대에 이르러 대형 공연이나 오페라의 무대로 빈번히 사용되고 있다는 점이다. 아무 쓸모없을 것 같은 벽돌 무더기가 적절히 재활용되고 있는 셈이다. 트리어의 이 황제목욕탕도 매년 여름 개최되는 고전 오페라의 무대로 쓰인다고 하는데, 둥근 열탕 벽면을 무대로 한 야외극장에 650명이 입장할 수 있다고 한다.

로마의 목욕탕이 공연무대로 사용된 사례 중 가장 유명한 것은 로마의 카라칼라 목욕탕에서 열린 스리 테너 콘서트다. 1990년 로마 월드컵 문화행사의 일환으로 열렸던 이 콘서트에는 호세 카레라스·루치아노 파바로티·플라시도 도밍고가 출연했는데, 콘서트는 대성공을 거두어 그뒤 세 사람은 세계적인 이벤트가 있을 때마다 같은 형식의 콘서트를 반복해 돈도 벌고 명성도 얻었다. 그런데 공연 당시 지휘자 주빈 메타가 이끌었던 오케스트라는 로마 오페라 극장 오케스트라와 또 하나의 오케스트라가 연합한 초대형이었는데도 무대가 차지한 면적은 열탕 주변 일부분으로 목욕탕 건물 전체 면적의 30분의 1에 불과했다. 트리어의 목욕탕도 이와 비슷한 규모였다.

목욕탕 유적을 가까이서 보니 보수한 흔적이 있다. 복원이야 할 수도 없고, 할 필요도 없는 일이지만, 남아 있는 것만이라도 더 이상 허물어지지 않도록 하고 있는 것이다. 그리고 공연의 무대로 사용되고 있으니까 안전하게 유지되어야 한다. 결국 황제들의 허망했던 욕망은 이렇게 흔적만 남아 있다.

바실리카나 황제목욕탕 같은 트리어의 유적을 둘러보면 이탈리아 로마에 있는 유적을 볼 때와는 다른 느낌이 든다. 로마에 있는 유적들이 놀랍도록 웅장하고 화려한 것은 사실이지만 수긍할 수 있는 점도 있다. 로마는 인구 100만이 넘는 대도시였고 세계의 수도였으며 엄청난 부가 집중된 곳이었기 때문이다. 그래서 5만 명을 수용하는 콜로세움을 봐도, 입이 딱 벌어지게 화려하고 웅장한 목욕탕들을 봐도 고개가 끄덕여진다.

그러나 트리어는 그렇지가 않다. 수도가 되었다고는 하지만 인구가 로마처럼 많았던 것도 아니고, 건축의 목적이 시민들을 위한 것도 아니었다. 바실리카나 목욕탕이나 모두 황제 개인의 욕망과 과시욕을 충족시키기 위해 만들어졌다. 그것도 급하게 서둘러서. 로마제국이 성장기와 전성기에 있을 때는 건축이 공공성과 건전성을 띠었는데, 3세기 말의 쇠퇴기에 이르러서는 무의미하게 커지고 화려해지기만 했던 것이다.

1 전선 게르마니아

트리어의 황제목욕탕. 건축 당시의 규모는 무려 가로 130미터 세로 250미터에 달했으나 지금은 열탕 벽면만 남아 고전 오페라의 무대로 쓰이고 있다.

현재의 트리어 시는 평범한 중세풍의 도시다. 고대 로마의 수도였다는 느낌은 별로 들지 않는다. 그런데 길을 걷다보면 갑자기 엄청난 바실리카가 눈앞에 나타나고, 또 잠시 후 황제목욕탕 유적이 들판에 세워진 조각품처럼 나타난다. 그들 유적과 시가지는 조화를 이루지 못하고 있다. 욕망과 과시를 위해 기념탑으로 쌓아올린 건물이기 때문이다.

바실리카와 목욕탕을 둘러보며 입을 딱딱 벌리다보니 하늘을 우러러볼 여유가 없었는데, 그 사이 안개가 깨끗하게 걷혀 하늘이 파랗다. 영원히 사라지지 않을 것 같던 그 두터운 안개도 햇살을 버티지 못하고 흩어져버렸다. 밤사이 텅 비었던 중앙시장에 다시 장이 섰다. 화려한 꽃들과 모젤 강변에서 생산된 투명한 청포도가 수레마다 가득하다. 유모차를 끌고나온 젊은 부부, 장바구니를 든 할머니, 배낭을 멘 관광객들이 저마다 물건을 고르느라 분주하다. 그리고 사람이 모이는 곳이면 빠지지 않는 것, '정지동작 예술가'들도 여럿 영업 중이다. 스핑크스 분장을 한 사람, 관 속에 죽은 듯 누운 사람, 동상처럼 온몸을 청동색으로 바른 사람들이 '움직이지 않는 공연'을 하면서 우열을 겨룬다. 행인은 심판관이 되어 가장 죽은 듯한 예술가의 모자에 동전을 던진다. 중세 유럽도시가 대개 그렇지만 광장은 특히 게르만족 사이에서 발달해왔다. 그들은 공동체 생활에 익숙했고 그러자면 마을 중앙에 광장이 필요했다. 사람이 모이면 장이 열리게 마련이다. 트리어의 이 중앙시장은 그런 역사를 천 년 동안 이어왔다고 한다.

교회로 변장하고

웃통을 벗어젖힌 근육질의 사내가 험상궂은 표정을 지으며 "너 가까이 접근하면 뼈도 못 추릴 줄 알아!" 하고 으르렁거리는 모습. 포르타 니그라(Porta Nigra)에 대한 나의 첫 인상은 이렇다. 서기 180년, 라인 전선의 배후도시 트리어는 도시를 성벽으로 감싸고 네 군데에 성문을 냈다. 포르타 니그라는 그중 북쪽으로 열려 있는 문이었다. 물론 지금은 좌우의 날개 같은 성벽을 다 잃어버리고 서울의 남대문처럼 홀로 서 있다.

서기 180년이면 로마의 국운이 서서히 기울기 시작하는 때였다. 철학자황제 마르쿠스 아우렐리우스가 게르만족과 싸우다가 도나우 전선에서 숨을 거둔 것이 바로 그해다. 트리어는 그때까지는 성벽이 없는 도시였으나, 2세기 말이 되면서 성벽으로 둘러싸지 않으면 안 되는 상황이 되었던 것이다. 그러나 문의

도시 안에서 본 포르타 니그라. 교회로 사용됐을 때는 왼쪽에 첨탑이 있었다.

분위기에서는 아직 제국의 기백이 느껴진다. 단순히 성벽에 낸 출입문 중의 하나가 아니라 제국의 힘과 권위를 드러내는 요새로서의 성격도 가졌다.

문의 분위기는 우락부락한 편이다. 현재 남아 있는 로마의 문들이 대체로 승전을 축하하는 개선문이기 때문에 포르타 니그라를 보면 '이것이 과연 로마의 문인가' 하는 생각이 들 정도인데, 그것은 이 문이 수비용의 요새로 세워졌기 때문이다. 문은 도시 내부에서 보면 평면이지만, 외부에서 보면 여러 가지 점에서 방어의지를 강하게 드러내고 있다. 우선 반원형의 탑이 양쪽에 돌출해 있어 적이 접근하면 여러 방향에서 공격할 수 있도록 했다. 전체 높이가 33미터나 되지만 출입문은 7미터에 불과하다. 1층에는 아예 창문을 내지고 않았고, 2층과 3층의 창문도 작게 만들었다. 그리고 무엇보다 검은색이며, 석재의 마감도 거칠다. 이렇다보니 포르타 니그라는 삼엄한 요새의 얼굴을 하게 된 것이다.

왼쪽 | 내부에서 내다 본 포르타 니그라.
거칠고 울퉁불퉁하며 창문은 작게 내 방어의지를 강하게 드러내고 있다.
오른쪽 | 바깥을 향해 튀어나온 포르타 니그라의 반원형 탑. 적의 공격을 여러 방면에서 격퇴할 수 있다.

모습은 거칠지만 문의 축조에는 고도의 기술이 동원되었다. 물레방아를 동력으로 한 청동 톱으로 석재를 절단했으며, 시간이 흐르면 약해질 수 있는 접착제는 전혀 사용하지 않았다. 마름질 된 돌들은 외부에서는 보이지 않도록 내부에 거멀쇠를 끼워 단단히 연결했다. 중세 사람들이 쇠를 얻기 위해 일부 빼내기도 했다고 하지만 그런 공법 덕분에 문은 아직 거의 원형대로 유지되고 있다.

이런 로마의 철벽요새가 중세에 들어오면 원래의 용도와는 완전히 다른 길을 걷게 된다. 이 도시에 그리스 출신의 시메온(Simeon)이라는 수도사가 있었다. 그는 1028년 어느 날, 홀연히 포르타 니그라의 동쪽 탑 안으로 사라졌다. 면벽(面壁) 수도에 들어간 것이다. 6여 년 후 그는 거기에서 죽었고, 탑 안에 묻혔으며 성인이 되었다. (그래서 포르타 니그라에서 중앙시장에 이르는 중앙로를 시메온 가라 부른다) 성인이 묻힌 곳이니 어떻게 되었겠는가. 로마의 성문은 교회가 되었다. 전해지는 교회 그림을 보면 서쪽 탑 위에 첨탑이 올려지고, 동쪽 탑의 맨 위층은 이때 철거되었으며, 동쪽 측면에는 둥근 앱스가 붙어 있다. 이때 철거된 부분이 이 탑에 가해진 유일한 훼손이었고, 앱스는 아직 그대로 붙어 있다.

포르타 니그라는 1819년까지 교회의 소임을 다했다. 무려 800년이다. 성인을 기리는 교회였으니 신이 주인이었던 오랜 중세에는 누가 감히 허물자고도 하지 못했을 것이다. 교회가 뜯겨나가고 난 뒤로는 현재의 모습대로 유지되고 있고 '독일에 남아 있는 가장 중요한 로마 유적'으로 대접받고 있다. 쾰른의 망루가 수녀원의 여자화장실이라는 은밀한 공간으로 긴 세월을 견뎌냈듯이, 트리어의 포르타 니그라는 교회로 변장하고 자기 일생의 반을 살아왔다.

2
카이사르의 땅 갈리아

갈리아의 운명을 결정한 알레시아 공방전

프랑스 인상

트리어에서 다음 행선지인 프랑스의 디종으로 이동하는 것이 생각보다 쉽지 않다. 기차가 없는 것은 아니지만 여러 번 갈아타야 하고 시간도 많이 걸린다. 트리어는 로마시대에는 교통의 중심지였지만 지금은 독일 변두리에 위치한 인구 10만의 소도시일 뿐이다. 쾰른 같은 대도시라면 고속열차를 이용해 파리까지 직행한 다음 기차를 갈아타고 디종으로 가면 되겠지만 국경지역의 조그만 마을에는 고속열차가 없다. 역 직원에게 "디종으로 가는 최단 거리를 안내해달라"고 하니 룩셈부르크에서 기차를 갈아타고 프랑스의 메스에서 다시 한 번 바꿔 타는 방법을 제시한다. 거의 여섯 시간이 소요되는 데다 메스에서는 단 9분 만에 기차를 갈아타야 하는 위험도 있다. 하지만 다른 방법도 없고, 이왕 이렇게 된 이상 느긋하게 여행을 즐기기로 마음먹는다.

기차가 천천히 모젤 강을 거슬러 올라간다. 새파란 강물이 햇살에 반짝인다. 강변의 산은 온통 가을빛이다. 여행을 떠난 이후 가장 좋은 날씨다. 늦가을 아침 안개가 끼었다가 개면 이렇게 청명한 날씨가 된다. 강변에는 작은 마을들이 드문드문 들어서 있다. 뾰족지붕들이 다닥다닥 붙어 있는 중세풍의 마을도 있고 깨끗하게 다듬어진 현대식 마을도 있다. 마을들은 자연환경과 잘 조화를 이루고 있다. 집의 모양과 크기를 제한하고 지붕도 같은 색으로 통일해 어지럽지 않다. 울긋불긋한 아크릴이나 네온사인 같은 것도 보이지 않는다. 아무 곳이나 사진을 찍으면 엽서가 될 만큼 아름답다. ICE를 타느라 라인 강을 보지 못했고, 밤에 이동하느라 모젤 강을 보지 못했는데, 지금의 기찻길이 그 모든 것을 보상해준다.

독일을 여행하다보면 자연환경이 철저히 보호되고 국토가 정갈한 것에 놀라게 된다. 유럽의 선진국들이 대체로 국토관리를 잘하는 편이지만 내가 보기에는 독일이 최고 수준이다. 자동차를 직접 운전해 독일 중부지방을 횡단해본 적이 있는데 마을들은 하나같이 고풍스러우면서도 깨끗했고 넓게 펼쳐진 경작지는 체로 친 듯 티 하나 보이지 않았다. 이런 것은 단순히 경제력만 가지고 되는 것은 아니다. 독일 국민의 생활화된 자연보호와 공동체를 중시하는 그들의 전통 덕분이다. 평일 낮이라 승객도 별로 없다. 기차는 경치를 즐기기에 적당한 속도로 달린다. 차창으로 쏟아져 들어오는 가을 햇살을 즐기며 편안하게 쉬는 동안 기차는 룩셈부르크에 도착했다.

나폴레옹이 '유럽의 골동품'이라고 불렀다는 룩셈부르크는 로마시대에는 트리어와 마찬가지로 트레베리족이 살던 곳이다. 중세에 이르러 독립한 이후 여러 차례 주변 강국의 지배를 받기는 했으나 대체로 독립을 유지하며 오늘에 이르고 있다. 그래서 봉건제의 타임캡슐 취급을 받기도 하고, 지정학적으로는 독일과 프랑스의 완충국 역할을 하기도 했다. 그래서 그런지 룩셈부르크 역에는 프랑스 국철(SNCF) 기차와 독일 국철(DB) 기차들이 대부분이다. 인구가 40만 남짓하니까 철도회사를 대규모로 운영할 이유는 없을 것이다. 내가 탈 기차가 들어온다. 역시 프랑스 국철이다.

기차는 2층이다. 그런데도 좌석이 꽉 찬다. 트리어에서 올 때는 거의 텅 비다시피 했는데 좌석이 모자라 일부 승객들은 출입문 주변에 서 있다. 룩셈부르크는 트리어와는 별로 오갈 일이 없는 것이고, 메스 등 프랑스 동북부 도시들과는 생활이 밀접하게 연결되어 있다는 이야기다.

기차는 곧 프랑스 영토로 넘어간다. 주변 풍경이 많이 바뀐다. 프랑스 국토도 아름답지만 독일처럼 정갈하다는 느낌은 들지 않는다. 도시 건물은 장식이 화려해 묵직해 보인다. 국경을 통과했으니 프랑스 승무원이 여권을 검사한다. 손으로는 여권을 받으며 눈은 내 얼굴을 뜯어본다. 안경 너머로 나를 살피는 그의 시선이 날카롭다 못해 신경질적이다. 독일에서 기차여행을 하면서 만난 승무원들은 싹싹할 정도로 친절하지는 않았지만 대부분 예의바르고 시원시원했다. 그런데 프랑스 땅으로 넘어오자마자 처음으로 마주친 '갈리아인'이 이렇게 불쾌한 시선을 보내니 그들에 대한 느낌이 좋을 리 없다. 첫인상이 중요한 법이다.

카이사르는 갈리아를 정복한 사람이라 로마인 중 누구보다 갈리아인의 성격을 잘 아는 사람이었다. 그런데 그는 갈리아인을 신뢰하지 않았다. 너무 변덕스러운 것이 문제라고 했다. 카이사르가 라인 강을 도강하기로 마음먹은 계기가 된 게르만족 침입 때, 그는 게르만족을 격퇴하는 것보다 이미 자기에게 복속한 갈리아인의 움직임을 더 경계했다. 그가 본 갈리아인의 성격은 이렇다.

그들은 성급하게 결정을 내리고 늘 정권이 바뀌길 갈망한다. 그래서 나는 어떤 경우에도 갈리아인을 믿지 않기로 결심했다. 그들은 지나가는 여행자를 보면 그가 좋아하든 싫어하든 아랑곳하지 않고 발길을 멈춰 세우고는 그들이 들었던 것이나 본 것에 대해 묻는 관습이 있다. 도시에서는 여러 사람이 상인을 에워싸고 어느 지방에서 왔으며, 그곳에서 어떤 이야기를 들었는지 말해달라고 조른다. 그러고는 이렇게 해서 들은 사실과 소문에 기초해 대단히 중요한 문제를 쉽사리 결정해버리고, 그런 후에 곧바로 더 좋은 해결책을 생각해낸다. 소문의 노예인 그들에게 대부분의 사람들은 그들 구미에 맞는 또 다른 대답을 해주기 때문이다.

그의 평가는 오늘날에도 그대로 적용되는 듯해 재미있다. 장점도 많지만 신중하지 못하고 개인주의적이며 외국인에게 배타적인 것이 프랑스 사람들의 특성이다.

기차가 메스 역에 접근한다. 9분 만에 기차를 갈아타야 한다. 다행히 기차는 정시에 도착한다. 문이 열리자마자 플랫폼의 기차운행 계획표로 달려가 내가 탈 기차를 확인한다. 프랑스에서는 처음 하는 일이다. 프랑스어를 전혀 모르지만 느낌으로 찾는다. 메스와 디종 구간, 출발시간 5시 30분, 2번 플랫폼이다. 계단과 지하도를 달려 다시 2번 플랫폼으로 뛰어 올라가니 승무원이 깃발을 들고 서 있다. 내가 마지막 승차 손님이다. 올라타서 아무 자리에나 배낭을 집어던지니 기차가 움직이기 시작한다. 숨이 가쁘고 식은땀이 난다. 다시는 이런 일이 없었으면 좋겠다. 어쨌든 이제 이 기차를 타고 있으면 디종까지 간다.

알레시아를 찾아

기원전 1세기 중반 로마에는 두 영웅이 있었다. 폼페이우스와 카이사르였다. 폼페이우스는 이미 지중해 동부를 제패해 로마의 영웅이 되어 있었다. 그와 경쟁관계에 있던 카이사르는 제국의 서쪽에서 기회를 잡았다. 그는 8년간 전쟁을 벌여 갈리아를 정복했고, 역시 로마의 영웅이 되었으며, 마침내 최고권력자가 되었다. 갈리아 전쟁은 알레시아(Alesia) 공방전이 최대의 고비였다.

카이사르는 이 전투에서 이기면서 정복전쟁을 마무리지었고 갈리아 전체가 최종적으로 로마 산하에 들어왔다. 그래서 그 전투는 세계사에서도 획기적인 사건이 되었다. 나는 로마역사를 읽으며 알레시아에 관심을 가지게 되었다. 고대 전투의 현장이니까 크게 볼 만한 것은 없다 하더라도 의미 있는 장소이기 때문이다.

세계사에서 역사의 물줄기를 바꾼 전투가 몇 차례 있었다. 마케도니아의 젊은 왕 알렉산드로스가 페르시아 다리우스 왕의 대군을 격파한 이수스 회전. 이 전투에서 마케도니아가 승리함으로써 동지중해 지역에 헬레니즘 문명권이 성립되었다. 로마의 젊은 장군 스키피오가 카르타고 총사령관 한니발을 격파한 자마 전투. 이 전투에서 로마가 승리하면서 지중해의 지배자는 카르타고에서 로마로 바뀌게 되었다. 이수스와 자마는 쉽게 갈 수 있는 지역이 아니니까 나중으로 미루어야겠지만, 알레시아는 프랑스에 있으니 현장에 가봐야겠다고 생각한 것이다.

그런데 알레시아가 프랑스 땅 어디에 있는지 찾기가 쉽지 않았다. 시오노 나나미 여사도 '디종과 오를레앙을 잇는 선상에서 디종과 좀 더 가까운 구릉지대'라고만 설명하고 있다. 프랑스 지도를 펼쳐놓고 디종과 오를레앙 사이를 살폈지만 알레시아라는 지명은 보이지 않았다. 당연한 일이었다. 현대의 지도는 인구가 많은 대도시를 중심으로 제작되기 때문에 고대 전투의 현장이 번듯하게 표기될 리 없는 것이다.

이런 어려움을 해결해준 것은 평소 수집한 자료였다. 여행을 준비하면서 틈틈이 마련한 책 중에는 로마 당시의 지명과 현재의 지명을 같이 표기한 지도가 실려 있었는데, 갈리아 지역 지도를 보다가 'Alésia'와 'Alise Sainte Reine'(알리즈 생 렌)이라는 지명이 같이 표기된 곳을 발견한 것이다. 'Alise'는 'Alesia'가 변형된 것이 분명하다고 생각했고 인터넷에서 이를 사실로 확인했다.

'Alise Sainte Reine'이라는 키워드는 많은 정보를 제공했다. 알레시아 공방전이 벌어진 곳은 현재의 오수아 산(Mont Auxois)이라는 것, 이 산 정상에는 갈리아족의 총 궐기를 이끈 베르킨게토릭스(Vercingetorix)의 동상이 서 있다는 것, 알리즈 생 렌은 이 산 부근에 있는 마을이라는 것, 그리고 이곳은 디종에서 북서방향으로 50킬로미터 정도 떨어져 있다는 것 등이었다.

이렇게 해서 밤늦은 시간에 프랑스의 디종에 도착했지만 모든 문제가 다 해결된 것은 아니다. 알리즈 생 렌으로 가는 교통편이 있는지, 전투의 현장이라는 오수아 산은 접근이 가능한지 등은 아무리 인터넷을 뒤져도 확인할 수 없었기 때문이다. 어떤 현장이든 한번 가보고 나면 아무것도 아니지만 처음 갈 때는 이렇게 불안하고 어려운 법이다. 그게 외국이고, 또 말도 통하지 않는 나라라면 더욱 그렇다. 나는 프랑스 말이라면 단어 하나조차 아는 것이 없다.

저녁 8시가 넘은 시간이라 역의 안내창구는 이미 문을 닫았다. 대합실에 기차 시각표가 있지만 아무리 눈여겨봐도 'Alise Sainte Reine'이라는 역은 보이지 않는다. 대합실 구석에 사무실이 하나 있고 몇 사람이 근무를 하고 있다. 입구에 팻말이 붙어 있지만 무엇을 하는 곳인지 알 수 없다.

문을 밀고 사무실로 들어갔다. 한 남자가 컴퓨터 모니터를 보며 뭔가를 하고 있다가 날 쳐다본다. 영어로 "알리즈 생 렌으로 가고 싶은 데 어떻게 가느냐? 기차가 있느냐?"고 물었다. 그는 뒤의 동료에게 잠시 물어보더니 손바닥만하게 접혀 있는 기차 시각표를 하나 건네준다. 거기에는 내가 오랫동안 궁금해 했던 '디종과 오를레앙 사이'의 시골 역들이 깨알같이 적혀 있다. 이런 역들이 지도에 나타날 리가 없다. 남자가 손가락으로 짚어주는 역은 'Le Laumes-Alésia'다. 앞의 단어는 발음조차 안 된다. 하지만 역 이름에 알레시아가 들어 있는 것이 반갑다. "이 역에 내리면 알리즈 생 렌에 갈 수 있느냐?"고 하니까 그렇단다. 드디어 궁금해하고 불안해하던 알레시아 행 교통편이 분명해졌다.

하루에 다섯 차례 기차가 있고, 40분쯤 걸린다. 내일 아침 두 번째인 8시 30분 기차를 타기로 했다.

디종은 '프랑스의 식료품 창고'라고 불리는 부르고뉴 공국의 수도로 오랫동안 번성했다. 그러니 요리의 나라 프랑스에서도 유명한 식도락의 고장이다. 이 지방 특산품 와인이 생산되고 그 유명한 달팽이요리를 먹어볼 수 있는 곳이다. 종류를 헤아릴 수 없는 겨자로도 유명하다. 하지만 내가 어찌 그런 호사까지 누리랴. 한 가지 주제를 쫓아가기에도 시간과 정력이 부족하다. 아쉽지만 달팽이요리 대신 샌드위치, 와인 대신 생수를 사들고 역 광장 바로 앞에 있는 호텔에 투숙했다. 나의 호사는 내일 아침 카이사르가 갈리아군을 굴복시켰던 알레시아에 가는 것이다.

결전 전야

기원전 52년 여름, 오늘날 프랑스 부르고뉴 지방의 오수아 산에서 카이사르가 이끄는 로마군과 베르킨게토릭스가 지휘하는 갈리아 연합군 사이에 대규모 공방전이 벌어졌다. 치열하게 전개된 싸움은 로마의 승리로 끝났고, 후세 사람들은 그 전투를 알레시아 공방전이라고 부른다.

오늘날 우리는 그 공방전의 시작과 전개과정을 비교적 소상히 알 수 있다. 카이사르가 진중일기(陣中日記) 형식으로 기록했기 때문이다. 카이사르는 갈리아에서 벌인 8년간의 전쟁을 모두 기록으로 남겨 나중에 『갈리아 전기』라는 제목으로 출판했는데, 알레시아 공방전은 7년째 전쟁을 마무리 짓는 전투였다. 이 해의 전쟁기록은 다른 해에 비해 분량도 많고 내용도 박진감이 넘친다. 연구자들은 문학적 완성도도 다른 해에 비해 높다고 평가한다.

나는 카이사르의 이 기록을 바탕으로 알레시아 공방전을 설명하려고 한다. 물론 승자의 기록이기 때문에 진실과 완전히 부합하지는 않겠지만 『갈리아 전기』는 출판 당시 카이사르의 정적들도 독자였던 만큼 대부분 사실일 것이다. 그리고 알레시아 공방전에 관한 다른 기록은 남아 있지도 않다. 분량이 방대하기 때문에 이 책의 이야기 전개에 꼭 필요한 부분만 선택해서 집중적으로 소개한다. 이야기는 카이사르가 알프스 남쪽의 임지에서 아직 갈리아로 돌아가지 않고 있던 연초부터 시작된다.

문제는 사소한 데서 시작되었다. 전 해, 그러니까 기원전 53년, 카이사르는 로마에 반란을 일으켰던 카르누테스족의 족장 아코라는 자를 처형했다. 갈리아 정복이 거의 마무리되어가는 시점이었기 때문에 일벌백계를 통해 더 큰 반란의 싹을 키우지 않겠다는 뜻도 포함되어 있었다. 처형은 로마의 전통적인 방식에 따랐는데 죄수를 말뚝에 묶고 죽도록 채찍질한 다음 목을 잘랐다. 로마에 저항하는 것은 갈리아인 입장에서는 독립운동이었겠지만 카이사르는 이런 움직임을 '반란'으로 다루었다.

이 사건이 겨울을 지나는 동안 대규모 반란의 불씨로 타올랐다. 원한에 사무친 카르누테스족은 모든 갈리아 부족장들을 만나고 다니며 그들의 불안감을 부추겼다. 아코의 처참한 최후를 자기 눈으로 직접 본 족장들은 설득당했고, 겨울이 끝날 무렵 갈리아족은 사상 최초로 모든 민족이 대동단결하여 로마와 싸울 준비를 마쳤다. 그들이 생각한 전략 중 가장 핵심적인 것은 이탈리아 북부에 머물고 있는 카이사르와 갈리아에서 월동 중인 로마군단과의 합류를 막는 것이었다. 그렇게만 된다면 이길 자신이 있었다. 그리고 그들은 아예 돌아올 수 없는 다리를 건너버렸다. 교역을 위해 케나붐(오늘날의 오를레앙)에 머물고 있던 다수의 로마 민간인들을 죽여버린 것이다. 카이사르가 이런 행위를 용납할 리 없다. 이제 갈리아족은 로마와 싸워 이기는 것만이 자신들의 생존을 지키는 길이 되었다.

이 봉기과정에서 갈리아의 지도자가 부상했다. 남프랑스의 로마 속주와 산악지대 사이에 본거지가 있는 아르베르니족의 베르킨게토릭스는 케나붐 소식을 듣자마자 즉시 행동에 들어갔다. 그의 아버지는 부족의 유력자로 반 로마파였는데 친 로마파인 동족에게 살해당했다. 30대 중반의 베르킨게토릭스는 자신의 영향력과 능력을 발휘해 갈리아족의 총사령관 자리에 올랐다. 그는 지위를 이용해 모든 부족에게 즉시 병사를 보내라고 명령했고, 무기를 만들었으며, 기병(騎兵)의 구성에 특별한 노력을 기울였다. 준비과정에서 그가 보여준 엄격함으로 그때까지 지리멸렬했던 갈리아족이 통합될 수 있었다. 중대한 범죄를 저지른 자는 화형에 처하고 가벼운 죄를 범한 자는 귀를 자르거나 눈알을 파내 규율을 세워나갔다.

카이사르는 이런 소식을 이탈리아 북부에서 들었다. 그는 즉시 새로 편성한 1개 군단을 거느리고 알프스를 넘어 프로빈키아로 들어갔다. 하지만 어떻게 그의 군단과 합류할 것인가가 문제였다. 군단을 프로빈키아로 부르자니 이동 중에 갈리아의 공격을 받을 것 같고, 자신이 가자니 1개 군단은 너무 적었다.

이런 난관을 카이사르는 적의 허를 찌르는 속도전으로 돌파했다. 아직 겨울이라 눈이 사람 키만큼 쌓여 있는 갈리아 남부의 산악지대를 기병만 데리고 넘어버린 것이다. 산을 넘은 카이사르는 당황한 아르베르니족을 공격했고, 북쪽의 로마군을 공격하려던 베르킨게토릭스는 아르베르니족을 구하기 위해 남하하기 시작했다. 몸이 가벼운 카이사르는 남하하는 적을 맞지 않고 곧장 북상하여 갈리아에서 월동하고 있던 군단들과 합류했다. 카이사르와 그의 군단이 합류하는 것을 저지하려던 갈리아족의 계획은 이렇게 해서 실패로 돌아갔다.

카이사르는 우선 케나붐으로 갔다. 갈리아인이 반란 초기에 로마 민간인을 살해한 곳이니 보복도 하고, 아군 병사의 사기도 높여야 했기 때문이다. 카이사르는 도시를 약탈하고 불을 지른 후 전리품은 병사들에게 나누어주었다. 계속 공세를 펼친 카이사르는 드디어 베르킨게토릭스 군대와 마주쳤다. 급조된 갈리아 군대는 오랜 전쟁으로 단련된 로마군의 상대가 되지 못했다. 연패를 거듭하던 베르킨게토릭스는 대책을 내놓았다. 그것은 초토화작전이었다. 그는 이렇게 외쳤다.

"모두의 안전을 위해 사사로운 이익쯤은 희생해야 한다. 로마군의 행군로 양쪽으로 징발부대가 쉽게 접근할 수 있는 집과 마을은 모두 불태우자. 이 제안이 가혹하게 들린다면, 그대들의 자식과 아내가 노예로 끌려가고 그대들 자신이 살해되는 것은 훨씬 더 불행한 일임을 기억해야 한다."

그의 제안은 채택되었다. 로마군의 행군로 주변은 모두 불태워졌다. 병사들은 오랫동안 밀을 먹을 수 없었고, 멀리 떨어진 마을에서 가축을 몰고 와 겨우 연명했다. 갈리아군의 초토화작전이 계속 철저하게 이루어졌다면 로마군은 큰 어려움을 겪었을 것이다. 그러나 이 작전은 곧 흐지부지되었다. 베르킨게토릭스가 주민들의 간청을 받아들여 아바리쿰(오늘날의 부르주)을 불태우지 않고 지키기로 했던 것이다. 그러나 아바리쿰은 함락되었고, 로마군은 오랜 굶주림 끝에 풍부한 식량과 편안한 잠자리로 기운을 차릴 수 있었다.

베르킨게토릭스는 패했지만 좌절하지 않았다. 그는 동족들에게 용기를 잃지 말라고 당부했다.

"로마군이 승리한 것은 공정한 전투에서 용기 있게 싸워서가 아니라, 갈리아인이 미처 몰랐던 포위공격 기술 덕분이다. 전 갈리아가 단결해 힘을 합치면 전 세계도 우리와 맞서지 못할 것이다."

이렇게 병사들을 격려한 베르킨게토릭스는 군대를 이끌고 자기의 조국이자 아르베르니족의 수도인 게르고비아로 들어갔다.

게르고비아는 산을 등진 높은 고원에 위치해 접근이 어려운 곳이었다. 카이사르는 이곳에 도착해 지형을 살핀 뒤 정면공격으로 도시를 점령하기는 불가능하다고 판단하고 장기전에 들어갈 준비를 했다. 그런데 그동안 걱정했던 일이 현실로 나타나고 말았다. 오랫동안 로마에 우호적이었던 하이두이족이 등을 돌리기 시작한 것이다. 장기전을 벌이자면 하이두이족의 군량 제공이 필수적인데 그것을 기대하기 어렵게 된 것이다. 카이사르는 철수하기로 결심한다. 그러나 그냥 물러날 수는 없었다. 철수가 패배로 비치면 아군의 사기도 문제일 뿐 아니라 7년 동안이나 공들여온 갈리아를 통째로 잃어버릴 수도 있기 때문이다. 카이사르는 적군에게 일격을 가하고 물러나기로 했다.

작전의 날, 한밤중이 되어서 카이사르는 게르고비아를 바라보는 언덕에 약간의 기병을 보내 소란을 피우게 했다. 그리고 동이 틀 무렵에는 말과 당나귀까지 보내 주위를 배회하게 했다. 갈리아군을 유인하기 위한 방법이었다. 갈리아군은 이런 움직임을 멀리서 보고 로마군이 그 언덕을 차지하기 위해 작전을 벌인다고 생각했다. 결국 갈리아군은 주력 병력을 출동시켰다. 이 순간을 기다려 온 카이사르는 지휘관들을 불러 병사들의 '지나친 전투의욕'을 통제하는 것이 가장 중요하며 이 작전은 '펀치가 아닌 잽'이라는 걸 강조한 다음 공격명령을 내렸다. 병사들은 질풍같이 쳐들어가 갈리아군의 방벽을 넘은 다음 갈리아 병사들을 죽이기 시작했다. '이제 됐다'고 판단한 카이사르는 퇴각나팔을 불라고 명령했다. 하지만 의욕에 넘쳐 도시 성벽까지 도달해 있던 병사들에게는 그 소리가 들리지 않았다. 그 사이 로마군의 유인에 빠져 밖으로 나갔던 갈리아 병사들이 돌아왔다. 전세는 일시에 역전돼 로마군이 밀리기 시작했다. 카이사르를 호위하고 있던 10군단 병사들이 즉시 출동해 그들을 구해주지 않았으면 참패를 당할 뻔했다. 이 전투에서 마흔여섯 명의 백인대장을 포함해 700명에 가까운 희생자가 나고 말았다. 잽을 날리려다가 카운터 펀치를 맞은 것이다.

이 소식은 곧 전 갈리아에 퍼졌다. 그때까지 거취를 결정하지 못하던 부족들도 이제 전부 반란군에 가담했다. 갈리아인이 마침내 총궐기한 것이다. 로마군으로서는 위기였다. 카이사르는 프로빈키아가 있는 남동쪽으로 이동했다. 그런데 로마군의 행군방향을 파악한 베르킨게토릭스는 환호했다. 로마군이 도망간다고 생각한 것이다. 자신감으로 가득한 베르킨게토릭스는 전군을 이끌고 카이사르에게 도전해왔다. 그러나 카이사르는 도망가던 중도 아니었고 평지에서 대결하는 전투에서 갈리아군은 여전히 로마군의 적수가 아니었다. 연패한 베르킨게토릭스는 군대를 이끌고 다시 산으로 들어가버렸다.

이번에는 알레시아였다. 휘하 병력 8만 명과 기병 1만 명을 이끌고 알레시아로 들어간 그는 로마군이 포위망을 형성하기 전에 모든 기병들에게 훈령을 주어 각자의 고향으로 보냈다. 훈령의 내용은 '무기를 들 수 있는 자는 모두 알레시아로 집결하라'는 것이었다. 군량은 30일분이 남아 있었다.

최후의 전투

알레시아는 산꼭대기에 있었다. 두 줄기의 강이 언덕의 양쪽 기슭을 스치며 흘렀고, 도시 전면에는 4.5킬로미터에 이르는 평지가 펼쳐져 있었다. 그밖의 모든 방향에서는 약간의 간격을 두고 비슷한 높이의 산들이 도시를 에워싸고 있었다.

카이사르가 알레시아의 지형을 보고 기록한 내용이다. 그는 "포위공격이 아니면 공략하기가 불가능해보였다"고 했다. 게르고비아와 다른 점은 도시가 산을 등지고 있지 않다는 점이었다.

카이사르는 알레시아 전체를 감싸는 진지를 건설했다. 알레시아 농성군도 포위해야 하고 외부 지원군의 공격도 막아야 하기 때문에 진지는 두 겹으로 쌓았다. 안쪽 진지는 전체 길이가 16.5킬로미터, 바깥쪽 진지는 주변 고지대의 능선을 이었기 때문에 무려 21킬로미터에 달했다. 상상을 초월하는 규모로 보통의 지휘능력으로는 가능하지 않은 공사였다. 안팎의 진지로 둘러싸인 중간지대는 폭을 120미터 정도로 확보했다. 5만 명의 병력이 천막을 쳐야 하고 비상시에 부대가 쉽게 이동해야 하기 때문이다. 그런데 두 겹의 진지는 단순한 방벽 정도가 아니었다. 적이 접근하기가 거의 불가능할 정도로 다양한 장애물을 설치했다. 갈리아 병사가 로마군의 진지로 돌격하려면 어떤 장애물들을 통과해야 했는지 차례대로 살펴보자.

우선 6미터 너비의 U자형 참호를 통과해야 한다. V자가 아니라 U자로 한 것은 기어오르기 힘들도록 한 것이다. 다음에는 30센티미터 길이의 말뚝 끝에 쇠 갈고랑이를 박아 지상에는 쇠 갈고랑이만 노출되도록 한 방책이 나온다. 이곳을 통과하다보면 갈고랑이가 다리에 박히게 되어 있다. 로마군은 이걸 '살꽂이'라 불렀다. 다음에는 90센티미터 깊이의 구덩이가 나타나는데 바닥으로 내려갈수록 뾰족하게 되어 있다. 바닥에는 끝을 날카롭게 깎고 불에 그슬려 단단하게 만든 말뚝이 박혀 있다. 늑대를 잡는 함정과 비슷한데, 로마군은 이를 '백합'이라 불렀다.

이런 함정들을 통과하면 다시 1.5미터 정도의 구덩이들이 나오는데 구덩이 속에는 끝을 뾰족하게 깎은 나무줄기와 가지를 묻었다. 병사들은 여기에 '묘비'라는 별명을 붙였다. 다음은 너비가 4.5미터인 참호가 연이어 두 개 나타나는데 하나에는 물이 채워져 있다. 이 참호들마저 무사히 통과한다면 마침내 진지의 최종 방어선인 방책이 나타나는데, 흙 둔덕 위에 방책을 덧붙인 구조로 높이가 3.6미터나 되었다. 흙 둔덕과 방책의 이음매에는 사슴뿔 모양의 나무뿌리를 날카롭게 다듬어 묻었다.

갈리아 병사가 로마 진지로 돌격한다면 그는 구덩이에 빠지거나, 다리에 쇠 갈고랑이를 주렁주렁 매달거나, 날카로운 나무에 찔리거나, 익사할 수밖에 없을 것이다. 로마군이 이처럼 진지를 공들여 만든 것은 적은 인원으로 많은 적을 상대해야 했기 때문이다. 공사는 카이사르의 구체적인 지시에 따라 차근차근 이루어졌고, 하나씩 완성될 때마다 로마 병사들은 장애물에 별명을 붙여가며 노고를 달랬다. 진지 안쪽에는 평균 24미터마다 망루를 세웠다. 이런 듣지도 보지도 못한 엄청난 대공사가 마무리되는 데는 한 달 정도가 걸렸다. 카이사르는 한 달 이내에 결판이 난다고 보고 30일분 식량을 준비시켰다. 공방전 준비가 끝난 것이다.

로마군이 진지를 완성했을 무렵 알레시아의 갈리아군 진영은 불안이 극도에 달하고 있었다. 로마군이 예상도 못했던 철통 같은 포위망을 구축하는 바람에 외부와의 연락이 완전히 차단되었기 때문이다. 지원군이 오는지 안 오는지 알 수 없는 상태에서 농성하는 것은 쉬운 일이 아니었다. 항복할 것이냐, 싸울 것이냐를 두고 격론이 벌어졌다. 결론은 지원군이 올 때까지 기다리는 걸로 났다. 하지만 식량이 문제였다. 아무리 절약해도 식량은 거의 바닥이 나기 시작했다. 알레시아에는 8만 명의 군대뿐 아니라 1만 명의 만두비족 주민들도 있었다. 자신들의 도시로 갈리아군을 받아들였던 그들은 결국 쫓겨나고 말았다. 그들은 로마군에게 노예가 될 테니 식량을 나눠달라고 애원했다. 하지만 카이사르에게도 그들을 먹일 식량은 없었다. 그들은 알레시아와 로마군 진지 사이에서 비참하게 굶어죽었다.

기원전 52년 9월 20일, 마침내 갈리아 지원군이 알레시아에 나타났다. 농성군 사이에서는 환호가 일었다. 지원군은 보병 25만에 기병은 8,000기에 달했다. 50개 부족이 참여한 병력이었다. 카이사르는 5만이 채 안 되는 병력으로 34만 병력을 상대해야 하는 상황이 되었다.

첫 전투는 기병전으로 시작되었다. 궁병의 보조를 받는 지원군 기병 전체가 평

알레시아를 둘러싸고 있는 완만한 비탈.
베르킨게토릭스에게 버림받고 카이사르에게 거부당한 알레시아 주민들이 굶어죽은 곳이다.

원으로 쏟아져 나왔고 카이사르도 기병을 내보냈다. 명예를 중시하는 갈리아 기병들은 열심히 싸웠으나 카이사르의 게르만 기병들의 맹렬한 공격에 패주했다. 갈리아 기병들이 퇴각하면서 뒤에 남겨진 궁수들은 모두 살해당했다. 알레시아에서 몰려나온 갈리아군도 실망하여 도시로 올라가버렸다. 첫 전투는 이렇게 로마의 승리로 끝났다.

갈리아군은 다음날 낮에는 싸움을 걸어오지 않았다. 대신 사다리나 갈고리 같은, 로마의 진지를 돌파할 공성기를 열심히 만들었다. 한밤중이 되었을 때 그들은 조용히 진지에 접근한 뒤 일제히 함성을 지르며 공격을 개시했다. 함성이 들리자 베르킨게토릭스도 즉시 병사들을 이끌고 도시 밖으로 출동했다. 한밤중에 로마군은 양쪽에서 협공을 받았다. 하지만 로마군은 방어 위치가 미리 지정되어 있었기 때문에 당황하지 않았다. 모두 투석기로 돌을 쏘고 활을 쏘며 진지를 사수했다. 전투는 치열하게 전개됐고 양측에 사상자가 속출했다. 특히 갈리아군은 진지에 접근하면서 말뚝에 찔리고, 쇠 갈고랑이에 찢기며, 로마군이 던지는 창에 맞아 목숨을 잃었다. 전투가 끝날 때까지 진지는 한군데도 돌파되지 않았다. 날이 새자 갈리아군은 수많은 사상자를 남기고 퇴각했다. 베르킨게토릭스도 도시로 퇴각할 수밖에 없었고, 이렇게 해서 두 번째 전투도 로마군의 승리로 돌아갔다.

갈리아군은 두 번씩이나 공격에 실패하자 로마군의 방어태세를 점검해 약점을 찾아냈다. 북쪽에 산이 하나 있는데 워낙 넓어 방어공사에 포함시키지 못한 곳이었다. 카이사르는 산의 중턱에 진지를 구축하고 그곳에 2개 군단 1만 명의 병력을 집중 배치해두었다. 전체 병력의 20퍼센트나 되니까 카이사르도 이곳의 취약점을 파악하고 있었던 것이다. 갈리아 측은 그 지역을 정찰한 뒤 6만 명의 정예 병력을 선발해 공격을 준비했다. 지휘는 베르킨게토릭스의 사촌인 베르카시벨라우누스가 담당했다.

드디어 정오, 갈리아군의 총공세가 시작되었다. 지금까지의 전쟁터였던 남쪽과 동쪽, 새로운 전쟁터인 북쪽에서 동시에 공격이 시작되었고 베르킨게토릭스의 농성군도 일제히 공격으로 나왔다. 최후의 결전이 시작된 것이다. 카이사르는 진홍빛 망토를 걸치고 세 방향을 모두 시야에 넣을 수 있는 망루 위로 올라갔다. 로마군은 혼전 중에도 총사령관의 펄럭이는 망토를 보면서 분전했다. 갈리아군은 로마군이 취약한 곳을 발견하면 그곳에 집중적인 공격을 퍼부었다. 로마군은 워낙 넓게 펼쳐진 전선을 방어하느라 정신을 차릴 수가 없었다. 그리고 앞뒤에서 협공을 당하기 때문에 뒤에서 들려오는 함성이 사기를 떨어뜨렸다. 양 군 모두 마지막 결전임을 잘 알고 있었다. 베르킨게토릭스의 갈리아군은 로마의 방어선을 뚫지 못하면 굶어죽을 수밖에 없었고, 로마군은 이 전투만 승리하면 그동안 노력한 대가를 받을 수 있었다.

전투가 가장 치열한 곳은 역시 북쪽이었다. 내리막이라 불리한 지형에서 로마군은 여섯 배나 많은 적을 맞아 고전하며 서서히 지쳐갔다. 이런 상황을 파악한 카이사르는 심복 라비에누스와 6개 대대를 북쪽으로 보냈다. 그런 다음 자신도 전선에 뛰어들었다. 이제 망루에서의 지휘는 더 이상 의미가 없었다. 카이사르는 직접 전선을 돌아다니며 '지금이 모든 전투의 결실을 맺는 순간'임을 상기시키며 병사들을 독려했다. 사령관의 독려가 효과가 있었는지 로마군은 서서히 승기를 잡기 시작했다. 분위기를 돌려놓는 데 성공한 카이사르는 직접 북쪽 전선으로 향했다. 4개 보병대대와 1개 기병대대를 이끌고 가면서 또 다른 기병부대에는 방어선을 돌아 적의 후방을 공격하라고 명령했다.

고지대에서 로마군을 내려다보며 싸우던 갈리아군은 카이사르가 이끌고 온 부대를 보자 즉시 공격을 퍼부었다. 로마군은 창을 내려놓고 칼을 뽑아들었다. 그러고는 백병전에 뛰어들었다. 바로 그때 카이사르가 후방공격을 명령했던 로마군이 갈리아군 뒤에 모습을 나타냈다. 그것이 전투의 분수령이 되었다. 갈리아군이 등을 보이고 달아나기 시작했고 로마군은 패주하는 그들을 마음껏 살해했다. 지휘관 베르카시벨라우누스는 달아나다 생포되었다. 갈리아군은 소수만 살아서 진지로 돌아갔고, 알레시아 농성군도 동족들이 패주하고 살해당하는 모습을 보고는 도시 안으로 철수했다. 카이사르는 "만약 우리 병사들이 그날의 전투와 수많은 지원공격으로 지치지만 않았다면 적을 전멸시킬 수도 있었을 것이다"라고 말했다. 자정 무렵 패주하는 갈리아군을 따라잡은 로마군은 수많은 적을 살해했고, 살아남은 자들은 뿔뿔이 흩어져 각자의 고향으로 돌아갔다.

영웅의 최후

세 차례의 전투로 알레시아 공방전은 막을 내렸다. 카이사르의 거대한 포위작전이 거둔 승리였다. 혜성같이 나타나 갈리아의 총 궐기를 이끌며 카이사르에 대항한 베르킨게토릭스는 결국 패배하고 말았다. 베르킨게토릭스는 회의를 소집해 이렇게 말했다.

"내가 이 전쟁을 일으킨 것은 내 사리사욕 때문이 아니다. 전체 갈리아의 자유를 위해서였다. 우리는 운명에 굴복하고 말았으나 이제 내가 모든 책임을 지겠다. 나를 죽이든 산 채로 넘기든 원하는 방식대로 다른 사람들의 구명을 카이사르에게 요구해라."

항복조건을 두고 사절이 오갔다. 카이사르는 모든 무기를 버리고 부족장들을 넘겨준다는 조건으로 항복을 받아들였다. 전투의 흔적이 아직 생생한 로마군 진지에서 카이사르가 야전의자에 앉자 그 앞으로 갈리아 부족장들이 끌려나왔다. 그중에는 베르킨게토릭스도 있었다. 두 사령관이 승자와 패자가 되어 얼굴을 마주한 것이다. 카이사르는 이 장면을 한 줄로 기록했다.

"베르킨게토릭스도 무기를 버린 채 인계되었다."

이 짧은 문장 속에는 사실 모든 것이 포함되어 있다. 승자의 자부심도 드러나고, 패자의 좌절도 느낄 수 있다. 조금만 상상력을 발휘하면 두 사람의 표정도 보이고 항복한 적장을 바라보는 로마 군인들의 긍지에 찬 얼굴들도 떠오른다. 그러나 문장이 워낙 간결하기 때문에 글을 읽는 사람 입장에서는 뭔가 미진한 느낌이 들기도 한다.

그리스인 전기작가 플루타르코스도 그런 걸 걱정했는지 모르겠다. 그래서 그는 베르킨게토릭스의 항복 순간을 조금 더 극적으로 서술해 '불친절한' 카이사르의 기록을 보완하고 있다. 플루타르코스의 서술과 그것을 토대로 그린 후대의 상상화를 바탕으로 그 장면을 재구성해본다면 다음과 같이 될 것이다.

> 베르킨게토릭스는 갈리아군 총사령관의 화려한 복장을 갖추어 입었다. 백마를 타고 알레시아를 떠난 그는 로마군 진지에 도착했다. 방책에는 아직도 수많은 화살과 창이 박혀 있어 치열했던 전투의 순간을 말해주고 있다. 진지 입구에서 사령관 막사까지 직선으로 나 있는 길에는 로마 병사들이 창을 들고 도열해 있다. 백마는 잠시 멈칫거리는 듯하더니 로마군 진지 안으로 천천히 달린다.
>
> 카이사르는 막사 앞에 마련된 야전의자에 앉아 있고, 그 뒤를 부장들이 둘러싸고 있다. 침묵이 흐른다. 베르킨게토릭스는 말을 몰아 주변을 천천히 거닐다가 말에서 내린 다음, 칼을 풀어 땅에 내려놓는다. 그러고는 풀밭에 앉는다. 잠시의 시간이 흐른 뒤, 로마병사가 그를 어디론가 데려간다.

이렇게 풀어놓는 것이 과연 좋은 일인지는 모르겠지만, 카이사르가 워낙 간결하게 말했기 때문에 후세의 작가나 화가들이 아쉬운 마음에 이리저리 상상력을 발휘해보는 것이다.

수도 로마로 압송된 베르킨게토릭스는 감옥에 갇혔다. 그의 운명은 카이사르의 개선식을 장식해주는 것이었다. 하지만 갈리아 전쟁이 끝나자마자 카이사르와 폼페이우스의 내전이 시작되었다. 개선식은 늦춰졌고 덕분에 갈리아군 총사령관의 욕된 삶은 6년이나 연장되었다. 기원전 46년 마침내 로마의 최고 권력자가 된 카이사르는 미루었던 개선식을 거행했다. 베르킨게토릭스는 이 개선식에 끌려나와 로마 시민들의 눈요깃감이 된 뒤 사형에 처해졌다.

알레시아 가, 베르킨게토릭스 로

나는 배낭여행을 다닐 때 기차역에 있는 코인 라커(Coin Locker)를 애용해왔다. 무거운 짐에 시달리다보면 몸이 힘들고, 그러다보면 여행이고 뭐고 다 귀찮아지기 때문이다. 처음 출발할 때 배낭에는 내의와 카메라 정도밖에 없지만 시간이 지나면 현장에서 구입하는 자료가 하나 둘 불어나기 시작한다. 주로 책과 지도 같은 것들인데 조금만 욕심을 부리다보면 배낭은 금방 돌덩이를 넣은 것처럼 무거워진다. 그래서 칼크리제의 바루스 박물관을 방문할 때는 오스나브뤼크 역의 코인 라커를 이용했고, 트리어를 돌아볼 때는 아예 아침 일찍 배낭을 역의 코인 라커에 넣어놓고 답사를 시작했다. 몸에 지닌 것이라곤 카메라와 수첩밖에 없으니 편하게 다닐 수 있었다.

그런데 디종 역에는 코인 라커가 없다. 제법 큰 역이기 때문에 당연히 있을 것이라고 생각했지만 아무리 찾아봐도 없다. 대신 수하물 보관소가 있다. 사람이 물건을 직접 받아서 보관증을 발급하고 물건을 맡아주는 곳이다. 하지만 이렇게 하면 당연히 비싸진다. 독일 역들의 코인 라커는 1.5유로면 되었는데 여기서는 무려 4유로나 받는다. 일자리를 많이 유지하기 위한 방법인지는 몰라도 불편하고 부담스럽다. 하지만 이용할 수밖에 없다. 보관소에는 할머니 두 분이 근무하고 있다. 짐을 맡기고 기차를 탔다.

30분 남짓 만에 레름 알레시아 역에 내렸다. 평일이라 승객도 별로 없었지만 역에 내린 사람은 나 말고는 없다. 조그만 역사의 대합실은 텅 비어 있고 창구 안쪽에서 남녀 두 직원이 한가하게 잡담을 나누고 있다. "알레시아로 가려면 어디로 가야 하느냐"고 영어로 물었더니 그들은 깜짝 놀란 듯 이야기를 멈추고 아예 대합실로 달려 나온다. 워낙 조그만 시골역이라 동양인의 방문은 이례적인 모양이다. 천천히 다시 물었다. "알레시아에 가고 싶다. 오수아 산에 있는 걸로 알고 있는데 여기서 어떻게 가느냐?" 그들은 내 말을 듣고는 둘이 얼굴을 마주 본다. 대강 알아듣긴 했는데 영어로 대답하기가 쉽지 않은 모양이다. 남자가 잠깐 기다리라는 손짓을 하더니 사무실로 들어가서 마을 지도를 한 장 내온다. 그러고는 지도 위에 내가 가야 할 길을 따라 줄을 그어준다. 내가 '걸어갈 수 있느냐'는 뜻으로 손을 흔들며 걷는 시늉을 하자, 그는 '걸어갈 수 있다'는 뜻으로 역시 걷는 시늉을 해 보인다. 여자 직원은 그런 식으로 벙어리 대화를 나누는 두 사람을 번갈아 보며 일이 제대로 되고 있다고 생각했는지 고개를 끄덕인다. 두 사람은 역 마당까지 따라 나와 손을 흔들어주었다.

역 광장에서 서쪽으로 큰 길이 나 있는데 지도에는 그 길이 'Avenue d'Alésia' (알레시아 가)라고 되어 있다. 드디어 역사의 현장에 접근하고 있다는 생각에 가벼운 흥분이 느껴진다. 마을은 초라한 편이고 오가는 사람도 거의 없다. 지도를 보며 5분쯤 걸었을까. 나무로 테를 두른 입간판이 하나 서 있다. 그냥 지나쳤다가 뭔가 해서 다시 돌아와보니 로마시대의 동전이 두 개 그려져 있다. 하나는 시민관을 쓴 카이사르고 또 하나는 젊은 베르킨게토릭스인데, 두 사람은 마주 보고 있다. 그리고 그 사이에 'Alesia Circonvallation'이라고 적혀 있다. 다른 설명은 아무것도 없다. 'Circonvallation'이 뭔가? 눈에 익은 듯도 한

알레시아 산 정상으로 오르는 길에 오래된 마을이 있다. 창문과 벽면을 아기자기하게 장식해놓았다.

데……. 잠깐 동안의 생각 끝에 뭔가 머리를 스치고 지나간다. 그렇구나! 이곳이 바로 로마군이 알레시아를 둘러싸는 진지를 구축한 곳이구나. 'Circonvallation'은 '성벽'이라는 뜻의 프랑스어겠지. 영어로 'Circumvallation'이니까. 그렇다면 여기서 알레시아가 멀지 않다는 이야기인데……. 그렇게 생각하면서 주변을 둘러보니 멀지 않은 곳에 완만한 경사면에 올라앉은 산이 보인다. 지도를 보며 길을 찾느라 그 산이 목적지인지도 몰랐는데, 어느새 알레시아 초입에 내가 서 있는 것이다.

역 직원이 그려준 대로 오른쪽으로 꺾이는 좁은 길로 들어섰다. 'Rue Vercingetorix'(베르킨게토릭스 로)라고 쓴 안내판이 서 있다. 안내판은 산 정상을 향하고 있고, 길은 완만한 경사를 따라 일직선으로 뻗어 있다. 길 좌우는 깨끗하게 손질된 경작지인데 아무것도 없이 비어 있다. 대신 파란 잔디가 융

로마군이 알레시아의 갈리아군을 포위하는 진지를 구축했던 장소에 카이사르와 베르킨게토릭스의 동전으로 디자인한 입간판이 서 있다.

단처럼 깔려 있다. 로마군이 구축한 철통 같은 진지에 갇힌 베르킨게토릭스의 농성군이 생존을 위해 사투를 벌였던 현장이고, 베르킨게토릭스에게 버림받고 카이사르에게 거부당한 알레시아 주민들이 비참한 최후를 마친 곳이기도 하다.

30분 이상을 열심히 걸은 듯하다. 10월 말이라 시원한 날씨지만 열심히 걷다 보니 이마에서 땀이 배어난다. 정상 가까이에는 오래된 마을이 있다. 역 주변의 주택들은 초라하고 지저분했는데, 이곳은 고풍스럽고 여유 있어 보인다. 할로윈이 가까운지 마당마다 호박귀신들을 하나씩 모셔놓았다. 천사같이 예쁜 금발의 소녀가 창밖을 하염없이 보고 있다가 나와 시선이 마주치자 얼굴이 빨개지며 방 안으로 사라진다.

드디어 정상. 넓은 평지가 펼쳐진다. 아몬드처럼 길쭉하게 생긴 알레시아의 서

쪽 끝 절벽으로 접근하자 베르킨게토릭스의 동상이 서 있다. 그는 투구를 벗어서 발아래 내려놓고 칼을 땅에 짚고 있다. 그러고는 고뇌에 찬 표정으로 산 아래 로마군 진지를 내려다보고 있다.

나폴레옹 3세를 닮은 영웅

삼촌 나폴레옹 1세보다는 인기가 없지만, 나폴레옹 3세는 프랑스의 영광을 위해 애쓴 인물이었다. 세계 경제의 비약적인 발전 속에서 상공업을 진흥시키고, 군사침략을 주로 하는 대외정책을 펼쳤다. 크림 전쟁에 참가하고 이탈리아 원정을 실행하였으며, 아프리카와 인도차이나 반도에서 식민지를 획득하기도 했다. 건축가 오스만을 발탁, 수도 파리의 도시정비를 대대적으로 실시한 것도 그였다. 오늘날의 파리는 그가 완성한 모습에서 크게 달라지지 않았다. 그가 추구한 것은 영광스러운 제국 프랑스였다.

그런 그였으니 국민을 하나로 묶는 상징, 즉 민족의 영웅이 필요했다. 그는 로마에 대항해 갈리아의 총 봉기를 이끈 베르킨게토릭스를 부활시키고자 했다. 하지만 그의 치세에 이르기까지도 자료는 카이사르의 기록 『갈리아 전기』뿐이었다. 영웅을 되살리려면 좀 더 구체적인 근거가 필요했다. 그는 그때까지 밝혀지지 않았던 알레시아 공방전의 위치를 찾으라고 명령했다. 몇 군데가 후보에 올랐고 나폴레옹 3세는 알리즈 생 렌을 지지했다. 곧이어 대규모 발굴조사가 실시되었다. 선택은 옳았다. 산을 둘러싼 로마군의 거대한 진지 유적이 발견된 것이다. 내가 알레시아 가에서 본 간판은 그 당시에 발굴된 로마군의 진지 터에 세워진 것이다.

알레시아에서 로마군 진지를 내려다보고 있는 베르킨게토릭스 동상.
투구를 벗어 땅에 내려놓고 칼을 짚고 있는 모습이다. 동상의 높이만 6.6미터에 이른다.

나폴레옹 3세는 모든 논란을 잠재우려는 듯 1865년 이 산 위에 거대한 동상을 건립했다. 7미터 높이의 좌대 위에 동상만 6.6미터 높이다. 그런데 눈여겨볼 것은 동상의 얼굴이다. 현재 베르킨게토릭스의 모습을 알 수 있는 유일한 자료는 로마시대의 돋을새김 동전 하나이다. 이 동전에는 베르킨게토릭스의 이름과 젊은 남성의 모습이 새겨져 있다. 조각가 밀레(Aimé Millet)가 이 동전을 봤는지는 확실하지 않다. 하지만 봤다 하더라도 그는 동전의 얼굴을 참고하지 않았다. 동전의 남자는 수염이 없는 반면, 그가 만든 동상은 카이저수염을 기른 모습이기 때문이다. 나폴레옹 3세는 아마도 동상의 얼굴 모습에 대해 조각가에게 일정한 지침을 내렸던 것 같다. 그의 얼굴과 동상의 얼굴을 비교해보면 거의 닮았다는 걸 알 수 있다. 특히 멋지게 기른 카이저수염이 그렇다.

제국 프랑스의 영광을 드높이기 위해 팽창정책을 펼치던 나폴레옹 3세는 독일 통일전쟁을 벌이던 프로이센과 1870년 불가피하게 전쟁을 벌이게 된다. 역사상 보불전쟁이라고 불리는 전쟁이다. 비스마르크의 유인책에 빠진 나폴레옹 3세는 개전 초기 승승장구했으나 결국 패배하고 포로로 잡히고 만다. 프로이센의 빌헬름 1세는 프랑스의 베르사유 궁전에서 대관식을 치르고 독일제국 황제, 즉 카이저(Kaiser)가 된다. 독일이 완전히 통일된 것이다. 이렇게 되자 독일에서도 민족의 영웅이 필요하게 된다. 독일의 위정자들도 로마시대에서 주인공을 찾아냈다. 말할 것도 없이 게르마니아의 숲에서 로마군 3개 군단을 몰살한 아르미니우스가 선택되었다. 10년 전 프랑스인이 건립한 베르킨게토릭스 동상이 독일인들의 경쟁심을 자극했는지도 모른다.

이렇게 해서 비슷한 시기에 프랑스와 독일에서 로마에 대항한 민족의 영웅들이 동상으로 되살아났다. 19세기 유럽에 몰아친 민족주의의 결과물이었다. 하지만 두 동상은 분위기가 완전히 다르다. 아르미니우스가 칼을 치켜들고 승리자의 기상을 한껏 드러내고 있는 반면, 베르킨게토릭스는 칼을 짚고 고뇌의 표정을

조각가 밀레는 유일한 사료인 로마 동전을 참고하지 않고 19세기 프랑스의 권력자를 베르킨게토릭스의 모델로 삼았다. 동상의 얼굴은 풍성한 머리칼만 빼놓는다면 나폴레옹 3세를 빼닮았다.

짓고 있다. 나폴레옹 3세는 결과적으로 패한 영웅에게 화려한 이미지를 부여하기보다 깊은 시선을 통해 우국(憂國)의 정서를 드러내고자 한 것 같다.

그런데 베르킨게토릭스의 웅장한 동상이 이렇게 서 있지만 이곳이 알레시아 공방전이 벌어진 곳인가에 대한 논란이 완전히 잠재워진 것은 아니다. 두 가지 문제가 있다. 우선 지형이 카이사르의 묘사와 정확히 일치하지 않는다. 카이사르는 『갈리아 전기』에서 알레시아 지형을 이렇게 묘사했다.

> 두 줄기의 강이 언덕의 양쪽 기슭을 스치며 흘렀고, 도시 전면에는 4.5킬로미터에 이르는 평지가 펼쳐져 있었다. 그밖의 모든 방향에서는 약간의 간격을 두고 비슷한 높이의 산들이 도시를 에워싸고 있었다.

현재의 지형을 보면 강이 흐르지 않는데, 강이야 2천 년 세월이면 말라버릴 수도 있을 것이다. 그런데 카이사르의 지형 설명을 보면 강에 면한 곳이 가파르다는 느낌이 드는 데 반해 현재의 지형은 네 면이 아주 완만하게 펼쳐져 있다. 또 하나의 문제는 산 정상이 너무 좁다는 것이다. 베르킨게토릭스가 이끌고 들어갔던 알레시아 농성군은 8만 명이라고 알려져 있다. 그리고 알레시아에는 기존의 주민도 있었다. 과연 그 많은 인원이 이 공간에서 두 달을 버틸 수 있었느냐는 것이다. 내가 봐도 공간이 그리 넓어 보이지는 않는다.

카이사르가 『갈리아 전기』에 기록한 모든 숫자가 정확한 것은 아니다. 특히 갈리아 지원군 25만 명은 카이사르가 자신의 공을 강조하기 위해 뻥튀기한 숫자이며, 현대 학자들은 대체로 10만 명 정도였을 것이라고 보고 있다. 하지만 농성군 8만 명은 거의 정확한 숫자라고 봐야 한다. 로마군은 5만 명이었고, 전투가 끝난 다음 카이사르는 "포로들을 전군에게 한 명씩 전리품으로 나누어주었다"고 했기 때문이다. 8만 명 정도는 되어야 전투에 패배했더라도 로마군에게 나누어줄 인원이 살아남았을 게 아닌가.

그래서 논란은 아직 끝나지 않았다. 과연 알레시아 공방전의 장소가 다른 곳일까? 그래서 카이사르의 기록과 완전히 일치하는 장소가 발견될까? 만약 그렇게 된다면 그곳도 방문해보고 싶다.

유럽을 창작했다고?

알레시아 공방전은 카이사르의 갈리아 전쟁을 마무리하는 전투였다. 이듬해에 8년째 전쟁이 이어지긴 했지만 '잔불 정리' 수준이었다. 갈리아가 로마 수중에 들어오면서 로마인의 시야도 넓어졌다. 그전까지의 로마는 지중해를 중심으로 그 주변지역에만 패권을 확립했지만, 이제 알프스 너머 북쪽의 대륙을 경영하게 된 것이다. 카이사르의 후계자들은 이를 발판으로 자신감을 가지고 세계제국을 건설해나갔다.

카이사르가 정복한 갈리아 땅은 오늘날의 프로방스를 제외한 프랑스·벨기에·네덜란드·룩셈부르크·독일 서부·스위스 일대를 포함하는 광대한 지역이었다. 라인 강과 피레네 산맥 사이의 모든 땅이 포함된다. 이 지역이 로마화되면서 유럽 내륙에 그리스-로마 문화가 전파되어 오늘날의 유럽 형성에 기여한 밑그림이 되었다.

현대 학자들은 이런 역사적 사실을 두고 카이사르가 유럽을 디자인하고 창작했다고 말한다. 일본의 평론가 고바야시 히데오는 『갈리아 전기』를 읽은 감상에서 "정치도 하고, 작전도 하고, 돌격병 역할까지 맡은 이 전쟁의 달인에게 전쟁이란 커다란 창작이었다"고 했다. 이 견해에 찬동하는 시오노 나나미 여사는 "카이사르가 갈리아를 임지로 택한 것은 로마 국가의 장래에 지침을 주는 창작을 하기 위해서이며, 이는 동시대인이 이해하지 못한 '선견지명'이었다"고 말하고 있다. 또한 영국의 한 연구자는 "알레시아 공방전이 브리타니아를 포함하여 피레네 산맥에서 라인 강에 이르는 지방의 그뒤 역사를 결정지었다"고 말했다. 모두 카이사르의 갈리아 전쟁이 현대 유럽 탄생의 밑거름이 되었다는 시각에서 갈리아의 로마화를 긍정적으로 보고 있다. 시오노 여사는 '갈리아는 로마화의 우등생'이라는 표현을 여러 차례 반복해서 사용하고 있다.

그런데 이런 견해들을 접하다보면 카이사르의 갈리아 정복전쟁이 너무 미화되는 것은 아닌가 하는 생각이 든다. 앞에서도 이야기했지만 카이사르의 경쟁자 폼페이우스는 젊은 나이에 이미 지중해 동방을 평정해 로마의 영웅이 되어 있었기 때문에 카이사르가 로마의 최고권력자가 되기 위해서는 또 다른 제국의 확장이 필수적이었고, 카이사르는 서쪽에서 그 기회를 찾은 것이었다. 말하자면 카이사르의 갈리아 전쟁은 야심가의 정치적 목적을 달성하기 위한 전쟁이요 제국주의자의 영토 확장이라는 성격을 가지고 있는데, 오늘날의 연구자들이 '문명권의 형성'이라는 측면만 보는 게 아닌가 하는 것이다.

말이 나온 김에 갈리아 전쟁의 어두운 측면도 한번 살펴보자. 로마시대의 그리스인 학자 플루타르코스의 기록에 의하면 카이사르가 갈리아에서 벌인 8년간의 전쟁 동안 100만 명이 죽고 100만 명이 노예로 전락했다고 한다. 그 당시 갈리아 인구는 1,200만 명 정도였다고 한다. 그렇다면 갈리아인에게 카이사르의 정복전쟁은 대참사라 할 만하다. 전쟁에서는 인명피해만 있었던 것이 아니다. 베르킨게토릭스는 로마군을 압박하기 위해 초토화작전을 펼쳤다. 온 국토가 피폐해졌을 것이다.

그런데 오늘날 카이사르를 가리켜 전쟁광이라거나 살인마라고 비난하는 목소리는 어디서도 들려오지 않는다. 제2차세계대전을 일으켜 유럽을 전화로 몰아넣은 히틀러는 그렇게 욕하면서 말이다. 왜 그럴까. 『갈리아 전기』라는 세계문학사에 빛나는 걸작을 남겼기 때문일까. 후세의 군주와 장군들을 왜소하게 만든 천재적인 전략가이기 때문일까. 그것도 아니라면 로마 여자들이 모두 그의 애인이 되고 싶어 안달했을 정도로 매력적인 남성이기 때문일까. 한마디로 대답하기 어려운 문제다. 모든 대답이 부분적으로 다 이유가 될 것이다.

카이사르는 그 누구도 흉내내기 힘든 특출한 인물이었다. 그래서 '로마사 유일의 천재'로 평가받기도 한다. 그런 그에게 이제 와서 전쟁의 책임을 물어 비난하는 것은 다른 사람의 흥미를 끌지 못할 것이다. 그리고 너무 오랜 세월이 흐르기도 했다. 이제는 카이사르가 일으킨 전쟁으로 해서 아파하는 사람은 없다. 하지만 시오노 여사가 갈리아 전쟁의 인명피해를 아주 객관적인 태도로 전달한 뒤 "어쨌든 갈리아는 카이사르에게 정복된 뒤로는 완전히 얌전해졌다"고 말한 데 대해서는 와락 거부감이 들기도 한다. '창작'당한 자의 고난은 아랑곳하지 않고 힘에 의한 지배를 너무 당연시하는 태도를 보이기 때문이다.

프랑스에서의 두 번째 달리기

역 플랫폼에 앉아서 보니 알레시아가 한눈에 들어온다. 기차에서 내릴 때는 저 산이 알레시아인 줄 몰랐다. 꼭대기의 베르킨게토릭스 동상도 가물가물 시야에 들어온다. 방문하기 힘든 곳을 무사히 재미있게 답사했다. 플랫폼 맞은편에서 역의 남자직원이 손을 흔든다. 저 사람 덕분에 알레시아에 대한 인상도 좋았고 길도 쉽게 찾았다. 친절하고 여유 있는 사람이다. 나도 손을 흔들어준다.

따뜻한 가을햇살 속에 앉아 있으니 슬며시 졸린다. 제법 많이 걷고 땀도 흘렸기 때문이다. 연세 많은 노부부가 지하도에서 천천히 올라오더니 내 옆자리에 앉는다. 그들도 서로 어깨를 기대고 앉아 투명한 햇살을 즐긴다. 다른 사람은 아무도 없다. 노인이 나를 물끄러미 바라본다. 미소로 대답하고 말을 걸어본다.

"이 마을에는 무슨 일로 오셨습니까?"

"아, 여기엔 집안 대대로 300년이나 가까이 지내온 집이 있어요. 다니러 왔지요. 며칠 머물다가 이제 가는 길입니다."

"그렇군요."

"그런데 댁은 여기에 무슨 일로 오셨나요? 멀리서 온 것 같은데."

"전 로마 역사에 관심이 있습니다. 그래서 알레시아 전투의 현장이 보고 싶어 여기까지 오게 됐습니다."

"그 일을 위해 일부러 여기까지 왔다고요?"

"그렇습니다."

"프랑스 사람들도 대부분 그 역사를 모르고 있는데, 그렇다면 댁은 대학교수이신가요?"

"아뇨, 학자는 아니고요, 그저 여행을 좋아할 뿐입니다. 취미 차원이죠."

"……"

알레시아 역 지하도의 베르킨게토릭스 포스터.

노인은 이해하기 힘들다는 얼굴이다. 하지만 노인의 말처럼 대부분의 프랑스 사람들이 베르킨게토릭스의 항쟁사를 모르지는 않을 것이다. 프랑스 고대사의 중요한 사건이었으니까 학교에서도 배울 것이고, 갈리아 전쟁을 소재로 한 만화 『아스테릭스』는 프랑스 국민들에게 오랫동안 인기를 끌어왔다.

그런데 기차가 오지 않는다. 내가 가지고 있는 시각표에 의하면 1시 48분에 디종행이 있다고 되어 있는데 벌써 10분이 지나도록 기차가 오지 않는다. 아무리 시골역이라 하더라도 이렇게 연착할 리가 없다. 노인에게 시각표를 보여주니 1시 48분 기차는 공휴일에만 운행한다고 한다. 낭패다. 기초적인 단어도 모르니 이런 일이 생기는 것이다. 다음 기차는 2시 42분에 있다. 디종 도착은 3시 15분. 디종에서 아를로 가는 기차는 3시 20분에 출발하는데 5분 만에 기차를 갈아탈 수 있을까. 배낭도 찾아야 하는데. 따뜻한 햇살 속에 꿈꾸듯 앉아 있다 갑자기 정신이 번쩍 든다.

디종으로 가는 내내 초조하게 마음 졸이다가 역에 도착하자마자 수하물보관소로 달렸다. 아침에 내 배낭을 받았던 할머니가 자리에 앉아 있다가 헐레벌떡 달려오는 나를 보고 벌떡 일어난다. 보관증을 주고 배낭을 찾아 이번에는 대합실로 달렸다. 아를 행, 3시 20분, 2번 플랫폼. 계단을 뛰어내려가서 지하도를 달려 다시 계단을 뛰어올라가니 기차는 출발 직전이다. 프랑스에 들어와서 두 번째 달리기를 했다.

따뜻한 남쪽나라에서 발을 쉬다

프로빈키아의 도시들

기차가 맑은 물이 흐르는 강을 두 개나 연거푸 건너더니 속도를 줄이면서 역으로 진입한다. 리옹(Lyon)이다. 리옹은 스위스 서쪽 쥐라 산맥에서 발원한 손(Saône) 강과 알프스 레만 호수에서 흘러내린 론(Rhône) 강이 합류하는 지점에 위치해 있다. 그래서 도시 한가운데에는 두 강이 합류하면서 만드는 쇠뿔 모양의 삼각주가 있다. 로마시대 리옹은 갈리아 루그두넨시스 속주의 수도였고 명칭은 루그두눔(Lugdunum)이었다.

리옹이 로마시대 주요한 도시로 성장한 것은 위치 덕분이었다. 두 강이 만나는 곳일 뿐만 아니라 갈리아 전체로 봐도 중심적인 위치를 차지하고 있었다. 그래서 리옹은 교통의 요지였다. 마인츠와 쾰른의 라인 전선에서 시작된 가도가 트리어와 메스를 거쳐 리옹에 도달한 다음 지중해의 마르세유로 빠졌다. 리옹은 825킬로미터에 달하는 이 장대한 가도의 중간에 위치했다. 서쪽의 보르도로 빠지는 가도와 동쪽 알프스의 주네브로 통하는 가도도 이곳에서 시작되어 리옹은 십자로의 중심에 서게 되었다. 강을 이용한 수운도 발달했다.

리옹은 이렇게 속주의 수도였으며, 교통의 요지였고, 나르본을 제외하고는 갈리아 전체에서 인구가 가장 많은 도시로 성장했다. 리옹이 로마역사에서 중요한 위치를 차지하게 된 또 하나의 이유는 기원전 16년부터 제국의 주화를 주조하게 되었기 때문이다. 돈을 찍어내는 도시가 번성하고 인구가 증가하는 것은 당연한 일이다. 그래서 오늘날 리옹에서는 로마 유적은 별로 볼 것이 없지만 동전과 메달이 많이 발견되고 있다.

리옹의 이런 성격은 오늘날에도 그대로 이어지고 있다. 파리와 마르세유에 버금가는 대도시이며, 남북을 연결하는 철도의 중간에 위치하고 있고, 프랑스 금융의 중심지로 다수의 큰 은행이 있다. 로마시대의 도시 성격이 그대로 이어지고 있는 모습이 신기할 정도이다.

기차가 오랫동안 정차한다. 학생들이 플랫폼을 가득 메우고 있고 내가 탄 열차에도 학생들이 많이 타서 통로까지 빈자리가 없다. 금요일 오후라 리옹 대학의 학생들이 주변 도시의 집으로 가는 듯하다. 리옹 대학은 프랑스 중부의 대표적인 대학이다.

기차는 이제 론 강과 나란히 달리기 시작한다. 여기서부터 지중해까지 론 강은 알프스 산맥과 프랑스 동남부의 중앙산괴지대(Massif Central) 사이를 흐른다. 그래서 이곳을 론 협곡이라고 부르기도 한다. 이 협곡에는 강을 따라 지중해까지 수많은 도시가 발달해 있다. 비엔 · 발랑스 · 오랑주 · 샤르팡트라 · 아비뇽 · 생 레미 · 아를 · 님 같은 도시들이다. 모두 로마의 프로빈키아 속주에 속했던 도시들이다. 프로빈키아(Provincia)는 원래 로마가 획득한 이탈리아 이외의 해외 속주를 가리키는 말이었는데 나중에는 이곳 프랑스 남부지방을 가리키는 고유명사가 되었다. 오늘날 프로방스(Provence)의 어원이 되었음은 물론이다.

로마는 에스파냐로 가는 길목을 지키기 위해 기원전 2세기에 이미 갈리아 남부의 지중해 연안지역에 진출해 있었다. 기원전 122년 이 지역에 살고 있던 아르베르니족을 북쪽으로 내쫓고 나르보넨시스 속주와 프로빈키아 속주를 세운 것이다. 로마인들은 이 따뜻한 남쪽나라에 정착하고 난 다음에는 더 이상 북쪽으로 진출할 생각을 하지 않았다고 한다. 워낙 기후가 좋고 풍광이 아름다웠기 때문이다. 카이사르의 갈리아 정복 이후 로마를 물려받은 아우구스투스는 이 론 협곡에 흩어져 있는 도시들을 로마식으로 개조하고 가도로 연결했다. 내가 찾아가는 도시 아를과 님은 그 시대의 분위기를 간직하고 있는 곳들이다.

아를의 여인

프로방스, 또는 아를(Arles)이라고 하면 무슨 이미지가 떠오르는가? 따뜻한 햇살, 파란 하늘, 친절하고 밝은 사람들, 아름답고 매혹적인 여인, 그리고 약간 들뜬 대기……. 그런데 아를의 첫인상이 전혀 그렇지 못하다. 캄캄한 역 광장에 우두커니 서 있자니 내가 도착한 곳이 프로방스가 맞나 하는 생각조차 든다. 세계적으로 이름난 관광도시의 역 광장이 왜 이렇게 어두운 것일까? 전등을 꺼내 들어야 할 정도다. 기차에서 같이 내린 사람들은 모두 어둠 속으로 사라졌다. 막연히 가졌던 프로방스의 밝은 이미지들이 어둠 속으로 산산이 흩어진다.

예약한 호텔까지는 10분 정도 걸어야 한다. 손전등으로 지도를 비춰가며 천천히 길을 걷는다. 여행을 출발하기 전에 유일하게 아를의 숙소를 예약했었다. 토요일 밤이고, 아를은 연중 관광객이 몰리는 곳이라고 들었기 때문이다. 그런데 여행 중 일정이 하루 단축되어 금요일 밤에 도착했다. 금요일은 토요일과 달리 방 구하기가 그리 어렵지 않을 거라고 위안한다. 그런데 사정이 그렇지 않다. 호텔 주인은 표정도 바꾸지 않고 간단히 대답한다.

"오늘밤에는 방이 없습니다."

알프스에서 발원한 론 강이 아를에 도달해 대하(大河)를 이루고 있다.
나는 밤중에 이 강변을 걸어 잠잘 곳을 찾아갔다.

내일 밤 묵을 손님인데도 조금의 친절도 베풀지 않는다. 오히려 귀찮아한다. "호텔이 강변에 있기 때문에 금요일 밤에는 빈 방이 없다"고 덧붙인다. 다른 호텔을 소개해달라고 하니 지도의 한 지점에 ×표를 해준다. "아마도 방이 있을지도 모르겠다"고 한다. 그러고는 '바이바이'다. 아를에 대한 인상은 결정적으로 나빠졌다. 할 수 없이 그가 추천해준 'Hôtel du Musée'(미술관 호텔)를 찾아 나선다.

길은 강변으로 이어져 있다. 어둡지만 강 건너편이 뿌옇게 보인다. 고흐가 「론강의 별이 빛나는 밤」을 이쯤에서 그렸을지도 모르겠다. 하지만 색깔은 완전히 다르다. 고흐의 그림에는 불꽃이 터지는 듯한 커다란 별들이 하늘에 총총하고 강변의 등불이 물에 길게 반사되고 있다. 그래서 그의 그림은 밤풍경을 그렸음에도 불구하고 보라색·녹색·노란색·파란색으로 채색되어 있다. 그러나 내가 보는 론 강은 회색으로 뿌옇게 가라앉아 있을 뿐이다. 프로방스에서는 별을 볼 수 있을 것이라고 기대했는데, 환상은 이런 식으로 깨져버린다.

어렵게 찾아간 미술관 호텔의 노부부 주인은 나를 반가이 맞이했지만 역시 방이 없다. 이들은 진심으로 미안해한다. 다시 호텔을 추천해달라고 부탁하자 여주인은 내 지도에 길을 따라 줄을 그어주고는 자세히 설명해준다. 내가 연신 고개를 끄덕였지만 그녀는 못 미더운지 내 얼굴을 보며 "정말 알아들었느냐"고 확인한다. 밤이 서서히 깊어가고 배낭도 점점 무거워진다. 더 헤매고 싶지 않다. "미안하지만 방이 있는지 전화로 확인해달라"고 하니 그녀는 기꺼이 그렇게 한다. 전혀 알아들을 수 없는 프랑스어 대화가 오간다. 단 한 단어, 내가 알아들은 것은 나를 일본사람으로 소개하는 말이다. 내가 일본사람이든 중국 사람이든 상관없다. 방만 있으면 된다. 그녀의 얼굴이 환하게 밝아진다. 방이 있단다. 그녀가 추천해준 호텔은 'Hôtel le Cloître'(회랑 호텔)이다.

이번에는 구 시가지를 가로질러 가는 길이다. 시청사와 아를에서 가장 주요한 유적 중의 하나인 생 트로핌 교회·레퓌블릭 광장을 통과한다. 생 트로핌 교회는 중세 때 순례자들이 에스파냐 북부의 산티아고 델 콤포스텔라로 가는 길에 들렀던 유명한 교회이다. 배낭을 맨 채 아직 쉴 방도 구하지 못한 상태에서 아를의 주요 유적은 다 둘러보는 셈이다. 회랑 호텔은 생 트로핌 교회의 회랑을 기대고 좁은 골목에 들어서 있다.

묵직한 나무문을 밀고 들어가니 바로 입구다. 카운터 옆에는 하얀 도자기에 해바라기가 가득 꽂혀 있고, 내실로 들어가는 입구에는 고흐의 「밤의 카페」 복사 그림이 걸려 있다. 고흐 분위기가 물씬하다. 30대 후반쯤의 여주인이 활짝 웃으며 맞아준다. 화려한 분위기다. 풍성한 갈색 머리칼은 파도치듯 하고 피부는 아름다운 갈색이다. 웃으니까 입이 얼굴의 반을 차지한다. 키가 늘씬하게 크고 몸매도 육감적이다. 시골총각으로 하여금 탑에서 투신하게 만든 그 치명적인 '아를의 여인'이 이런 모습이었을까. 북유럽에서 프로방스로 내려온 고흐와 고갱도 아름다운 아를의 여인들에게 매혹되었다고 했다. 이런 여인을 보면 기후와 풍토가 사람의 심성과 생김새에 결정적인 영향을 준다는 것을 실감할 수 있다. 바루스 박물관의 그 여직원은 딱딱 부러지고 서늘했다. 그녀의 노란 금발에서는 금속성의 차가움이 느껴졌다. 그런데 이 아를의 여인에게서는 태양과 훈풍이 느껴진다. 그녀가 부드러운 미소를 지으며 묻는다.
"여권을 맡기실래요, 아니면 카드로 하실래요?"
"그냥 현금으로 계산할게요. 그리고 생수도 한 병 주세요."
"어머, 그러세요? 그러면 계산해볼게요. 방값이 63유로고요, 세금이 1.52유로예요. 그리고 생수는 2.30유로랍니다. 전부 66.82유로가 되네요. 네, 고맙습니다. 70유로 주셨어요. 3.18유로 드리면 되겠네요. 여기 3.20유로 있어요. 제가 2센트 더 드리는 셈이에요, 호호호."
그녀는 이 모든 이야기를 옥타브를 오르내리며 노래 부르듯 한다. 계산을 마친 그녀가 열쇠를 내 눈앞에 흔들더니 따라오라고 한다. 출입문 밖까지 나가더니 역시 노래 부르듯 설명한다.
"우리 호텔은 10시 30분이 되면 문을 닫는답니다. 밖에 나갔다 돌아오시면 이 번호를 여기다 누르세요. 여기 키에 번호가 적혀 있죠? 1, 4, 5, 6, 3."
출입문 우측에 번호 키가 달려 있다.
"이 번호를 누르면 문이 열린답니다. 그러면 이 손잡이를 오른쪽으로 돌리세요. 보세요, 열렸죠? 자, 이제 안쪽으로 들어와보세요. 나가실 때는 여기 보이는 빨간 버튼을 그냥 살짝 누르세요. 아래 달려 있는 손잡이는 돌릴 필요가 없답니다. 자, 보세요. 열렸어요. 잘 아시겠죠? 그러면 키를 드릴게요. 방은 3층이에요. 안녕히 주무세요."

한바탕 공연을 하듯 설명을 마친 그녀가 활짝 웃는 얼굴로 키를 건넨다. 그녀는 손님이 올 때마다 이런 설명을 반복할 것이다. 그런데도 아까 첫 번째 호텔의 주인처럼 귀찮아하거나 짜증내는 기색이 없다. 무거운 배낭을 메고 헤맨 터라 많이 지쳤는데, 이 여인의 흥겨운 리사이틀에 피로가 다 풀렸다.

방은 오랜 도시의 역사를 그대로 드러낸다. 화장실은 최신식으로 개조되어 있지만 벽은 거친 돌이 그대로 드러나 있고 천장에는 굵은 원목이 지나가고 있다. 목조 침대와 옷장, 그리고 반갑게도 '고흐의 의자'가 하나 놓여 있다. 자리 부분을 식물로 꼬아 만든 그 프로방스 의자가 놓여 있는 것이다. 고흐는 이 소박한 의자를 「빈센트의 방」에는 두 개나 그려 넣었고 의자만 따로 그리기도 했다. 그림을 보고 있자면 누군가를 기다리는 마음이 느껴진다.

그 의자에 앉아본다. 거칠지만 포근한 느낌이다. 아를은 로마의 도시이기도 하지만 고흐가 찾아왔던 따뜻한 남쪽나라이기도 하다. 그리고 나의 로마 여행에서 쉬어가는 곳이기도 하다. 내일은 고흐부터 만날 생각이다.

영원한 젖줄, 빈센트 반 고흐

고흐의 그림을 좋아하지 않는 사람은 별로 없다. 그리고 그의 작품을 다른 사람 것으로 혼동하는 사람도 거의 없다. 그만큼 빈센트 반 고흐(Vincent Van Gogh)는 인기작가이고 화풍도 그의 인생역정만큼이나 특이하다. 화풍의 특징은 무엇보다 '강렬함'이라고 할 수 있다. 그의 대표작이라 할 수 있는 「해바라기」 연작들은 태양의 너울거리는 불꽃을 그린 듯하고 「오베르의 교회」는 흔들거리며 무너질 듯해 파탄 직전에 도달한 그의 정신세계를 보는 듯하다. 그런 그림들을 잠시라도 보고 있으면 마음이 격동되지 않을 수 없다.

그런데 그의 그림 중에는 지극히 평화로운 정경을 차분하게 그려낸 것도 있다.

대표적인 것이 「아를의 도개교(跳開橋)」다. 이 그림은 그가 태양과 자연을 찾아 프로방스의 아를에 도착한 직후에 그렸다. 하늘은 코발트색이고 물가 둔덕에는 봄나물이 돋아나는 계절인데, 아낙네들이 물가에 앉아 빨래를 하고 있는 모습을 그린 그림이다. 도개교에는 막 마차 한 대가 지나가고 있다. 이 그림에는 어지러운 소용돌이도 없고 흔들림도 없으며 죽음의 상징인 까마귀도 날지 않는다. 구도도 지극히 안정적이어서 화가가 정서적으로 편안한 상태에서 그렸다는 걸 누구나 알 수 있다.

그런데 이 그림의 현장이 아를에 그대로 보존되고 있다고 하니 가장 우선순위로 찾아가본다. 도개교는 아를에서는 'Pont Van Gogh'(고흐의 다리)라고 불리고 지도에도 방향이 크게 표시되어 있다. 그만큼 아를 관광에서 중요하게 취급되는 곳이다. 하지만 걸어서 가기에는 너무 멀다. 택시를 탔다. 시내를 벗어난 택시는 넓은 들판을 달린다. 사람도 없고 대중교통도 다니지 않는다. 10여 분쯤 달렸을까. 택시가 갑자기 멈춘다. 바로 곁에 도개교가 접힌 상태로 묶여 있는 것이 보인다. 너무 갑자기 현장에 도착해 당황스럽기도 하고 아를로 다시 돌아가는 방법이 마땅치 않겠다고 생각한 순간, 택시기사가 "A few minutes?" 하고 묻는다. 내 의향을 물어보는 말이지만 실제로는 그렇게 할 수밖에 없다는 것을 설명하는 말이다. "OK" 하고 내릴 수밖에 없다.

많이 기대하고 기다려왔건만 택시가 시동도 끄지 않고 기다리는 가운데 고흐의 다리를 봐야 하는 상황이 되었다. 이런 상황에서는 눈으로 보기보다 우선 사진을 많이 찍어야 한다. 그래야 돌아가서도 차분히 이런저런 모습을 살펴볼 수 있기 때문이다. 그런데 다리는 그림의 모습과 많이 달라졌다. 고흐의 그림에서는 개울 양쪽에 돌 축대를 쌓아 도개교를 연결했는데, 이제 개울은 좁은 콘크리트 수로로 변해버렸다. 당연히 빨래터도 흔적 없이 사라졌다. 그림에서 느낄 수 있었던 시골 개울의 한가한 풍경은 전혀 찾을 수 없다. 도개교도 들려

복원된 '아를의 도개교'는 옛 자리를 지키고 있지만 주변 환경은 그림과 많이 달라졌다.
가장 큰 변화는 콘크리트 수로 탓에 빨래터가 사라지고 없는 것이다.

올려진 채 사용하지 않는다.

실망스럽지만 사실은 이게 정상이다. 120년 전 모습 그대로 개울이 유지될 리도 없고, 만약 그렇다면 그게 더 문제다. 그럼에도 불구하고 많이 아쉽다. 마음속에 품었던 또 하나의 환상이 깨져버렸기 때문이다. 앞으로 「아를의 도개교」를 보면 이 콘크리트 수로가 생각날 것 같다.

몇 장의 사진을 찍고 택시에 올랐다. 내가 타자마자 택시는 총알처럼 아를 시내로 달리고 고흐의 다리는 다시 아무도 없는 들판에 혼자 남겨졌다.

「밤의 카페테라스」는 한결 나아 보인다. 고흐의 그림과 다른 점이 거의 없다. 밝게 빛나던 노란 차양과 벽면도 그대로고 길가에 내놓은 테이블도 달라지지

'밤의 카페테라스'는 거의 원형대로 보존되어 있다.
앞으로도 오랫동안 이 모습을 유지할 것이다. 오른쪽 건물 벽의 유적은 로마시대 것이다.

않았다. 카페의 이름도 밤의 카페(Le Café La Nuit)다. 카페는 도개교와 달리 옛 모습을 유지하는 일이 그리 어렵지 않다. 도개교는 사람들의 필요에서 퇴출 당했지만 카페는 여전히 유럽인들의 '생활필수품'이기 때문이다. 유럽에는 200년이 넘는 카페도 수두룩하니까 이 밤의 카페도 100년, 200년이 지나도 지금의 모습대로 유지될 것이다. 고흐가 그림을 그렸던 위치에 서서 카메라를 통해 보니 그림과 꼭 같은 앵글이 시야에 들어온다. 하늘에 주먹만한 별만 총총히 떠 있다면 120년 전과 아무것도 달라진 것이 없다.

1888년 2월 아를에 도착한 고흐는 이곳에 예술인촌을 건설할 것을 꿈꾸고 파리에 있는 고갱에게 와줄 것을 끈질기게 권유했다. 10월 드디어 고갱이 아를로

고흐가 그린 '정신병원의 정원'은 그림과 같은 모습으로 보존되고 있다.
나무도 그림과 거의 같은 걸 심어놓았다.

내려와 두 사람의 동거가 시작되었다. 그러나 두 사람은 성격도 다르고 예술관도 달라 공동생활은 순탄치 못했다. 12월 고갱과 심한 말다툼을 한 고흐는 지병인 간질발작을 일으켜 자기의 한쪽 귀를 면도칼로 잘라버렸다. 고갱은 떠나버렸고 이후 고흐는 발작과 입원의 연속이었다. 이 시기 고흐가 입원했던 병원이 아를에 원래 모습대로 보존되어 있다. 지금은 병원이 아니라 종합 미디어센터로 바뀌었는데, 에스파스 반 고흐(Espace Van Gogh)라는 이름으로 고흐를 추억하고 있다.

고흐는 정신병원에 입원해 있을 때도 정신이 온전할 때는 그림을 그렸다. 이때 남긴 작품 중의 하나가 「정신병원의 정원」이다. 정원 중앙의 분수를 중심으로

아를 시내의 고흐 청동 두상. 표정은 광인(狂人)의 그것이다.

화단이 가꾸어져 있고 회랑이 정원을 둘러싼 모습인데 구도가 안정되어 있고 평온한 분위기의 그림이다. 골목길을 헤매면서 힘들게 찾아간 정신병원은 놀라울 정도로 원래의 모습을 잘 간직하고 있다. 건물의 형태나 채색을 120년 전의 모습대로 유지하는 것은 그리 힘든 일이 아니다. 그런데 정원에 서 있는 나무의 가지가 뻗은 모습까지 그림과 너무 똑같다. 도대체 어디서 저런 나무를 구했을까. 미국 관광객들이 고흐의 그림이 새겨진 안내판에 서서 정원을 찍고 있다. 저 위치에서 사진을 찍으면 고흐의 그림과 똑같은 사진을 찍을 수 있다. 아를 시는 120년 전 단 15개월을 머물다 떠난 한 간질병 환자 덕분에 영원히 마르지 않는 젖줄을 확보한 셈이다.

다시 흐르는 피

아를 시를 홍보하는 사진 중 가장 흔하면서도 보기도 좋은 사진은 로마의 원형경기장 주변을 항공 촬영한 사진일 것이다. 하얀 석회석으로 만든 거대한 원형경기장과 경기장을 둘러싼 붉은 기와주택들, 그리고 그 곁을 흐르는 론 강을 한 앵글로 찍은 사진은 흰색과 붉은색, 파란색이 어울려 멋진 조화를 이룬다. 아를의 건물 지붕이 모두 붉은 기와인 것은 앙드레 말로가 문화부장관 재임시 지붕을 로마식의 붉은색 기와로 통일하도록 조치했기 때문이라고 한다. 그래서 아를의 항공사진을 보면 그 어느 로마시대 도시보다 로마적인 색채를 띠고 있다.

아를의 한복판에 서 있는 로마의 원형경기장은 오늘날에도 시에서 가장 큰 건물이고 시민생활의 중심을 차지하고 있다. 그러나 검투사 경기가 금지된 5세기 이후 경기장은 기구하다고 할 정도의 역정을 거쳐 오늘에 이르고 있다. 로마의 장대한 건축물들이 공통적으로 겪은 운명이지만 검투사 경기장으로서의 용도가 끝나자 경기장은 한때 채석장으로 방치되어 온몸이 뜯겨나가는 신세가 되었다. 하지만 원체 덩치가 큰 건물이어서 그랬는지 완전히 사라지는 운명은 면해 2층 아치 윗부분까지만 뜯겨나간 상태에서 지금에 이르고 있다. 그래서 경기장의 스카이라인이 아치의 연속으로 이루어진 특이한 모습으로 남아 있다.

8세기, 남프랑스 지역을 잠시 점령한 이슬람 세력은 로마의 원형경기장을 성채로 사용했다. 그들은 성채로서의 기능을 강화하기 위해 아치 윗부분 몇 곳에 높다란 망루를 설치했는데 그것들이 오늘날까지 철거되지 않고 그대로 보존되어오고 있다. 이슬람이 물러가고 난 뒤 빈 성채는 집 없는 이들의 보금자리로 사용되었다. 긴 중세 기간 원형경기장은 하나의 도시와도 같이 수많은 사람들이 바글거리는 생활공간으로 사용되었는데, 지금의 모습대로나마 보존된 것은 그렇게 사람들의 주거지로 사용되었기 때문일 것이다.

로마의 원형경기장 아치 위에 세워진 이슬람식 망루.
덧붙여진 구조물이지만 천 년이 넘다보니 이제 한 몸이 되었고, 아를 경기장의 특징이 되었다.

오랜 중세가 끝난 뒤 경기장의 원형 복원이 추진되었다. 1826년부터 사람들의 거주시설이 철거되기 시작했는데 이때까지 남아 있던 집이 무려 212채, 교회도 두 개나 되었다. 경기장은 대대적인 복원작업에 들어가 1830년에 대강의 보수를 마쳤다. 그리고 다시 피가 흐르는 공간으로 되돌아갔다. 투우장으로 사용되기 시작한 것이다. 아를의 원형경기장에서 1830년 처음 열린 투우경기는 프랑스가 지중해 너머 알제리를 점령한 것을 축하하기 위한 경축경기였다.

아를과 님 등 남프랑스 지방에서는 에스파냐의 영향을 받아 오래 전부터 투우경기가 열렸다. 본고장인 에스파냐에서는 최근 들어 동물보호단체들의 활동 덕분에 투우경기가 조금씩 줄어드는 추세인 데 반해 프랑스의 투우는 오히려 전성기를 맞는 듯한 느낌이다. 수용인원 2만 명인 아를의 경기장은 경기 때마다 입추의 여지가 없으며, 2월부터 10월까지 열리는 경기의 연간 입장객이 60만 명에 이른다고 한다.

투우는 원래 에스파냐 귀족들의 궁중 스포츠로 시작되어 18세기 이후 오늘날과 같은 형태로 대중화되었다. 투우가 국기(國技)인 에스파냐에서는 신문들이 투우 기사를 스포츠면에서 다루지 않고 문화면에서 다룬다. 단순한 놀이가 아니라 인생의 철학을 담은 하나의 의식으로 취급한다는 의미다.

투우는 투우사를 소개하는 장내행진으로 시작된다. 투우사는 모두 중세풍의 화려한 복장을 걸치고 엄숙하고 화려한 연출과 함께 관중에게 소개된다. 소개가 끝나면 투우장의 문이 열리고 오늘 투우사와 싸울 소가 선도역의 유도로 입장한다. 가장 사나운 것으로 엄선된 소는 투우장에 나오기 전 24시간을 빛이 완전히 차단된 상태에서 갇혀 있어야 한다. 먼저 하급 투우사가 등장하여 빨간 천을 휘두르면서 소를 흥분시킨다. 어두운 데 갇혀 있다 갑자기 밝은 데로 나온 소가 붉은 헝겊의 조롱을 받으면 미쳐 날뛰게 된다. 이때 말을 탄 피카도르가 등장해 교묘하게 말을 부리면서 창으로 소를 찌른다. 소는 더욱 흥분하여 성질을 억제하지 못하게 된다. 다음 차례는 반데릴레로인데, 이들은 소의 돌진을 피하면서 여섯 개의 작살을 차례로 소의 목과 등에 꽂는다. 작살이 꽂힐 때마다 소는 더욱 미쳐 날뛰고 장내의 관중도 서서히 흥분하게 된다. 이때 투우의 주역 마타도르가 칼과 물레타라고 하는 붉은 천을 들고 등장한다. 소는 거의 미친 상태가 되어 있고 투우사는 이런 소를 상대로 큰 동작 없이 마치 무용과도 같이 몸을 비키면서 소와 싸운다. 이렇게 싸우기를 약 20분, 장내의 흥분이 최고조에 달했을 때 투우사는 정면에서 돌진해오는 소를 목에서 심장을 향해 칼로 찔러 죽임으로써 경기는 막을 내린다. 이런 싸움이 벌어지는 시간은 투우장에 석양빛이 비쳐 장내가 빛과 그림자로 양분되는 때이다.

이것이 간단히 살펴본 투우의 모습이다. 투우를 찬양하는 사람들은 투우에서

원형경기장 내부의 관람석이 본래의 모습을 많이 잃었기 때문에 가벼운 재질로 좌석을 만들었다. 투우 경기가 벌어지면 2만 관중이 운집해 고대와 다름없이 피를 보며 소리 지른다.

'누구의 도움도 없이 일대일로 맞서 스스로 헤쳐 나가야만 하는 인간의 삶을 목격한다'고 말하기도 하고, '장엄한 죽음의 예술'이라고 칭송하기도 한다. 하지만 과연 투우가 고대 로마의 원형경기장에서 벌어졌던 검투사 경기와 근본적으로 다른 것이 있는가. 원형의 경기장에 관중이 운집한 가운데 사람이 동물을 죽이고, 관중은 흥분하며 카타르시스를 느낀다는 점에서 과연 무엇이 다른가 하는 것이다.

로마의 검투사 경기는 잔혹하고 원시적이었다. 앞에서 이야기한 대로 '물량'도 엄청났다. 국가의 지도자들이 백성들의 불만을 무마하고 환심을 사기 위해 벌였다는 정치적 목적도 있었다. 이에 비하면 투우는 세월이 흐른 만큼 세련되었고 예술의 옷도 걸쳤다. 하지만 피를 원하는 인간 본성을 충족시키기 위한 의식인 것만은 달라지지 않았다. 그것은 투우장에 가보면 알게 되고, 관중의 표정을 보면 분명해진다.

투우에 대해 끊이지 않는 비판 탓인지 프로방스 지방에는 다른 지방에는 없는 형태의 투우가 있다. 투우사가 송아지의 뿔에 매단 리본을 재빨리 낚아챈 다음 울타리를 넘어 피하는 방식으로 진행하는 경기가 그것이다. 이런 투우는 원형 경기장이 아닌 마을 광장에서 열리기도 한다. 그러나 이 경기에서 소는 죽지 않겠지만 이제 사람이 위험하게 된다. 송아지라고 하지만 투우용 소가 분명하고, 투우사는 무기도 없이 소 가까이 접근해야 한다. 투우사가 많이 다치자 프랑스 정부는 이 경기를 금지하려고 했으나 프로방스 지방 사람들의 강력한 반대에 부딪혀 아직도 인기리에 계속되고 있다. 하지만 정통 에스파냐 방식의 투우가 더 인기 있음은 말할 나위도 없다.

아를에서 투우는 10월 마지막 주말까지 계속된다고 했는데 어쩐 일인지 10월의 마지막 토요일인데도 경기가 없다. 경기장 관람권을 사서 입장해 아랍인들이 쌓은 망루에 올라가 아를의 붉은색 지붕들과 파랗게 빛나는 론 강을 한번 내려다보고 내려왔다.

마르세유의 생선요리

마르세유는 기원전 6세기 그리스인이 개척한 식민도시이다. 로마인들이 테베레 강가의 일곱 언덕에서 조그만 농경사회를 꾸려가고 있을 때 마르세유 사람들은 지중해를 좁다 하고 누비고 다녔다. 기원전 3세기, 마르세유는 선택의 기로에 서게 되었다. 선진국 카르타고와 그 사이 무섭게 성장한 로마가 지중해의 패권을 두고 대결하게 되었기 때문이다. 마르세유는 로마의 이탈리아 반도와 카르타고의 새로운 거점인 에스파냐 남부지방 한가운데 위치하고 있었다. 마르세유는 로마와 손을 잡았다. 지중해를 뒤흔든 전쟁이 끝나고, 로마가 지중해의 새로운 강자로 부상했다. 마르세유는 로마 산하에서 독립국의 지위를 인정

받으며 지속적으로 번영했다.

로마 공화정 말기, 마르세유는 다시 한 번 선택을 강요받았다. 이번에는 카이사르와 폼페이우스의 대결이었다. 로마의 두 영웅은 지중해를 무대로 싸움을 벌였다. 마르세유는 폼페이우스를 선택했다. 카이사르는 이제 막 평정한 갈리아의 경제활성화를 추진하고 있었기 때문에 마르세유가 지중해지역 통상에서 독립적 지위를 유지하는 데 불리했기 때문이다. 결과는 카이사르의 승리였다. 그러나 카이사르는 마르세유의 자치권을 빼앗지는 않았다. 오랜 역사를 이어 온 자치도시의 독립권을 빼앗아봐야 완전히 복속시키기 어렵다고 판단했기 때문일 것이다. 다만 도시 주변의 영토는 모두 몰수했다. 마르세유는 이후 아테네나 스파르타와 같이 내정의 자율성을 가진 자치도시로 유지되었다. 기원전 22년, 마르세유는 아우구스투스가 실시한 갈리아 속주 재편에 의해 나르보넨시스 속주에 편입되면서 그 역사를 이어갔다.

2천 년 세월을 건너뛰어 제2차세계대전 때, 마르세유는 독일 공군의 폭격으로 대성당과 시청사를 제외하고는 모두 파괴되었다. 전쟁 후 도시는 복구되었고 현재는 프랑스 최대의 무역항이자 파리에 이은 프랑스 2대 도시로 성장했다. 프랑스뿐만 아니라 서유럽 전체의 관문 역할도 하고 있다. 이것이 간단히 살펴본 마르세유의 역사다.

자, 그렇다면 이런 마르세유에 가볼 것인가 말 것인가. 아를에서의 이틀째 오후 나는 잠시 이 문제로 고민했다. 나는 '로마'를 여행하기 위한 계획을 세우면서 대상지를 선정하는 데 일정한 기준을 적용했다. 우선 역사의 흐름을 바꾼 현장에 가보는 것이다. 그런 곳은 대체로 유명한 전투의 현장이다. 접근하기도 힘들고 현장에 아무것도 남아 있지 않을 수도 있지만, 그곳에 서 있다는 사실만으로도 감회가 새로운 곳들이다. 많은 사람이 붐비는 곳이 아니기 때문에 한적한 여행을 할 수 있다는 장점도 있다. 알레시아 같은 곳이 이런 경우에 속한다.

또 하나는 로마인들이 남긴 대표적인 유적을 찾아가는 것이다. 이런 곳은 너무나 많다. 그래서 가급적이면 중복되지 않도록 신중하게 대상지를 골랐다. 게르마니아 방벽이나 하드리아누스 성벽, 수도교 같은 것이 그런 것들이다.

또 하나의 기준은 시기적인 문제인데, 예외가 있지만 대체로 카이사르가 활동한 기원전 1세기 중반부터 오현제의 치세가 끝나는 서기 2세기 후반까지로 제한했다. 로마는 장구한 세월에 걸쳐 존속한 국가다. 가장 길게 보면 기원전 8세기 중반부터 동로마제국이 멸망한 15세기까지 2,200년이나 되고, 서로마제국이 멸망한 5세기 중반까지만 하더라도 1,200년이 된다. 그래서 나는 로마가 아직 로마다움을 잃지 않으면서도 세계제국을 이룬 시기를 집중적으로 살펴보기로 한 것이다. 이 시기는 한편 사람과 신의 관계에서도 인류 역사상 특이한 때였다. 즉 '그리스와 로마의 신들은 서서히 힘을 잃어가고, 예수는 아직 인간들에게 오지 않은 때'였다. 신에게 주눅 들지 않은 인간들이 역사의 주인공으로 활동하던 그 시기가 나의 관심을 끌었다.

이런 기준에 의한다면 마르세유는 안 가도 그만인 곳이다. 기본적으로 그리스 도시였던 곳이고 지금은 볼 만한 유적도 남아 있지 않다. 거기다 내가 여행하기 싫어하는 대도시다. 하지만 나는 마르세유를 다녀오기로 했다. 아를에서 볼 만한 것은 다 봤고, 무제한 사용할 수 있는 유레일패스가 있으며, 무엇보다 생선요리가 먹고 싶었기 때문이다. 여행을 떠난 이후 식사는 대부분 간단한 샌드위치와 가게에서 구입한 빵과 과일, 햄 등으로 때웠다. 일정이 빠듯했기 때문이다. 그래서 아를에서 약간의 여유가 생기자 항구도시에 가서 맛있는 생선요리를 먹고 싶다는 생각이 든 것이다.

마르세유 역은 고지대에 위치해 있다. 역 마당에서 넓게 펼쳐진 시가지가 내려다보인다. 용두산공원에서 보는 부산 같다. 막상 도착해보니 도시 한가운데로 들어가보겠다는 엄두가 나지 않는다. 시간도 2시간 30분 정도밖에 없다. 8시

30분에 아를로 가는 기차를 놓치면 이곳에서 자야 하고, 그러면 스케줄이 꼬여 버린다. 택시를 타고 항구로 가서 생선요리를 먹고 다시 돌아와 기차를 타는 것이 가능할까. 정류장에 삼삼오오 모여 잡담을 나누고 있는 택시 기사들도 그리 만만해 보이지 않는다. 남프랑스 지역이라 그런지 북아프리카 출신들이 많이 보인다. 그들의 검은 얼굴이 생경하다.

망설이다가 마침 순찰 중인 깡통모자 2인조 경찰에게 도움을 청했다. 두 시간 만에 항구에 가서 생선요리를 먹고 돌아와야 한다고 하자 그들은 잠시 난처한 표정을 짓더니 곧 해결책을 내놓는다. 자기들이 택시를 골라주겠다는 것이다. 그들은 택시 운전사들이 듣지 못하도록 "우리가 차를 골라주면 당신에게 함부로 하지 못할 것"이라고 한다. 그냥 아무 택시나 타고 가면 기사가 나한테 함부로 할 수도 있다는 이야긴가. 경찰들은 안면이 있는 듯한 기사에게 무언가 말을 하더니 나보고 타라고 한다. 프랑스 경찰을 믿지만 여전히 좀 불안한 가운데 차에 올랐다.

기사는 퇴근시간이라 혼잡한 도심을 능숙하게 달린다. 방향을 전혀 알 수 없는 가운데 차는 고가도로를 지나고 긴 지하터널을 지난다. 생각했던 대로 완전히 현대화된 거대 도시다. 15분쯤 달렸을까. 기사는 길가에 있는 대형식당을 가리키며 엄지손가락을 치켜 올린다. 아마도 최고의 생선요리 식당이라는 뜻이겠지. 식당은 옛 항구에 접해 있다. 항구는 육지 쪽으로 깊이 들어와 천혜의 지형을 갖추고 있다. 그래서 그리스인들이 처음 도시를 건설할 때부터 지중해의 주요한 항구 역할을 했겠지만, 이제 항구의 역할은 북쪽의 신항만에 넘겨주고 하얀 요트만 가득 정박해 있다.

식당은 크고 화려하다. 벽에는 유화들이 걸려 있고 집기들도 고풍스럽다. 아마도 마르세유의 전통 있는 해산물 전문식당인 듯하다. 테이블에는 빳빳하게 다림질한 식탁보가 깔려 있고 식기도 모두 세팅되어 손님 맞을 준비를 끝내놓고 있다. 배낭여행을 하는 나의 복장과는 어울리지 않는 집이라고 생각한 순간, 종업원이 나오더니 "아직 시간이 되지 않았다"고 한다. 잘됐다. 속초의 대포항과 같이 펄떡이는 생선들을 마음껏 구경하고 난 다음 신선한 회를 안주 삼아 소주 한 잔 하는 호사를 기대하지는 않았지만, 정장이 어울리는 화려한 식당에서 요리를 먹을 생각은 없었다.

뒷골목으로 들어갔다. 좀 덜 화려하고 길가에 테이블을 내놓은 생선요리 식당들이 여러 집 있다. 적당한 곳을 골라 들어가 테이블에 앉았다. 그런데 종업원들이 아는 체를 안 한다. 그들은 손님이 들어오는데도 아랑곳하지 않고 식당 한쪽에서 식사를 하고 있다. 손을 들어 불렀더니 한 친구가 자기 손목시계를 툭툭 칠 뿐 가까이 와보지도 않는다. 역시 손님 받을 시간이 되지 않았다는 것이다. 와인이라도 먼저 한 잔 하고 싶지만 그들의 식사를 방해할 수 있는 분위기가 아니다. 만약 대한민국에서 이런 식으로 장사를 한다면 그 집은 머지않아 문을 닫아야 할 것이다. 하지만 여기는 프랑스고, 그것도 대도시 마르세유다. 이해하고 그냥 기다리기로 한다.

30분 정도의 기다림 끝에 식탁에 오른 요리는 'Angle Fish'. 이 지방 생선요리를 먹어본 적도 없고 해서 여러 종류의 'Fish' 중 하나를 고른 것이다. 그런데 기대 이상으로 훌륭하다. 큼직한 흰살 생선을 구워 고소한 소스를 뿌렸는데 재료가 신선하고 향기도 좋다. 같이 나온 파스타도 구수하고 이 지방에서 생산된 화이트 와인도 음식과 잘 어울린다. 여행을 떠난 이후 레스토랑에서 식사를 하기는 처음이다. 시간이 촉박하지만 최대한 여유롭게 요리의 맛을 즐겼다. 내일부터는 또 샌드위치니까.

돌아오는 택시는 쉽게 잡았다. 시내는 지하철 공사 탓에 정체가 심했지만 운전기사는 샛길을 요리조리 찾아다니며 잘도 달렸다. 기차 출발 30분 전에 택시는 무사히 역에 도착했고 프랑스에서의 세 번째 달리기는 하지 않아도 되었다.

아그리파의 유산

오베르뉴의 노래

프로방스는 자랑거리가 많은 고장이다. 오랜 전통과 찬란한 유적이 있고 론 강 하구의 비옥한 삼각주 카마르그(Camargue)가 있다. 프랑스의 다른 지방에서는 볼 수 없는 투우도 있다. 하지만 프로방스를 가장 프로방스답게 하는 것은 역시 햇빛이다. 아를은 연중 2,800시간이나 태양이 빛난다. 그래서 많은 사진작가들이 이 도시를 찾고, 매년 7월 초에는 국제사진축제가 열린다. 사진은 빛을 낚아채는 예술이니 빛이 쏟아지는 곳에서 사진축제가 열리는 것은 자연스러운 일이다.

그런데 아를을 거쳐 님(Nîmes)까지 왔는데도 나는 그 찬란한 햇살을 아직 보지 못했다. 날씨는 사흘 내내 우울하다. 태양은 아주 가끔씩 구름 사이로 얼굴을 내밀었다가 이내 숨어버리곤 한다. 남쪽나라의 찬란하고 투명한 햇살을 즐길 수 있을 것이라고 생각했는데 실망이다. 그런데 그것은 계절 탓이다. 내가 너무 늦게 왔기 때문이다. 이미 늦가을이고, 10월 마지막 주 일요일 새벽을 기해 서머 타임도 해제됐다. 태양의 계절이 끝나버린 것이다.

님 역 광장에서 퐁 뒤 가르(Pont du Gard)로 가는 버스를 기다린다. 여행안내

님 도심 북서쪽 카바리에 언덕의 마뉴 탑. 말 그대로 '거대한 탑'인데 기원전 1세기 로마시대의 유적이다. 내부의 달팽이 속 같은 계단을 올라 꼭대기에 서면 님 시가지 전체가 발아래 펼쳐진다.

서에는 '님 국철 역 뒤의 버스정류장에서 위제(Uzés) 행을 타면 된다. 평일 약 여섯 편 운행한다'고 되어 있다. 그런데 9시 45분 버스가 있다고 되어 있는데, 10시가 넘었는데도 버스는 오지 않는다. 역 광장은 텅 비어 있고 오가는 사람도 없다. 여행안내서를 다시 본다. 평일 약 여섯 편 운행. 문제는 바로 이 '평일'이다. 오늘은 일요일이다. 그렇다면 버스는 운행 편수를 줄일 수도 있다. 이미 알레시아에 다녀올 때 경험했다. 아침에 아를에서 님으로 올 때 일요일이긴 하지만 교통편이 없지는 않을 것이라고 생각했다. 그런데 상황을 보아하니 아예 버스 운행이 없을 것 같은 분위기다.

퐁 뒤 가르는 로마의 수도교 중에서도 걸작으로 꼽힌다. 보존상태가 완전하고 규모도 웅장하다. 그래서 이미 사진으로는 수도 없이 보았다. 하지만 유적이란 현장에 가서 직접 봐야 느낌이 남는다. 사진은 자료일 뿐이다. 그래서 이 머나먼 곳까지 직접 왔는데 교통편이 마땅치 않다. 포기할 것인가, 아니면 다른 방법을 찾아볼 것인가. 버스정류장에는 조금 전부터 일본인으로 보이는 젊은 커플이 조용히 앉아 있다. 그들의 손에 들린 여행안내서는 내 것과 같은 것이다. 말할 것도 없이 그들도 퐁 뒤 가르를 찾아가기 위해 이곳에 온 것이다. 내가 말을 거니 둘은 깜짝 놀란 듯 벌떡 일어선다.

"퐁 뒤 가르에 가시려고 하는 거죠?"

"네, 그렇습니다만……."

"나도 한참동안 버스를 기다렸습니다. 그런데 오늘이 일요일이라서 아마 버스가 없거나 있더라도 한참 후에나 있을 것 같네요. 내 생각인데, 시간을 절약하기 위해 택시를 타는 게 어떨까요? 요금은 반씩 부담하고요."

그들은 잠시 상의하더니 그렇게 하자고 한다. 한가한 역 광장에서 시간을 죽이고 있던 택시 운전사는 반색한다. 시간은 30분쯤 소요되고 요금은 미터대로 받는단다. 50유로쯤 될 거라고 한다. 버스보다야 비싸지만 생각보다 그리 부담스럽지는 않다. 넓지 않은 도심을 빠져나온 택시는 아비뇽으로 통하는 길을 따라 탁 터진 평원을 달리기 시작한다.

일본인 커플은 20대 중반의 유학생들로 보인다. 남자는 키가 작고 마른 데다 목도 가늘다. 표정도 유순하기 그지없다. 이에 반해 여자는 키는 작지만 얼굴이 다부져 보이고 생활력도 강해 보인다. 두 사람이 결혼한다면 '여자를 중심으로 한 가정의 평화'가 이루어질 것으로 보인다. 내가 택시를 같이 타자고 했을 때 최종적으로 동의한 것도 여자 쪽이었다. 택시 운전기사와 대화하는 걸로 봐서 둘 다 프랑스어는 유창한 편이지만 영어는 초보 수준을 벗어나지 못했다. 남자에게 또박또박 천천히 영어로 물어봤다.

"일본 어디서 오셨나요?"

"아 네, 저는 후쿠오카에서 왔고요, 여자친구는 히로시마에서 왔습니다."

"유학 오신 지는 오래되셨나요?"

"아뇨, 저는 얼마 되지 않았습니다. 여자친구가 오래됐죠."

그렇지. 내가 본 대로다. 이 친구는 아마도 낯선 프랑스에 유학 와서 저 여자친구가 손목을 잡고 이끄는 대로 지금까지 지내왔을 것이다. 오늘 여행도 여자친구의 제안과 안내로 다니고 있는 것이 분명하다.

"그런데 선생님께서는 퐁 뒤 가르에 무슨 일로 가시는지요?"

그는 중년의 나이에 배낭을 메고 여행하는 내가 궁금한 모양이다.

"로마에 관심이 있어서요. 그래서 과거 로마제국 유적들을 찾아서 여행하는 중입니다. 이번에는 독일과 프랑스, 그리고 영국을 다니고 있죠."

"세 나라나요? 그러면 선생님은 대학교수신가요?"

"아니, 직업적으로 연구하는 건 아니고……. 그저 개인적으로 좋아서 하는 일이지요. 로마제국 여행 마니아라고나 할까. 일본말로 오타쿠(お宅)라는 거 있잖아요. 그렇게 이해하면 되겠네요. 그런데 두 분은 어느 도시에서 공부하시나

요? 님에 사시는 것 같지는 않은데."

"아 네, 혹시 아시는지 모르겠는데, 저희는 클레르몽-페랑(Clermont-Ferrand)에서 공부하고 있습니다. 산이 많은 곳이지요."

"클레르몽-페랑요? 오베르뉴(Auvergne) 지방 말인가요?"

"아시는군요. 맞습니다. 오베르뉴 지방에 있죠."

내가 오베르뉴를 아는 체하니 두 사람은 반가워한다. 나는 이번 여행에서 오베르뉴를 꼭 방문해보고 싶었다. 그것은 한 장의 음반 때문이다. 안동림 씨라는 분이 있다. 청주대 영문과 교수다. 그런데 이분은 전공인 영문학보다도 고전음악 애호가로 널리 알려져 있다. 그야말로 '오타쿠'라 할 수 있는 분이다. 안 교수는 수년 전 자신이 평생 수집한 음반을 정리해 『이 한 장의 명반』이라는 음반 가이드를 펴내기도 했는데, 음반 애호가들 사이에 필독서가 되면서 3권까지 나왔다. 물론 나도 이 책들을 사서 읽고 또 읽었다.

안 교수는 두 번째 책의 맨 첫 장에서 성악음반을 하나 추천했다. 이스라엘 출신의 소프라노 네타니아 다브라스(Netania Davrath)가 부른 「오베르뉴의 노래」(Songs of the Auvergne)라는 두 장짜리 음반이다. 그는 이 음반을 이렇게 소개하고 있다.

> 만약 누군가가 절해고도(絶海孤島)로 갈 때 성악곡 하나만 고르라면 나는 서슴지 않고 이 「오베르뉴의 노래」를 택할 것이다. 그것은 꼭 다브라스가 부른 레코드라야 한다. 그만큼 청순하고 가련한 그녀의 목소리는 나를 사로잡는다. 오베르뉴 고원의 맑고 그윽한 향기가 온 방안에 가득 넘쳐 도시생활에 찌든 내 마음을 말끔히 씻어주기 때문이다. 이 노래는 오페라 아리아처럼 화려하고 극적이어도 안 되고, 가곡처럼 능란하고 기교적이어서도 안 된다. 소박하고 순수한 매력이 있어야 한다.

이쯤 되면 거의 절대적인 명령이라고 봐야 한다. 오디오 초심자들은 처음 음반을 수집할 때 고수들이 한마디씩 해주는 이야기를 금과옥조로 신봉하게 되는데 나한테는 안 교수의 음반 평들이 그랬다. 「오베르뉴의 노래」는 즉시 나의 구매목록에 포함되었고, 제법 긴 기다림 끝에 그 음반을 구할 수 있었다. 안 교수의 평가는 틀리지 않았다. 모든 노래가 다 좋았지만 특히 「오베르뉴 언덕의 양치기의 노래」가 좋았다. 눈을 감고 들으면 파란 하늘과 흰 구름, 푸른 산과 하얀 양떼, 그리고 양치기의 슬픈 사랑이 꿈결처럼 흘렀다. 조용한 휴일 아침에 평온한 마음으로 자주 듣곤 했다.

오베르뉴 지방은 이렇게 해서 내가 음반을 열정적으로 수집하던 시기의 추억이 깃든 곳이 됐다. 그래서 프랑스를 여행하는 동안 가능하다면 거쳐서 가려고 했다. 그런데 그것이 쉽지가 않다. 님에서 클레르몽-페랑을 거쳐 파리로 올라가는 기차 노선이 있지만 그 길은 중앙 산괴지대의 험한 지역을 통과한다. '오래된 화산들이 완만하게 둘러싼 곳에 안기듯 자리 잡은 오베르뉴'라고 유럽철도여행 안내책자에도 소개되어 있지만 여유를 부리며 그런 곳에 들르다보면 하루를 완전히 까먹게 된다. 나는 13일 만에 3개국의 주요 현장을 여행해야 하는 상황이고, 계획에 의하면 님에서 파리는 반나절 만에 주파해야 한다. 그래서 오베르뉴 방문은 포기할 수밖에 없다.

그런데 이 오베르뉴 지방은 카이사르가 갈리아 정복전쟁을 벌이던 시기에는 아르베르니족이 살던 땅이었다. 카이사르에 대항해 갈리아의 총 봉기를 이끌었던 베르킨게토릭스가 바로 아르베르니족 출신이다. 오베르뉴가 아르베르니에서 유래되었음은 물론이다. 카이사르가 농성 중인 베르킨게토릭스에게 잽을 한 방 먹이고 철수하려다 카운터 펀치를 맞은 게르고비아는 클레르몽-페랑에서 6킬로미터 남쪽에 있다고 한다. 음반이 아니더라도 방문할 수 있다면 카이사르가 일격을 당하고 당황하던 현장을 볼 수 있을 것이다.

건축가 아그리파

해는 좀처럼 구름 속에서 빠져나오지 못한다. 한참 만에 구름장이 비켜나고 햇살이 계곡을 비추자 수도교(水道橋)가 황금빛으로 빛난다. 그리고 잠시 뒤 해가 구름 속으로 사라지니 로마의 수도교는 다시 회색의 무거운 얼굴로 돌아간다. 거대한 무대에 설치된 조형물이 서서히 밝아지는 조명에 환하게 모습을 드러냈다가 다시 어둠 속으로 사라져버리는 것 같다. 계곡에는 수도교뿐, 다른 건물도 오가는 자동차도 없다. 하얀 석회암 사이로 가르동 강이 조용히 흘러갈 뿐이다. 그래서 매우 비현실적으로 보인다. 거대한 인공설치물이 텅 빈 자연에 놓여 있다.

멀리서 수도교가 시야에 들어온 순간 발을 멈추었다. 함부로 접근하지 못하겠다. 더 가까이 가면 수도교는 나의 시야를 넘쳐버릴 것만 같다. 그만큼 거대하다. 자세히 보니 수도교 1층에 사람들이 보인다. 처음에는 그들이 눈에 띄지 않았다. 수도교 전체를 시야에 넣고 있으니 사람들의 움직임이 보이지 않았던 것이다. 천천히 접근해보니 1층에는 많은 사람들이 오간다. 택시 운전기사는 휴일이라 사람들이 거의 없을 거라고 했는데 이 많은 사람들은 도대체 무엇을 타고 왔을까. 붐비도록 사람들이 오가지만 전혀 소란스럽거나 혼란하지 않다. 사람들은 마치 신전을 참배하듯 수도교를 걷거나 우러러보고 있다.

남쪽에서 북쪽으로 다리를 건넌 사람들이 언덕을 오르고 있다. 표지판도 없지만 사람들은 모두 길을 안다는 듯 줄지어 산길로 접어든다. 말할 것도 없이 그들은 수도교를 보기 위해 다시 수도교를 벗어나고 있는 것이다.

산길은 제법 멀고 가파르다. 능선을 따라 땀을 흘리며 한참 올라가니 전망이 탁 트인 절벽이 나타난다. 그 위에 서자 계곡을 가로지르는 수도교가 발아래 보인다. 소나무와 사이프러스 나무와 활엽수들이 뒤덮고 있는 계곡에 거대한

가르동 강이 흐르는 계곡에 거대한 수도교가 걸쳐져 있다.
전체를 시야에 담고 있으면 1층을 오가는 사람들이 보이지 않는다.

로마의 아치교가 걸려 있다. 사진으로 익히 봤던 모습이다. 배낭을 내려놓고 물을 마시며 호흡을 가다듬는데 해가 구름 사이를 비집고 나오기 시작한다. 급히 카메라를 든다. 햇살이 계곡을 북쪽에서 남쪽으로 훑고 지나가며 다리를 황금빛으로 비춘다. 한 컷 두 컷 셔터를 누르자 해는 다시 구름 속으로 사라져버린다. 프로방스의 태양이여, 인색하기도 하구나.

수도교는 현재 '퐁 뒤 가르'라 불린다. '가르의 다리'라는 뜻이다. 가르(Gard)는 이 지역의 행정구역 이름이다. 기원전 19년경 로마 건축가들은 식민도시 님에 물을 공급하기 위해 수원지 위제에서 시작되는 수도(水道)를 건설했다. 전체 연장 50킬로미터에 달하는 긴 물길이었다. 지형은 험했다. 평지는 수로를 내고 석판을 덮으면 됐지만 산을 만나면 터널을 뚫어야 했고 계곡을 만나면 다리를 놓아야 했다. 퐁 뒤 가르는 당시 건설했던 여섯 개 다리 중 하나다.

석재는 부근에서 많이 생산되는 석회암을 사용했다. 채석장은 수도교에서 불과 600미터 떨어진 곳에 있었다. 큰 것은 돌 하나의 크기가 6톤이나 된다니까 멀리서 운반하기는 힘들었을 것이다. 접착제는 사용하지 않고 금속 죔쇠로 연결하여 거대한 아치 다리를 쌓아올렸다. 계곡이 깊었기 때문에 수도교는 3층으로 건설되었다. 1층은 여섯 개의 아치에 길이가 142미터, 2층은 1층과 비슷한 크기의 아치가 열한 개에 길이가 242미터, 3층은 훨씬 작아진 아치가 서른다섯 개 이어져 있고 전체 길이는 275미터이다. 이렇게 쌓아올린 수도교의 세 개 층 전체 높이는 50미터에 이른다. 아파트 높이로 환산하면 최소한 15층 이상이다. 이렇게 장대한 수도교는 전체적인 디자인이 뛰어나 보는 맛도 좋다.

퐁 뒤 가르를 건설한 사람은 아그리파(Marcus Vipsanius Agrippa)라고 알려져 있다. 그는 고대인이지만 현대의 우리는 그의 얼굴을 잘 안다. 미술시간에 데생을 할 때 그의 석고 흉상을 많이 사용하기 때문이다. 나는 회사 근처의 남대문시장으로 된장찌개를 먹으러 갈 때마다 로마인 아그리파를 본다. 화방의 진열장에서 미간을 모으고 얇은 입술을 꼭 다문 그는 책임감 강하고 2인자의 겸손이 몸에 밴 사람의 얼굴을 하고 있다.

아그리파는 인류 역사상 손꼽히는 위대한 건축가였다. 그러나 그는 건축가이기 전에 유능한 장군이었다. 전투에 나섰다 하면 져버리는 아우구스투스를 대신해 싸웠다 하면 이겼다. 아우구스투스 시절까지 정복이 끝나지 않았던 이베리아 반도를 완전히 평정한 것도 그였고, 안토니우스와 클레오파트라의 연합함대를 악티움 해전에서 격파해 아우구스투스를 내전의 승자로 만든 것도 그였다. 그런 그가 팍스 로마나(Pax Romana)가 도래하자 건축가로 변신했다.

그는 우선 제국의 수도 로마를 정비하기 시작했다. 물을 충분히 공급하기 위해 두 개의 수도를 건설했는데, 현재 로마의 트레비 분수와 스페인 광장의 분수에 물을 공급하는 베르지네 수도가 바로 그가 건설한 수도다. 하수도도 정비해 순시 보트가 다닐 수 있도록 대폭 넓혔다. 로마의 신들을 위한 판테온을 건설하고 장대한 회랑도 지었다. 아우구스투스가 말년에 자신의 치적을 기록한 『업적록』을 펴내면서 "나는 벽돌의 도시를 이어받아 대리석의 도시로 넘겨주었다"고 자랑했지만 로마를 찬란한 도시로 탈바꿈시킨 실질적 공로자는 아그리파였다.

아그리파의 부지런한 제국 재개발 행보는 수도 로마에만 머물지 않았다. 플라미니아 가도를 개축하고 제국 곳곳에 다리를 놓았으며 에스파냐의 주요도시 메리다는 그의 도시계획에 의해 완전히 탈바꿈했다. 역시 그의 작품인 세고비아의 아름다운 수도교에는 아직까지도 물이 흐르고 있다. 그런 그가 기원전 19년 갈리아 총독으로 부임하여 퐁 뒤 가르를 건설한 것이다.

제국이 기울어가던 4세기 무렵부터 수도교는 제대로 관리되지 않았다. 수로에 침전물이 쌓이기 시작해 9세기가 되자 기능을 완전히 상실했다. 이때부터 퐁 뒤 가르도 로마의 다른 건축물처럼 채석장이 되었다. 그러나 워낙 장대한 건축물이었기 때문에 근본적으로 훼손되지는 않았다. 몇 톤씩이나 되는 돌들을 옮기는 것이 쉽지 않았을 것이다.

중세로부터 18세기까지 수도교는 물이 아니라 사람이 건너다니는 다리로 사용되었다. 그러나 기둥들 때문에 통행이 불편했다. 1743년에 인마(人馬)의 원활한 통행을 위해 1층 다리 곁에 쌍둥이 다리를 덧붙여 건설했는데 현재 수도교 관람객들도 이 다리를 이용해 계곡을 건너다니고 있다. 수도교는 18세기부터 주요한 관광지로 떠올랐는데, 오랜 상처를 치유하고 원래의 모습을 완전히 회

18세기에 수도교 1층의 쌍둥이 다리를 건설해 사람과 말이 건너다닐 수 있도록 했다. 세계 각지의 사람들이 교통도 불편한 남프랑스의 외진 곳까지 찾아와 경배하듯 장대한 구조물을 우러른다.

복한 것은 19세기 중반 나폴레옹 3세에 의해서였다. 그는 프랑스의 영광뿐만 아니라 고고학에도 관심이 많았던 모양이다.

퐁 뒤 가르는 오늘날 나와 같은 '로마 여행자'뿐만 아니라 세계 각지로부터 수많은 관광객이 찾아오는 명소가 되었다. 한 해에 150만 명 정도가 찾아온다고 한다. 아그리파가 만든 수도교가 프랑스의 주요 관광수입원이 되어 있는 것이다.

물이 건너던 다리

퐁 뒤 가르를 지나는 수도는 수원지 위제에서 님까지 50킬로미터나 뻗어 있다. 그런데 두 지점의 낙차는 17미터에 불과하다. 1킬로미터 당 평균 기울기가 34센티미터라는 이야기다. 로마의 기술자들은 터널을 뚫고 다리를 건설하는 난공사를 진행하면서 미세한 낙차를 유지해 50킬로미터라는 긴 거리를 물이 한 방향으로 흐르도록 했다. 낙차는 직선구간보다 곡선구간이 좀 더 낮았을 것이다. 곡선에서는 수도의 벽면에 더 강한 수압이 작용하기 때문이다.

건설된 수도는 수백 년을 버텼다. 물이 수도를 넘치지도 않았고 수도관이 수압으로 터지지도 않았다. 이런 고도의 기술이 로마의 수도와 수도교에 숨어 있다. 두 지점의 낙차가 17미터라는 것은 물론 현대의 연구자들이 고도계를 사용해 측정한 것이다. 그러면 그러한 장비가 없던 로마의 건축가들은 두 지점의 낙차를 어떻게 계산하고 구간마다의 기울기를 설정했을까?

나는 퐁 뒤 가르뿐만 아니라 다른 곳에 있는 로마의 수도교를 볼 때마다 이런 의문을 가졌다. 그래서 여행을 마치고 난 뒤 건축학을 공부한 조카에게 물어본 적이 있다. 처음에는 로마 이야기는 빼고 이렇게 물었다.

"낙차가 17미터인 50킬로미터 거리에 물을 흐르게 하는 것이 공학적으로 어느 정도 어려운 일이냐?"

조카는 잠시 계산하더니 간단히 대답했다.

"두 가지 방법이 있죠. 1킬로미터 당 낙차가 34센티미터니까 전 구간에 걸쳐 일정한 기울기를 주든가, 아니면 중간중간에 폭포를 만들어 물이 흐르게 하는 방법이 있습니다."

상식적이고 간단한 답변이다. 수압을 해결하는 문제가 남아 있지만 산술적으로는 맞는 이야기다. 다시 물었다.

"요즘 이야기가 아니고 2천 년 전에 로마 사람들이 그 긴 거리에 물을 보내는 수도를 만들었는데, 내가 보기에는 그렇게 간단한 것 같지가 않아. 그리고 그 당시는 고도계 같은 장비도 없었는데 기울기는 어떻게 계산했을까?"

조카는 잠시 생각하더니 이렇게 말했다.

"고대의 건축물 중에는 현대의 기술수준을 뛰어넘는 것들이 많아요. 그래서 이집트의 피라미드 같은 것들은 외계인이 만든 것이란 이야기도 있잖아요. 로마의 수도도 그렇게 대단한 기술이 숨어 있다면 외계인의 도움을 받았을 수도 있겠죠. 하지만 그게 아니라면 기술자들이 수많은 시행착오를 겪으면서 완성했을 거라는 생각이 드네요. 시공을 해봐서 물이 제대로 흐르지 않거나 구조적인 문제가 발견되면 다시 하는 식으로 말이에요. 그렇게 하다보니 노하우가 축적되어 현대의 우리가 도저히 이해하기 힘든 경지에 도달하게 된 거죠."

로마의 수도는 외계인이 만들었다고 생각될 정도는 아니다. 전기 펌프가 없던 시대에 물을 흘려보내기 위해 건설한 수도가 2천 년이 지난 오늘날 보기에도 감탄할 정도로 기술적 완성도가 뛰어나다는 정도다. 수도교라는 것은 고대의 다른 국가에서는 보기 힘든 건축물이다. 물을 안정적으로 공급하고 싶어한 로마인에 의해 발명된 구조물이다.

조카 말대로 로마인은 수도건설 초기에는 많은 시행착오를 겪었을 것이다. 수도교의 구조라든지 낙차 설정문제나 수압 경감문제 등의 난제를 해결해야 했

산 위에서 내려다봐도 수도교는 결코 작아 보이지 않는다. 로마의 수도교가 우리에게 낯설지 않은 것은 현대의 건축가들이 다리를 설계하며 로마의 디자인을 그대로 채택했기 때문일 것이다.

다. 하지만 아그리파가 퐁 뒤 가르를 건설한 제정 초기에 이르러서는 고도의 기술을 갖게 되어 50킬로미터에 이르는 험한 지형에서도 큰 어려움 없이 수도를 건설할 수 있었다. 모든 기술은 시간의 경과에 따라 발전해가는 것이 아니라 변해간다. 수도 건설기술도 로마 제정시대에 정점에 도달했다가 그 이후로는 쇠퇴했다. 그래서 지금의 시각으로 보면 고대인들이 그런 기술을 구사했다는 것이 쉽게 이해하기 어렵지만, 한편으로는 당연하다. 고대라고 해서 모든 분야에서 지금보다 수준이 낮았던 것이 아니기 때문이다.

그림자 공연

호랑이는 죽어서 가죽을 남기고 사람은 죽어서 이름을 남긴다지만, 메종 카레와 같은 건축물을 보고 있으면 로마인은 건축을 남겼다는 느낌이 강하게 든다. 파르테논에 이르러 정점에 달한 그리스 신전건축을 받아들인 로마인은 자신들의 필요에 의해 새롭게 변주해서 메종 카레와 같은 정제된 형태의 건축을 남겼다. 얼핏 보면 파르테논 신전과 비슷해 보이지만 많은 차이점이 있다. 우선 열 단이 넘는 높은 기단 위에 올라가 있고 계단은 정면에만 만들어졌다. 도심의 복합건물군에서 신전으로서의 위상을 강조하기 위해서였다. 또한 열주(列柱)는 출입구 부분에만 있고 측면과 후면은 벽기둥으로 장식되었다. 이렇게 함으로써 신전 내부의 폐쇄된 공간이 확보되었다. 기둥도 주두(柱頭) 부분의 장식이 화려한 코린트식이다. 그리스 신전들이 도리아와 이오니아식 기둥을 주로 사용한 것과 다른 점이다. 이런 모습의 로마 신전이 2천 년이 넘는 세월을 이기고 완전한 모습으로 옛 갈리아의 식민도시에 서 있는 것이다.

서서히 해가 저물기 시작한다. 아침에 님 역 광장에서 오지 않는 버스를 기다리며 약간은 당황스럽게 시작한 하루였는데 퐁 뒤 가르를 보고 나서는 정신적인 포만감조차 느껴진다. 거기다 메종 카레의 측면이 잘 보이는 노천카페에 앉아 카푸치노의 향기를 맡으니 어려운 숙제를 모두 끝낸 기분이다. 종일 낮게 드리워져 있던 구름은 이제 석양을 받아 분홍빛으로 물들고 있다.

메종 카레도 기원전 1세기에 아그리파에 의해 지어진 신전이다. 원래는 신전을 감싸던 회랑도 같이 지어졌지만 지금은 남아 있지 않다. 높이가 17미터, 길이가 26미터니까 큰 규모는 아니지만 우아하고 아름답다. 메종 카레는 '사각형의 방'이라는 뜻의 프랑스 말이다. 정사각형은 아니지만 16세기부터 그렇게 불려왔다.

장난기 많은 프랑스 사람들은 말라죽은 가로수도 그냥 두지 않는다.
님 시내의 수명을 다한 플라타너스는 환희로 몸부림치는 알몸의 여인으로 다시 태어났다.

재미있는 것은 신전의 봉헌대상이 아그리파의 두 아들이라는 사실이다. 앞에서 이야기했지만 핏줄에 집착했던 아우구스투스는 아그리파를 이혼시킨 다음 자기 딸 율리아와 결혼하게 했는데, 그 사이에서 두 아들이 태어났다(대 아그리피나의 오빠들이다). 아우구스투스는 이 손자들을 가이우스 카이사르와 루키우스 카이사르로 이름 붙이고 양자로 입적했다. 아그리파의 자식들이지만 아우구스투스에게 선물한 아들들이었던 셈이다. 아그리파가 갈리아 총독으로 취임하고 메종 카레가 완공될 무렵 두 아이는 로마제국의 복덩어리들이었으니 신전을 그들에게 바친 것도 자연스러운 일이다. 그런데 이 아이들은 각각 스물네 살과 열아홉 살의 나이로 아우구스투스보다 일찍 죽어버려 할아버지를 비탄에 빠뜨렸다.

메종 카레가 그렇게 긴 세월 동안 원형을 유지한 것은 용도가 다양하게 바뀌는 중에도 사용하는 사람들이 원형을 바꾸지 않았기 때문이다. 중세 이후로 신전은 영사관, 아파트, 교회로 사용되었고 심지어 마구간으로 쓰이는 운명을 겪기도 했다. 프랑스 대혁명 이후에는 가르 현(懸) 현청이 되었다가 뒤에는 문서보관소가 되었다. 지금처럼 박물관으로 사용되기 시작한 것은 1823년부터였다.

위기가 없었던 것은 아니었다. 루이 14세 시절 베르사유 궁전을 짓던 콜베르(Colbert)는 신전을 베르사유 궁전에다 이전 복원할 계획을 세웠는데 다행히도 무산되었다. 만약 그 계획이 성공적으로 이루어졌다면 우리는 오늘날 베르사유 궁전을 장식하고 있는 수많은 로마 황제들의 흉상들처럼 프랑스 왕의 광대한 정원을 장식해주는 초라한 메종 카레를 봐야 할 것이다.

메종 카레의 완벽한 균형미는 후세 사람들에게 건축의 기준을 제시하기도 했다. 파리에 마들렌 사원을 세운 보나파르트 나폴레옹은 메종 카레에서 영감을 얻은 것이 분명하다. 미국의 3대 대통령 토머스 제퍼슨은 프로방스를 여행하던 길에 메종 카레를 보고는 그대로 실측하게 해 버지니아 주 의사당 건물의 모델로 삼았다.

신전은 동네 아이들의 놀이터다. 그들은 신전 계단을 뛰어서 오르내리기도 하고 기단 위의 좁은 난간을 돌며 숨바꼭질도 한다. 그걸 지켜보는 내 마음이 조마조마하다. 아무리 돌이라 해도 2천 년이나 되면 약해지게 마련인데 너무 함부로 밟아댄다. 우리의 다보탑이나 석가탑에 아이들이 올라가 발을 구르는 거나 마찬가지 아닌가? 왜 좀 더 철저히 관리하지 않는지 모르겠다.

어두워지자 조명등에 불이 들어온다. 하늘은 잉크빛이고 로마의 신전은 황금빛으로 밝게 빛난다. 낮에는 곰팡이가 핀 것처럼 거뭇하게 보이던 신전 벽면의 때도 어둠 속에서는 적당히 숨겨진다. 고대의 신전이 화려하게 부활하는 듯하다. 조명은 신전 광장의 바닥에서 비춰진다. 그런데 그때까지 숨바꼭질을 하며 신전 주변을 뛰어다니던 아이들이 조명등을 하나씩 차지하고 춤을 추기 시작한

하늘이 잉크빛으로 어두워지면서 조명을 받은 아그리파의 신전이 황금빛으로 빛난다.
갈리아의 아이들은 로마의 신전 벽에 그림자 쇼를 펼친다.
사진 속 그림자가 잘 보이지 않는 것은 슬로우 셔터로 사진을 찍었기 때문이다.

다. 밝게 빛나는 신전 벽면에 아이들의 춤추는 모습이 커다란 그림자로 펼쳐진다. 광장에는 여섯 개의 조명이 있고, 여섯 명의 아이들이 각자의 동작으로 춤을 춘다. 아이들은 신전 주변에서 놀며 조명이 켜지길 기다리다가 조명이 켜지자마자 그들이 매일 하던 대로 '공연'을 펼치는 것이다. 슬로우로 몸을 흔드는 남자아이, 격렬하게 머리를 흔들며 테크노 춤을 추는 여자아이, 자기의 그림자를 보며 여러 가지 동작을 해보는 또 다른 아이······.

로마 신전의 벽에 겹쳐 보이는 그들의 동작은 신비한 고대극의 한 장면 같다. 한 아이가 춤추는 것도 지루한지 여섯 개의 조명등을 따라 달리자 벽면에 커다란 그림자가 앞뒤로 내달린다. 그러자 다른 아이들도 따라 달린다. 신전 벽을 따라 수많은 그림자들이 어지러이 앞뒤로 달린다. 멋지고 환상적이다. 갈리아 아이들은 로마 신전을 무대로 매일 춤을 추며 노는구나.

대륙의 출입구 칼레의 비극

로마군단 행군교본

카이사르가 폼페이우스와 대결한 내전 당시를 기록한 글 중에 이런 부분이 있다.

> 4월 7일 로마를 떠난 카이사르와 3개 군단이 아우렐리아 가도를 북상하여 제노바를 지나고, 남프랑스 속주인 프로빈키아 서쪽으로 나아가, 카르타고가 멸망한 뒤에는 명실공히 지중해 서부 제일의 항구도시로 번영하고 있는 마르세유에 도착한 것은 4월 19일이었다.

이런 글을 아무 생각 없이 읽으면 그냥 '그랬구나' 하고 지나갈 수도 있지만, 병사들이 소화한 행군이 과연 어떤 것이었는지 로마 당시의 행군환경을 바탕으로 다시 한 번 생각해보자. 아우렐리아 가도는 로마에서 티레니아 해변을 따라 제노바까지 나 있는 가도다. 공사를 착공한 것이 포에니 전쟁에서 카르타고를 이긴 다음이니 카이사르 당시에는 잘 정비되어 있었을 것이다. 하지만 전장이 540킬로미터가 넘는 장거리 노선이다. 병사들은 숨 가쁘게 이 길을 걸어 제노바에 도착했다. 이탈리아에서 갈리아로 가자면 알프스를 통과하는 네 개의 가도 중 하나를 넘어야 하는데, 카이사르가 택한 길은 가장 아래쪽에 위치한 해안 가도였다. 이 길은 높은 산을 넘지는 않지만 복잡한 해안선을 따라 나 있기 때문에 지루하고 먼 길이었다. 니스에 도착한 병사들은 갈리아 남부지역에 깔린 가도를 따라 마르세유에 도착했다.

오늘날 도로를 기준으로 할 때 카이사르의 병사들이 걸은 길은 700킬로미터쯤 된다. 그런데 그들은 이 길을 12일 만에 행군했다. 하루 평균 58킬로미터를 걸은 셈이다. 로마군단은 교본에 따라 세 단계의 행군속도를 운용했다. '평상시 행군'이 하루 다섯 시간에 25킬로미터, '강행군'이 하루 일곱 시간에 30~35킬로미터, '최강행군'이 밤낮을 가리지 않고 최대한의 행군을 하는 것이다. 이런 기준으로 본다면 카이사르 군대는 '엑스트라 최강행군'을 했다고 봐야 한다. 전략상 고속행군이 필요했을 것이고 병사들은 카이사르를 따라 루비콘 강을 건너 이탈리아를 제패한 정예군단이라 고속행군에 익숙하기도 했을 것이다. 하지만 로마군단 병사들은 맨몸으로 걸은 것이 아니다. 자신이 먹을 식량과 무기, 그리고 개인소지품을 모두 짊어지고 행군해야 했다. 병사 한 명의 소지품은 40킬로그램쯤 되었다고 한다.

당시 로마에서 마르세유까지 행군한 카이사르의 중무장 보병들 모습을 그려보자. 커다란 사각방패를 등에 지고 식량과 개인소지품을 매단 막대를 어깨에 지고 오른손에는 키보다 큰 창을 들었다. 투구는 가슴에 매달았으며, 신발은 예의 그 가죽 샌들이다. 이런 모습으로 그들은 12일 동안 매일 58킬로미터를 걸어 마르세유에 도착했다.

여기서 조금 장황하게 로마병사의 행군 모습을 되새겨본 것은 2천 년 전 그들의 발길을 뒤쫓아가는 사람으로서의 감각을 유지하기 위해서다. 아침 8시 30분, 님에서 출발한 TGV는 발랑스(Valence)에서 전용노선에 오르더니 11시 29분에 파리의 리옹 역에 도착해버렸다. 세 시간이 채 걸리지 않은 것이다. 로마군단 병사들이 강행군으로 걸어도 최소한 3주는 걸릴 거리를 아침식사가 소화되기도 전에 도착했으니 그들의 고난에 찬 행군 모습을 생각해보면 조금 미안한 마음도 든다.

루브르의 로마인들

로마시대 갈리아 속주들의 수도는 현재의 랭스와 리옹, 그리고 보르도였다. 파리는 비중이 그리 높지 않았다. 그래서 방문의 의미도 별로 없고, 내가 부담스러워 하는 대도시다. 파리는 이번 여행에서 기차를 갈아타는 곳일 뿐이다. 10개월쯤 전에 다른 일로 파리를 방문한 적이 있다. 그때 로마 여행의 준비작업을 한다는 생각으로 루브르 박물관에 들렀다. 로마와 관련된 유적들을 보고 싶었기 때문이다. 우선 박물관의 안주인들부터 찾아봤다. 「밀로스의 아프로디테」와 「모나리자」가 그들이다. 두 작품은 루브르를 찾는 사람들이라면 모두 보고 싶어하는 것들이라 작품 앞은 인산인해를 이루고 있었다.

「아프로디테」는 역시 걸작이었다. 전시실 창문을 통해 들어온 뿌연 광선이 대리석 몸매를 비추는 모습은 관능적이었다. 생각보다 불룩한 아랫배는 요즘 비만으로 고민하는 여성들이 위안으로 삼을 정도였다. 대부분의 관람객들은 지금까지 사진으로 봐온 모습을 자기의 카메라에 담기 위해 여신 앞에서 소란을 피우고 있었다. 하지만 나는 옛날부터 이 여신의 뒷모습이 궁금했다. 한 번도 본 적이 없었기 때문이다. 그러나 그녀의 뒷모습은 그리 아름답지는 않았다. 정면과 달리 자세도 불안하고 마무리조차 덜 되어 있었다. 그리스의 조각가는 여신의 엉덩이를 보겠다는 사람까지 염두에 두지는 않았던 모양이다.

「모나리자」는 제대로 감상을 할 수 없었다. 작품이 별로 크지 않은 데다 앞에 엄청난 인파가 모였기 때문이다. 당시는 『다빈치 코드』라는 소설이 전 세계적

미의 여신을 보러 온 사람들. 대부분 뒷모습에는 관심이 없다.
뒷모습은 앞과 달리 자세도 불안정하고 마무리도 완전하지 않다.

으로 히트치고 있었기 때문에 관람객들은 저마다 카메라폰으로 '그녀'를 촬영하기 위해 북새통을 이루고 있었다. 그런 환경에서 「모나리자」의 신비한 미소를 감상한다는 것은 불가능한 일인지라 바로 로마 전시실로 발걸음을 옮겼다. 로마 전시실에는 로마에 많은 영향을 준 에트루리아 유적 등 공부할 것이 잔뜩 전시되어 있었다. 하지만 짧은 시간에 관람을 끝내야 했기 때문에 자세한 공부는 나중으로 미루고 로마의 인물조각상을 중심으로 관람했다. 역사는 사람이 만드는 것이고 로마인들은 생긴 모습대로 인물상을 새겼기 때문에 로마의 조각상들을 보고 있으면 역사의 주인공들을 직접 만나는 감흥을 느낄 수 있다. 「모나리자」나 「아프로디테」를 전시한 방과 달리 로마 전시실은 여유로웠고 나는 사열하듯이 로마인들을 한 사람 한 사람 만나보았다.

하드리아누스의 사랑을 받았던 그리스 미소년 안티노우스. 나체로 새겨진 것

하드리아누스의 그리스식 '소년애'의 대상이었던 안티노우스.
나일 강에서 익사한 그는 신격화되어 나체로 새겨졌다.

은 나일 강에서 익사하고 신격화된 뒤 만들어졌기 때문이다. 어디서 많이 본 듯한 작품이라는 느낌이 든 것은 미켈란젤로의 「다비드」와 자세가 비슷했기 때문이다. 로마군 총사령관 복장의 트라야누스, 엄격한 표정의 티베리우스, 언제 봐도 잘생긴 제사장 복장의 아우구스투스가 회랑에 줄지어 있었다. 아우구스투스는 77세까지 살았지만, 자신의 조각상은 젊었을 때의 모습만 새기도록 했다. 그래서 우리는 그의 늙은 모습을 볼 수 없다.

수염을 길게 기른 아프리카 출신의 셉티미우스 세베루스, 사나운 표정의 카라칼라, 지성이 넘치는 얼굴의 하드리아누스도 옛 모습 그대로였다. 마르쿠스 아우렐리우스와 공동황제 루키우스 베루스는 햇볕이 드는 창가에 나란히 전시되어 있었다. 마르쿠스는 근심에 찬 표정인 데 반해 루키우스는 젊고 잘생겼으며 걱정거리라고는 없는 표정이었다. 두 사람을 이렇게 가까이 붙여놓은 학예연

마르쿠스 아우렐리우스(오른쪽)와 루키우스 베루스. 철학자 황제 마르쿠스는 전 황제의 양자였던 루키우스와 공동황제에 올랐고 두 사람은 지금도 루브르 박물관의 창가에서 어깨를 맞대고 있다.

구관의 재치가 돋보였다. 마르쿠스는 혼자 제위에 올라도 되었지만 자신과 함께 전 황제의 양자였던 루키우스와 사이좋게 공동황제가 되었다.

머리를 흰 천으로 덮은 파우스티나가 전시실 구석을 차지하고 있었다. 마르쿠스 아우렐리우스의 아내로 전임 안토니누스 피우스 황제의 딸이다. 작고 얇은 입술을 꼭 다물고 있지만 보일 듯 말 듯 냉소를 머금고 있고 정면을 응시하는 시선에는 냉혹함이 묻어났다. 하지만 그녀는 깎은 듯한 모습과는 달리 질펀한 향락을 즐겼다고 한다. 대담하고 주도적으로 이 남자 저 남자를 섭렵해 로마에 모르는 사람이 없었다고 한다. 황제는 그런 사실을 알았을까, 아니면 알고도 모른 체했을까. 당시 사람들은 황후의 비행을 모르는 사람은 황제밖에 없다고

마르쿠스 아우렐리우스의 아내 파우스티나의 대리석상. 섬뜩한 느낌이 들 정도로 냉혹한 인상이다.

비웃었지만 금욕주의 철학자 마르쿠스 아우렐리우스는 아마도 모른 체했을 것이다. 어차피 내가 주지 않는 것 다른 곳에서 얻으라고 했거나, 아니면 설득을 포기했을 것이다. 대리석으로 남아 있는 그녀의 얼굴을 보면 누구의 말을 듣고 다른 인생을 살 사람도 아니다. 남편은 기록을 통해서나마 아내의 허물을 덮으려고 했는지 『명상록』에 이렇게 적었다. "그토록 성실하고 부드럽고 검소한 아내를 내려주신 신에게 감사한다." 그리고 나중에는 원로원의 권고에 의해 그녀를 신격화하기도 했다. 마르쿠스 아우렐리우스는 그런 사람이었다.

남녀의 생식기를 모두 가진 양성(兩性)인간 헤르마프로디테 대리석상은 루브르의 보물 중에서도 관람객의 관심을 많이 끈다. 로마시대에 제작된 작품으로 디오클레티아누스 목욕탕을 장식하고 있었다.

중국인들에게 점령당한 파리

파리 리옹 역에서 북(北)역까지는 지하철을 타면 금방이지만 시간도 충분하고 파리 구경도 할 겸 걸어가기로 했다. 우선 센 강변을 걸어 바로 곁에 있는 시테(Cité) 섬으로 들어갔다. 시테 섬은 기원전 3세기부터 갈리아족의 한 갈래인 파리시족이 정착해 살던 곳이다. 강 중간에 떠 있는 섬이니까 적을 막기에 유리했을 것이다. 로마시대에는 루테티아(Lutetia)로 불렸고 도시가 확장되었겠지만 역시 섬이 도시의 중심이었다. 시테 섬은 현재도 경찰청과 법원 같은 정부기관이 자리 잡고 있어 여전히 도시의 중심이고, 그 유명한 노트르담 성당이 있어서 전 세계에서 오는 관광객으로 항상 미어진다. 그러고보니 나도 파리에 올 때마다 이 섬에 들렀다.

오늘도 성당 광장에는 수많은 관광객이 모여 있다. 길게 늘어선 줄은 성당 첨탑에 올라가려는 사람들이다. 첨탑에 올라가면 파리를 넓게 조망해볼 수 있겠지만 줄서서 오랜 시간을 기다릴 엄두는 나지 않는다. 광장을 차지한 단체관광객은 대부분 중국인이다. 요즘 세계의 주요 관광지는 중국인 관광객에게 점령당한 상태다. 루브르 박물관의 「아프로디테」 주변에 모인 사람들도 상당수가 그들이었다. 60~70년대에는 일본인 관광객이 깃발을 따라 세계를 뒤덮었고, 80~90년대에는 한국인이 그랬으며, 이제 중국인이 몰려다니고 있다. 그런데 인구 차이를 생각하면 한국과 일본은 중국의 상대가 되지 않는다. 앞으로도 오랫동안 시테 섬에는 중국인들의 시끄러운 외침이 끊이지 않을 것이다.

시테 섬에서 북역으로 가려면 세바스토폴 대로를 따라가기만 하면 된다. 길 끝에 동(東)역이 있고 그 곁에 북역이 있다. 제법 찬바람이 불고 비도 오락가락한다. 우산을 쓰기도 그렇고 안 쓰기도 그런데 파리지엔들은 아무도 우산을 쓰지 않았다. 나도 비를 맞으며 그냥 걷는다. 길은 넓고 화려하다. 단 사흘간 프로방스에 머물렀는데도 대도시가 어색하고 부담스럽다. 북역 앞길은 온통 흑인들 차지다. 흑인들만 가득한 가게도 많고, 색색의 가발을 파는 가게와 미용실은 흑인 여자들로 만원이다. 그들은 머리 미용에 관심이 많아 돈을 많이 쓴다고 한다.

파운드는 너무 헤퍼요

1802년 나폴레옹은 알베르 파비에르라는 한 엔지니어의 꿈 같은 터널 건설계획을 인가했다. 프랑스와 영국 사이의 해협 아래 터널을 건설해 말이 끄는 합승마차를 다니게 한다는 것이었다. 계획에는 터널 중간지점에 인공 섬을 두어 말을 교대하고, 내부 조명은 오일 램프로 하며, 환기용 굴뚝도 군데군데 수면

위로 올려 건설한다는 세부적인 내용이 포함되어 있었다.

꿈은 이루어진다고 했던가. 이 황당한 꿈은 200년의 세월이 지나 현실이 되었다. 영국의 대처 총리와 프랑스의 미테랑 대통령이 해저터널을 건설하기로 합의한 것이다. 1987년 양안에서 동시에 공사가 시작된 지 4년 만에 두 나라의 토목기술자들은 바다 밑의 터널에서 자국의 국기를 흔들며 얼굴을 마주했다. 섬나라 영국이 육로를 통해 대륙과 이어지는 역사적 순간이었다. 채널터널(Channel Tunnel)로 명명된 이 터널을 이용해 현재 런던과 파리, 런던과 브뤼셀을 연결하는 특급열차인 유로스타(Euro Star)와 화물과 승용차를 실어 나르는 셔틀열차가 운행되고 있다.

내가 파리 북역에 온 것은 이 유로스타를 타기 위해서다. 런던까지 세 시간이면 갈 수 있다. 하지만 나는 런던까지 가지는 않는다. 브리타니아를 원정한 카이사르의 발길을 쫓아가고 있으므로 도버 해협을 배로 건너야 하기 때문이다. 그래서 나는 유로스타가 해저터널로 진입하기 직전 칼레(Calais)에서 내릴 예정이다.

대합실은 기차를 이용해 영국으로 가는 사람들로 붐빈다. 유로스타는 1994년 개통 이후 예상 밖으로 고전했으나 지금은 승객이 폭발적으로 증가해 경영상태가 좋아졌다고 한다. 내 곁에는 할머니가 한 분 앉아 있다. 일흔도 넘어보이고 머리는 완전히 백발이다. 짙은 반물빛 버버리 코트를 입고 양손은 쇼핑백을 들고 있다. 물어보지 않아도 분위기가 영국인이다. 유로스타는 여권 검색이 있기 때문에 대기하는 시간이 길다. 그녀도 나도 많이 지루하다. 나와 눈이 마주치자 그녀는 미소 짓는다. 이야기가 하고 싶은 모양이다.

"어디까지 가세요?"

"런던까지요. 집은 런던에서 좀 떨어져 있답니다."

말을 건네자 기다렸다는 듯이 내 쪽으로 돌아앉으며 대답한다.

"그런데 왜 혼자 다니세요? 불편하시지 않나요?"
"남편이랑 다니면 물론 좋겠지요. 그런데 그 양반은 기차여행을 좋아하지 않아요. 직접 자동차를 몰고 쌩쌩 달리는 걸 좋아한다니까요. 지금도 유럽 어디를 달리고 있을 거예요. 그런데 난 그게 싫어요. 불편하고 위험하잖아요. 편안한 기차를 두고 왜 자동차를 몰고 다니나 몰라요. 그래서 난 이렇게 혼자서 기차를 타고 여행해요."
정말 쿨한 영국 할머니다. 자동차가 싫다고 혼자서 여행을 다니다니. 그리고 그 할아버지도 간이 크다. 자동차가 좋다고 할머니를 팽개치고 혼자서 다니다니. 아무리 개인주의가 발달한 영국이라 해도 노부부가 각자 여행을 다니는 건 심하다. 하지만 할머니는 아무것도 아니라는 듯 그렇게 말해놓곤 생긋 웃는다.
"그런데 뭘 이렇게 많이 사셨어요?"
"영국은 뭐든 비싸잖아요. 그래서 돌아가는 길에는 이렇게 뭘 잔뜩 사가지요. 댁도 영국에 들어가면 돈 쓰기 겁날 걸요. 유로 쓰다 파운드 쓰면 돈이 너무 헤퍼요."
영국 물가가 비싸다는 건 최근 방문했을 때 경험해봐서 안다. 지하철 기본요금 2파운드를 우리 돈으로 계산해보고는 깜짝 놀랐었다. (3,700원쯤 된다) 하지만 그렇다고 해서 할머니처럼 뭘 잔뜩 사들고 다닐 수는 없다. 아껴 쓰는 수밖에.
TGV의 최신기술로 제작된 유로스타는 어두워지기 시작하는 북프랑스 평원을 쏜살처럼 내달려 칼레에 날 내려주었다. 그러고는 채널터널로 빨려 들어갔다. 승객들은 해저 지하 45미터에 건설된 50킬로미터 연장의 터널을 단 20분 만에 통과해 다시 영국 땅에 솟아오를 것이다.
칼레는 이미 어둡다. 하지만 고속열차들을 이용한 덕분에 파리를 느긋하게 걸어 다니는 여유를 부리고도 한나절 만에 프로방스에서 프랑스의 끄트머리까지 왔다. 칼레는 유럽대륙에서 영국과 가장 가까운 곳이다. 그래서 오랜 세월 싫든 좋든 대륙의 출입구 역할을 해왔다. 대륙과 섬 사이의 수많은 분쟁이 칼레를 배경으로 일어난 것도, 채널터널이 칼레에서 시작하는 것도, 다 이곳이 대륙의 입구이자 출구이기 때문이다.

칼레의 시민들

영국과 프랑스 간의 해저터널 건설에 평생을 바친 드 가몽이라는 프랑스 공학자가 1858년 영국을 방문하여 로드 파머스톤 당시 수상에게 터널 건설계획을 설명하자 수상은 이렇게 말했다고 한다.
"뭐라고요? 우리는 지금도 너무 가깝다고 생각하고 있는데 당신은 그 거리를 더 가깝게 하는 공사에 우리더러 참여해달라고 하고 있군요."
세월이 흘러 1994년, 영국 워털루 역을 떠난 유로스타가 터널을 통과해 파리 북역에 도착하자 그날 영국의 신문은 이렇게 보도했다.
"말고기를 먹는 나라와 육지로 연결되었다."
가까이 붙어 있는 나라들이 사이좋게 지내온 역사는 별로 없다. 한국과 일본이 그렇고 프랑스와 독일이 그렇다. 나폴레옹 1세는 독재자였음에도 불구하고 프랑스 국민에게 인기가 좋은데, 그것은 아마도 나폴레옹이 강한 이웃 독일을 제압했다는 사실과도 관계가 있을 것이다. 프랑스는 나폴레옹 이후 독일과 싸웠다 하면 수도 파리부터 내놓고 시작했다.
하지만 견원지간 이웃의 가장 대표적인 경우는 역시 영국과 프랑스다. 두 나라는 좁은 해협을 사이에 두고 있지만 사람들의 기질부터 시작해 닮은 점보다 다른 점이 많고 싸우기도 많이 싸웠다. 그 싸움 중에 대표적인 것이 백년전쟁(1337~1453)이다. 백년전쟁은 복잡한 양상을 띠면서 116년 동안이나 단속적으로 이어졌는데 이곳에서는 칼레와 관련된 부분만 조금 살펴보자.

잔 다르크의 등장으로 유명한 영국과 프랑스의 백년전쟁은 프랑스 왕위계승 문제를 두고 시작되었다. 프랑스 카페 왕조의 샤를 4세가 남자 후계자 없이 사망하자 영국 왕 에드워드 3세가 프랑스 왕위계승권을 주장했다. 그의 모친이 샤를 4세의 누이였기 때문이다. 이렇게 시작된 양국의 대립은 결국 전쟁으로 발전해 에드워드 3세는 프랑스를 침략했고, 전쟁 초반 영국군은 승승장구했다. 하지만 칼레를 포위한 영국군은 완강한 저항에 부딪히게 되었다. 극심한 기근에도 불구하고 칼레 시민들이 11개월이나 버텼기 때문이다. 고립무원의 칼레는 결국 항복하게 되었는데 에드워드 3세는 장기간의 저항에 대한 책임을 물어 시민 가운데 여섯 명을 교수형에 처하겠다고 선포했다.

이 소식은 곧 시내에 모여 있던 칼레 시민에게 전해졌다. 시민들은 끝내 항복하게 되었다는 굴욕감과, 그럼에도 대다수가 목숨을 부지하게 되었다는 안도감과, 이를 위해 여섯 명이 목숨을 내놓아야 한다는 불안감으로 눈물을 흘렸다. 이 현장에서 유럽 노블레스 오블리주의 아름다운 사례로 꼽히는 전설이 탄생했다. 외스타슈라는, 칼레의 가장 부유한 시민이 먼저 죽기를 자처하고 나섰다. 곧이어 법률가 장 데르가 나섰고 피에르 드 위상이라는 시민도 나섰다. 그리고 나머지 세 명도 시민을 위해 목숨을 내놓겠다고 일어섰다. 모두 도시의 지도자인 그들은 시민들이 제비를 뽑는다든지 희생자를 지명하는 사태에 이르기 전에 민족의 자존심과 도시의 명예를 지켜냈다.

근대 서양미술사상 최고의 조각가로 꼽히는 로댕(1840~1917)은 1884년 칼레 시로부터 이 여섯 명의 시민을 조각상으로 제작해줄 것을 의뢰받았다. 로댕은 꼬박 10년을 이 작품의 제작에 몰두해 1895년이 되서야 「칼레의 시민들」이라는 이름을 붙인 조각을 시청 앞에 설치할 수 있었다.

빗방울이 간간이 떨어지고 바람도 조금씩 분다. 방향은 모르겠지만 바다가 가까이 있다는 것은 느낌으로 알겠다. 인적 드문 밤길을 걸어 시청을 찾아갔다.

칼레 시청 앞 광장에서 비를 맞고 있는 '칼레의 시민들.' 죽음 앞에서 체념하거나 공포에 떨고 있다.

붉은 벽돌로 지어진 플랑드르 르네상스 양식의 시청사엔 조명이 밝혀져 있다. 어두운 도시에 홀로 핀 꽃처럼 예쁘다. 광장엔 잘 정돈된 잔디밭이 있고 그 가운데에서 「칼레의 시민들」이 비에 젖고 있다. 복제품을 서울시내의 갤러리에서 본 적이 있지만 이들의 고향에서 비 뿌리는 밤에 보게 되니 감회가 다르다.

로댕은 영웅적인 여섯 명의 시민을 '영웅적으로' 묘사하지 않았다. 그것이 이 작품이 명작으로 평가받는 이유다. 그는 극심한 공포에 떨면서 죽음을 향해 한 발 한 발 나아가는 인간 군상을 표현했다. 앞줄 중앙의 외스타슈는 고개를 약간 숙이고 있어 죽음의 운명에 순종하는 모습이고 그 곁의 장 데르는 법률가답게 의연하게 고개를 들고 있으나 표정엔 긴장과 공포가 완연하다. 다른 사람들은 더욱 감상적인 모습을 보이거나 양손으로 머리를 감싸고 자신의 운명을 슬퍼하고 있다. 로댕의 의도는 분명하다. 영웅도 죽음을 두려워하는 보통 사람이

므로 그들 내면의 모습을 드러내 보이자는 것이다. 두렵지만 두려움과 끝까지 싸워 자신을 희생하는 것이 바로 영웅이라는 것이다. 후세 사람들은 로댕의 의도를 잘 이해했고 「칼레의 시민들」은 110년 동안 시의 상징으로 시청 앞에 서 있다.

여섯 명의 시민들이 희생당했다고 해서 칼레가 영국의 수중에서 벗어난 것은 아니었다. 백년전쟁이 진행되는 동안 한때 프랑스에 의해 탈환되기도 했으나, 칼레는 전쟁이 끝나는 1453년까지도 영국의 영토로 남아 있었다. 대륙의 입구였기에 겪어야 한 운명이었다.

3
변경 브리타니아

브리타니아 상륙작전

물을 건너다닐 팔자

아무래도 카이사르는 45세가 되던 기원전 55년에는 '물을 건너 큰일을 이루도록' 사주팔자가 정해져 있었던 모양이다. 그해 여름 카이사르는 로마인으로는 최초로 다리를 놓아 라인 강을 건넜다. '로마군대가 라인 강을 건널 용기와 능력을 갖고 있다는 걸 보여줌으로써 게르만족에게 두려움을 줄' 필요가 있었기 때문이다. 이 작전을 멋지게 완수한 카이사르는 바로 말머리를 돌려 브리타니아를 바라보는 도버 해협에 도착했다. 바다 건너 브리타니아에 상륙하기 위해서였다. 4년째 갈리아 전쟁을 치르다보니 로마에 대항한 대부분의 갈리아족이 브리타니아의 지원을 받고 있다는 것을 알게 됐다. 그래서 여름이 거의 끝나가기 때문에 시간이 충분하지는 않았지만, 다음해의 본격적인 원정에 앞서 그 섬에 사는 사람들과 섬의 지형 · 항구 · 상륙장소들을 우선 파악하고 싶었다.

카이사르는 브리타니아에 대한 정보를 수집하기 시작했다. 하지만 갈리아인들은 브리타니아에 대해 아는 것이 거의 없었다. 그래서 그는 세상을 두루 돌아다니는 상인들을 불러 모았다. 그러나 상인들도 바다를 건너다니긴 했지만 갈리아와 마주한 해안지방 외에는 아무것도 몰랐다. 카이사르가 알고 싶었던 것은 섬의 전체 크기와 인구 수, 원주민들의 전쟁기술과 풍습, 그리고 필수적인 사항으로 여러 척의 함선을 댈 수 있는 항구의 위치 같은 것이었다. 카이사르는 좀 더 확실한 정보를 얻기 위해 부장(副將) 볼루세누스에게 군선 한 척을 주어 섬의 지리를 완전히 파악한 다음 최대한 빨리 돌아오라고 지시했다. 그리고 자신은 배를 집결시켰다.

볼루세누스는 닷새 만에 돌아왔다. 그는 상륙을 감행하지는 못했지만 브리타니아 해안을 돌며 정탐한 바를 보고했다. 카이사르는 상륙작전에 2개 군단을 동원하기로 했다. 갈리아에 모두 8개 군단이 있었지만 배후의 안전이 보장되어야 하기 때문에 6개 군단은 남겨두었다. 6개 군단 중 일부는 아직 로마에 고분고분하지 않은 부족을 제압하기 시작했고 나머지는 카이사르가 떠나는 출항지를 수비했다.

모든 준비가 끝나자 카이사르는 출항을 명령했다. 바람도 적당해 항해하기에 적합한 날의 자정 무렵 로마군을 태운 80척의 수송선과 군선들이 항구를 떠났다. 기병을 태우기로 한 18척의 수송선은 바람 때문에 12킬로미터 떨어진 항구에 대피하고 있었는데, 카이사르는 기병대에게 직접 그 항구로 가서 배를 타고 뒤따라오라고 명령했다. 로마군의 출항지가 어딘지는 확실하지 않다. 카이사르 자신이 명확히 기록하지 않았기 때문이다. 고대로부터 내려오는 추측에 따르면 출발지는 오늘날의 불로뉴-쉬르-메르(Boulogne-Sur-Mer)로 추정된다. 이 항구는 브리타니아와 최단거리인 칼레에서 남동방향으로 20킬로미터쯤 떨어져 있는데, 고대부터 갈리아인들이 사용하던 항구였다.

세상 끝에서 벌어진 전투

기원전 55년 8월 26일 아침, 약 열 시간에 걸친 야간항해 끝에 로마 선박들이 드디어 브리타니아 해안에 도착했다. 하지만 조류에 떠내려가다보니 볼루세누스가 미리 봐둔 해안으로 접근하는 데는 실패했다. 해안에는 병풍처럼 절벽이 솟아 있고, 완전무장한 원주민들이 그위에 줄지어 서서 내려다보고 있었다. 사정거리 내로 접근하면 일방적으로 공격을 당할 수밖에 없는 지형이었다. 카이사르는 그 장소가 상륙하기에 적합지 않다고 판단하고 닻을 내리고 나머지 함대가 도착하기를 기다렸다. 그러고는 자신의 배에 지휘관들을 소집해 상륙작전에 관한 세세한 지시를 내렸다. 오후 3시쯤 바람과 조수가 바뀌는 것을 이용해 동쪽으로 10킬로미터 정도 이동하자 상륙하기에 적합한 해안이 나타났다. 로마군은 닻을 내리고 상륙을 준비했다.

하지만 그곳에도 브리타니아인들은 있었다. 그들은 높은 곳에서 내려다보다가 로마 선박들이 움직이는 방향으로 따라온 것이다. 그들은 해안에 기병과 전차병을 내보내 로마군의 상륙을 저지했다. 로마군은 곤경에 빠졌다. 문제는 수송선이 커서 해안 가까이 접근할 수 없다는 점이었다. 무거운 무기를 양손에 든 병사들이 배에서 뛰어내려 파도와 싸우며 적을 상대하는 것은 힘든 일이었다. 반면 브리타니아 병사들은 해변이나 얕은 바다에서 마음껏 무기를 투척하며 로마군을 괴롭힐 수 있었다. 상륙작전은 지지부진하고, 카이사르의 용맹한 10군단 병사들도 그런 상황에서는 당황했다.

카이사르는 이 어려운 상황을 타개할 방안을 생각해냈다. 덩치가 작고 노를 젓기 때문에 동작이 훨씬 기민한 군선들이 신속하게 노를 저어 배의 측면을 해안에 붙였다. 그러고는 배에서 해안의 적들을 향해 활을 쏘고 석궁기와 투석기를 발사했다. 이 작전은 효과 만점이었다. 노를 젓는 갤리선이 신속히 접근하는 것을 보고 눈이 휘둥그레진 브리타니아 병사들이 그곳에서 화살과 돌이 쏟아져 나오자 혼비백산한 것이다. 난생 처음 보는 갤리선의 기동과 로마군의 최신 무기에 놀란 브리타니아 병사들이 공격을 멈추고 뒤로 후퇴했다. 하지만 로마

로마군대가 해협을 건너 쳐들어왔을 때 브리타니아 원주민들은 완전무장하고 이 절벽 위에 늘어서서 침략자들을 내려다보았다. 석회가 씻겨 바닷물이 뿌옇다.

병사들은 여전히 깊은 바다 속으로 뛰어들기를 주저했다. 그때 10군단의 독수리기를 든 한 병사가 신에게 축복을 빈 다음 이렇게 외쳤다.

"뛰어들라, 병사들이여! 적에게 독수리 깃발을 내어주려 하는가? 적어도 나는 로마와 사령관에 대한 의무를 다할 것이다."

10군단은 갈리아 전쟁 초기부터 카이사르와 생사를 같이 해온 정예군단이다. 그 군단의 한 기수가 어려운 지경에 빠진 사령관을 위해 총대를 메고 나선 것이다. 그는 이렇게 커다랗게 소리친 다음 배에서 뛰어내렸다. 이것이 전투개시 신호가 되었다. 모든 병사들이 일제히 배에서 뛰어내려 거친 파도와 싸우며 해안으로 돌진했다. 하지만 상륙은 쉬운 일이 아니었다. 파도치는 바다 속에서 로마군은 대열을 맞출 수도 없었고 발도 땅에 닿지 않았다. 그러니 자신의 소속 군기를 찾아가기도 불가능했다. 대혼란이 벌어졌다. 이런 상황에서 브리타니아 병사들이 공격을 퍼붓기 시작했다. 카이사르는 이 상황을 타개하기 위한 해결책을 또 내놓았다. 작은 배들과 정찰선에 병력을 실어 로마군이 고전하고 있는 지점에 지원군을 보낸 것이다. 이렇게 해서 로마군은 드디어 꼬리에 꼬리를 물고 해안에 상륙하기 시작했다.

땅을 밟고 선 로마군은 즉시 대형을 갖추고 적을 공격하기 시작했다. 육지에서 대오를 갖춘 로마군은 어떤 군대도 당해내지 못한다. 브리타니아 병사들은 패하여 도망하기 시작했다. 하지만 카이사르는 뒤를 쫓을 수가 없었다. 기병이 없었기 때문이다. 로마 기병은 바람으로 인해 다른 항구에 대피 중인 18척의 수송선을 타고 나흘 후에나 출항했지만 갑자기 폭풍이 몰아치는 바람에 결국 브리타니아에 상륙하지 못했다. 그래서 카이사르는 브리타니아에서의 전투를 기병 없이 치러야 했다.

어쨌든 브리타니아인은 전투에서 패하자 카이사르에게 사절을 보내 강화를 요청하고 그의 명령에 복종하겠다고 맹세했다. 이것이 로마인에 의한 브리타니아 정복의 첫 장면이다. 카이사르는 한 달 가까이 브리타니아에 머물다 갈리아로 돌아갔다.

이듬해인 기원전 54년, 카이사르는 좀 더 확실한 준비를 거쳐 본격적인 브리타니아 원정에 나섰다. 우선 배를 도버 해협 항해에 알맞도록 건조했다. 그때까지 로마인이 경험한 바다는 지중해였지만 도버 해협은 달랐다. 폭이 좁고 수심이 얕기 때문에 지중해보다 조수의 변화가 빠르고 파도는 작았다. 이런 환경에 맞게 선박은 낮고 넓게 설계되었다. 이렇게 함으로써 더 많은 화물과 말을 신속히 싣고 내릴 수 있게 되었다. 그리고 최대한의 속력을 낼 수 있도록 모든 배에 노와 돛을 장착했다. 지난해에 사용한 수송선에는 노가 없었기 때문에 배가 조수에 떠내려가기도 하고 신속히 기동할 수도 없었다. 새로 건조한 수송선은 무려 600척, 군선은 28척이었다.

이 해에 동원한 병력은 작년보다 규모가 컸다. 8개 군단 중 5개 군단을 동원하고 기병도 2,000기를 이끌고 갔다. 작년에 기병이 없어서 고전했기 때문에 기병과 같이 출항한 것이다. 함대는 해질 무렵 항구를 출발해 동틀 무렵 브리타니아에 도착했다. 배는 조수에 떠밀려 역시 엉뚱한 곳에 도착했지만, 이번에는 노를 장착한 덕분에 상륙하기 적합한 장소에 쉽게 도착할 수 있었다. 정오경 모든 함대가 해안에 상륙했다. 지난해와 달리 브리타니아인은 단 한 명도 보이지 않았다. 로마군 함대와 상인들의 배까지 합해 800척이 넘는 배가 해협을 까맣게 뒤덮은 모습을 보고 겁에 질린 브리타니아인들이 모두 도망가버렸기 때문이다. 카이사르는 이 해의 원정에서는 내륙으로 전진했다. 오늘날의 런던 부근까지 진격했으니까 120킬로미터 정도 행군한 셈이다. 하지만 그 과정에서 전투만 벌인 것이 아니라 브리타니아 섬의 지리와 자연, 사람들의 풍습에 대한 정보를 취합해 기록으로 남겼다. 3개월 정도 머문 그는 겨울이 오기 전에 갈리아로 돌아왔다.

진주조개잡이?

카이사르의 브리타니아 원정을 당시 로마인들은 어떻게 생각했을까? 원로원은 카이사르로부터 첫 해의 원정 보고를 받고 20일간의 감사제를 공포했다. 영토를 확장한 것도 아니고 큰 부를 획득한 것도 아닌데 원로원은 이례적으로 긴 감사제를 지내기로 했다. 미지의 세계를 개척했다는 사실에 의미를 부여한 것이다. 로마인들은 그때까지 알지 못했던 섬에 대한 선제공격 이야기를 듣고 라인 강을 건넌 것과 같은 강렬한 인상을 받았다. 한 시인은 이렇게 읊었다.

> 위대한 카이사르의 승전기념 장소는 갈리아에 있는 라인 강과, 두려운 바다와 육지의 가장 끝에 있는 브리타니아이다.

당시 사람들의 세계관으로 볼 때 브리타니아는 세상의 끝이고 두려운 곳이었다. 군대를 끌고 그런 곳을 갔다 왔으니 카이사르는 국가의 명예를 드높였다는 것이다.

카이사르로 인해 브리타니아는 로마인의 시야에 들어왔다. 역사가 타키투스는 카이사르의 브리타니아 원정을 "정복했다기보다는 드러냈다"고 표현했다. 그의 표현은 아주 적절하다. 로마 사람들은 카이사르의 『갈리아 전기』를 읽고 브리타니아에는 어떤 사람들이 살고, 기후는 어떠하며, 지형이 어떤지 비로소 알게 되었다. 카이사르가 묘사한 브리타니아 섬의 모습은 이랬다.

> 섬은 세모꼴이고, 한쪽 면은 갈리아를 마주보고 있으며, 그 면의 한쪽 귀퉁이인 켄트 지방에는 갈리아에서 오는 거의 모든 배가 정박하는 곳이 있다. 이 귀퉁이는 동쪽을 향해 있고 다른 귀퉁이는 남쪽을 향해 있으며,

그 사이의 거리는 740킬로미터에 이른다. 두 번째 면은 히스파니아와 서쪽을 향해 있다. 이쪽에 있는 히베르니아(아일랜드)는 브리타니아 크기의 절반이라고 여겨진다. 브리타니아에서 히베르니아까지의 거리는 갈리아에서 브리타니아까지의 거리와 비슷하다. 그 중간에는 모나라 불리는 섬이 있고 그 외에도 몇 개의 작은 섬들이 있는데, 몇몇 작가들의 기록에 따르면 이곳은 동지를 전후하여 30일 동안이나 밤이 계속된다고 한다. 사람들에게 물어서는 이 말의 진위를 확인할 수 없었고, 다만 물시계로 정확히 계측해본 결과 갈리아보다 밤이 짧다는 사실을 알 수 있었다 (문맥상, 그리고 상식적으로도 '밤이 긴' 것이 맞지만 국내에서 번역된 『갈리아 전기』는 물론 믿을 만한 영어 번역본에도 '밤이 짧다'고 되어 있다. 카이사르의 오류를 그대로 답습한 것이 아닌가 한다 — 지은이 주). 이 면의 길이는 약 1,036킬로미터에 이른다. 세 번째 면은 북쪽을 향해 있고 그 너머에는 다른 땅이 없으며 다만 게르마니아를 향해 전체적으로 비스듬히 기울어져 있다. 그 면의 길이는 약 1,180킬로미터로 생각된다. 따라서 섬 주위의 총 길이는 거의 3,000킬로미터에 달한다.

지금의 지리감각으로 읽어보면 당연히 정확하지는 않다. 섬이 실제보다 좌측으로 45도 정도 기울어진 걸로 묘사되어 있다. 그러나 다른 부분은 대체로 정확한 편이다. 우선 브리타니아가 '섬'이라고 단정하는 점이 눈에 띈다. 당시까지 그 어떤 로마인도 브리타니아를 일주한 적이 없다. 로마 장군 아그리콜라가 배를 타고 스코틀랜드 북쪽을 돈 것은 카이사르의 원정으로부터 130년이나 지난 도미티아누스 치세였다. 섬이 삼각형이라는 것과 아일랜드의 존재를 알고 있는 것도 재미있다. 면적도 그렇게 터무니없이 틀리지는 않다.

브리타니아를 직접 다녀오고 관찰과 취재를 통해 이런 서술을 남긴 덕분에 카이사르의 후예들은 1세기 후 두려움 없이 브리타니아로 건너갈 수 있었다. 그리고 결국 섬을 로마화했다. 유럽 대륙과 떨어진 원시의 섬에 그리스-로마 문명이 흘러들어간 것이다. 2천 년 뒤 윈스턴 처칠은 카이사르가 브리타니아에 상륙한 순간을 두고 "영국제국의 역사는 이때부터 시작되었다"고 말했다. 상륙작전이었든 침략이었든 카이사르의 원정이 결국은 영국 문명화의 첫걸음이 됐다는 뜻이다.

로마의 브리타니아 정복과 관련해서는 18세기 영국 역사가 에드워드 기번의 견해를 참고하는 것이 좋을 듯하다. 그는 로마제국이 장구한 세월에 걸쳐 멸망해가는 과정을 주제로 『로마제국 쇠망사』라는 방대한 역사서를 집필했다. 그는 저술에서 로마의 브리타니아 제패를 인상 깊은 한 문장으로 압축했다.

> 모든 황제들 중에서 가장 어리석은 자에 의해 착수되고, 가장 방종한 자에 의해 계속되고, 가장 소심한 자에 의해 종결된 약 40년간의 전쟁.

그가 말하는 세 황제는 클라우디우스 · 네로 · 도미티아누스다. 로마의 브리타니아 제패는 카이사르가 상륙했다 철수한 뒤 1세기 동안 방치되었다. 서기 43년 4대 황제 클라우디우스가 다시 시작해 11대 도미티아누스 시대에 잉글랜드 · 웨일즈 정복을 완료하고 스코틀랜드를 제패하면서 정복전쟁이 완료되었다. 그런데 눈여겨볼 점은 기번은 카이사르의 브리타니아 원정을 본격적인 정복전쟁으로 보지 않았다는 점이다. 카이사르는 라인 강 동쪽의 게르마니아와는 달리 브리타니아는 복속시킬 마음이 있었다고 해석되지만, 두 차례의 가벼운 출정 이후에는 다시 도버 해협을 건너지 않았다. 아마도 자신의 계승자들한테 그 역할을 맡겼다고 봐야 할 것이다. 그래서 기번은 로마에 의한 브리타니아 정복은 '클라우디우스가 착수했다'고 했다. 카이사르의 두 차례에 걸친 원정은 '정찰'

수준의 군사행동으로 본 것이다.

그렇다면 카이사르는 왜 브리타니아로 건너갔을까? 그는 이 질문에 대한 답을 『갈리아 전기』에 명백하게 밝혀놓았다. 그것은 '브리타니아인이 로마에 반기를 드는 갈리아인을 지원했기 때문'이라고 했다. 따라서 갈리아를 평정하기 위해서는 브리타니아로부터의 지원을 차단할 필요가 있다는 것이다. 카이사르의 공식 직함은 갈리아 총독이었기 때문에 갈리아 평정을 위한 브리타니아 원정은 아주 당연하고 공식적인 일이었다. 하지만 그게 다는 아니었다. 『갈리아 전기』는 카이사르가 원로원에 보낸 보고서였고 수도 로마에 있는 그의 정적들에게도 공개되는 글이었다. 그러니 군대를 끌고 브리타니아까지 원정한 이유 중에는 공개적으로 밝힐 수 없는 다른 이유도 있었다.

학자들은 카이사르가 바다를 건너간 데는 경제적인 목적이 크게 작용했다고 설명한다. 특히 섬에서 난다는 광물질에 관심이 많았다고 한다. 카이사르가 왜 '돈'에 신경을 썼는지는 당시 그의 입장을 살펴보면 알 수 있다. 그는 로마 원로원이 임명한 갈리아 총독이었지만 폼페이우스·크라수스와 3두동맹을 맺은 주요 정치인이었다. 예나 지금이나 마찬가지지만 정치에는 돈이 필요하게 마련이다. 많은 돈을 들여 로마의 심장부인 포로 로마노를 확장한 것도 정치적인 행위였다. 또한 그는 수많은 병사를 이끄는 사령관이었다. 병사들을 모집하고 전쟁을 치르고 잘 싸운 병사들에게 보너스를 주기 위해서도 돈은 필요했다.

카이사르는 이렇게 소요되는 자금을 주로 빌리는 방법으로 충당했다. 그것도 그와 동맹을 맺고 있는 크라수스가 가장 큰 채권자였다. 카이사르를 칭송하는 사람들은 그가 '돈에 대해 여유로운 사고를 했다'고 말하지만, 채권자 입장에서는 채무자의 여유로운 태도가 항상 반가운 것은 아니다. 돈을 빌리는 데 천재적인 재주를 가졌고 남의 돈을 자기 돈과 구분하지 않았던 카이사르였지만, 가끔은 돈을 갚아야 하기도 했을 것이고, 그런 그에게 브리타니아는 한몫 제대로 잡을 수 있는 엘도라도로 보였을 것이다.

로마 제정기 사람 수에토니우스(Suetonius)는 『황제전』이라는 전기를 남겼다. 카이사르로부터 도미티아누스까지 열두 명의 황제가 서술 대상이다. 이 저서는 공문서나 편지와 같은 생생한 사료를 바탕으로 저술되었다. 따라서 내용은 대체로 사실에 근접하고 허황된 이야기는 별로 없다고 봐야 한다. 그런데 여기에 재미있는 이야기가 수록되어 있다. 카이사르는 브리타니아로 건너갈 때 그곳에서 난다는 진주에 관심을 가졌다는 것이다. 그리고 그가 진주를 얻기는 했지만 불행히도 색이 검고 창백해 별로 가치가 없었다는 이야기까지 실려 있다. 이것이 사실이라면 『갈리아 전기』에는 전혀 언급이 없지만 로마 병사들은 브리타니아 인들을 제압한 뒤 해변에서 열심히 진주조개를 잡으러 다녔을지도 모른다.

Welcome to Dover

구름 사이로 보이는 잉크색 하늘에 새벽별들이 반짝인다. 평소 보기 힘든 별을 여행을 다니면서 자주 보게 된다. 느긋하게 여행을 즐기자고 여러 번 다짐하지만 매일 바뀌는 잠자리에서 늦잠을 자게 되지는 않는다. 그러면 또 서둘러 길을 떠나게 된다. 그리고 이제 11월로 접어들었다. 북유럽의 겨울은 낮이 짧으니까 부지런히 움직여야 한다. 이른 아침이라 거리는 한산하고 오가는 사람도 별로 없다. 시청 광장의 「칼레의 시민들」이 새벽 미명에 묵직한 모습으로 서 있다. 이 새벽에 누가 갖다놓았는지 그들 발아래 빗물에 젖은 꽃다발이 놓여 있다.

페리 터미널은 텅 비어 있다. 학생으로 보이는 젊은이 몇 명만 승선을 기다리고 있을 뿐이다. 평일이고 관광시즌도 끝났기 때문이다. 더군다나 새벽이다. 하지만 승객이 많이 줄어든 것은 채널터널의 영향도 클 것이다. 현재 채널터널로는 승객전용 기차인 유로스타와 차량을 실어 나르는 기차가 다니고 있다. 해

칼레 항을 떠난 페리가 먹구름 가득한 도버 해협으로 향하고 있다.

협을 오가는 페리 선박회사들 입장에서는 터널의 개통이 타격이었을 것이다. 그래서 터널이 뚫리고도 기차가 개통되기까지는 선박회사들과의 이해관계 조정이 큰 문제가 됐다고 한다. 하지만 현재 도버 해협에는 페리가 쉼 없이 오가고 있다. 시 프랑스(Sea France) 사는 베를리오즈 · 르누아르 · 로댕 · 세잔 · 마네 등의 이름을 가진 대형선박들을 새벽부터 밤늦은 시간까지 하루 열다섯 차례 왕복시키고 있다. 피 앤 오 페리(P&O Ferry) 사는 더 많은 편수를 운행한다. 그러니 그리 넓지도 않은 도버 해협에는 영국과 프랑스를 왕래하는 대형선박들이 꼬리를 물고 오간다. 세계에서 가장 분주한 해협이다. 기차와 배가 어떻게 이해관계를 조정했는지는 모르지만 현재는 터널을 오가는 기차는 기차대로, 해협을 오가는 페리는 페리대로 나름의 역할을 하고 있다.

3 변경 브리타니아

내가 탄 배는 베를리오즈(Berlioz) 호. 700대의 승용차, 또는 120대의 트럭을 실을 수 있고 승객 정원은 1,900명이나 된다. 도버까지 한 시간 남짓 걸린다. 2005년 4월 취항한 최신형으로 한국에 TGV 기술을 판매한 알스톰(Alstom) 사가 제작했다. 멋진 여행이 되기를 바라지만 베를리오즈 식은 곤란하다. 「환상 교향곡」 4악장의 표제가 '단두대로의 행진'이니까.

배가 항구를 빠져나간다. 하늘에는 두터운 구름이 빠르게 흐르고 바람이 선들거린다. 아침 햇살이 비치는 가운데 비도 간간이 뿌린다. 복잡한 날씨다. 하지만 항해하기에 힘든 날씨라는 생각이 드는 정도는 아니다. 항구를 떠나자 프랑스 해안이 보인다. 항구 오른쪽이 하얀 석회암 절벽이다. 영국의 도버도 하얀 절벽이라는데, 두 땅이 가까우니 지질이 같다.

저 절벽 뒤로 불로뉴-쉬르-메르 항구가 있다. 카이사르는 1차 원정을 떠난 항구에 대해서는 아무 언급을 하지 않았고 2차 원정은 포르투스 이티우스(Portus Itius)에서 출발했다고 기록했다. 포르투스 이티우스는 라틴어로 내항(內港)이라는 뜻인데 현재의 불로뉴-쉬르-메르로 추정되는 곳이다. 아마도 두 차례의 원정은 같은 항구에서 출발했을 것이다. 그러니까 내가 카이사르의 해협횡단을 추체험하자면 불로뉴-쉬르-메르에서 출발해야 하지만, 도버 해협을 오가는 페리 선박은 칼레에서 출발한다.

내륙에서 태어난 탓에 나는 배만 타면 약간 흥분한다. 그래서 짧든 길든 항해할 때는 거의 선실에 들어가지 않는다. 자주 오가는 사람들한테는 지겨운 풍경이겠지만 넓은 바다와 파란 하늘은 가슴을 탁 트이게 하고, 하얗게 부서지는 파도는 마음속의 온갖 잡념을 깨끗하게 날려버린다. 더군다나 이번 항해는 특별하다. 번거롭고 힘든 걸 무릅쓰고 도버 해협을 배를 타고 횡단하려고 마음먹은 것은 2천 년 전 로마군대의 원정을 '체험'해보고자 하는 것이었으니 선실에 앉아 있을 수는 없다. 욕심 같아서는 뱃머리의 갑판에 나가서 브리타니아 섬이 시야에 들어오는 걸 보고 싶지만 배의 앞으로는 나갈 수가 없다. 하는 수 없이 뒤쪽 갑판으로 나갔다.

승객의 대부분을 차지하는 트럭 운전기사들은 선실에서 쉬고 있고 갑판에 나온 사람은 몇 명 되지 않는다. 모두 젊고 하나같이 한가한 모습이다. 급한 볼일이 있는 사람이 이런 배를 타고 다닐 리 없다. 대학생으로 보이는 학생 몇 명과 데이트를 하고 있는 커플, 그리고 배낭을 멘 잘생긴 청년 하나가 다다. 나와 여행 목적이 가장 흡사해 보이는 그 배낭족에게 왜 기차를 타지 않고 배를 타고 가느냐고 물었더니 그는 "싸잖아요!" 한다. 기차로 해협을 건너는 데 얼마가 드는지 모르겠지만, 페리 편도요금은 28유로다. 도버와 캔터베리를 이틀간 여행하고 돌아올 예정이라고 한다. 그가 멘 배낭은 국방색 천으로 만든 것인데 한눈에 봐도 오래된 물건이다. 제2차세계대전 때 그의 아버지가 사용하던 물건이라고 해도 믿을 정도다. 신발도 그 수준으로 고색창연하다. 하지만 싼 배를 타고 오래된 물건을 사용하는 것이 가난하기 때문은 아닐 것이다. 진짜 가난하거나 마음이 가난한 자들은 여행을 하지 않는다.

출항한 지 20분쯤 되었을까. 바람이 많이 거세졌다. 칼레를 떠날 때만 해도 햇살이 비쳤는데 이제 하늘은 온통 먹구름이다. 잔잔한 바다를 평온하게 여행할 것이라고 생각했는데 날씨가 돌변했다. 바람이 세지고 파도도 거칠다. 갑판에 편안하게 서 있기가 힘들 정도로 배가 요동한다. 배낭족 청년은 난간을 붙들고 거친 바다를 바라본다. 거센 바람이 그의 옷을 크게 부풀린다. 거대한 선체가 높은 파도를 가르자 바닷물이 소나기처럼 선미를 덮친다. 학생들은 비명을 지르며 선실로 뛰어 들어간다. 도버를 떠나 칼레로 향하는 다른 페리도 파도를 가르며 하얀 포말을 날린다. 그 장관을 찍기 위해 카메라를 들었는데 렌즈에 금세 바닷물이 흥건해진다.

대양도 아닌 좁은 해협이 이렇게 거칠게 변해버릴 줄은 생각하지 못했다. 그런데 카이사르도 도버 해협의 거센 바람 때문에 두 차례의 원정에서 모두 골탕을 먹었다. 『갈리아 전기』의 기록을 보면 해협의 횡단에 나설 때는 항상 항해에 적당한 날과 시간을 신중하게 잡고 있다. 하지만 그렇게 조심을 했는데도 갑자기 몰아치는 바람은 로마군을 골탕 먹이곤 했다. 첫 원정 때 로마군 기병은 보병과 같이 출항하지도 못했다. 바람 때문에 배들이 다른 항구에 묶여 있었기 때문이다. 기병은 나흘이나 늦게 겨우 출항을 했지만 갑작스런 폭풍을 만나 브리타니아 해안을 눈앞에 두고도 모든 배들이 방향을 잃고 말았다. 어떤 배들은 처음 출항했던 곳으로 되돌아갔고, 또 어떤 배들은 커다란 위험을 겪으며 서쪽으로 흘러가 엉뚱한 해안에 도착했다.

당시의 배들은 규모가 그리 크지 않았다. 카이사르의 1차 원정병력은 2개 군단 1만 명이었고 선박은 80척이었다. 한 척당 125명 정도가 탔다는 이야기다. 그러니까 배는 요즘의 페리 선박에 비하면 일엽편주에 불과했다. 그런 배에 병사들이 말과 함께 소복하게 탔는데, 갑작스런 폭풍을 만난 것이다. 말들은 날뛰며 울부짖었을 것이고 병사들은 죽음의 공포에 떨었을 것이다.

두 번째 원정에서는 모든 배들이 무사히 브리타니아 해안에 도착하긴 했으나 며칠 후 몰아닥친 폭풍에 수많은 배들이 파손당하는 피해를 입었다. 카이사르는 넓고 모래가 많은 해안에 함대를 정박시키고 안심했지만 북해의 거센 바람은 해안에 정박해 있는 로마군의 배를 마구 흔들어 40척이나 되는 배를 못 쓰게 만들어버렸다. 카이사르는 하는 수 없이 열흘에 걸친 고된 작업 끝에 수백 대의 배들을 모두 육지로 끌어올리고 진지를 둘러쳐야 했다. 해협은 좁지만 북해의 바람은 예나 지금이나 이렇게 녹록치 않다.

바람이 거세지만 뱃머리 풍경이 궁금해 몸을 한껏 난간 밖으로 숙이자 놀랍게도 영국 쪽 해안이 눈앞에 있다. 역시 하얀 절벽이다. 뒤를 돌아보니 프랑스 해안이 아직 보인다. 칼레와 도버의 직선거리는 34킬로미터에 불과하다. 하지만 바다 한가운데서 두 나라 해안이 동시에 시야에 들어올 것이라고는 상상하지 못했다. 도버에 접근하면서 바람이 서서히 잦아들기 시작한다. 프랑스 쪽에는 아직 짙은 구름이 덮여 있다. 구름을 동반한 폭풍이 바다를 휩쓸고, 우리가 탄 배는 그 한가운데를 뚫고 지나온 것이다.

거짓말처럼 바람이 멈췄다. 파란 하늘 아래 백악의 절벽이 눈부시다. 절벽은 바다에서 수직으로 솟아 있어 그런 곳에 항구가 있다는 것이 신기한데, 도버 항은 그 절벽을 병풍삼아 자리 잡고 있다. 카이사르가 처음 브리타니아 해안에 도착했을 때 본 것은 높은 절벽 위에 완전무장한 원주민들이 도열해 있는 모습이었다. 항구에 접안하자마자 컨테이너를 실은 트럭들이 배에서 빠져나가기 시작한다. 도버 항 입구에 커다란 간판이 걸려 있다. 'Welcome to Dover.' 얼마 만에 보는 영어냐. 마치 고향에라도 온 느낌이다. 프랑스 말을 몰라 얼마나 당황하고 힘들었던가? 이제 고생 끝, 행복 시작이다.

백악의 고장

제2차세계대전 때 파괴된 탓인지 칼레는 예스런 맛이라곤 거의 없었다. 고풍스러운 멋을 간직한 건물은 시청사 외엔 찾아보기 힘들었다. 그래서 같은 전쟁을 겪은 도버도 마찬가지겠거니 했는데 그렇지가 않다. 영국적인 분위기를 고스란히 간직하고 있다. 뾰족 창문을 낸 오래된 벽돌집들이 줄지어 있는 모습이 여느 유서 깊은 도시와 다르지 않다. 그리고 무엇보다 정갈하다. 시내 중심의 조그만 광장과 거리는 빈틈없이 손질되어 있고 깔끔한 차림으로 조용조용 오가는 할머니들도 이 도시에 잘 어울린다. 모든 것이 조그맣고 예쁘고 고풍스럽다. 미야자키 하야오의 만화영화에 나오는 중세도시의 모습이다.

영국 사람들은 물건을 작고 견실하게 만드는 데 소질이 있다. 그것은 일본 사람들도 마찬가지로 섬나라 사람의 특징인지도 모른다. 영국의 집들을 외부에서 보면 너무 작아 보여 과연 저 안에 사람이 살 수 있을지 걱정될 정도다. 한 채로 보이는 주택도 사실은 두 채의 집이 맞붙어 있다. 하지만 내부에 들어가 보면 공간을 철저히 절약하면서도 있을 것은 다 있는 걸 볼 수 있다. 총리공관인 런던 다우닝 가 10번지를 방문한 적이 있는데, 그리 작지 않은 건물이었는데도 복도가 두 사람이 비켜가기 힘들 정도로 좁은 걸 보고 놀란 적이 있다. 그들이 집을 지으면서 공간을 이처럼 절약하는 것은 인구는 많은데 국토는 좁은 환경에서 비롯됐을 것이다. 카이사르 당시부터 브리타니아는 "인구밀도가 높고 가옥도 대단히 많았다."

집이 이렇게 좁으니 다른 물건들도 작을 수밖에 없다. 영국산 오디오 기기는 충실한 기능을 가지고 있지만 덩치가 작기로 유명하다. 특히 작지만 고성능을 발휘하는 스피커가 유명한데 이 스피커들을 북셸프(Bookshelf) 형 스피커라고 한다. 책꽂이에 수납될 정도로 작아서 그런 이름이 붙었다. 내가 사용하고 있는 스피커는 이 방면의 걸작으로 세계적인 명성을 얻었던 셀레스천(Celestion) 사의 SL6 모델인데 덩치를 잊게 할 정도의 저음을 낸다. 난 이 스피커를 15년째 불만 없이 사용하고 있다. 자동차도 마찬가지다. 역시 작지만 만만치 않은 성능을 발휘하는 미니(MINI)는 영국인의 공간감각과 취향이 그대로 반영된 물건이다. 도버는 영국의 이런 분위기를 그대로 간직한 정겨운 도시다.

관광안내소에서 소개받은 숙소는 메종 듀(Maison Dieu)라는 프랑스식 이름을 가진 B&B(Bed & Breakfast, 영국식 민박)다. 여행을 다녀온 뒤 조사해보고 알았는데 '메종 듀'는 1천 년 전 영국과 대륙을 오가는 기독교 순례자들에게 잠자리를 제공하던 종교시설의 이름이었다. 지도를 보며 골목길을 걸어 민박을 찾아가니 여주인이 현관까지 나와 있다가 손을 흔든다. 금발에 꽃무늬 원피스를 깨끗하게 차려 입은 그녀는 어서 오라는 인사 대신 파란 하늘을 가리키며

"날씨가 너무 좋아요" 하며 환하게 웃는다.

"어젯밤에는 비가 아주 많이 내렸답니다. 아침에도 비가 뿌렸죠. 그런데 이제 이렇게 맑게 갰네요. 아주 깨끗하고 좋아요."

비는 내가 해협을 건너는 동안 그쳤고 이제 막 구름이 걷히고 있다. 대기는 아직 습기를 가득 머금고 있지만 하늘은 눈이 시리게 푸르다. 아마도 영국에서 이런 날씨를 구경하는 것은 쉬운 일이 아닐 것이다. 그녀는 아들의 여인과는 달리 바로 방으로 안내한다. 방은 역시 좁지만 바로크식으로 예쁘고 화려하게 장식되었고, 조그만 창문을 통해서는 영국식 정원도 내려다보인다. 가격도 32파운드로 그리 비싸지 않다. 파리 북역에서 물가가 비싸다는 할머니의 이야기를 듣고 긴장했지만 이 정도라면 안심이다. 거기다 영국식 아침식사도 주지 않는가. 'Bed & Breakfast'니까. 독일과 프랑스에서는 미리 준비한 음식을 아침에 숙소를 출발하기 전에 먹곤 했는데 이제 푸짐하기로 유명한 영국식 아침을 먹게 됐다. 기대가 크다. 그런데 '로마'를 여행 중이라고 하자 그녀는 금세 표정이 어두워진다.

"아, 어쩌죠? 로마에 관심이 많으시다면 로만 페인티드 하우스(Roman Painted House)를 꼭 보셔야 하는데, 요즘에는 문을 열지 않는답니다. 도버 성(Dover Castle)도 벌써 문을 닫았죠."

로만 페인티드 하우스는 로마제국 전성기 때 대륙과 브리타니아를 오가던 여행자들이 묵던 국립호텔 같은 곳이었는데 다양한 벽화가 출토되어 그런 이름을 얻었다. 도버 성은 2세기에 로마인이 세운 등대가 보존되어 있는 곳이다. 두 곳 다 관심이 있었는데 볼 수 없다는 것이다. 유럽은 11월이 되면 관광이 완전히 비수기로 들어가기 때문에 볼 수 없는 곳이 많아진다. 여주인은 그런 곳들이 문을 닫은 것이 마치 자기 잘못이라도 되는 것처럼 미안해한다.

하지만 내가 도버에서 보고 싶은 곳은 백악(白堊)의 절벽뿐이다. 로마시대의 벽화나 등대는 다른 곳에서도 얼마든지 볼 수 있다. 백악은 석회질의 흰 암석이다. 카이사르의 역사적인 원정현장이기도 하지만 해변에 하얀 절벽이 솟아 있는 모습은 아무 데서나 볼 수 없다. 여주인도 절벽에 가보기를 권한다.

"오늘 절벽이 아주 아름다울 거예요. 어제 비가 많이 와서 날씨가 맑잖아요."

"안 그래도 절벽을 보기 위해 도버에 왔지요. 그런데 항구에서도 봤고, 관광안내소에서 준 자료에도 이 지역을 'White Cliffs Country'(백악의 고장)라고 표현하고 있는데 이 지역의 행정적인 명칭은 아니겠죠?"

"물론이에요. 그 명칭은 이 고장을 널리 알리기 위한 별칭이죠. 셰익스피어를 비롯한 많은 문학가들의 작품에 이곳의 절벽이 등장해요. 그러니까 영국 사람들은 '백악의 고장'이라고 하면 도버 주변을 이야기한다는 걸 알아요. '켄트(Kent) 주 도버'라고 하는 것보다 '백악의 고장 도버'라고 하는 게 훨씬 문학적이잖아요. 그리고 절벽의 어떤 곳은 아예 '셰익스피어 절벽'(Shakespeare Cliff)이라고 이름 붙였어요. 『리어 왕』(*King Lear*)에 등장하는 장소지요."

기묘한 자연경관은 예술가들의 영감을 자극하게 마련이다. 그들은 작품의 극적인 장면에서 이곳의 하얀 절벽을 등장시켰다.

견물생심

절벽을 오르는 길은 항구 뒤에서 시작된다. 카메라만 들고 절벽을 오른다. 도버 성 곁을 지나 숨 가쁘게 오르막이 시작된다. 오솔길은 진창이 되어 있다. 밤새 비가 내렸기 때문이다. 등산화가 금세 묵직해진다. 이마에 땀이 배어나올 무렵 절벽 꼭대기에 도착했다. 넓게 펼쳐진 땅에는 보리로 보이는 작물이 잔디처럼 새파랗게 깔려 있고 수많은 갈매기 떼가 날개를 쉬고 있다. 파란 하늘과 녹색의 대지가 눈맛을 시원하게 한다. 절벽 가장자리를 따라 수킬로미터에 걸쳐 탐방로가 이어져 있다. 발아래는 천 길 낭떠러지인데 난간은 설치되어 있지 않다. 자연 그대로 보존한다는 차원인지 알 수 없으나 아찔하다. 절벽 발치에는 거친 파도가 쉴 새 없이 들이치는데 석회석이 씻겨나가 바닷물이 뿌옇다. 해협에는 여전히 페리들이 오간다. 그런데 아무 생각 없이 눈길을 준 수평선에 또 다른 하얀 절벽이 펼쳐져 있다. 프랑스 땅이 보이는 것이다. 가깝다는 것은 알고 있었지만 이렇게까지 잘 보일 줄은 몰랐다.

견물생심(見物生心)이라고 했다. 눈으로 보면 욕심이 생기게 마련이다. 2천 년 전의 로마인들도 눈앞에 빤히 보이는 섬을 보고 욕심을 다스리기 힘들었다. 진주가 생산된다는 이야기도 들었고 이렇게 가깝기도 하니 바다만 건너가면 많은 돈을 벌 수 있을 것이라고 생각했을 것이다. 그래서 전쟁은 시작되었다.

카이사르가 원정을 준비하고 있을 때 브리타니아 원주민들은 상인들에게 그 소식을 전해 듣고는 어떻게든 전쟁을 피해보려고 애썼다. 그들은 사절을 통해 카이사르에게 인질을 보내고 로마의 권위에 복종하겠다고 약속했다. 하지만 카이사르는 원정을 중단하지 않았다. 다만 사절을 보낸 부족들에게 관대한 처우를 약속하고 맹세한 바를 잘 지키라고 명령했을 뿐이다.

마침내 로마군 함대가 절벽 아래 모습을 드러냈을 때 브리타니아인들은 결연히 저항했다. 백악의 절벽 위에 서서 로마군 함대가 서서히 접근하는 모습을 내려다본 그들은 공포에 떨었겠지만 용감하게 싸웠다. 그러나 결국은 패했다. 2차 원정에서 카이사르는 800척이나 되는 대규모 함대를 끌고 왔다. 고대의 함선이지만 그 정도 규모라면 해협을 가득 메웠을 것이다. 그래서 브리타니아인들은 로마군의 두 번째 원정 때는 상륙을 저지할 생각을 하지 못하고 내륙 깊숙이 퇴각해 전쟁을 준비했다.

어쨌든 브리타니아인들은 카이사르와의 전쟁 이후 1세기 동안은 평온하게 지냈다. 하지만 로마는 브리타니아를 정복할 준비를 착착 진행하고 있었다. 카이

프랑스와 영국이 카메라의 한 앵글에 들어온다. 칼레와 도버 사이의 직선거리는 34킬로미터에 불과하지만 눈으로 보면 정말 가깝다는 걸 실감할 수 있다. 이렇게 빤히 보이는데 어떻게 욕심내지 않을 수 있었겠는가? 수평선에 떠 있는 육지가 프랑스다.

사르가 정복한 갈리아에 사통팔달의 가도가 깔리고 라인 전선에서 출발한 로마군단이 불과 며칠 만에 도버 해협에 도착할 수 있었다. 모든 준비가 끝나자 로마는 브리타니아를 본격적으로 정복하기 시작했다. 브리타니아는 40년 동안 저항했다. 그러나 결국은 정복당했고 로마세계의 일원이 되었다. 그 전쟁의 출입구가 된 곳이 이곳 도버다.

절벽 가장자리를 따라 나 있는 길은 멋진 트레킹 코스다. 적당하게 오르내리는 길은 남녀노소 누구나 쉽게 오갈 수 있는 수준이다. 거기다 경치가 대단하다. 바다와 절벽이 있고 여러 종류의 새들이 바람을 타고 난다. 많은 문학작품의 무대이기도 하다. 그리고 오늘은 날씨가 특별히 좋다. 항상 대륙이 선명하게 보이지는 않을 것이다. 밤새 비가 내린 다음 날씨가 개는 지금 같은 순간이 시야가 가장 좋은 때다. 두 시간쯤 열심히 걸으니 탐방로가 끝나고 멀리 딜(Deal) 시가지가 보인다. 카이사르의 로마군이 상륙한 곳이 저곳 딜 비치라고 알려져 있다. 하지만 걸어서 가기에는 너무 멀다. 발길을 돌린다.

탐방로를 걷기 시작할 때부터 앞서거니 뒤서거니 같이 걸은 사람들이 있다. 한 무리의 독일인들인데 열 명이 넘는 걸로 봐서 두세 가족이 함께 여행하는 듯하다. 진흙투성이의 길을 어른들은 묵묵하게 걸었고 10대 아이들은 힘들어 하면서도 군말 없이 따라갔다. 그들은 절벽 위에 서서 프랑스 땅을 바라보고 있다. 아이들은 바다를 향해 돌팔매질을 하기도 한다. 묘한 풍경이다. 독일인들이 영국 땅에서 프랑스 땅을 응시하고 있다. 그들은 무슨 생각을 할까. 아름다운 경치를 감상하는 걸까. 아니면 혹시라도 그들의 부모세대가 벌인 무모한 전쟁을 떠올리는 것일까. 아무래도 나는 이곳에서 벌어진 전쟁을 생각하는 입장이라 독일인들을 보면 또 다른 전쟁이 떠오른다.

제2차세계대전이 한창이던 1942년, 유럽대륙을 모두 손에 넣은 독일은 마지막 남은 영국으로 발길을 돌렸다. 도버는 불행하게도 독일군의 최우선 공격목표가 됐다. 독일 입장에서 도버는 영국 정복을 위해서는 반드시 차지해야 하는 교두보였다. 수송거리가 짧고 공군이 신속히 지원할 수 있으며 영국 해군의 진입을 차단하기 쉬운 곳이기 때문이다.

역사는 반복된다고 했던가. 2천 년 세월이 지나도 섬을 정복하고자 하는 세력은 항상 도버를 노렸다. 그해 3월 독일군은 500여 대의 폭격기를 동원해 도버를 맹폭격하면서 상륙작전을 시작했다. 영국군은 남해안에 100여 개의 사단을 배치했는데, 도버에만 무려 40개 사단을 집중 배치해 독일군의 상륙에 대비했다. 카이사르의 로마군이 쳐들어왔을 때 그들의 조상이 그러했던 것처럼 영국군은 대부분 해안 절벽에 건설한 참호와 벙커에 틀어박혀 적을 막아냈다. 공격하는 쪽이나 방어하는 쪽이나 생사를 건 난전이 벌어졌고, 이 전투는 유럽전선 최악의 전투로 기록되었다. 결과적으로 섬사람들은 공격을 막아냈고 히틀러는 영국에 상륙하지 못했다.

지금도 도버의 절벽에는 당시의 벙커들이 남아 있다. 저 독일인들은 그 전쟁을 생각할까? 불과 60년 전에 벌어진 일인데.

비 내리는 런던

템스 강의 트라야누스

영국의 B&B에서는 대체로 남편이 요리를 담당한다. 앞머리가 보기 좋게 벗겨진 초로의 신사인 메종 듀의 바깥주인이 영국식 아침을 푸짐하게 차려냈다. 식기는 모두 순백의 도자기다. 예쁜 포트에 담은 얼 그레이, 따로 조그만 접시에 담아낸 토스트, 그리고 커다란 접시에 구운 소시지와 베이컨·계란프라이·버섯과 콩 요리가 푸짐하다. 여러 가지 잼과 과일은 바구니에 담겨 있다. 사실 이런 음식은 내가 그리 좋아하는 것들은 아니지만 편안하고 아늑한 거실에서 서빙을 받으니 여행의 긴장이 풀린다. 그런 점에서 영국의 B&B는 독일의 유스호스텔이나 프랑스의 호텔에 없는 장점이 있다. 식사를 하는 동안 여주인은 인터넷을 통해 도버에서 런던까지, 런던에서 뉴캐슬까지 가는 기차편을 확인해 주었다.

비가 내리는 가운데 런던에 도착했다. 이번 여행에서 런던은 그냥 통과한다. 파리와 마찬가지로 런던도 몇 개월 전에 와서 볼 만한 것은 봤기 때문이다. 런던을 방문한 것은 2004년 11월 말이었다. 나는 당시 대한민국 대통령이 영국을 최초로 국빈 방문하는 일정을 취재하기 위해 런던을 찾았다. 한국대통령은 공식 환영식장인 호스 가즈(Horse Guards)에서 여왕의 남편 필립 공과 의장대를 사열한 다음 여왕과 빨간 마차를 타고 버킹검 궁전으로 향했다. 마차 뒤로는 흑마를 탄 왕실 기마대가 장엄한 행렬을 이루고 따라갔는데 행사장에는 영연방국가들의 국기가 펄럭였다. 쇠망해버린 영국제국은 이런 행사를 통해 과거의 영광을 되새기고 있었다.

그날 저녁 한국대통령은 버킹검 궁에서 여왕이 주최한 공식만찬에 참석했는데 영국의 한 유력 신문은 만찬 테이블에 오른 음식을 자세하게 전하면서 "개고기는 없었다"고 썼다. 한국 사람들이 개고기 먹는 걸 비꼰 것이다. 언론은 자유고 영국인 특유의 비꼬기 좋아하는 기질이 발휘된 표현이긴 하지만 한국과는 특별히 쌓인 감정도 없는데 좀 더 정중하면 안 됐을까. 다른 나라 사람들이 말고기를 먹든, 개고기를 먹든 무슨 상관이란 말인가. 솔직히 말해 소태 같은 베이컨 쪼가리보다야 개고기 수육이 훨씬 멋진 음식 아닌가?

일을 마치고 나는 전철을 타고 타워 브리지(Tower Bridge)로 향했다. 별로 할 일도 없고, 런던의 상징이자 명물인 타워 브리지의 야경을 구경하고 싶었기 때문이다. 타워 힐(Tower Hill) 역에 내려 다리의 방향을 가늠하며 천천히 계단을 내려가는데 어둠 속에 눈에 익은 물체가 보였다. 그것은 로마 황제 트라야누스의 청동상이었다. 로마군 사령관 복장을 한 트라야누스가 런던 템스 강변의 전철역에 서 있는 것이었다. 이 사람이 왜 여기에 서 있을까! 반갑기도 하고 의외기도 해서 주변을 살펴보니 로마시대의 런던, 즉 론디니움(Londinium)의 성벽 유적이 있었다. 론디니움은 쾰른과 마찬가지로 템스 강을 한 변으로 하는 로마식 성채도시였다. 런던 시는 로마시대의 성벽 유적이 발견된 곳에 로마 황제의 동상을 세워 유적의 성격을 분명히 하는 동시에 장식효과도 생각한 것이었다.

유적은 웅장하지도 화려하지도 않았다. 시멘트로 잡석을 버무려 쌓아올리고,

트라야누스 청동상이 고대 론디니움 성벽 유적에 서 있다. 성벽은 유적으로는 초라한 규모지만 런던 사람들은 조그만 공원으로 가꾸어 잘 보존하고 있다.

중간중간에 붉은 벽돌로 장식한 평범한 로마시대 성벽이 30미터 정도 남아 있을 뿐이다. 고대유적이 많은 도시라면 그 정도는 유적 대접도 받지 못했을 것이다. 하지만 런던 사람들은 그 변변찮은 흔적을 조그만 공원으로 가꾸어 보존하고 있었다. 벽 맞은편에는 시간이 흐르면서 운명이 바뀌어가는 로마 성벽의 모습을 그린 타일그림 여덟 장이 설명과 함께 부착되어 있었다. 그것들은 성벽의 변천과정을 보여주는 동시에 런던과 영국의 2천 년 역사를 담고 있었다. 그림의 내용은 이랬다.

서기 100년. 로마에 의해 브리타니아가 정복되고 로마식 도시 론디니움이 건설된 지 반세기가 지났다. 도시에는 로마식 주택이 들어섰고 브리타니아 원주

AD 100

AD 200

AD 750

AD 1300

성벽의 역사는 런던과 영국의 역사를 그대로 반영한다.
로마에 정복되어 번영하다 대륙의 게르만족에 의해 파괴된 다음 중세도시로 발전했다.

AD 1500　　　　　　　　　　　　　AD 1700

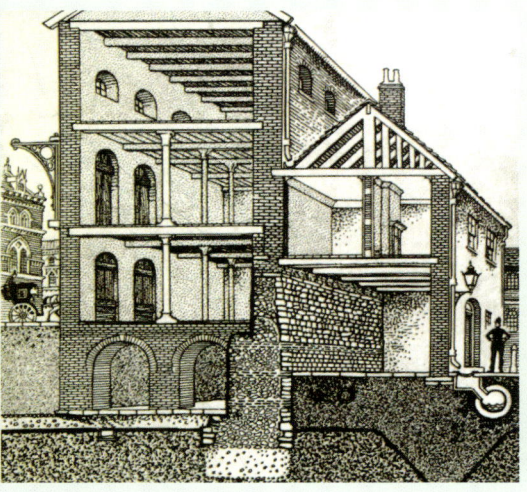　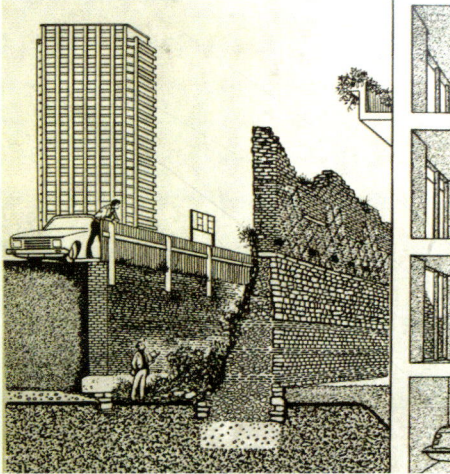

AD 1900　　　　　　　　　　　　　AD 1984

런던의 도시 규모는 로마인이 성벽을 쌓은 지 1,500년이 지난 1700년이 되어서야 성벽을 넘어 팽창하기 시작했다.

민이 소 수레에 건초를 가득 싣고 가고 있다. 평화로운 모습이다. 도시는 흙벽과 해자로 둘러싸여 있고 아직 성벽은 건설되지 않았다. 서기 200년. 돌과 벽돌을 사용한 견고한 성벽이 도시를 둘러싸고 있다. 병사가 성벽 위에서 보초를 서고 있고 도시에는 말을 탄 로마 병사들이 순찰을 돌고 있다. 강력하고 안정된 제국의 모습이 묘사되어 있다. 이때 건설된 성벽은 3.2킬로미터에 달했고, 현재의 런던 타워와 바비컨 센터를 포함하는 지역을 둘러싸고 있었다. 발굴된 성벽 유적에 의하면 도시는 쾰른처럼 사각형이 아니라 템스강 북쪽을 반원에 가까운 다면체로 둘러싼 모습이었다. 현재 남아 있는 유적의 기초부분은 이 때 건설된 것이다.

세월이 흘러 서기 750년. 성벽은 허물어지고 도시는 파괴되었다. 생활기반도 파괴된 듯 주민들은 사냥을 하고 있다. 오늘날 영국인의 주류를 형성하고 있는 색슨족이 대륙에서 건너와 로마화된 도시를 파괴한 후의 모습이다. 서기 1300년. 성벽은 옛 모습대로 복원되었고 런던도 중세도시로 성장하고 있다. 성벽 위에서는 중세복장의 병사가 보초를 서고 있다. 서기 1500년. 성벽은 큰 변화 없이 유지되고 있고 도시 건물들은 전형적인 중세의 모습을 하고 있다. 하지만 긴 세월이 흘렀기 때문에 성벽의 아랫부분은 흙 속에 묻혔다.

서기 1700년. 더 이상 도시를 방어하는 성벽은 필요 없어졌다. 도시는 1,500년 만에 로마인이 건설한 성벽을 넘어 팽창하기 시작했다. 성벽은 새로 짓는 건물의 기초와 벽으로 쓰였다. 서기 1900년. 런던은 세계의 수도로 성장했다. 로마 성벽은 이제 건물 깊숙이 사라져 흔적조차 찾기 힘들다. 서기 1984년. 건물 지하에 있던 고대 로마의 성벽이 '발견'된다. 사람들은 1,800년 전에 건설된 성벽을 조심스럽게 발굴해 문화재로 관리한다. 주변에는 고층 빌딩이 솟아 있고 자동차들이 오간다.

그날 저녁, 난 바로 곁의 타워 브리지에 가지 않았다. 대신 안개 낀 템스 강변에서 우연히 마주친 트라야누스 곁에 앉아 장차 로마세계의 어느 곳을 언제 여행할 것인지에 대해 즐거운 상상을 하며 한 시간여를 머물렀다.

슬픈 아우구스투스

다음날은 영국박물관(보통 '대영박물관'이라고 부르지만 영어로 British Museum이니까 영국박물관으로 부르는 것이 맞다. 마찬가지로 '대영제국'도 영국제국으로 부르기로 한다)을 방문했다. 런던에서는 영국박물관이 주요한 자료수집 장소였다. 그런데 박물관에서 나의 발걸음을 한참동안 붙잡은 것은 로마 유적이 아니라 엘긴 마블스(Elgin Marbles)였다. 당시까지 엘긴 마블스에 대해 내가 알고 있었던 것은 파르테논 신전을 장식하던 박공과 프리즈가 영국외교관에 의해 영국으로 옮겨져 현재는 박물관에 소장되어 있다는 정도였다. 하지만 직접 보니 느낌이 달랐다. '장물'이 전시되어 있는 방을 보고 내가 생각한 것은 만약 당시에 적절한 수송수단과 기술이 있었다면 파르테논 신전은 통째로 영국으로 옮겨졌을 거라는 것이었다. '아테나 여신의 탄생'과 '아테나와 포세이돈의 싸움'을 묘사한 영웅적인 동서 박공조각뿐만 아니라, 아테네 시민들이 4년마다 아테나 여신에게 바치던 '판 아테나이아 제전'을 묘사한 160미터 길이의 장대한 프리즈 부조 대부분이 박물관의 큰 방을 가득 채우고 있었다. 그러니까 현재 아크로폴리스의 파르테논 신전은 모든 장식을 강탈당한 채 헐벗은 모습으로 서 있는 것이다.

엘긴 마블스에는 파르테논 신전뿐만 아니라 아크로폴리스에 있는 또 다른 신전인 에레크테이온에서 뽑아온 기둥들도 포함되어 있었다. 한쪽 다리를 살짝 구부린 동작으로 유명한 여신주(女神柱) 하나와 이오니아식 기둥 하나가 그것이다. 박물관 측은 친절하게도 그 기둥들이 신전의 어느 부분에서 뽑아온 것인지 설명을 붙인 사진을 전시하고 있었다. 사진을 자세히 살펴보니 그리스 당국이 대체해 넣은 기둥은 다른 기둥에 비해 하얗게 보였다.

엘긴은 1799년 이스탄불 주재 영국공사로 파견된 외교관이었다. 그는 1801년부터 그리스의 유적들을 투르크 당국으로부터 사들여 영국으로 가져갔다. 영국박물관에서 발간한 안내서에는 '엘긴이 그리스의 고대유물이 파괴되는 것을 걱정해 예술가들과 건축가들로 구성된 조사단으로 하여금 남아 있는 유물들을 기록한 후 투르크 당국으로부터 석조물들을 옮길 수 있는 허가를 얻어냈다'고 되어 있다. 그렇다면 영국은 이제는 더 이상 그런 걱정은 하지 않아도 된다. 아크로폴리스는 이미 오래 전에 다시 그리스인에게 돌아갔고 현재 파르테논 신전의 복구작업이 활발하게 진행되고 있기 때문이다. 그러니 영국은 두말 말고 돌려주면 된다. 그것이야말로 야만적인 유물강탈의 역사를 반성하는 길이다.

영국박물관의 로마 컬렉션은 다양했다. 특히 로마 지배하의 브리타니아 유물 중에 볼 만한 것이 많았다. 하지만 모든 것을 다 보고 이해하기는 애초에 불가능했기 때문에 루브르에서와 마찬가지로 '사열하듯이' 한 바퀴 돌았다.

수많은 유물 중 가장 기억에 남는 것은 아우구스투스의 청동제 두상 한 점이다. 그의 두상이야 오랜 치세 동안 제국 각지에서 많이 만들어져 오늘날에도 흔히 볼 수 있지만, 이집트 나일강변에서 출토된 그 작품은 특이한 표정으로 강한 인상을 남겼다. 20대 청년으로 제작된 아우구스투스는 마치 비극의 주인공이 비탄에 찬 연기를 하듯 금방이라도 울음을 터뜨릴 것처럼 슬픔에 젖은 표정이었다. 더구나 청동은 진한 녹색으로 녹이 슬어 더욱 야릇한 분위기를 풍겼다. 설명에는 기원전 27년경에 제작되었다고 되어 있었다. 그때는 아우구스투스가 악티움해전에서 안토니우스와 클레오파트라 연합군을 격파하고 로마에서 웅장한 개선식을 한 직후로 원로원이 그에게 아우구스투스, 즉 '존엄한 자'라는 존칭을 부여한 해다. 말하자면 그는 당시 로마세계 최고의 권력자였다.

영국박물관의 아우구스투스 청동상.
제국의 최고권력자였던 그가 왜 이렇게 슬픈 표정을
짓고 있을까?

그런데 그의 두상이 왜 그렇게 슬픈 모습으로 제작되었을까? 알 수 없는 일이고, 바로 그것 때문에 두상은 영국박물관의 주요 컬렉션 대접을 받고 있다. 그 두상 한 점을 유심히 살펴보고 박물관을 나왔다.

그리고 그날 저녁 런던에 가면 꼭 해보고 싶은 일 1순위였던 행사를 치렀다. 뮤지컬을 보는 것이었다. 피카디리 서커스의 허 마제스티 극장(Her Majesty's Theater)에서 본 『오페라의 유령』은 압도적이었다. 좁은 공간을 가득 채우던 파이프 오르간의 폭발적 울림과, 내 머리 위로 바람을 일으키며 지나가던 대형 샹들리에. 그것으로 런던 방문은 끝났고 해야 할 일도 다 했다. 그래서 이번 여행에서는 머물지 않고 바로 떠난다.

하드리아누스 성벽

독일 철도 영국 철도

유럽 철도는 처음 여행하는 사람도 한두 번만 이용해보면 금방 익숙해진다. 하지만 나라마다 약간씩 다른 점이 발견되는데 그것은 그 나라의 수준과 국민성을 반영하고 있기도 하다. 내가 경험한 범위 내에서 이야기한다면, 독일 철도만큼 고객의 입장에 서서 철저하게 친절한 경우는 찾아보기 힘들다. 유럽의 모든 역에는 포스터 식의 열차시각표가 여러 군데 부착되어 있다. 발차시각표는 노란색으로, 도착시각표는 흰색으로 되어 있는데, 시각 순으로 열차번호·경유 역·목적지·소요시간 등이 깨알같이 적혀 있다. 그런데 이 시각표는 독일 사람들이 만든 것이 가장 보기 쉽고 인쇄상태도 좋다.

이 시각표로 해결되지 않는 것이 있다면 여행안내소를 이용하면 되는데 독일은 최고의 서비스를 제공한다. "A도시에서 B도시로 가고 싶다"고 말만 하면 불과 몇십 초 내에 A4지에 깔끔하게 인쇄된 시각표를 건네준다. 거기에는 여행자가 문의한 시점부터 약 두 시간 이내에 선택 가능한 모든 스케줄이 들어 있다. 기차의 종류·소요시간뿐만 아니라 플랫폼 번호까지 기재되어 있어 그 시각표만 있으면 더 이상의 안내는 필요 없게 된다. 중간에 다른 도시에서 갈아타야 하는 경우에도 갈아타는 기차의 모든 정보가 들어 있음은 물론이다. 프랑스와 영국에서도 여행안내소를 이용해봤는데 그 나라들은 불편하고 느렸다. 독일은 고도로 발달한 시스템을 고객들에게 항시 제공하고 있지만 프랑스와 영국은 그런 프로그램이 완비되어 있지도 않을 뿐만 아니라 고객이 원하면 예외적으로 제공하는 수준에 머물고 있다.

독일의 친절이 가장 철저하게 발휘된 것은 플랫폼의 기차편성 안내판이다. 여기에는 해당 플랫폼에 정차하는 모든 기차가 세련된 그래픽으로 그려져 있는데 기차의 번호 · 진행방향 · 1등석과 2등석의 편성순서 · 플랫폼 내에서의 정차위치 등이 알기 쉽게 표시되어 있다. 그림으로 되어 있기 때문에 남녀노소 누구나, 독일어를 모르는 외국인이라도 자신이 탈 기차의 승차 위치를 찾을 수 있다. 결국 독일의 철도안내 시스템은 '운행 스케줄의 사전 확정과 친절하고 세세한 고지'라고 할 수 있다. 안내서만 한 장 받으면 뛸 필요도 없고 누구에게 물을 필요도 없이 조용하게 플랫폼에서 기다리다가 1등석이든 2등석이든 승차할 수 있다.

하지만 영국 철도는 친절과는 좀 거리가 있다. 비도 내리고 해서 빅토리아 역에서 지하철을 이용해 곧장 킹스 크로스 역에 도착했는데, 승객들이 모두 기차 출발을 안내하는 대형 전광판을 바라보고 있다. 자신이 탈 열차가 어느 플랫폼에서 출발하는지를 출발 20분 전에야 알 수 있기 때문이다. 런던의 오래된 역들은 웅장한 위용을 자랑하지만 이용자의 편의를 위한 장치는 별로 없다. 영국 사람들의 기질을 볼 때 독일과 같은 안내 시스템은 유치하다고 생각하는지도 모른다.

국경의 여관

기차는 타인(Tyne) 강 하구의 철교를 천천히 통과해 뉴캐슬(Newcastle)에 도착한다. '뉴캐슬'이라는 도시는 귀 밝은 TV 시청자라면 황우석 논문조작 사건과 관련한 서울대 조사위원회의 기자회견 때 들어봤을 것이다. 조사위원회 정명희 위원장은 당시 기자회견에서 줄기세포 복제의 초기 단계인 배반포 생성이 황 교수 팀의 독자적인 기술이 아니라고 주장하면서 "그렇다면 황 교수 팀 외에 배반포 생성기술을 가진 곳이 어디냐?"는 질문에 "뉴캐슬 대학"이라고 대답했다. 그러고는 "다른 곳에서도 성공했으니 독자적인 기술이라고 할 수 없다. 언제까지 그 단계의 기술만 가지고 자랑할 것이냐"고 반문했다. 이에 대해 황 교수는 나중에 "뉴캐슬 대학의 배반포 생성은 나의 자문을 받아 이루어진 것"이라고 반박했다. 물론 여기서 줄기세포 이야기를 하자는 것은 아니다. 방송에서 뉴캐슬이라는 이름을 듣고는 하드리아누스 성벽을 보기 위해서는 반드시 들러야 하는 도시라는 생각을 했을 뿐이다.

뉴캐슬은 하드리아누스 성벽 동쪽 끝에 세워진 로마군 기지에서 유래한 도시다. 로마 당시는 세게두눔(Segedunum)이라 불렸다. '강한 성채'라는 뜻이다. 따라서 이 도시에는 오늘날에도 하드리아누스 성벽과 관련해서 볼 만한 것이 많다. 우선 로마군 기지 유적이 있다. 유적은 로마군 기지의 평면도를 완벽히 파악할 수 있도록 세심하게 발굴되어 있다. 600명 주둔 규모라니까 게르마니아 방벽 후방에 있는 잘부르크의 기지와 비슷한 규모와 형태다. 하지만 잘부르크처럼 복원되어 있는 것은 아니고 35미터 높이의 전망대를 세워 평면도를 보듯 원래의 규모와 구조를 조감할 수 있도록 했을 뿐이다. 그리고 그 곁에는 비록 짧은 구간이지만 하드리아누스 성벽의 원래 모습을 복원해놓았다. 성벽이 전 구간에 걸쳐 성한 곳이 없기 때문에 원래의 높이와 구조를 알 수 있도록 한 것이다. 도시에는 이 지역에서 발굴된 유적을 전시한 박물관도 있고 로마시대의 모습 그대로 복원한 목욕탕도 있다.

그래서 애초에 뉴캐슬에서 하루를 머물고 싶었다. 하지만 포기하고 떠나기로 한다. 로마군 기지와 박물관은 이미 잘부르크에서 자세히 본 탓도 있지만, 기차를 타고 접근하면서 보니 도시가 너무 크다. 조그만 전원도시일 것이라고 생각했는데 전철까지 다니고 있다. 큰 도시는 부담스럽다. 기차를 타고 내륙으로 들어가면 로마의 성벽 바로 곁에 민박이 있다고 들었다. 그런 곳에서 잠을 자보고 싶다. 역에 내리자마자 기차 편을 확인해 타인 밸리 라인(Tyne Valley Line)을 탔다.

어리석은 사람들은 한반도를 '토끼 같다'고 했지만 사실은 호랑이를 닮았다. 토끼를 닮은 땅은 따로 있다. 바로 영국이야말로 앞발을 들고 쪼그리고 앉은 토끼의 형상이다. 영국 섬이 토끼라고 한다면 겨드랑이의 내륙으로 깊이 들어간 바다가 솔웨이 만이고, 그 반대쪽 등에 붙은 도시가 뉴캐슬이다. 이곳에는 타인 강이 동쪽으로 흐르기 때문에 강 하구의 뉴캐슬은 뉴캐슬-어폰-타인(Newcastle-upon-Tyne)이라 불리고, 철도는 타인 밸리 라인이라고 불린다. 이 타인 밸리 라인은 하드리아누스 성벽과 평행하여 달린다. 그래서 이 철도를 타면 로마 성벽 가까이 접근할 수 있다.

뉴캐슬 역을 떠난 기차는 달랑 두 칸짜리다. 노던 레일(Northern Rail)이 운행하는 기차다. 런던에서 에든버러로 달리는 특급에 비하면 마을버스나 다름없는 수준이다. 그래서 승객들도 도회지에 나들이 나갔다가 집으로 돌아가는 시골사람들 분위기다. 동네사람들끼리 만났는지 시끌시끌하다. 기차는 다시 타인 강 철교를 남쪽으로 건너더니 오른쪽으로 방향을 틀어 서쪽으로 달리기 시작한다. 타인 강이 나란히 흐른다. 모젤 강이나 론 강과 마찬가지로 그리 넓지도 않고 인공의 흔적도 별로 없다. 물은 맑고 잔잔하다.

도버를 떠날 때부터 내리기 시작한 비는 아직도 그치지 않고 있다. 비가 내리는 가운데 하루 종일 기차를 탔다. 빗방울이 차창에 끊임없이 사선을 그어댄다. 이동할 때는 비가 와도 상관없다. 다만 길을 걸을 때 맑게 갠다면 고맙겠다. 그저께 지중해의 님을 떠난 이후 동선은 일직선으로 북상을 거듭했다. 철도는 북위 55도 선상에 위치하고 있다. 모스크바와 거의 비슷한 수준이다. 그래서 다섯 시가 조금 넘은 시간인데 벌써 어두워지고 있다. 가을도 깊어 11월 하고도 2일이다.

헥삼(Hexam)을 지날 무렵 비는 더욱 굵어지고 창밖은 완전히 어두워졌다. 기차는 덜컹대며 어둠 속을 질주한다. 승객들은 이제 많이 내렸다. 정갈하게 차려입은 할머니가 돋보기를 끼고 신문의 십자말풀이(crossword)를 풀고 있다. 치매에 걸리지 않기 위해 유럽의 노인들은 십자말풀이를 많이 한다. 이어폰을 귀에 꽂고 음악을 듣는 처녀는 무표정하게 창밖을 바라보고 있다. 비가 내리고 어두워지니까 불안하다. 뉴캐슬에서 잠을 잘 걸 그랬나. 숙소도 정해지지 않았고, 비는 내리는데 우산도 없다. '우르르' 소리가 들리는 듯하더니 번쩍 하고는 '콰쾅' 하는 소리가 기차를 흔든다. 새파란 섬광이 차창을 밝히고, 볼펜을 든 할머니가 짧은 순간 하얀 석고상처럼 빛난다. 천둥 번개까지 치다니…….

홀트휘슬(Haltwhistle) 역에 내렸다. 성벽에 접근하기 가까운 역이라 내가 선택한 곳이다. 다행히 비는 그쳤다. 역 앞의 여행안내소는 막 문을 닫으려는 참이다. 담당직원은 할머니다. 일흔이 넘어 보인다. 퇴근시간이 지나고 있었지만 그녀는 기다렸다는 듯 나를 맞아준다. "하드리아누스 성벽까지 걸어갈 수 있는 위치의 B&B를 찾아달라"는 나의 요구에 그녀는 느리지만 착실하게 전화 다이얼을 돌린다. 두 차례의 통화 끝에 집을 정하고 서류를 작성한다. 저 나이에 일을 하다니, 대단하다. 그녀는 예약서와 숙소로 가는 약도를 건네주고는 퇴근한다.

비에 젖은 거리는 인적도 없고 어둡다. 해가 지긴 했어도 그리 늦은 시간도 아닌데 오가는 사람이 없다. 영국 사람들은 모두들 집에 틀어박혀 뭘 하는 것일까? 선술집이 불을 밝히고 있지만 손님은 한두 명뿐이다. 사실 나는 이 지역이 좀 붐빌 것이라고 생각했다. 베이징 북쪽의 만리장성 정도는 아니더라도 영국

하드리아누스 성벽 가까이 있는 버스 정류장. 하절기에 성벽의 주요 지점을 운행하는 'BUS AD122'가 정차하는 곳이기도 하다. 멀리 높은 지대의 능선을 잇는 흰 띠가 하드리아누스 성벽이다.

에서 가장 유명한 로마시대 유적이 있는 곳이니 많은 사람과 차들이 오갈 것이라고 생각했다. 봄부터 가을까지는 하드리아누스 성벽의 주요한 곳을 운행하는 버스도 있다는 이야기를 들었다. 그 버스는 AD122라는 이름으로 불린다고 했다. 서기 122년은 하드리아누스가 브리타니아를 방문해 성벽을 쌓으라고 명령한 해다. 그래서 관광의 비수기이기는 하지만 11월 초에도 성벽에는 사람들이 꾸준히 찾아올 것이라고 생각한 것이다.

그런데 정말이지 동네가 텅 비어 있다. 내가 이 시기를 골라 여행하는 것은 춥지도 덥지도 않은 계절인 데다 교통편과 숙소를 예약하지 않아도 되기 때문이기는 한데, 이렇게 적막한 '변경'을 혼자서 떠돌다보니 조금은 외롭다. 그런데 할머니가 준 약도가 너무 간단하게 되어 있어서 집을 찾기가 힘들다. 내가 걷고 있는 길이 맞는지 확신이 서지 않는다. 할머니 한 분이 장바구니를 들고 좁은 인도를 바삐 걸어온다. 영국엔 할머니들이 많기도 하다. 죄송함을 무릅쓰고 약도를 보여준다. 그녀는 약도 한 번 보고 내 얼굴을 한 번 보더니 장바구니를 내려놓고 안경을 꺼낸다. 시선을 모으고 약도를 살펴본 그녀는 이윽고 알았다는 듯 길을 설명한다.

"지금 제대로 걷고 있네요. 이 길로 곧장 가면 돼요. 5분쯤 가면 오르막이 있고 왼쪽에 그레이 불(Grey Bull) 호텔이 보일 거예요." 그녀는 나에게 약도를 건네주고는 어둠 속으로 사라진다.

그레이 불 호텔의 주인 크리스틴 여사는 자다 일어난 옷차림으로 나를 맞이했다. 손님이 와서 반갑다기보다는 이 계절에 무슨 여행이냐는 표정이다. 서른 살쯤으로 보이고 깡말랐다. 방을 안내한 그녀는 최근에 화장실을 최신식으로 수리했으며 집기도 모두 새것이라는 점을 특별히 강조한 다음 잠을 자러 내려가버렸다. 그러나 도버의 메종 듀가 호텔급이라면 그레이 불은 여관 수준이다. 도버는 오랜 세월 국제적 교통의 요지였지만 홀트휘슬은 벽지 마을이다. 그녀 말대로 침대는 새것이지만 이불은 습기를 잔뜩 머금고 있다. 종일 비가 왔으니 당연한 일이다. 하지만 드디어 하드리아누스 성벽 방문의 베이스캠프에 도착했다. 도버에서부터 세 번 기차를 탔고, 종일 걸렸다.

150억 달러짜리 공사

서기 121년, 하드리아누스 황제는 제국 순행(巡行)에 나섰다. 황제에 오른 지 4년이 지나 통치기반은 어느 정도 안정되었다. 순행은 제국 구석구석을 자신의 눈으로 직접 보고 그것을 토대로 정책을 세우고 통치하기 위한 것이었다. 하드리아누스는 21년의 통치 기간 중 13년을 길 위에서 보냈다. 그래서 후세 사람들은 그를 '여행가 황제'라고 부르기도 한다. 전쟁을 위한 여행이 아니었기 때문에 동행은 많지 않았다. 말동무 시인과 주치의를 비롯한 시종 몇 명, 그리고 건축전문가가 황제를 수행했다. 이런 단출한 행렬을 근위대가 호위했다.

로마를 떠난 황제는 갈리아 남부로 들어가 론 강을 따라 북상해 리옹에 도착한다. 카이사르가 정복한 지 170년 되는 갈리아는 이제 로마화가 착실히 진행돼 아무 문제도 없다. 다시 북상한 하드리아누스는 트리어에서 라인 전선의 지휘관들을 접견한 다음 게르마니아 방벽을 직접 둘러본다. 도미티아누스 황제가 건설하기 시작한 방벽은 그에 의해 철벽으로 탈바꿈한다. 로마 황제는 혹독하게 추운 라인 강 하류의 군단 기지에서 그해 겨울을 난다.

122년 봄, 하드리아누스는 라인 강 어귀에서 배를 타고 브리타니아로 건너간다. 브리타니아에서는 그가 황제에 즉위하던 해인 117년에 제9군단이 원주민의 반란으로 궤멸당하는 불상사가 발생한 바 있다. 따라서 브리타니아 안정화는 우선적으로 해결해야하는 과제였다. 황제가 도착할 무렵 제9군단을 대체하는 제6빅트릭스 군단이 브리타니아에 진주를 마쳤다. 하드리아누스는 브리타니아 안전보장을 위해 두 가지 대책을 마련했다. 하나는 속주 주민으로 구성된 보조부대를 창설하는 것이었고 또 하나는 로마화된 남쪽 지역과 원주민이 사는 북쪽 지역을 구분하는 벽을 쌓는 일이었다. 후세 사람들이 '하드리아누스 성벽'이라고 부르는 브리타니아의 로마 국경은 이렇게 해서 태어나게 되었다.

브리타니아에는 라인 강이나 도나우 강 같은 천연 경계선이 없었다. 따라서 안전을 지키기 위해서는 인공의 경계선을 건설해야 했다. 하드리아누스를 수행한 로마의 건축가들은 지형을 살펴본 다음 서쪽의 솔웨이 만과 동쪽의 타인 강 하구에 이르는 117킬로미터 구간을 국경선으로 선택했다. 로마가 점령하고 있는 지역에서는 가장 좁은 곳이다.

3 변경 브리타니아

훌륭한 건설기술자이기도 한 로마 병사들은 즉시 공사를 시작했다. 공사는 동쪽에서부터 시작되었다. 성벽은 지형에 따라 차이가 있었지만 높이 5미터, 폭 3미터 규모였으며 윗부분은 감시통로가 되었다. 하지만 공사가 진행되면서 폭은 1.8미터로 줄어들었다. 시간을 단축하기 위한 조치였다. 전투시 몸을 가리는 흉벽은 북쪽에만 쌓았다.

성벽에는 1로마마일(1.5킬로미터)마다 소형 성채를 건설했다. 1마일마다 건설되었기 때문에 이 성들은 오늘날 마일 성(mile castle)이라 불린다. 적게는 여덟 명에서 많게는 서른두 명까지 주둔할 수 있는 규모였다. 이 성채에는 남쪽뿐만 아니라 북쪽으로도 출입구가 나 있었다. 병사들은 이 출입구를 통해 북쪽으로 순찰을 나갔고 원주민들은 로마 병사의 감시하에 이 성채를 통해 성벽을 통과할 수 있었다. 마일 성 사이에는 두 개씩의 망루가 세워졌다. 마일 성이 1.5킬로미터마다 있었으니까 망루는 평균 500미터마다 세워진 셈이다. 병사들은 이 망루에서 북쪽으로 펼쳐진 적지를 감시할 수 있었다.

건설이 시작되고 2년 만에 중요한 설계 변경이 있었다. 애초에는 군대의 주둔지는 성벽 후방에 짓기로 했으나 적의 침입시 신속히 대처하기 힘들다는 점 때문에 성벽에 기지를 건설하기로 한 것이다. 전략적으로 중요한 열일곱 개 지역이 선정되었고 대대급 부대가 주둔할 수 있는 기지들이 성벽을 따라 들어섰다. 기지는 견고한 벽으로 둘러싸였고 중앙에는 지휘관의 숙소와 작은 규모의 목욕탕, 그리고 신전이 들어섰다. 변방의 기지였지만 로마인이 필요로 하는 것은 모두 갖추었다.

성벽은 물결치듯 이어지는 지형의 가장 높은 지점들을 연결해 건설되었지만, 평지에 세우는 경우에는 성벽 북쪽에 깊이 9미터의 참호를 팠다. 참호는 적 기병을 저지하기 위한 것이었다. 성벽에서 100미터쯤 떨어진 남쪽에는 두 개의 보루를 평행되게 쌓고 그 사이에 참호를 팠다. 성벽과 보루들 사이는 군사용

하드리아누스 성벽은 지형의 가장 높은 지점을 연결해 건설되었다.
성벽에 붙여 지은 소형 성채가 마일 성이다. 남쪽뿐만 아니라 북쪽으로도 출입구가 나 있는 걸 볼 수 있다.

도로가 나 있는 지역으로 민간인의 출입이 금지되었다. 말하자면 민통선(民統線)이었다.

공사를 시작한 지 6년 만에 장대한 건축물이 브리타니아 북방에 모습을 드러냈다. 로마군에게는 견고하고 안정된 방어선이었지만 북방의 원주민들 입장에서 보면 인간 능력의 한계를 뛰어넘는 구조물이었다. 언덕 위에 5미터나 되는 석벽이 끝없이 펼쳐진 모습을 보고 그들은 심리적으로 압도당했을 것이다. 현대의 연구자 중에는 건설비용을 산출해낸 사람도 있다. 어떻게 계산했는지는 몰라도 성벽의 건설에는 채널터널을 뚫는 정도의 비용이 들었다고 한다. 참고로 채널터널의 건설에는 150억 달러가 들었다.

하드리아누스는 왜 이런 엄청난 성벽을 쌓으라고 명령했을까? 하드리아누스의 전기작가는 이에 대한 대답을 하고 있다. 그것은 '문명화된 로마와 야만족을 분리하기 위해서'라는 것이다. 당시 브리타니아는 로마화가 상당히 진척되었으나 북방의 험한 산악지대에는 여전히 원주민들이 살고 있었고 로마는 그곳까지 정복하지는 않았다. 따라서 그 원주민과 로마화된 브리타니아 주민 사이에 경계선이 필요하다고 판단했다는 것이다.

하지만 하드리아누스 성벽은 북방 원주민의 공격을 막기 위한 용도로만 건설된 것은 아니었다. 성벽의 성격은 마일 성이나 기지마다 남북으로 나 있는 통로에 그대로 드러나 있다. 방어만을 목적으로 했다면 북쪽으로 문을 낼 리 없다. 성벽 북쪽에 살던 원주민들은 무기만 소지하지 않는다면 마일 성을 통해 성벽을 통과할 수 있었고, 로마군대의 감시하에 남쪽의 시장에서 교역활동을 할 수 있었다. 성벽 남쪽에 살던 원주민도 북쪽으로 나가려면 로마 군의 통제를 받아야 했다. 다시 말하면 성벽은 국경지역의 치안을 유지하기 위한 시설이었다. 도시의 방어를 위해 건설했던 중세의 성채나 북방민족의 침입을 막기 위해 건설했던 중국의 만리장성과도 그 목적이 달랐던 것이다.

성벽 건설에는 또 다른 중요한 목적이 있었다. 하드리아누스는 군단 지휘관 생활을 해본 사람이다. 약관에 수석 대대장을 역임했고 서른에는 군단장을 지내기도 했다. 따라서 군대의 내부사정과 병사들의 심리를 속속들이 안다고 할 수 있다. 브리타니아는 제국의 중심에서 멀리 떨어진 변경이다. 이런 환경에서 생길 수 있는 문제는 예나 지금이나 군기 문제다. 군대란 한가하게 놔두면 나사가 풀리는 법이다. 하드리아누스는 군대를 바쁘게 해서 엉뚱한 생각을 할 시간을 주지 말아야 한다고 생각했다. 그는 성벽 건설을 통해 견고한 국경을 건설했을 뿐만 아니라 6년 동안 브리타니아 주둔군단을 팽팽 돌리는 일석이조의 효과를 달성했다.

크리스틴 여사의 본토 영어

독일과 프랑스를 여행하며 언어소통 문제로 고생할 때 '영국에 도착하면 훨씬 편해지겠지'하고 생각했었다. 그래서 도버에 도착했을 때는 심리적으로 크게 안정감이 느껴지기도 했다. 그러나 영국인들과 대화를 하게 되면서 반드시 그렇지도 않다는 걸 알게 됐다. 읽고 쓰는 것은 한결 쉬워졌지만 말하기는 특별히 편안하다는 느낌이 들지 않는 것이다. 독일 박물관 직원이나 프랑스 호텔 주인이 하는 영어는 귀에 쏙쏙 들어왔는데 도버의 호텔 여주인이 하는 영어는 알아듣기 쉽지 않았다. 외국인은 외국인이 하는 영어가 알아듣기 쉽기 때문이다. 영국인의 영어가 어렵게 들리는 또 다른 이유는 우리가 미국식 영어에 익숙하기 때문이다. 'not'을 미국인은 '낫'이라고 발음하지만 영국인은 '놋'이라고 발음한다. 아주 사소한 예지만 처음에 나는 '놋'이 무슨 뜻인지 한참동안 생각해야 했다.

그래서 그레이 불 호텔의 크리스틴 여사가 하는 말이 잘 들리지 않는다. 아침

식사를 마치고 길을 나서며 "하드리아누스 성벽까지 걸어서 갈 수 있나요?" 하고 물었더니 그녀는 "그럼요(sure)!" 하면서 성벽으로 가는 길을 열심히 설명해주었다. 손짓까지 해가며 한참동안 이야기했지만 내가 이해한 것은 일부분에 불과했다. 속도가 너무 빠르고 발음도 생소했기 때문이다. 그리고 이곳은 스코틀랜드 접경지역이다. 남부지방의 영어와는 또 다른 사투리가 느껴진다. 하지만 나는 그녀의 이야기를 다 알아들은 것처럼 고개를 끄덕여주었다. 얼굴이 발갛게 물들 정도로 열심히 설명했는데 어떻게 알아듣지 못했다고 말한단 말인가. 어차피 성벽은 멀지 않으니 북쪽으로 가다보면 도착하겠지.

호텔 곁으로 난 골목길을 따라 북쪽으로 방향을 잡았다. 크리스틴은 도로를 따라가는 방법도 있지만 걸어갈 거라면 지름길로 가는 것이 좋다며 이 길을 안내했다. 비탈을 내려가니 조그만 나무다리가 걸린 개울이 흐른다. 물 색깔이 아메리칸 커피 같다. 어젯밤에 비가 많이 내린 탓에 물살이 제법 빠르다. 그러고 보니 날씨가 개고 있다. 구름 사이로 아침햇살이 번진다. 도버에서처럼 이곳에서도 비 그친 아침을 맞는다. 만약 지금까지 비가 그치지 않았다면? 생각하고 싶지도 않다.

다리를 건너니 길이 갈라진다. 어디로 갈 것인가. 어차피 확률은 반반이다. 오른쪽으로 방향을 잡는다. 내셔널 패스(National Path)라는 입간판이 보이고, 화살표가 가리키는 방향으로 가니 길은 목장 안으로 연결되어 있다. 내셔널 패스는 걷기 좋아하는 영국인들이 전국에 걸쳐 닦아놓은 '걷는 길'이다. 입간판이 붙어 있는 길이라 해서 특별한 것은 없다. 그저 두 발로 걸을 수 있을 뿐이다. 목장은 경사져 있고 돌담으로 구획되어 있다. 영화 『폭풍의 언덕』에서 히스클리프와 캐시가 말을 타고 달리던 곳과 분위기가 같다. 하지만 그 남녀의 비극적인 사랑을 떠올릴 여유는 없다. 땅이 너무 젖어 있기 때문이다. 밤새 비가 내렸고 풀은 깊다. 대전차 지뢰처럼 둥글넙적한 쇠똥도 군데군데 퍼져 있다. 조심조심 발을 옮겨야 한다. 크리스틴 여사는 목이 긴 내 등산화를 내려다보고는 "제대로 된 신발을 신고 왔다"고 했다.

나무로 된 문짝을 통과해 다른 목장으로 들어갔다. 역시 내셔널 패스 입간판이 서 있다. 목장은 사유지인데도 영국인은 그 사이로 그냥 걸어다닌다. 사회적인 합의가 이루어져 있기 때문일 것이다. 풀을 뜯던 양들이 나를 물끄러미 쳐다본다. 몸통은 하얗고 얼굴만 검은 녀석들인데 나를 보는 시선이 그리 우호적이지 않다. '이 동네 사람이 아니잖아'라고 말하는 듯하다.

발목에 털이 수북하게 난 말 한 마리가 조깅하듯 목장을 천천히 달린다. 그런데 달리는 말을 따라가는 나의 눈에 검은 동물 하나가 들어온다. 그 녀석은 언덕 위에서 나를 노려보고 있다. 몸통은 검게 빛나고 머리에는 앞쪽으로 날카롭게 뻗은 뿔을 달고 있다. 투우용 소다. 에스파냐도 아니고 남프랑스도 아닌데 웬 투우용 소! 발걸음이 얼어붙고 심장 박동이 빨라진다. 크리스틴이 원망스럽다. 질퍽한 목장에 발을 들여놓는 순간부터 '왜 나를 이런 곳으로 안내했을까' 하고 생각했는데 사나운 소까지 만나고 보니 그녀의 처사가 이해되지 않는다. 초행인 사람을 이런 길로 보내다니.

하지만 침착해야 한다. 출구를 보니 제법 멀다. 뛰어간다고 해도 소가 나를 향해 돌진한다면 출구에 도착하기 전에 공격당할 것이다. 그러니 뛰면 안 된다. 100미터쯤 되는 출구가 까마득히 멀게 느껴진다. 돌담 가까이 붙어 최대한 침착한 태도로 걷는다. 만약 소가 돌진해온다면 돌담을 뛰어넘어야 한다. 돌담은 1.5미터 정도 높이다. 소는 여전히 나를 노려보고 있다. 하지만 다행히도 움직이지는 않는다. 드디어 목장을 벗어났다. 얼굴은 상기되었고 등에는 식은땀이 흘러내린다.

길은 이제 차도로 이어진다. 성벽까지 얼마나 걸릴지는 짐작이 되지 않는다. 하지만 느긋하게 걸어가자고 마음먹는다. 영국인들은 일부러 걸어다니지 않는

가. 차들이 가끔 지나다니지만 그냥 보낸다. 이제 날씨는 완전히 갰다. 검은 구름은 북쪽으로 몰려가고 투명한 햇살이 온 세상에 가득하다. 비 많은 영국에서 절묘하게도 비를 피해 다니고 있다.

최고 · 최대의 채석장

야트막한 언덕을 넘으니 시야가 툭 터진 평원이 보인다. 지평선에 언덕이 이어져 있고 능선 위에 가느다랗고 하얀 선이 얹혀 있다. 하드리아누스 성벽이다. 평원은 텅 비어 있고 사람은 그림자조차 없다. 아무리 비수기라고 하지만 이렇게 완벽히 비어 있을 것이라고는 생각하지 못했다. 11월 초라고 하지만 춥지도 덥지도 않아서 여행하기에는 더없이 좋은데 왜 사람의 발길이 끊기는 것일까. 도로가 만나는 사거리에 AD122 버스정류장이 있다. 10월 말까지만 운행한다고 되어 있다. 그 곁에 B&B가 하나 있다. 이름이 마일 캐슬(Mile castle)이다. 이런 곳은 성벽을 방문하는 사람들한테 인기가 있다. 인터넷에서 '성벽 바로 곁에 위치하고 있다'고 홍보하는 집이 바로 이런 집이다. 역시 손님은 없는 듯 인기척이 전혀 없다.

성벽으로 가는 길이 텅 비어 있는 것이 나쁠 것은 없다. 오히려 온 세상을 다 차지한 듯해 기분이 더없이 좋다. 검은 구름은 아직 스코틀랜드 하늘을 뒤덮고 있지만 성벽으로 가는 길에는 따가울 정도로 햇살이 내려쬔다. 아직 물기를 잔뜩 머금은 풀밭을 지나 성벽으로 접근한다. 멀리서 봤을 때 선처럼 보였던 성벽이 육중한 모습을 드러낸다.

지형은 북쪽을 향해 파도치는 듯하다. 성벽은 파도의 가장 높은 지점들을 연결하고 있다. 성벽이 시작되는 곳에 마일 성 유적이 있다. 하지만 이제 다 허물어져 1미터도 채 되지 않는 벽의 기단만 남아 있을 뿐이다. 한 변이 20미터 정도의 규모로 열 명 전후의 병사가 주둔했을 것이다. 북쪽과 남쪽에는 출입문을 낸 흔적이 뚜렷하다. 그 옛날 북쪽에 살던 원주민들은 남쪽으로 내려오기 위해서는 가파른 언덕을 올라 이 마일 성을 통과하며 로마 병사의 검색을 받아야 했다. 무기 소지는 당연히 금지되었다.

그런데 마일 성은 심하게 비탈진 곳에 자리잡고 있다. 성벽이 지나는 곳이 능선이고, 마일 성은 성벽에 기대어 지었기 때문에 당연한 결과다. 성의 입지를 보니 이곳에서 근무하던 로마 병사들의 고난에 찬 생활이 눈에 보이는 듯하다. 지금은 이렇게 따스한 햇살이 비치고 있지만 한겨울에는 북풍한설이 몰아친다. 이곳에서 출토된 유적 중에는 동물 털을 망토처럼 뒤집어쓴 로마 병사의 모습을 새긴 것이 있다. 기지에 근무하는 장교들은 안락한 잠자리와 목욕을 즐겼지만 일반 사병들은 열악한 생활을 견뎌내야 했다. 높은 곳에서 남쪽을 보니 놀랍게도 '민통선'이 뚜렷하게 보인다. 흙으로 쌓은 보루와 땅을 파서 만든 참호가 1,900년이나 지났는데도 분명한 윤곽을 유지하고 있다.

하드리아누스 성벽은 117킬로미터에 걸쳐 건설되었지만 이제는 몇 군데만 유적이 남아 있을 뿐이다. 그것도 원래의 형태를 유지하고 있는 곳은 전혀 없고 대체로 1미터 높이의 기단 부분만 남아 있다. 그래서 원래의 장대했던 모습을 상상하기는 힘들다. 이곳 홀트휘슬의 성벽 유적도 내가 손을 짚고 쉽게 올라갈 수 있는 정도의 높이다. 로마의 대형 건축물들이 모두 겪은 운명대로 하드리아누스 성벽도 채석장의 운명을 비켜가지 못했다. 내가 조금 전에 통과한 목장의 돌담도 성벽의 돌을 가져다 쌓았던 것이 분명하다. 로마 병사들이 적당한 크기로 다듬어놓았으니 사용하기도 편했을 것이다.

성벽이 방치되기 시작한 것은 5세기에 들어서였다. 로마 말기 라인 강 동쪽의 게르만족이 국경을 넘어 침입하자 급해진 로마는 최소한의 수비병력만 남겨놓고 브리타니아 주군 군단을 불러들였다. 로마군이 떠나자 성벽 남북의 주민은 자연스럽게 섞이기 시작해 성벽은 본래의 의미가 없어졌다. 남아 있는 병사들도 성벽의 군사시설을 가족 거주지로 사용하기 시작했고 얼마 지나지 않아 현지 주민에 흡수되고 말았다. 브리타니아의 로마군단이 소멸해버린 것이다. 성벽은 이후 고립된 유적으로 존재하며 오랜 세월에 걸쳐 채석장 역할을 했다. 중세시대 이 지역에 들어선 교회는 대부분 성벽의 돌을 가져다 지은 것이다. 1745년에는 50킬로미터나 되는 성벽을 허물어 고속도로를 건설하는 데 사용했다고 한다. 영국 최고(最古)·최대의 채석장이었다고 해도 과언이 아닐 것이다. 하지만 현재 남아 있는 성벽도 훼손이 진행되다가 멈춘 상태에서 방치된 것은 아니다. 19세기 말부터 현재에 이르기까지 성벽은 지속적으로 발굴되고 세심하게 복원되었다. 그리고 1987년에 이르러 마침내 세계문화유산으로 등록되면서 고대 로마세계의 주요한 유적으로 알려지게 되었다.

걷기 좋아하는 영국인들은 성벽을 따라 걸을 수 있도록 길을 냈다. 멀리서부터 두 명의 청년이 그 길을 따라 걸어온다. 아침에 호텔을 떠난 뒤로 처음 보는 '사람'이다. 소나 양보다 훨씬 반갑다. 입이 심심하던 차에 "굿모닝" 하고 인사를 건네본다. 그런데 인사를 받은 친구가 대뜸 "날씨가 너무 좋아요" 하면서 양팔을 벌려 하늘을 껴안듯한다. 좋아 죽겠다는 표정이다. 도버의 메종 듀의 안주인도 날 보자마자 날씨 예찬부터 먼저 했다. 아닌 게 아니라 날씨는 정말 환상적이다. 시원하게 부는 바람과 적당하게 습기를 머금은 대기, 멀리까지 깨끗하게 보이는 시야가 걷기에도, 사진을 찍기에도 정말 좋은 날씨다.

여행 전에 참고로 본 『내셔널 지오그래픽』의 로마제국 기사에는 제국 각지의 사진이 실려 있었는데 유독 하드리아누스 성벽 사진이 좋지 않았다. 짙은 안개가 끼어 50미터 앞도 제대로 보이지 않았다. 사진작가는 짧은 시간 내에 제국 전체를 다니며 사진을 찍어야 했는데 이곳에 도착했을 때 마침 짙은 안개가 끼어 있었던 것이다. 그도 이 유명한 유적을 멋지게 카메라에 담고 싶었을 것이

오랜 세월에 걸쳐 5미터 높이의 성벽은 많이 뜯겨나갔지만 세심한 복원을 거쳐 이 정도로 유지되고 있다.

다. 하지만 날씨가 도와주지 않으면 별 도리가 없다. 그는 이 멀리 변경까지 와서 답답한 안개 속을 헤매다가 시간에 쫓겨 떠났을 것이다. 그에 비하면 나는 얼마나 행복한가.

청년들은 하우스테즈(Housesteads)까지 간다고 한다. 성벽이 가장 멋지게 남아 있고 주변 풍광도 아름다운 곳이다. 홍보책자의 사진들은 대부분 그곳에서 찍은 것들이다. "시간이 얼마나 걸리겠느냐"고 물었더니 "두 시간쯤"이라고 한다. 그들의 발걸음으로 두 시간이면 나한테는 세 시간 이상 걸릴 것이다. 성벽을 따라 그렇게 오랜 시간을 걸을 수는 없다. 이만하면 충분히 만족했다. 그들은 동쪽으로 길을 떠났고 나는 다시 홀로 남겨졌다. 성벽에 올라 검은 구름이 몰려간 북쪽을 바라보자 세상에! 둥근 무지개가 떠올라 있다. 무지개는 도버 해협을 건널 때 백악의 절벽 위에도 떠올랐다. 비 자주 내리고 공기 맑은 영국에서는 흔한 것이 무지개인지는 몰라도, 나는 시골 고향마을을 떠난 이후로 무지개 구경을 제대로 한 적이 없다. 공해에 찌든 서울 하늘에는 더 이상 무지개가 뜨지 않기 때문이다. 그래서 더욱 놀랍고 반갑다.

복잡한 남자 하드리아누스

하드리아누스가 왜 이곳에 성벽을 건설하라고 했는지에 대해서는 앞에서 이야기했다. 치안 유지를 위해 로마 속주와 북방 원주민을 분리하자는 것이 주목적이고 군대에 일거리를 줘서 기강을 유지하는 것이 부수적인 목적이었다. 하지만 성벽의 건설에는 그의 성격도 큰 몫을 했다고 나는 생각한다.

하드리아누스는 어떤 사람이었을까. 간단히 설명하기 힘들지만 굳이 한마디로 해야 한다면 '복잡한 남자'라고 말할 수밖에 없다. 하드리아누스를 이야기하는 사람마다 인용하는 사료가 있다. 『황제실록』에 전해지는 그의 성격묘사 부분이 그것이다. 저자는 하드리아누스의 성격을 다음과 같이 기록하고 있다.

> 성격은 복잡했다. 엄격한가 하면 상냥하고, 친절한가 하면 까다롭고, 쾌락적인가 하면 금욕적이고, 씀씀이가 야박한가 하면 시원시원하고, 불성실한가 하면 더없이 성실하고, 잔혹해보일 정도로 무자비할 때가 있는가 하면 딴 사람처럼 온화하게 관용을 베푸는 식이다. 요컨대 '변덕스럽다는 점에서는 한결같았던 것'이 하드리아누스가 사람을 대하는 태도였다.

재미있는 표현이다. 하지만 이런 글은 그가 실제로 어떤 사람이었는지 파악하

루브르 박물관의 하드리아누스 청동두상.
지성 넘치는 모습이지만 그는 복잡한
성격의 사내였다.

는 데는 별로 도움이 되지 않는다. 심하게 말하면 무책임한 말장난이다. 사람이야 누구나 쾌락적일 때도 있고 금욕적일 때도 있는 것 아닌가? 한 사람의 면모를 파악하는 데는 뭐니뭐니 해도 그가 남긴 구체적 행적을 살펴보는 것이 가장 정확한 근거가 된다.

우선 주목되는 것은 그가 일생을 통해 몇 차례나 사람을 죽였다는 사실이다. 첫 사건은 취임 얼마 뒤 일어났다. 그는 후견인이자 근위대장인 아티아누스를 시켜 선제 트라야누스의 중신 넷을 죽여버렸다. 나중에 원로원에서 '죽일 생각은 없었다'고 변명했지만 그의 의지가 아니면 그런 일은 일어나지 않았다. 환갑이 넘어서도 그는 태연히 살인을 저질렀다. 국가 반란을 꾀했다는 죄목으로 아흔 살이 넘은 매부와 그의 열여덟 살 난 손자를 죽여버린 것이다.

선제를 모시던 아폴로도로스라는 뛰어난 건축가가 있었다. 지금도 로마 시내에 서 있는 트라야누스 원주도 그의 작품이다. 하드리아누스는 이 친구와 사이가 좋지 않았다. 서로 코드가 맞지 않았던 모양이다. 경솔한 아폴로도로스는 하드리아누스가 건축한 신전을 구경하고는 "신들이 일어나면 신전 천장에 구멍이 뚫리겠다"고 빈정거렸다. 신상이 너무 큰 것을 비웃은 것이다. 하드리아누스는 그 말을 전해 들었고 얼마 뒤 건축가는 살해됐다. 하드리아누스는 이런 범죄적 살인 때문에 죽은 뒤 기록말살형에 처해질 뻔했다.

하드리아누스는 어린 시절부터 그리스 문화에 깊이 빠져들었다. 그런 취향이 애정에도 반영되었는지 그는 그리스 미소년 안티노우스를 가까이하게 되었다. 당시 로마사회는 그리스의 유산이라고 할 미소년 사랑을 비난까지 하지는 않더라도 좋다고 생각하지도 않았다. 하지만 하드리아누스는 주변의 시선을 별로 의식하지 않았다. 소년을 어디든 데리고 다녔다. 완벽한 얼굴에 우울한 표정을 한 소년은 황제의 발아래 사냥개처럼 웅크리고 있었고, 황제는 그의 목덜미를 부드럽게 어루만지며 자신만의 평온에 빠져들곤 했다. 안티노우스는 '별로 문학에 소양이 없었고 거의 모든 분야에 무식했고 고지식했다.' 이런 그를 지성 넘치는 하드리아누스가 사랑까지 했는지는 모르겠으나 소년이 나일 강에서 익사했을 때는 목 놓아 울었다니까 애정이 없었다고도 말할 수 없다. 이랬으니 황후와의 사이가 좋을 리 없다. 하드리아누스는 에스파냐 태생의 묵직한 아내 사비나를 끝내 좋아하지 않았다. 그가 마음속에 담고 있던 여인은 선제의 황후 플로티나였다고 한다.

그는 로마 황제 중에서 건축을 가장 많이 남긴 경우에 속한다. 로마와 비너스 신전, 판테온 신전도 그의 치세에 세워졌다. 하지만 전임자 트라야누스와 비교하면 큰 차이가 발견된다. 트라야누스는 포로 로마노 곁에 대규모 시장을 세우는 등 공적(公的) 건축을 주로 한 데 반해 하드리아누스는 사적(私的) 건축을 주로 했다. 대표적인 것이 티볼리의 별장이다. 제국 전역을 순행한 그가 세계 각지의 이상적인 건물들을 한자리에 모으듯 건축한 티볼리 별장은 현대의 갑부들도 엄두내지 못할 만큼 대규모다. 물론 황제는 로마 최고의 갑부니까 그런 사치를 할 수도 있겠지만 아우구스투스나 카이사르 같은 권력자들은 자신의 주거공간 같은 것은 거의 신경도 쓰지 않았다. 그러나 하드리아누스는 자신만을 위한 호화로운 별장을 건설했고 타인의 시선은 별로 의식하지 않았다.

하드리아누스는 무질서와 방종을 끔찍하게 싫어했다. 그는 당시까지 성행하던 공중목욕탕의 남녀 혼욕을 금지하고 새로 편찬하는 『로마법 대전』에 명문화했다. 심심찮게 발생하는 성희롱과 난투극을 더 이상 방치할 수 없었기 때문이다. 하지만 그가 생각하기에 기강이 가장 엄정하게 서 있어야 할 곳은 역시 군대였다. 그는 "군대에서의 평화기는 두 전투 사이에 있는 소란스러운 나태기에 불과하다"고 생각했다. 전쟁이 없는 시기의 나태하고 목적의식 없는 병영생활에는 많은 문제점이 있다고 판단한 것이다. 그래서 그는 국경지역을 방문할 때마다 병영이 정상적으로 운영되도록 시스템을 면밀히 정비하고 병사들의 기강이 유지되도록 조치했다.

이런 행적을 바탕으로 그의 성격을 더듬어보면 복잡하기는 하지만 어떤 맥이 잡힌다. 우선 자기중심적이다. 주변의 시선을 의식하지 않고 미소년을 사랑하고 호화판 별장을 짓는 데서 이런 성격이 보인다. 다음은 질서·기강과 같은 덕목이다. 그는 일생동안 군대와 사회의 질서와 기강을 유지하기 위해 쉼 없이 노력하고 솔선수범했다. 병영에서 그는 병사들과 같이 먹고 잤으며, 행군할 때는 말조차 타지 않았다고 한다. 의무·명예·인내 같은 개념들도 하드리아누스의 성격을 파악하는 열쇠가 된다.

이런 사람은 성격상 정돈되지 않은 상태 즉, 무질서를 봐 넘기지 못한다. 심하게 말하면 결벽증 환자다. 그는 선제의 중신들을 거추장스러운 존재, 말끔히 치워버려야 할 존재들로 생각한 건 아닐까. 시끄럽고 방탕하니까 공중목욕탕도 남녀가 사용하는 시간을 달리해 분명하게 해결해버렸다. 이런 성격의 황제가 브리타니아에 도착해 국경지역을 둘러봤을 때 무엇이 보였을까. 당시 브리타니아에는 3개 군단이 주둔하고 있었고 구석구석 로마 가도가 깔려 있었다. 어떤 지역이든 적이 쳐들어오거나 반란이 발생하면 즉시 군단이 출동해 진압할 수 있는 능력이 있었다. 하지만 하드리아누스가 보기에는 분명한 문제가 있었다. 무질서가 그것이었다. 로마화된 지역과 원주민이 사는 북부지역이 뚜렷한 경계도 없이 이어져 있었고 사소한 분쟁이 끊이지 않았다. 라인 강과 도나우 강을 돌며 철벽의 방어선을 확립하고 온 하드리아누스의 눈에 경계선이 없는 국경이란 있을 수 없었다. 그의 제국은 반듯하고 빈틈없는 성벽으로 둘러쳐져야 했다. 그래서 그는 성벽을 쌓으라고 명령했다. 질서와 무질서를 갈라놓기 위해. 그리고 군대의 기강을 유지하기 위해.

칼라일의 중국여자

칼라일(Carlisle)은 로마시대 브리타니아 속주의 최북단 도시였다. 하드리아누스 성벽의 서쪽 끝 요새였는데 성벽이 결국 오늘날의 잉글랜드와 스코틀랜드를 갈라놓았기 때문에 현재는 잉글랜드의 북쪽 끝 도시가 되어 있다. 홀트휘슬에서 기차를 타고 칼라일에 도착할 무렵 날씨가 흐려지더니 비가 뿌리기 시작한다. 내가 하드리아누스 성벽에 있던 동안만 날씨가 맑았던 것이다. 수호신이 따라다니며 돕기라도 하는 걸까. 그렇지 않고서야 어떻게 중요한 순간에만 햇빛이 비친단 말인가. 성벽 방문이 끝났으니 이제 비가 내려도 상관없다. 비는 우산을 써야 할 정도는 아니다. 칼라일 시민들 아무도 우산을 들지 않았다.

하드리아누스 성벽의 흔적은 도심 북서쪽의 칼라일 성에 남아 있다. 언덕 위에 작지만 단단한 모습으로 남아 있는 성은 역사가 오래되었다. 로마 이전부터 이 땅에 살던 켈트족이 처음 성을 쌓았고 그뒤에는 로마군대가 들어왔다. 현재의 성은 11세기 말에 세워진 것인데 건축자재의 상당부분이 하드리아누스 성벽에서 가져온 것이다. 성에 도착했을 때는 막 네 시가 되고 있었는데 입장권을 판매하지 않았다. 경비원은 관람시간이 거의 끝나고 있으니 그냥 잠시 들어갔다 나오라고 했다. 비도 오고, 11세기에 지어진 성은 나의 관심사항이 아니라서 밖에서 잠시 일별하고 말았다. 성의 외벽을 보니 하드리아누스 성벽에서 가져온 돌을 그대로 사용했다는 걸 알 수 있다. 장대했던 로마의 성벽은 이렇게 여기저기 살점을 나누어주면서 현재의 모습으로 낮아져 있다.

칼라일에서의 숙소는 이미 정해져 있다. 그레이 불 호텔의 크리스틴 여사가 추천해준 곳이 있기 때문이다. 그녀는 "우리 집보다 훨씬 좋은 집"이라며 꼭 이용해줄 것을 당부했다. 그 집의 주인 앤은 자기가 어린 시절부터 이웃으로 지낸 사람이라고 했다. 자기가 소개하면 10퍼센트 할인된다는 것도 몇 번이나 강조했다.

B&B는 도심 동쪽 하워드 가 3번지에 있다. 그래서 이름도 '넘버 스리'(Number Three)다. 부슬부슬 내리는 비를 맞으며 그 집에 도착했을 때는 땅거미가 내리기 시작했다.

초인종을 누르자 문이 열린다. 동그랗고 가무잡잡한 얼굴의 동양여자가 나를 껴안듯이 양팔을 벌린다. 영국에서 민박을 하는 사람이니까 당연히 백인일 것이라고 생각했는데 의외다. 그녀가 따발총같이 말을 쏟아낸다.

"어서 오세요. 환영합니다. 이런, 비를 맞으셨네. 비가 계속 오고 있어요. 날씨가 왜 이 모양인지 모르겠어요. 기온도 그래요. 벌써 11월 하고도 3일인데 전혀 춥지도 않잖아요. 아무래도 지구 환경에 문제가 있는 거 같아요. 우리 세대도 문제지만 아이들이 정말 걱정이네요. 안 그래요?"

숙박업소의 주인이 손님을 맞이하는 태도로는 상당히 이례적이지만 기분이 나쁘지는 않다. 천성이 밝고 에너지가 넘치는 사람이다. 그녀가 나에게 질문하는 틈을 타서 간신히 크리스틴의 소개로 왔다는 이야기를 했다. 이후의 대화는 아주 잠깐씩 내가 끼어들기는 했지만 거의 그녀의 독무대다.

"아, 그래요. 크리스틴이 우리 집을 소개했죠. 그 아이는요, 요만할 때부터 같이 살았어요. 제가 거의 키우다시피 했죠. 결혼을 했다고 하던데 가보지도 못했어요. 그래요? 사진이 집에 붙어 있어요? 남편은 어떻게 생겼던가요? 조금 대머리라고요? 잘생겼어요? 저런! 다행이네요. 정말 보고 싶어요. 그런데 일본에서 오셨나요? 아 그래요, 한국에서 오셨군요. 크리스틴은 일본이라고 하던데. 영국사람들은 동양사람을 구분하지 못해요. 하지만 난 알죠. 제 남편과 아이들도 동양사람들은 다 똑같다고 이야기한다니까요. 그리고 그들은 동양문화에 대해 아무것도 몰라요. 내가 뭐라도 이야기해주거나 물어보면 그냥 '난 몰라요, 난 몰라요'라는 말밖에 안 해요. 제 할아버지가 중국인이었어요. 아주 옛날에 영국으로 왔고 그뒤로 우리 가족은 이곳에 살았어요. 난 동양사람이라는 걸 아주 자랑스럽게 생각해요. 문화도 전통도 멋지잖아요."

그녀는 10분 이상 나를 놔주지 않는다. 모든 손님한테 이렇게 하는 건지, 내가 동양인이라서 특별히 친근함을 느끼는지는 알 수 없다. 하지만 그녀의 기질로 봐서 사람 만나는 걸 즐기는 듯하다. 누구를 만나도 금방 자기 친구로 만들어버릴 것이다. 민박집을 운영하기에는 딱 좋은 성격이다.

배낭이 서서히 무거워지고 화장실이 급해질 무렵 그녀는 방으로 나를 안내했다. 널찍하고 고풍스럽고 깨끗한 방이다. 영국의 숙소들은 모두 좋았지만 이 집이 최고다. 목제 탁자와 의자가 반들반들 윤이 나고 침대는 몇 바퀴 굴러도 될 만큼 크다. 아쉬워하던 욕조도 있다. 하지만 가장 마음에 드는 것은 도로 쪽으로 돌출되어 있는 베란다 형 창문이다. 그 곁에 놓인 의자에 앉으니 붉은 벽돌로 지어진 오랜 주택가가 한눈에 들어온다. 마지막 남은 플라타너스 이파리들이 가을비에 젖고 있다. 가을이 깊었고, 여행도 끝나간다.

로마의 온천장 배스

철도박물관 영국

유럽에서의 여행은 철도를 이용하는 것이 편리하다. 도로도 어느 대륙보다 잘 발달해 있지만 다녀보면 의외로 넓기 때문에 운전을 하고 다니기에는 좀 부담스럽다. 유럽의 철도교통이 발달한 것은 조건이 좋기 때문이다. 여러 나라들이 국경을 맞대고 붙어 있고 인구밀도도 높다. 그래서 웬만한 오지가 아니면 구석구석 철도가 깔려 있다. 유럽 대륙에 거미줄처럼 깔려 있던 로마 가도는 이제 철도에 의해 대체되었다고 할 수 있다.

유럽 선진국들은 시속 300킬로미터가 넘는 고속열차를 개발해 운영하고 있다. 선두주자 프랑스는 TGV를 개발했고 독일도 뒤이어 최신형 고속열차 ICE를 개발했다. 이들 나라들은 한국을 비롯한 다른 나라들에 고속열차 기술을 판매하기 위해 치열한 경합을 벌이고 있다. 에스파냐도 세비야 박람회 개막에 맞춰 고속열차 AVE를 운행하기 시작했다.

하지만 영국엔 고속열차가 없다. 런던과 에든버러 구간에 HST(High Speed Train)가 달리고 있지만 최고속도는 225킬로미터다. 개발할 실력이 없는 건지, 의지가 없는 건지 알 수 없는 일이다. 아마도 제2차세계대전 이후 수십 년 동안 침체의 늪에서 헤매며 다른 나라들에 추월당했기 때문일 것이다. 그래서 프랑스와 영국을 연결하는 채널터널로는 TGV 기술로 개발된 유로스타가 달리고 있다. 영국인들은 '말고기를 먹는' 프랑스인이 개발한 기차를 타고 대륙으로 가야하는 것이다.

하지만 영국은 철도 종주국이다. 스티븐슨이 1814년 증기기관차를 발명하면서 기차의 역사가 시작되었고 영국의 산업혁명은 철도의 발달로 완성되었다. 그래서 영국에는 오랜 역사와 명성을 자랑하는 철도 노선이 많다. 내가 런던에서 뉴캐슬까지 달렸던 노선은 이스트 코스트 메인 라인(East Coast Main Line)이라 불린다. 코스트(Coast)라고 하지만 해안을 달리는 것은 아니고 런던의 킹스 크로스 역에서 에든버러의 웨이벌리 역까지 627킬로미터의 동부지역을 달리는 노선이다. 1850년을 전후해 노선이 완성되었고 1862년 기차 운행이 개시되었다. 이 노선은 잉글랜드의 수도와 스코틀랜드의 수도를 연결하기 때문에 영국의 대표적인 노선이며 영국 철도의 발달사를 그대로 반영하고 있다.

1920년대부터 이 노선은 더 플라잉 스코츠맨(The flying Scotsman)이라는 애칭으로 불리기 시작했다. 그리고 신형 증기기관차를 취역시키며 노선 홍보를 위해 기관차 역시 더 플라잉 스코츠맨으로 명명했다. 이 기차는 1928년부터 런던과 에든버러 구간을 논스톱으로 달리기 시작했다. 627킬로미터를 쉬지 않고 달린다는 것은 그 당시 철도기술로는 혁명적인 일이었다. 당시 더 플라잉 스코츠맨을 타는 것은 단순히 특급열차를 이용하는 것이 아니라 호화판 크루즈 여행에 참가한다는 의미였다. 7시간 20분을 달리는 동안 숙녀들은 미용실에서 머리 손질을 했고, 신사들은 멋진 칵테일 바에서 담소를 나누었다. 최고 수준의 레스토랑이 있었음은 물론이다.

더 플라잉 스코츠맨은 1962년 디젤화되었고 1991년에는 전철화되었다. 내가 탄 열차는 에든버러까지 4시간 30분 걸리는 특급열차였다. 옛날의 명성은 빛이 바랬고 프랑스나 독일의 고속열차보다는 못했지만 위용은 볼 만했다. 짙은 남빛 차체에는 80년 넘는 역사를 가진 'The flying Scotsman' 로고가 황금색으로 새겨져 있었다.

뉴캐슬과 칼라일을 잇는 철도도 오랜 역사를 자랑한다. 타인 강 계곡을 달린다고 해서 타인 밸리 라인(Tyne Valley Line)이라는 이름이 붙은 이 철도는 1830년대에 건설되었다. 세계에서 가장 오래된 철도 중의 하나다. 그래서 몇몇 역들과 다리는 문화재로 보호되고 있다. 여행을 다녀와서 영화 '해리 포터 시리즈' 1편 「해리 포터와 마법사의 돌」을 봤는데 마지막 장면에서 눈에 익은 것을 발견했다. 해리 포터와 친구들이 마법사 학교를 수료하고 기차를 타고 집으로 돌아가는 장면이었다. 빨간색 증기기관차 호그와트 특급이 역을 빠져나갈 때 삼국지의 장비처럼 생긴 해그리드가 손을 흔들면서 영화가 끝나는데, 철길 위에 걸려 있는 육교가 어디서 본 것 같았다. 여행 중에 찍은 사진을 찾아보니 그 귀엽고 빨간 육교는 홀트휘슬 역에 걸려 있는 것과 거의 같은 모습이었다. 확인 결과 영화의 그 장면은 아직도 증기기관차가 다니는 노스 요크 무어스 철도(North York Moors Railway)의 고스랜드(Goathland) 역에서 촬영한 것이었지만 타인 밸리 라인도 건물과 시설들이 예쁘고 고풍스러워 얼마든지 마법영화의 촬영장소로 쓰일 만했다.

이렇게 영국 구석구석에는 전통을 자랑하는 철도와 골동품급 기차가 현재도 수없이 많다. 국토 전체가 철도박물관이라 해도 과언이 아니다. 철도 역사가 오래되기도 하지만 옛것을 쉽게 버리지 않고 보존하는 국민성 탓이기도 하다. 그런 철도 중에 대표적인 것이 칼라일을 기점으로 하는 칼라일-세틀(Settle) 선 철도다. 이 철도는 1870년대에 건설되었다. 당시는 빅토리아 시대로 철도 건설의 황금기였다. 이 노선이 건설되면서 런던에서 영국 중부를 통과해 스코틀랜드로 가는 새로운 철도가 탄생하게 되었다. 그런데 이 철도는 116킬로미

타인 밸리 라인의 고풍스러운 홀트휘슬 역. 육교가 특히 아담하면서도 예쁘다. 해리포터 1편의 무대로 쓰였던 고스랜드 역과 비슷한 분위기다.

터의 비교적 짧은 구간인데 건설에는 6년이라는 긴 시간이 걸렸다. 영국 중북부 요크셔 데일즈 국립공원의 험한 산지를 통과해야 했기 때문이다. 당시의 철도건설 기술이 총동원되어 스물두 개의 다리와 열네 개의 터널이 건설되었으며 열아홉 개의 역이 세워졌다.

이 철도는 초기부터 선풍적인 인기를 끌었다. 런던에서 스코틀랜드로 가는 철도로는 이미 동해안 간선철도와 서해안 간선철도가 있었지만 고객들은 새로 건설된 철도로 몰렸다. 객실에는 딱딱한 나무의자 대신 안락한 소파의자가 설치되었고 자신의 좌석에 앉은 채 식사와 음료를 서비스 받을 수 있는 살롱 타입의 객차도 투입되었다. 철도는 제1차세계대전 전까지 최고의 전성기를 누렸다.

제2차세계대전을 기점으로 칼라일-세틀 선은 서서히 내리막길을 걷기 시작했다. 자동차에 승객들을 뺏기기 시작했기 때문이다. 1980년대 들어 영국 국철은 드디어 이 노선을 폐쇄하기로 결정했다. 하지만 이 결정은 오히려 노선을 부흥시키는 기폭제가 되었다. 오래되고 특이한 것을 좋아하는 영국인은 이 개성 강한 철도가 사라지는 것을 참지 못했다. 전국적으로 칼라일-세틀 선 살리기 운동이 벌어졌다. 철도변 주민들과 대중교통 애호가 그룹들이 조직적인 활동을 전개해 '칼라일-세틀 선의 친구들'(Friends of the Settle-Carlisle Line)이라는 단체가 조직되었다. 전국 각지에서 이 철도를 타기 위해 사람들이 몰려들었다. 승객이 있는 한 철도를 없앨 수 없을 것이라고 생각한 것이다. 1983년에 9만 3,000명이 이 철도를 이용했고 1988년에는 50만 명에 이르렀다. 영국 정부는 드디어 칼라일-세틀 철도를 폐쇄하지 않기로 결정했다. 이 일로 인해 이 철도는 세계적인 유명세를 얻게 되었다.

유전되는 로마 수도교

칼라일을 떠나며 이 철도를 타보기로 했다. 마지막 방문지인 배스로 가자면 서해안 간선철도를 달리는 특급을 타면 쉽지만 리즈·버밍엄·브리스틀에서 기차를 갈아타는 불편을 감수하면서 칼라일-세틀 선을 타기로 했다. 오랜 역사의 유명한 철도도 타보고 싶고 아름답다는 국립공원도 보고 싶었지만 특히 이 철도에 건설된 다리들에 관심이 있었기 때문이다. 사진으로 본 바에 의하면 철도의 다리들은 로마의 수도교와 그 디자인이 거의 같았다. 로마의 수도교가 보통 2층이나 3층 구조로 되어 있는 데 반해 철도의 다리들은 단층이라는 점이 다를 뿐이다. 로마 건축의 핵심요소인 우아한 아치들, 그리고 아치를 받치고 있는 날렵한 석조 교각은 에스파냐 세고비아에 있는 로마의 수도교를 그대로 닮았다. 칼라일-세틀 선에 놓인 다리들의 사진을 보고 고대 로마의 건축이 강력한 유전인자가 되어 오늘날의 건축에도 그대로 이어지고 있다고 생각했다. 빅토리아 시대의 철도건설 디자이너들은 고가다리(Viaduct)를 설계하면서 유럽 곳곳에 남아 있는 로마의 수도교(Aquaduct)들을 모범으로 삼았음에 틀림없다.

스물두 개나 되는 다리 중에서도 가장 유명한 것은 리블헤드 다리다. 스물네 개의 장대한 아치가 국립공원의 황무지에 높다랗게 걸려 있는 모습은 사진으로만 봐도 장관이다. 높이는 32미터, 총 연장은 402미터에 이른다. 275미터인 님의 수도교보다 훨씬 길다. 빅토리아 시대의 기술자들은 단단한 바위가 나올 때까지 땅을 파서 기초를 다지고 위로 올라갈수록 폭이 줄어드는 날씬한 석조 교각을 세운 다음 벽돌 아치로 그 사이를 연결했다. 이 다리는 칼라일-세틀 선의 수많은 볼거리 중에서도 단연 압권이다. 로마의 수도교를 닮은 이 다리를 보기 위해 칼라일-세틀 선을 타기로 한 것이다.

중국여자는 내가 떠나기 전에 출근했다. 그녀는 "돈벌이하기 위해 일하러 간다"고 씩씩하게 인사했다. 바쁜 시간이라 '다행히' 인사는 길지 않았고 친절하게도 다음 여행지 배스의 숙소도 인터넷을 통해 챙겨주었다. 아침식사는 그녀의 남편 마틴이 차려주었다. 영화배우 니콜라스 케이지를 닮은 그는 중국도자기와 인형들로 장식된 식당에서 정성껏 마련한 아침식사를 서빙했다. 음식을 한 가지씩 내놓을 때마다 나와 눈을 맞추며 "OK? Thank You"를 연발했다. 분위기로 봐서 수년 전 직장을 은퇴하고 B&B를 시작한 것 같다. 아마 청소와 빨래도 그의 담당일 것이다.

비가 밤사이에도 그치지 않고 계속 내리고 있다. 역시 부슬비 수준이다. 사람들은 우산도 쓰지 않고 잘도 걸어다닌다. 버버리와 같은 레인코트가 발달할 수밖에 없는 기후다. 나도 비를 맞으며 역까지 걷는다. 세틀로 가는 기차는 역 구석진 곳에 서 있다. 달랑 두 칸짜리다. 그런데 출발시간이 다 되어가는데도 기차는 텅 비어 있다. 플랫폼에 내려가 직원에게 "세틀 가는 기차가 맞느냐"고 물으니 틀림없단다. 시간이 되자 정확하게 출발한다. 나를 포함해 승객은 네 명에 불과하다. 철도를 살리기 위한 80년대의 열정은 이제 다 사그라진 것일까? 그건 아닐 것이다. 계절 탓이겠지. 지금은 AD122 버스도 운행을 중단한 11월이니까.

빗방울이 점점 굵어진다. 기차는 목장이 펼쳐진 전원을 달린다. 군데군데 양떼가 비를 맞으며 모여앉아 있다. 내가 성벽을 찾아 헤매면서 목장을 통과할 때 비우호적인 시선으로 바라보던 얼굴만 까만 녀석들이다. 30분쯤 지났을 무렵, 기차는 오르막을 숨 가쁘게 오르기 시작한다. 차창에는 페나인 산맥의 웅장한 경사면이 펼쳐진다. 산맥이라고 하지만 거대한 석회암 덩어리다. 발치에는 마을이 있고 파란 풀이 덮인 목장도 있지만 그 위로는 헐벗은 돌덩어리다. 거대한 공룡의 몸통과도 같은 그 경사면에 실개천 같은 폭포들이 군데군데 흘러내린다. 우리의 금수강산과는 너무나 다른, 무뚝뚝하고 황량한 아름다움이다.

심장이 터질 듯 헐떡이던 기차가 드디어 철도의 최고지점을 통과한다. 해발 356미터다. 높은 산이 별로 없는 영국에서는 이곳이 가장 높은 철도다. 이제 세틀까지는 내리막길이다. 지형이 험하다보니 다리와 터널이 번갈아 나타난다. 영국 본토에서 가장 높은 곳에 위치한 덴트(Dent) 역을 지나고 2킬로미터가 넘는 블리 무어(Blea Moor) 터널을 통과한 기차가 왼쪽으로 크게 곡선을 그리는 철도를 달리자 리블헤드 다리가 드디어 시야에 들어온다. 다리는 뿌연 안개 속에서 비에 젖어 검게 빛나고 있다. 날씬한 교각은 롱다리 아가씨의 나팔바지 같고 리드미컬하게 이어지는 아치는 눈을 즐겁게 한다. 마음 같아서는 기차에서 내려 로마의 수도교를 닮은 고가다리를 찬찬히 살펴보고 싶지만 다음 기차는 오후에나 있다.

세틀-칼라일 선의 리블헤드 다리를 두 칸짜리 디젤 기차가 달리고 있다.
디자인은 로마의 수도교를 빼닮았다. 이 다리의 안전문제로 노선의 폐쇄가 검토됐었다.
(사진은 미처 찍지 못해 『The Settle-Carlisle Railway』에 나온 것을 사용하였다)

칼라일-세틀 선의 상징과도 같은 이 건축물은 한때 안전성이 문제가 된 적이 있다. 영국 국철이 노선을 폐쇄하겠다고 한 것도 다리가 위험하며 보수하기에는 너무 많은 비용이 들기 때문이었다. 하지만 노선 유지가 결정되고 다리는 완벽히 보수되었다. 전문가들에 따르면 다리는 건축 당시보다도 더 안전하다고 한다. 영국인의 골동품 사랑이 다리의 생명을 대폭 연장한 것이다.

셰필드 단상

환상적인 관광은 끝났고 이제 배스까지 지루한 여행을 해야 한다. 칼라일-세틀 선을 달리는 디젤 기차는 리즈까지 운행했다. 배스까지 가자면 리즈·버밍엄·브리스틀에서 세 번 기차를 갈아타야 한다. 요령껏 서둘렀음에도 불구하고 리즈에서 버밍엄에 가는 기차에서는 좌석에 앉는 데 실패했다. 좌석이 없는 정도가 아니라 객차 사이의 통로에 갇혀 꼼짝도 못하게 되었다. 기댈 데도 없고 앞 사람과 숨결이 섞일 지경이다. 프랑크푸르트에서 여행을 시작한 이래 좌석에 앉지 못하기는 처음이다. 리즈도 버밍엄도 큰 도시들이라 이런 노선은 관광 비수기와는 상관없이 항상 붐빈다.

기차가 셰필드를 지난다. 이 도시는 1991년도에 방문한 적이 있다. 그해 여름 이곳에서 유니버시아드 대회가 열렸는데 대회를 취재하기 위해 보름 동안 머물렀다. 대회에서 한국은 기대 이상의 좋은 성적을 거두었다. 황영조 선수가 마라톤 세계대회에서 처음으로 금메달을 딴 것이 바로 그 대회였다. 그는 골인 지점을 통과하고도 힘이 남아도는 듯 펄쩍펄쩍 뛰며 우승에 감격했다.

우리나라 축구팀이 사상 최초로 세계대회 우승을 한 것도 그 대회였다. 월드컵도 아니고 올림픽도 아니지만 유니버시아드 대회도 분명 세계대회다. 상대팀들이 정확하게 기억나지는 않지만 한국팀은 잉글랜드나 우루과이 같은 팀들을 차례로 꺾고 결승전에서 승부차기 끝에 금메달을 차지했다. 대부분의 나라들이 유니버시아드 대회에는 순수 아마추어 대학생들을 내보내 참가에 의미를 두었지만 우리나라 대학생 대표팀은 국가대표가 몇 명 포함된 강력한 팀이었다.

그런데 셰필드라는 도시에 대해 내가 갖고 있는 더 인상적인 기억은 전쟁과 관련한 것이다. 1982년 봄 영국과 아르헨티나는 남미대륙에서 500킬로미터나 떨어져 있는 대서양의 조그만 섬 포클랜드(Falkland)의 영유권을 두고 전쟁을 벌였다. 당시 나는 대학생으로 서울에서 하숙생활을 하고 있었는데 연일 자세한 소식을 전하는 신문과 방송을 보며 전쟁의 추이를 지켜봤다. 개전 초기의 흥미로운 뉴스는 영국 왕자의 참전이었다. 엘리자베스 여왕의 둘째 아들 앤드

류 왕자는 해군장교로 복무하던 중 여왕의 뜻에 따라 전쟁에 참가했다. 신문에는 해군장교 차림으로 활짝 웃는 왕자의 모습이 커다랗게 실렸다. 그는 항공모함 인빈서블(Invincible) 호에 탑재하는 헬리콥터의 부조종사로 참전해 위험한 임무를 여러 차례 수행했다.

전투는 치열하게 전개되었고 전투현장에서 벌어진 일은 사진과 영상을 통해 지구 반대쪽에 있던 나에게도 시시각각 전달되었다. 그중에서도 가장 인상적인 장면은 영국의 구축함 '셰필드' 호가 아르헨티나 해군이 발사한 엑조세 미사일에 의해 격침되는 장면이었다. 미사일은 프랑스제였는데 이 무기는 선체의 철갑을 뚫고 들어가 선박 내부에서 폭발하는 가공할 무기였다. 방송은 미사일이 배의 철갑을 뚫고 들어가는 장면을 여러 차례 반복해서 보여주며 영국의 주력 함정 셰필드 호가 격침되었다는 소식을 전했다. 물론 실전상황은 아니고 미사일 제조사의 데모 영상이었을 것이다. 액수는 기억나지 않지만 엄청나게 비싼 미사일의 가격 이야기도 빠뜨리지 않았다.

다음날 신문에는 온통 초상집이 되어 검은 조기(弔旗)가 내걸린 셰필드 시가지 사진이 실렸다. 이 일로 해서 영국 중부 도시 셰필드는 그뒤로도 오랫동안 내 기억에 남았고 전쟁 9년 뒤인 1991년도에 유니버시아드 대회를 취재하기 위해 셰필드 시에 도착했을 때도 프랑스제 미사일에 의해 격침된 영국 구축함 셰필드 호가 가장 먼저 머리에 떠올랐다.

여기서 포클랜드 전쟁의 개황을 잠깐 살펴보자. 포클랜드 섬은 남미 마젤란 해협의 동쪽 입구에서 동쪽으로 500킬로미터 떨어진 대서양에 떠 있는 영국령으로 인구 2,000명의 조그만 섬이다. 아르헨티나에서는 말비나스(Malvinas)라 부른다. 1833년 이래 영국이 실질적으로 지배했지만 아르헨티나가 1816년 에스파냐로부터 독립할 때 섬에 대한 영유권도 계승했다고 주장해 양국의 분쟁을 초래한 섬이다.

1982년 4월 2일, 아르헨티나 군사정부는 전격적으로 포클랜드를 무력 점령하는 모험을 감행했다. 영국도 급거 군대를 파견했다. 전쟁 발발 후 유엔이 분쟁 조정을 시도했으나 실패했고 미국은 성급히 영국 편을 들어 사태해결에 도움이 되지 못했다. 영국군은 육해공군을 동원하여 포클랜드 섬에 상륙해 치열한 전투를 벌인 끝에 6월 14일 아르헨티나 군의 항복을 받아냈다. 75일간의 짧은 전쟁이었지만 피해는 적지 않았다. 사상자가 452명에 이르렀고, 항공기 스물다섯 대와 함정 열세 척을 잃었으며, 전쟁 비용으로 15억 달러를 썼다. 조그만 섬을 다시 찾는 대가로는 너무 큰 손실이었다. 물론 국력을 총동원하다시피 한 아르헨티나의 손실은 더 컸다. 사상자가 630명에 항공기 아흔네 대와 함정 열한 척을 잃었다. 대통령 갈티에리는 패전 책임을 지고 사임해야 했다.

그러면 영국은 풀조차 제대로 자라지 못할 정도로 사나운 비바람이 몰아치는 이 조그만 섬을 되찾기 위해 왜 그런 대가를 지불했을까. 물론 경제적인 이유가 크다. 포클랜드 섬 근해에는 석유가 다량 매장되어 있고 위치로 볼 때 남극 대륙의 전진기지로 활용할 수 있다. 하지만 영국이 그런 이유만으로 왕자까지 참전시켜가며 총력전을 펼쳤다고 보기는 힘들다. 그것은 아마도 황혼을 맞이한 노 제국의 자존심을 지키기 위해서였을 것이다.

영국이 제국을 향해 첫발을 내디딘 것은 엘리자베스 1세 시절인 16세기 말의 일이다. 국민으로부터 '훌륭한 여왕 베스'로 불리며 경애의 대상이 된 여왕은 해외진출을 시도해 동인도회사를 설립하고 북아메리카 버지니아에 식민을 시도하였다. 이후 영국은 미국이 독립하기까지 북아메리카·서인도제도·인도에 이르는 광대한 영역을 식민지배하면서 제국을 이루었다. 이후 호주·뉴질랜드·남아프리카 등에 식민지를 개척해 19세기에 이르러서는 마침내 '해가 지지 않는 제국'을 건설했다. 로마제국 이후 가장 광범위한 제국이 건설된 것이다.

하지만 영국제국은 로마제국에 비해 그리 오래 존속하지 못했다. 두 차례의 세계대전을 거치며 제국은 급속히 해체의 길을 걷게 되었고 제2차세계대전 후에는 식민지들이 연이어 독립해 이제 아무도 영국을 제국이라고 부르지 않게 되었다. 포클랜드 전쟁은 이런 상황에서 발발했다. 비록 조그만 섬이지만 과거의 영광을 기억하는 영국은 영토가 떨어져나가는 상황을 뒷짐 지고 바라볼 수만은 없었을 것이다.

몇 년도인지 정확히 기억나지는 않지만 전쟁이 일어난 지 15년쯤 흐른 때라고 생각된다. 나는 신문에 난 사진 한 장을 보고 다시 포클랜드 전쟁과 셰필드 호의 운명을 떠올렸다. 사진은 영국의 찰스 왕세자가 포클랜드 섬을 방문해 펭귄 무리 속을 산책하는 모습이었다. 당시만 해도 젊었던 찰스는 해변에서 무리지어 노는 펭귄들을 보며 부드러운 미소를 짓고 있었다. 영국과 아르헨티나가 그 당시에는 다시 국교를 회복했는지, 찰스가 아르헨티나를 거쳐서 그 섬에 갔는지는 확인해보지 않았지만 어쨌든 영국 왕위계승 서열 1위인 왕세자가 그 섬을 방문한 것은 나름대로 의미심장했다. 힘이 빠지긴 했어도 제국의 영토를 쉽사리 빼앗기지 않겠다는 의지를 읽을 수 있었기 때문이다.

온천의 전설

목욕탕과 온천은 어떻게 다른가. 목욕탕은 사람들이 사용하지 않으면 얼마 지나지 않아 폐허가 되어버린다. 로마의 카라칼라 목욕탕이나 트리어의 황제목욕탕은 이제 겨우 콘서트의 무대 구실이나 하는 돌무더기로 남아 있다. 하지만 온천의 경우 건물은 채석장이 되어버리더라도 뜨거운 물은 끊임없이 솟는다. 영국 남서부의 휴양도시 배스(Bath)에 있는 로마 목욕탕이 바로 그런 경우다. '목욕탕'이라고 부르지만 뜨거운 물이 땅속에서 솟는 온천이다. 배스의 온천

배스의 로열 크레센트. 크레센트(crescent)는 '초승달'이라는 뜻이다.
전부 30호의 호사스러운 주택이 둥글게 이어져 있다. 18세기 배스의 중흥기에 건립되었다.

은 태고로부터 뜨거운 물이 끊임없이 솟구친 덕분에 신비한 전설에 고대 로마의 유적과 중세와 근대의 건축이 더해져 현재까지 생명을 이어오고 있다.

유명한 온천은 대개 전설을 가지고 있다. 조선 세종대왕 시절에 발견된 경기도 이천의 온천도 한 농부가 들판에서 솟는 뜨거운 물에 세수를 하고 눈병이 깨끗이 나으면서 오늘날까지 효험 있는 온천으로 전해지고 있다. 배스의 전설은 까마득한 고대까지 거슬러 올라간다.

기원전 863년, 그러니까 로마는 아직 건국되지도 않은 옛날, 영국 왕실에 블라더드(Bladud)라는 왕자가 있었다. 그는 셰익스피어 비극의 주인공이기도 한 리어 왕의 아버지다. 블라더드는 왕자였을 때 그만 문둥병에 걸리고 말았다. 왕실에서 쫓겨난 그는 생계를 유지하기 위해 돼지를 치기 시작했다. 결국 돼지들도 모두 문둥병에 걸렸다. 어느 날 왕자는 돼지들을 데리고 숲속의 늪을 지나가게 되었다. 늪에는 돼지들이 좋아하는 도토리가 가득 들어 있었다. 도토리를 발견한 돼지들은 앞 다투어 늪으로 들어갔다. 왕자는 돼지가 빠져 죽을까봐 늪으로 들어가 돼지들을 모두 건져 올렸는데 늪이 이상하리만치 따뜻했다. 바깥으로 나온 왕자는 깜짝 놀랐다. 돼지들의 문둥병이 깨끗하게 나아 있었기 때문이다. 자신의 몸을 본 왕자는 더 놀랐다. 자신도 병이 다 나아 있었던 것이다. 왕자는 궁전으로 돌아가 왕이 되었다. 후에 블라더드는 자신의 병을 낫게 한 늪에 도시를 세우고 자신의 이름을 붙였다. 블라더드(Bladud)가 배스(Bath)의 어원이 된 것이다.

로마인이 들어오기 전에 배스 지역에 살던 켈트족은 이런 전설이 전해지는 숲속의 뜨거운 샘을 신성하게 여겼다. 그들은 겨울이 되어도 얼지 않고 철분의 침착으로 붉은색을 띤 샘의 입구를 보고 샘 속에는 치유의 영험을 가진 강과 샘의 여신 술리스(Sulis)가 산다고 믿었다. 당시까지 온천에 가해진 인공구조물이라고는 켈트인이 여신에게 제물을 바치기 위해 샘의 중심부까지 만든 둑길뿐이었다. 소원을 빌고 싶은 사람이나 사제들은 둑길을 걸어 들어가 거품이 부글부글 이는 샘에 동전을 던져 넣었다.

1세기 중엽 로마인이 브리타니아를 정복하기 시작함에 따라 배스에도 군대가 주둔하게 되었다. 목욕을 끔찍이 좋아한 로마인이었지만 정복 초기에는 원주민이 신성하게 여기는 샘을 함부로 건드리지 않았다. 1세기 말 로마인은 드디어 숲속의 온천에 목욕탕을 건설하기 시작했다. 온천수가 솟는 늪지 주변에 나무를 박아 땅을 다지고 돌로 저수조를 쌓아 올렸다. 그리고 그 곁에 풀장과 같은 형태의 대욕장(大浴場)을 건설했다. 당시의 일반적인 로마 목욕탕과 달리 대형욕조가 중심이 된 것은 이 온천수에 치유효과가 있었기 때문에 많은 사람이 몸을 담글 수 있도록 하기 위해서였다.

로마인은 이 온천장에 신전도 같이 지었다. 하지만 원주민이 신성하게 여기는 샘 곁에 세우는 신전인 만큼 로마인만의 신을 모실 수는 없었다. 로마인은 술리스 여신이 켈트족에게는 '치유'를 의미한다는 것을 알고 '지혜'와 '전쟁'을 담당하는 로마의 여신 미네르바의 역할을 더해 술리스 미네르바(Sulis Minerva)라는 새로운 신을 창조해냈다. 현실적이었던 로마인은 정치적인 필요가 있다면 신까지도 주저 없이 창조해냈던 것이다. 이렇게 해서 원주민들은 술리스 여신의 신전이 세워졌다고 생각했고 로마인들은 시골 여신을 로마세계의 신으로 편입시켰다. 신전은 규모는 작았지만 프랑스 님에 있는 메종 카레와 비슷했다고 한다. 배스에 목욕탕이 세워진 당시에도 브리타니아는 아직 세계의 끝이었고 변경이었다. 론디니움(런던)을 중심으로 하는 섬의 동남부만 로마식으로 조금씩 발전하고 있을 뿐이었다. 이런 가운데서도 온천의 신비한 치유효과에 대한 이야기는 조금씩 퍼져나갔다. 처음에 소문을 퍼뜨린 사람은 이 지역에 주둔했던 군인들이었다. 배스의 온천은 곧 로마세계에서 유명해졌다. 브리타니아 속주뿐 아니라 대륙에서도 많은 사람들이 일부러 찾아왔고, 제국이 존속한 300년 동안 병을 치료하는 온천으로 명성을 떨치게 되었다.

온천장 건물은 처음에는 대욕장을 중심으로 하는 단순한 형태였다. 하지만 사람들이 몰려들고 목욕방법에 변화가 생기면서 건물도 확장을 거듭했다. 냉탕과 사우나가 추가되고 기존 시설도 끊임없이 개선되었다. 제국 말기인 4세기에 이르러 목욕탕은 대규모 리조트의 면모를 갖추게 되었다.

3세기 말 로마제국은 서서히 해체되었다. 야만족들이 끊임없이 국경을 침범하고 찬탈자들이 황제에 올랐으며 경제는 파탄의 길을 걸었다. 하지만 브리타니아는 이런 혼란의 와중에도 아무 일 없다는 듯 평온했다. 대륙과 떨어진 섬이었기 때문이다. 4세기 초에는 오히려 경제가 부흥하기도 했다. 하지만 4세기 후반이 되자 로마의 브리타니아 속주에도 종말이 찾아왔다. 대륙을 삼킨

게르만족과 스코틀랜드와 아일랜드 원주민들이 일제히 쳐들어왔던 것이다. 엄청난 수의 외지인이 쏟아져 들어와 행정기능은 마비되었다. 사람들은 도시를 떠나기 시작했고 수백 년 동안 착실하게 건설된 라틴 문명은 파괴되었다. 배스의 목욕탕도 이런 운명을 피해갈 수 없었다. 아무도 술리스 미네르바 신전을 찾지 않았다. 배수시설은 망가지고 대욕장의 웅장한 지붕은 무너져 내렸다. 온천수는 흘러넘쳤고 검은 진흙이 모든 것을 뒤덮어버렸다.

세월이 흐르고 왕조가 바뀌었다. 로마의 장대한 목욕탕과 신전도 땅 속에 묻혔다. 하지만 뜨거운 샘물은 오랜 중세 동안에도 로마의 벽돌과 기왓장 잔해를 뚫고 흘렀다. 군주들은 온천장을 건설했고 온천은 과거의 영광을 일부분이나마 되찾았다. 사람들은 온천을 왕의 온천(King's Bath)이라 불렀다.

1727년, 온천 부근의 도로에서 금박을 입힌 미네르바 두상이 출토되었다. 로마인들이 탄생시킨 술리스 미네르바였다. 로마 목욕탕 발굴에서 가장 중요한 사건이었다. 18세기 말 측량기사이자 건축가인 찰스 데이비스는 온천의 누수문제를 조사하던 중 주변 땅을 모두 걷어내고 로마 유적을 발굴하기 시작했다. 그가 로마시대에 건축한 저수조 밑바닥에서 건져 올린 물건들은 세계 고고학계를 놀라게 했다. 켈트족과 로마인이 던져 넣은 동전뿐만 아니라 기원전 5000년경에 유목민이 사용하던 돌칼도 출토되었기 때문이다. 대욕장이 온전한 모습으로 발견되었고 신전과 냉탕·온돌 사우나도 발굴되었다. 땅 속에 묻혀 있던 1,800년 전의 로마 목욕탕은 이렇게 해서 다시 전모를 드러냈다.

최소한 1시간 30분

오늘도 온천에서는 뜨거운 물이 솟는다. 초당 13리터의 양이다. 하루에 110만 리터가 넘으니까 아직도 대규모 온천장을 유지할 수 있는 수량이다. 온도도 훌륭하다. 섭씨 46도를 유지하고 있다. 하지만 이제 로마의 목욕탕에서 목욕을 하는 사람은 없다. 박물관이 됐기 때문이다. 그런데 입장료가 깜짝 놀랄 만큼 비싸다. 9.5파운드. 거의 2만 원이다. 로마 여행을 떠난 이래 가장 비싼 입장료다. 파리 북역에서 만난 할머니의 물가 경고가 새삼 생각난다. 하지만 다행히 오늘은 여행 마지막 날이다.

입장권과 함께 손바닥만하게 접히는 안내서를 준다. 박물관 전체구조와 함께 간단한 당부의 말이 적혀 있다. "관람에 최소한 1시간 30분을 할애하라"는 말이 눈에 띈다. 관람시간을 구체적으로 권장하는 박물관은 처음이다. 관람객들의 평가도 자랑하듯 몇 개 적어놓았다. "내가 유럽에서 보낸 최고의 90분." 미국 방문객이 한 말이다. "환상적이다. 확실하게 돈값을 한다." 네덜란드 관람객의 말이다. 무역상인다운 평가다. "잉글랜드를 방문하는 사람이라면 놓치지 말아야 할 곳." 멀리 피지에서 온 관광객의 평가다.

입장하자마자 대욕장이 내려다보이는 발코니가 나타난다. 대욕장에는 원래 거대한 볼트(Vault, 둥근 아치천장) 구조의 천장이 있었다. 그래서 유적을 발굴한 데이비스는 원래의 모습대로 볼트 구조의 지붕을 복원하자고 주장했다. 하지만 그의 주장은 받아들여지지 않았고 복원은 특이한 방향으로 진행되었다. 대욕장 둘레에 원래의 사각기둥 기단이 남아 있었지만 그 옆에 둥근 기둥을 둘러 세우고 기둥 위에는 천장 대신 발코니를 설치했다. 발코니는 로마시대 인물상들로 장식했다. 로마의 목욕탕이 하늘을 향해 열린 것이다. 그래서 현대의 관광객들은 이 발코니에서 대욕장을 내려다본다.

탕에 가득한 온천수가 에메랄드처럼 고운 녹색이다. 자체 온도와 햇빛 때문에 녹조가 번식하기 때문이다. 포근한 기온인데도 탕에서 하얀 김이 안개처럼 솟아 허공으로 사라진다. 대욕장 북서쪽 귀퉁이로는 로마시대와 마찬가지로 뜨거운 물이 끊임없이 흘러든다. 발코니에서 내려가 탕 속으로 흘러드는 물에 손

원탕에서 솟은 온천수가 대욕장으로 흘러든다. 대욕장의 로마시대 볼트구조 천장은
원형대로 복원되지 않고 관람객이 내려다볼 수 있는 발코니가 설치되었다.
햇빛을 받은 온천수는 녹조를 번식시킨다.

을 담가본다. 따뜻하다. 블라더드의 문둥병을 치료한 신비의 온천이 아직도 따뜻하게 흐르고 있다.

대욕장 곁에 온천수가 솟는 '원탕'이 있다. 부글부글 거품을 내며 뜨거운 물이 솟는다. 얼굴을 가까이 대니 뜨거운 기운이 훅 끼쳐온다. 켈트인이 소원을 빌며 동전을 던지던 곳이다. 탕을 내려다보는 벽감(壁龕)에 블라더드의 좌상이 놓여 있다. 전설대로라면 이 온천 덕분에 그는 돼지치기 신세를 면하고 영국의 왕이 될 수 있었다. 좌상은 17세기의 유물인데 그 아래는 당시의 영어로 그의 이력이 기록되어 있다. 브리튼 8대 왕의 아들이며 위대한 철학자요 수학자라는 이야기, 그리고 배스의 설립자라는 이야기가 적혀 있다.

박물관은 '관람에 최소한 1시간 30분을 할애하라'는 이야기가 이해되고 '확실히 돈값 한다'는 소감에도 공감할 만큼 알차다. 애초에는 배스의 로마 목욕탕을 더러운 물이 고여 있는 고대유적 정도로 생각하고 별로 기대하지 않았는데, 영국인의 유적 관리가 우수함을 새삼 느끼게 된다. 유적은 원형을 짐작할 수 있도록 세심하게 복원되어 있고 입장 때 받은 오디오 가이드는 쉽고 자세한 안내를 제공한다.

특히 요소마다 설치된 영상안내는 다른 곳에서는 보지 못한 것이다. 관람객이 지금은 지하로 변한 술리스 미네르바 신전 뜰에 서면 눈높이에 걸린 모니터가 작동하며 신전이 건축되는 모습을 동영상으로 보여준다. 즉 관람객이 서 있는 위치가 과거 로마 온천장의 어느 지점이었으며 그곳에 있던 건물은 어떤 구조를 하고 있었는지 컴퓨터 그래픽 영상으로 보여주는 것이다. 원형을 알아보기 힘든 냉탕 앞에 서자 모니터는 냉탕 욕조와 벽체가 건축되는 과정을 보여주고 나서 차가운 물을 가득 채운다. 뒤이어 화면에 나타난 것은 남자의 커다란 엉덩이. 그는 막 뜨거운 사우나에서 땀을 흘리고 나오는 참이다. 알몸의 로마 사나이는 내 시야에서 멀어지더니 냉탕에 풍덩 뛰어들어 이미 탕 속에 있는 동료와 인사를 나눈다. 이런 걸 하나하나 보다보면 고대의 목욕탕은 부분부분 복원되고, 1시간 30분은 오히려 짧다.

쇠 냄새가 조금 날 뿐이에요

18세기 초 여왕이 온천을 다녀가자 귀족들이 뒤이어 방문하면서 배스는 다시 유명한 휴양지로 명성을 얻게 되었다. 사람들이 몰리자 배스 시는 방문객을 위한 편의시설을 짓기로 했다. 1706년 처음으로 온천 곁에 조그만 건물이 들어섰다. 건물은 가볍고 유리창이 많아 온실과 같았는데 방문객들은 이곳에서 신비한 효능이 있다고 전해지는 온천수를 마셨다. 식용 온천수는 원탕 아래 깊숙이 박은 파이프를 통해 길어 올려서 건물의 이름은 펌프 룸(Pump Room)이 되었다. 온천을 방문한 사람들은 모두 펌프 룸에 모여 물을 마시고 사람을 만나고 목욕을 위한 준비를 했다.

펌프 룸은 그뒤 두 차례에 걸쳐 확장되고 개축되었다. 현재의 건물은 1795년에 개축한 것인데 18세기의 고전적이고 우아한 분위기를 보인다. 실내 벽면은 코린트식 대리석 벽기둥으로 장식되어 있고 안쪽의 반원형 앱스는 음악가들의 공연장소가 되었다. 펌프 룸이 단순히 온천수를 마시는 곳에서 고품격 문화공간으로 발전한 것이다.

두 시간에 걸친 목욕탕 여행을 끝내고 펌프 룸에 들어갔다. 로마 목욕탕 방문의 마지막 코스다. 하얀 식탁보가 덮인 식탁에는 빈자리 없이 사람들이 들어차 있고 무대에서는 피아노 3중주단의 연주가 한창이다. 전속 연주단체인 펌프 룸 트리오(Pump Room Trio)다.

이 펌프 룸에 아직도 온천수를 마시는 곳이 있다. 세 개의 수도꼭지에서 흘러나온 물은 세 마리의 청동제 잉어 입속으로 흘러들어간다. 옛날에는 방문객들이 온천수를 마시려면 돈을 지불해야 했다. 펌프 룸에서 온천수를 파는 사람, 즉 펌퍼(Pumper)는 온천 측에 연간 800파운드의 돈을 내고 자리를 임대했다. 하지만 요즘에는 돈을 받고 물을 팔지는 않는다. 온천 측은 아픈 사람이나 이 지역 사람들에게는 물을 무료로 제공한다. 물론 관광객은 입장권을 사야 온천수를 마실 수 있으니 완전히 무료라고 하기는 힘들다. 내가 가지고 있는 입장권에는 "이 입장권 소지자는 온천수를 무료로 마실 수 있다"고 적혀 있다. 그것도 딱 한 잔(one glass per ticket)만이다.

흰색 셔츠에 나비넥타이를 단정하게 맨 처녀 펌퍼가 온천수 한 잔을 내민다. 받아들긴 했지만 냉큼 마시기는 쉽지 않다. 한국에서 어쩌다 온천에 갔을 때도 물은 마셔본 적이 없다. 미지근한 온도와 역한 냄새가 싫었기 때문이다. 긴장된 표정으로 "맛이 이상하지 않나요?" 하고 물었다. 그녀는 빙그레 웃는다.

"걱정하실 것 없어요. 따뜻하고 쇠 냄새가 조금 날 뿐이에요."

잔을 숙여 입술을 적셔보니 역시 따뜻하고 비위에 거슬리는 냄새가 난다. 하지만 여행을 끝내는 순간에 기념으로라도 로마인의 온천수를 마시지 않을 수 없다. 눈 딱 감고 원샷해버렸다. 술리스 미네르바가 베푸는 치유의 영험이 나를 무병장수하게 할지도 모르는 일이다.

4

보급기지 히스파니아

불화의 사과

프라도의 안주인

전라(全裸)의 여인이 길고 푹신한 침대 위에서 큰 베개에 기대어 비스듬히 누워 있다. 여인은 양손마저 머리 뒤로 돌려 알몸의 어느 부분도 가리지 않는다. 오히려 몸을 관객방향으로 틀어 모든 사람들이 그녀의 눈부신 몸을 정면에서 볼 수 있도록 하고 있다. 진주처럼 부드럽게 빛나고 매끈한 피부에는 장밋빛 홍조가 살짝 감돌고, 가슴과 둔부의 볼륨은 최고조로 무르익었다. 허리는 잘록하고 허벅지는 풍만하고 단단하며 종아리는 사슴의 그것처럼 날씬하다. 이렇게 대담한 포즈를 취한 그녀의 눈은 자신의 몸매를 훑기에 정신없는 사람들을 정면으로 응시한다.

그 곁에 또 한 여인이 있다. 이 여인도 곁의 여인과 같은 자세로 침대에 비스듬히 누워 있지만 옷을 입고 있다. 목 주위가 레이스로 장식된 흰색의 얇은 옷을 입고 가는 허리에는 핑크빛의 넓은 벨트를 둘러 몸매를 드러낸다. 어깨에는 노랑과 검정실로 짠 숄을 걸치고 있다. 비단 양말에 황금색 신발도 신었다. 이 여인 역시 갈색의 큰 눈동자로 자기 앞에 모인 사람들을 바라보고 있다.

두 여인은 에스파냐 화가 고야(Goya, 1746~1828)가 그린 그림의 주인공들이

고야의 「옷을 벗은 마하」.
그림의 크기가 등신대라 실제로 보면 작은 사진으로 볼 때와는 완전히 다른 느낌이다.

다. 「옷을 벗은 마하」와 「옷을 입은 마하」. 에스파냐 마드리드에서 고대 로마로 들어가는 실마리를 찾기 위해 프라도 미술관의 긴 전시실을 걷다가 수많은 사람들의 발길을 잡는 그림을 만난 것이다. 인파를 헤치고 들어가 회랑 깊숙한 곳에 걸려 있는 한 쌍의 그림을 본 순간 "아!" 하는 탄식이 나도 모르게 터져 나왔다.

두 그림은 이미 책에서 본 적이 있다. 특히 「옷을 벗은 마하」는 너무나 유명한 작품이라 서양미술을 잘 모르는 나한테도 익숙하다. 그러나 예술작품이란 원작을 보기 전에는 진면목을 제대로 알 수 없다는 사실을 이곳에서 다시 확인했다. 그림들은 가로 190센티미터, 세로 95센티미터 크기다. 그러니 화폭에 누워 있는 여인들은 거의 실물 크기다. 찬란하게 빛나는 알몸의 등신대(等身大) 여인이 정면으로 나를 응시하고 있으니 입에서는 탄식이 터져나오고 당황한 시선은 크게 흔들린다.

「옷을 입은 마하」.
벗은 마하에 비해 표정이 여유롭다.

「옷을 벗은 마하」와 「옷을 입은 마하」는 동일인물을 같은 자세로 그렸지만 두 그림에 나타난 여인들의 표정에는 미묘한 차이가 있다. 옷을 입은 마하는 윤기 나는 입술에 가벼운 미소를 머금고 눈빛도 여유 있는 반면 옷을 벗은 마하의 얼굴은 부드러운 미소 대신 입술 끝에 살짝 냉소의 표정이 드러나고 눈빛도 약간 거칠다. 작은 그림으로 볼 때는 전혀 느끼지 못했던 점이다. 이런 미묘한 표정의 차이는 고야가 의도했던 것일까, 아니면 완벽하게 똑같이 그린다는 것이 불가능했기 때문일까? 나는 전자로 해석하고 싶다. 그가 진정한 천재라면 두 그림에 각기 다른 개성을 부여하려 했을 것이고, 옷을 벗고 입은 여인의 심리 상태의 차이를 표정을 통해 표현하려고 했을 것이라고 생각되기 때문이다.

고야는 엄숙한 가톨릭 국가인 에스파냐에서 200년 전에 이 그림을 그렸다. 「옷을 벗은 마하」는 발표되자마자 비도덕적이라는 비난을 받았다. 현대에 이르러서도 대한민국 법원은 이 그림을 사용한 광고물을 '경우에 따라 외설물'이라고

프라도 미술관 뜰의 고야 상. 좌대에 옷을 벗은 마하가 조각으로 새겨져 있다.

규정할 정도니 그 당시야 말할 것도 없는 일이다. 그래서 고야는 법정에까지 서야 했다. 그러나 이제 이 한 쌍의 그림은 에스파냐가 자랑하는 프라도 미술관의 대표작이 되었다. 파리 루브르 박물관의 안주인이 「밀로스의 아프로디테」와 「모나리자」라면 프라도 미술관의 안주인은 바로 한 쌍의 마하다. 그래서 세계 각지에서 온 순례자들이 오늘도 마하 앞에 구름같이 모여드는 것이다.

미스 그리스 선발대회

마침내 찾던 그림 앞에 섰다. 넓은 화폭이 시야 가득 들어온다. 세로가 199센티미터, 가로는 무려 379센티미터의 대작이다. 화폭 오른쪽 반 이상을 풍만한 몸매의 세 여인들이 가득 채우고 있다. 그들은 모두 알몸이다. 마하에 비하면 엄청난 비만체형이지만 강한 생명력이 느껴진다. 그들 왼쪽에는 목동 차림의 청년이 나무 등걸에 걸터앉아 세 여인을 유심히 보고 있다. 목동 옆에는 날개 달린 모자를 쓰고 뱀이 감긴 지팡이를 든 청년이 사과 한 알을 들고 여인들 쪽으로 내밀고 있다. 루벤스(Rubens, 1577~1640)의 작품으로 그리스 신화의 중요한 장면을 그린 「파리스의 심판」이다.

세 여인은 그리스 여신들이다. 여신들 중에서도 '빅 스리'인 제우스의 아내 헤라, 지혜와 전쟁의 여신 아테나, 미의 여신 아프로디테다. 그림 맨 오른쪽이 헤라다. 지존의 상징인 보라색 옷을 들고 있고 그 곁에 공작새가 있는 걸로 봐서 그렇다. 중간은 아프로디테다. 화살통을 맨 사랑의 신 에로스가 그녀의 다리에 매달려 있다. 에로스는 그녀의 아들이다. 맨 왼쪽은 파르테논 신전의 주인 아테나다. 곁에 메두사 머리가 달린 방패와 투구가 놓여 있다.

그러면 두 청년은 누구인가. 사과를 든 친구는 제우스의 아들이자 전령신인 헤르메스고 목동은 트로이 왕자 파리스다. 결국 이 그림은 헤르메스의 참관 아래

루벤스의「파리스의 심판」. 예쁜 여자 좋아하는 파리스가 미스 그리스로
아프로디테(가운데)를 지목하자 헤르메스가 승리자에게 불화의 사과를 건네고 있다.
여신들의 몸매는 오늘날 기준으로 보면 결코 아름답지 않지만 자연스럽고 생명력 충만하다.

파리스가 그리스의 세 여신 중 가장 아름다운 여신을 선택해 사과를 주는 '위험천만한 짓'을 하고 있는 상황을 그린 것이다. 그림에서 아기천사가 아프로디테에게 화관을 씌워주고 있는 걸로 봐서 파리스는 '미스 그리스'로 아프로디테를 지목한 모양이다.

파리스가 아프로디테에게 사과를 주는 이 행위가 어째서 위험천만한 짓인가. 그걸 알기 위해서는 그리스 신화의 한 자락을 들추어봐야 한다. 불화(不和)의 여신 에리스가 아킬레우스의 부모인 펠레우스와 테티스의 결혼식에 초대받지 못한 앙갚음을 하기 위해 사과 한 알을 그리스 신들에게 던진다. 사과에는 '가장 아름다운 그리스 여신을 위하여'라는 글귀가 새겨져 있다. 인간세상의 여인들과 다름없이 치열한 질투심을 가진 '빅 스리' 여신들은 그 사과가 자기 것이라고 서로 머리채를 붙잡고 싸우게 된다.

심판은 인간들 중 제일 미남인 트로이 왕자 파리스에게 맡겨진다. 세 여신은 사과를 차지하기 위해 파리스에게 선물을 약속하며 로비전을 펼친다. 헤라는

'아시아에 대한 통치권'을, 아테나는 '전쟁에서의 승리'를, 아프로디테는 '세상에서 가장 아름다운 여인'을 주겠다고 했다. 꽃미남은 대륙에 대한 통치권도, 전쟁에서의 승리도 관심 밖이었다. 그는 아프로디테가 약속한 '세상에서 가장 아름다운 여인'을 선택한다. 결국 파리스는 세 여신을 모아놓은 자리에서 아프로디테에게 문제의 사과를 건넨다. 「파리스의 심판」은 바로 이 장면을 그린 것이다. 신화에서는 이 사과를 '불화의 사과'라 부른다.

그러나 아프로디테가 약속한 세상에서 가장 아름다운 여인은 이미 유부녀의 몸이었던 헬레네였다. 그녀의 남편은 스파르타 왕 메넬라오스. 경쟁자들을 제치고 가장 아름다운 여신에 등극한 아프로디테는 앞뒤 가리지 않고 파리스가 헬레네를 트로이로 데려가도록 도와준다. 아내를 빼앗기고도 가만히 있다면 남자도 아니다. 메넬라오스는 형인 미케네 왕 아가멤논과 함께 그리스 연합군을 조직해 트로이로 쳐들어간다. 10년간에 걸쳐 치열한 전쟁이 벌어지고 트로이는 끝내 멸망한다. 여신들의 경쟁으로 시작된 전쟁으로 그리스 영웅들이 수없이 죽고, 파리스는 미스 그리스 선발대회에 어설프게 끼어들었다가 자신의 조국을 멸망하게 한 것이다. '불화의 사과'가 가져온 참극이다.

그리스 신화에서 로마 역사로

'불화의 사과'로 시작된 전쟁이 세월이 흘러 어떤 인과관계를 만들었는지 조금 더 신화와 역사를 들추어보자. 오늘날 터키 땅인 소아시아의 역사 깊은 도시 트로이는 미케네 왕 아가멤논을 총사령관으로 하는 그리스 연합군의 공격을 받는다. 10년에 걸친 전투가 지루하게 이어지던 어느 날 트로이 병사들은 해변에 서 있는 거대한 목마를 발견한다. 그들은 그 목마가 그리스군이 공격을 포기하고 철수하면서 남긴 선물이라고 생각한다. 트로이 병사들은 목마를 성 안으로 끌어들여놓고 밤새 술을 마시며 승리감에 도취한다. 깊은 밤, 술에 취한 병사들이 모두 잠들었을 때 목마의 배 안에 숨어 있던 그리스 병사들이 달빛에 번쩍이는 칼을 들고 하나 둘 땅으로 내려온다. 순식간에 혼란에 빠진 트로이는 새벽이 오기도 전에 함락되고 만다. 왕족과 성민들이 무참히 도륙되었고 살아남은 사람들은 포로로 붙잡혔다.

이런 아비규환 속에서 트로이 왕가의 후손 아이네이아스가 일가족을 이끌고 탈출하는 데 성공한다. 신화에 의하면 아이네이아스는 아프로디테와 트로이 남자 앙키세스 사이에서 난 아들인데 아프로디테는 자기 아들이 그리스 병사의 손에 죽는 걸 바라지 않아 그를 살려주었다고 한다. 일행은 화염에 휩싸인 트로이를 벗어나 배를 타고 바다로 도망친다. 그들은 에게 해의 여러 섬들을 거쳐 펠로폰네소스 반도를 돌아 그리스 서쪽 해안을 따라 올라간 다음 이탈리아 반도의 끄트머리와 시칠리아 섬을 거쳐 아프리카의 카르타고까지 긴 여행을 한다. 그러나 여기서도 여행은 끝나지 않는다. 그들은 다시 바다로 나가 시칠리아 섬을 거쳐 이탈리아 반도의 서쪽 해안을 따라 올라가 로마 근처의 해안에 도착해 드디어 정착한다. 그곳을 다스리던 왕이 아이네이아스에게 딸을 주었기 때문이다. 이렇게 해서 트로이 전쟁의 유민은 오늘날의 로마에 뿌리를 내리게 된다.

로마 건국신화에 의하면 로마 왕녀와 전쟁의 신 마르스 사이에서 태어난 로물루스가 기원전 753년에 나라를 세운 것으로 되어 있다. 로물루스는 늑대 젖을 먹고 자랐는데 이 늑대소년이 양치기의 우두머리가 되어 차츰 세력을 넓힌 끝에 테베레 강 옆의 언덕에 도시를 건설한 것이 로마의 시초라는 것이다. 그런데 로마인들은 이 로물루스가 아이네이아스의 자손이라고 믿었다. 전쟁을 피해 트로이에서 도망 나온 아프로디테의 아들이 자신들의 조상이라는 것이다. 로마의 건국신화는 이렇게 그리스 신화와 연결되어 있다.

그렇다면 파리스가 아프로디테에게 준 그 '불화의 사과'가 구르고 굴러 로마의 건국으로 이어졌다고 생각해보면 어떨까. 파리스에 의한 미스 그리스 선발대회와 아프로디테의 승리, 헬레네 납치와 트로이 전쟁, 아이네이아스의 탈출과 이탈리아 정착, 그의 후손 로물루스의 로마 건국, 이렇게 말이다. 연결이 필연적이지 않은 부분이 있고 또 설명하기 힘든 시간적 공백이 있긴 하다. 하지만 신화를 소재로 한 그림을 보면서 상상을 부풀리다보면 어느 순간 역사로 연결되고, 그리스 신화 속에 로마 역사가 어른거리는 걸 볼 수 있다.

루벤스는 트로이 전쟁의 불씨가 된 파리스의 심판 이야기에 흥미가 있었는지 같은 주제의 그림을 세 점이나 남겼다. 최후의 작품은 그가 사망하기 1년 전인 1638년과 1639년 사이에 그린 것인데 바로 이 작품이 프라도 미술관에 전시되어 있다. 관람객들은 미술관의 안주인 마하에만 관심이 있는지 그리스 신화의 중요한 순간을 그린 이 그림 앞은 한산하다. 나는 거의 영화 스크린만큼 넓은 그림을 독차지하고 보면서 트로이 전쟁에서 시작되어 로마의 건국까지 이어지는 '지중해 드라마'를 상상했다.

세고비아의 수도교

루카스의 집

윤 루카스는 마드리드에서 한국인을 상대로 민박을 하는 한국 사람이다. 여행을 떠나기 전에 인터넷 검색으로 그를 알게 되었다. 웬만한 에스파냐 여행안내서에는 '루카스의 집'이 소개되어 있는데 대체적인 평가는 '친절하고 음식 맛이 좋은 마드리드 최초의 한인 민박집'이라는 것이다. 나는 외국여행을 할 때 잠자리든 음식이든 현지 방식을 고집하는 편이다. 그것 자체가 경험이고 공부이기 때문이다. 그러나 밤늦게 낯선 도시에 도착하면 막막할 때가 있다. 그래서 여행 첫날에 어려움을 겪지 않기 위해 메일을 주고받은 끝에 그의 집에서 며칠 지내기로 했다. 그는 새벽 0시 30분, 비가 부슬부슬 내리는 마드리드 공항에 마중나와주었다.

루카스의 집은 마드리드 시내 한가운데인 마요르 광장에 붙어 있다. 광장은 중세에는 마녀를 화형에 처하기도 했던 도시의 중심이다. 깊은 밤에 도착한 광장은 텅 비어 있다. 소리 없이 비가 내리고 뿌연 가로등 불빛이 닳은 포석을 비춘다. 삐걱거리는 나무계단을 올라 집에 들어가니 루카스의 가족도, 여행 손님들도 모두 깊은 잠에 빠져 있다.

아침에 가족들과 인사했다. 윤 루카스는 원래 관광 가이드였는데 몇 년 전부터 한국인 관광객들을 상대로 민박을 시작했다. 아내와 노모가 일을 돕고 아직 어린 세 딸이 있다. 그는 조만간 좀 더 큰 집으로 이사를 해서 제대로 된 민박집을 운영해보겠다고 한다. 지금의 집은 좁아서 손님들도 불편하고 가족들의 공간도 독립성이 없어 문제가 있단다. 부지런하고 야무진 그의 아내는 장래에 작지만 멋진 호텔을 운영하고 싶다고 했다. 그 꿈이 꼭 이루어지길 빈다.

하얀 쌀밥에 미역국과 김치·고사리무침 등으로 아침식사를 하고 길을 나섰다. 비는 갰지만 하늘은 여전히 흐리고, 아직 3월 중순이라 기온이 쌀쌀하다. 마요르 광장에는 모이를 찾는 비둘기 떼밖에 없다. 날씨가 풀리면 광장에는 파라솔이 펼쳐지고 세계 여러 나라에서 온 관광객들로 붐빌 것이다.

세고비아로 가는 버스는 마요르 광장에서 멀지 않은 정류장에서 출발했다. 버스는 도심을 벗어나서 북서방향으로 달린다. 시 외곽에는 바위가 험하게 드러난 구릉들이 펼쳐져 있는데 그런 곳에 같은 모양의 주택들이 빽빽하게 들어차 있다. 주거환경으로 좋아 보이지는 않는다. 마드리드도 인구팽창으로 택지 마련에 고심하고 있는 듯하다.

소나무가 우거진 산길을 달리는데 멀리 웅장한 산맥이 펼쳐진다. 지도에 과다라마 산맥이라고 되어 있다. 높은 곳은 2,000미터가 넘으니 대도시 주변의 산으로는 대단한 높이다. 능선에는 아직 흰 눈이 덮여 있다. 아침 밥상에 햇고사리가 나왔기에 어디서 이런 것을 구했냐고 물었더니 루카스는 "북쪽으로 30분쯤 차를 몰고 가면 깊은 산이 있는데 가족들이 그 산으로 소풍가서 고사리를 캐온다"고 했다. 그들이 고사리를 캐는 산이 바로 저 과다라마 산맥인 모양이다. 에스파냐의 산에서 고사리가 난다는 것도 의외지만 그 고사리를 캐다가 먹을 생각을 하는 한국인도 재미있다. 하지만 루카스는 "조만간 당국이 산에서 식물 채취를 금지할 예정이라 고사리 캐는 것도 이젠 끝"이라며 아쉬워했다.

2천 년 현역

세고비아는 로마제국 여행을 계획하면서 가슴 설레며 가보기를 열망하던 곳이다. 멋지고 완벽한 모습으로 남아 있는 로마의 수도교가 있는 곳이기 때문이다. 내가 세고비아의 수도교를 처음 알게 된 것은 『내셔널 지오그래픽』을 통해서였다. 『내셔널 지오그래픽』은 1997년 7월호와 8월호에서 「로마제국의 힘과 영광」(The Power and The Glory of The Roman Empire)이라는 기획을 통해 로마문명을 조명했는데, 그 기사에 실린 세고비아의 수도교 사진을 보고 한눈에 매혹되어버렸다. 견고하고 상쾌한 체감을 보여주는 교각, 우아하게 반복되는 아치, 검은 화강암이 주는 묵직한 질감에 나는 "아! 아름답다" 하고 감탄해버린 것이다.

사진은 가랑비가 내리는 저녁 무렵에 찍은 것이었다. 교각 사이로 도시의 불빛과 우산을 쓰고 골목길을 오가는 시민들의 모습이 보였는데 수도교는 검은 몸을 비로 적시며 2천 년 전 모습 그대로 서 있었다. 사진을 찍는 사람의 입장에서는 비가 내리는 저녁 무렵은 피하고 싶기 마련인데 그 사진작가는 불리한 상황을 멋지게 활용하여 인상 깊은 사진을 남겼다.

글을 쓴 기자는 수도교에 대해 이렇게 말했다.

"너무나 장대하고 또한 너무나 실용적인 건축물이기 때문에 5세기에 서유럽을 휩쓴 고트족과 반달족에 의해서도 파괴되지 않았다. 이 석조 수도교는 아직도 여전히 세고비아의 거리에 신선한 물을 공급한다. 하는 일 없이 사막에 서 있는 피라미드와 비교할 바가 아니다."

피라미드를 '하는 일 없는'(idle) 물건이라고 규정한 부분에 대해서는 동의하기 힘들지만 이것은 수도교의 실용성을 강조한 표현이라고 봐야 할 것이다.

수도교는 두 언덕 사이를 연결하고 있다. 세고비아에서 16킬로미터 떨어진 수

세고비아의 수도교. 접착제도 쓰지 않고 화강석을 쌓아올려 지은 건축물이 2천 년 동안 끄떡없이 원래의 모습대로 서 있다. 누추한 주변 건물에 비해 세월이 흘러도 변치 않는 격조가 있다.

원지에서 물을 끌어오는 수도가 계곡을 만나면서 다리를 놓아야 했던 것이다. 수도교를 만든 재료는 루카스의 가족이 고사리를 캔다는 과다라마 산에서 채취한 검은색 화강암이다. 로마의 건축가들은 이 우아한 색상의 화강암을 다듬어 접착제도 사용하지 않고 길이가 무려 800미터에 128개의 아치로 이루어진 예술품을 빚어냈다. 이 수도교는 1884년까지 로마시대의 방법대로 물을 공급했고, 1928년에 현대식 수도관을 설치해 아직도 물을 공급하고 있다. 2천 년 전의 수도교가 여전히 현역인 것이다. 건축 시기는 자료에 따라 일정하지 않지만 대체로 아우구스투스 시대라고 보고 있다. 아그리파가 만들었다는 말이다. 카메라를 들고 수도교 옆에 나 있는 계단을 따라 언덕 위로 올라갔다. 세계 각

이 아름다운 다리 위로는 아직도 물이 건너다닌다. 아치의 반복은 시각을 즐겁게 한다.

지에서 온 사람들이 순례하듯 계단을 오른다. 한국 사람도 몇 있다. 그중 한 사람이 수도교를 올려다보며 "제국의 힘이란……" 하며 감탄한 듯 중얼거린다. 언덕에 오르니 수도교가 한눈에 보이는 곳이 있다. 사진을 찍기에 적당한 장소다. 아직 하늘은 잔뜩 찌푸려 있고 빗줄기도 오락가락한다. 사진을 찍기에는 적당치 않지만 있는 모습 그대로 찍기로 하고 한 커트씩 셔터를 누른다. 망원렌즈에 빨려 들어오는 아치의 반복이 아름답다. 수도교 주변에는 로마네스크 양식의 건물들이 들어서 있는데 우아하고 강건한 아름다움을 발산하는 수도교에 비해 초라해 보인다.

렌즈를 바꿔가며 사진 찍기에 몰두하는데 한순간 화강암이 환하게 빛난다. 구름 사이로 잠시 햇살이 내려쬐고 물에 젖은 화강암이 그 햇살을 받아 밝게 빛난다. 두꺼운 구름 아래 묵직하게만 보이던 수도교가 밝게 빛나는 모습이 환상적이다. 서둘러 몇 번 셔터를 누르니 해는 다시 어두운 구름 사이로 자취를 감추고 만다.

열심히 사진을 찍는 사이에도 많은 사람들이 언덕에 올라왔다 내려간다. 그들도 이 세고비아의 수도교가 유명한 줄 알고 아름다운 줄도 알지만 사진을 한 장 찍고 나면 별로 할 일이 없다. 그래서 그들은 5분을 채 넘기지 못하고 다시 내려가고 만다. 같이 올라왔던 한국인들도 어느새 가버리고 없다. 나도 이젠 수도교와 작별해야 한다. 한 시간이 넘도록 눈으로 감상하며 감탄하고 여러 앵글로 사진을 찍었지만 아쉬운 마음에 발길이 떨어지지 않는다. 아마 다시는 이곳에 오기는 힘들 것이다. 로마는 너무나 넓으니 가야할 곳이 많기 때문이다.

세고비아에는 수도교 말고도 볼 만한 곳이 몇 군데 있다. 그중 하나가 알카자르(Alcazar)다. '알카자르'는 성(城)이라는 뜻의 아라비아어 보통명사다. 그러니까 에스파냐의 오래된 도시에는 대개 알카자르가 있다. 세고비아의 알카자르가 특별히 유명해진 것은 월트 디즈니의 만화영화 「백설공주」가 이곳을 무대로 삼았기 때문이다. 그래서 세고비아를 방문하는 사람들은 수도교를 보고 나면 모두 동화의 무대가 되었던 알카자르로 향한다.

시가지 북서쪽 끝에 중세의 분위기를 그대로 간직한 멋진 성이 가파른 언덕 위에 서 있다. 과연 만화영화 제작사가 모델로 삼을 만큼 아름답다. 그러나 아름다운 외관과는 달리 성은 에스파냐 중부의 군사적 요충이었고 전투의 현장이었다. 내부에는 각종 무기와 카스티야 여왕 이사벨의 옥좌가 보존되어 있다. 그녀는 아라곤 왕 페르난도와 결혼해 에스파냐를 통일한 여걸이었다. 큰 방의 벽면에는 두 사람의 결혼식 장면을 그린 대형 유화가 걸려 있다. 이사벨과 페

세고비아의 알카사르. 「백설공주」의 환상을 갖고 있는 사람이라면 방문하지 않는 것이 좋을지도 모른다. 내부에는 무기박물관이 있다.

르난도는 1492년에 끝난 알람브라 전투를 마지막으로 8세기에 걸친 이슬람 교도의 이베리아 반도 지배에 종지부를 찍은 가톨릭 군주들이다. 그들은 그해에 콜럼버스를 도와 아메리카 대륙을 발견하고 에스파냐가 세계 제국으로 발전하는 기초를 닦았다. 세고비아의 알카사르에는 백설공주와 그녀의 무서운 계모 왕비가 살고 있는 것이 아니라 에스파냐 왕들이 살고 있다.

새끼돼지 통구이

여행을 떠나기 전부터 세고비아에 가면 꼭 먹어봐야겠다고 생각한 것이 있다. 코치니요 아사도(Cochnillo Asado)라는 요리다. 여행안내서마다 "세고비아에 가면 반드시 먹어보라"고 권하는데 무슨 수로 외면하겠는가. 안내서에는 '태어난 지 20일 이전의 새끼돼지 통구이'라고 되어 있다.

전문식당을 찾아 들어갔다. 창문을 통해 수도교가 보이는 집이다. 배낭여행을 하는 입장에서는 간단한 샌드위치로 식사를 때우는 것이 어울리지만 가끔은 레스토랑에서 멋지게 식사를 하는 것도 '정신적 허기'를 겪지 않기 위해 필요하다. 공원 벤치에 앉아 햄버거만 씹노라면 스스로가 불쌍해 보일 때가 있다. 웨이터가 상냥한 미소를 띠고 주문을 받는다. 작은 키에 검은 머리칼, 갸름한 얼굴이 전형적인 이베리아 인종이다. 이름을 물었더니 내 수첩에다 호세(Jose)라고 써준다. 코치니요 아사도를 먹고 싶다고 했더니 세트 메뉴를 권한다. 빵과 마늘 수프, 메인 요리와 하우스 와인 반 리터, 그리고 디저트로 아이스크림이 포함된 메뉴인데 20유로다. 좀 비싸지만 주문했다.

도자기 포트에 담아온 와인은 보관을 잘못했는지 신맛이 난다. 하우스 와인이 맛있는 집도 있지만 와인은 맛을 유지하려면 보관온도에 신경 써야 한다. 아쉬운 대로 와인으로 식욕을 돋우며 한참을 기다렸더니 드디어 호세가 요리를 들고 온다. 뜨거운 무쇠 접시에 담긴 코치니요 아사도는 새끼돼지를 통째로 요리한 다음 한쪽 뒷다리를 잘라서 내온 것인데 앙증맞은 발톱과 짧은 꼬리까지 달려 있다. 껍질은 바삭거리고 살코기는 부드럽게 잘 익었는데 맛은 글쎄, 솔직히 잘 모르겠다. 너무 기대를 해서 그런지 별것도 아닌 걸 요란하게 자랑한다는 느낌이 든다. 양도 충분하지 않다. 서울에서 연탄불에 돼지고기 구워 먹으며 소주 마시던 생각이 난다. 외국에서 낯선 음식을 먹고 만족하기란 쉽지 않다.

유럽 사람들은 돼지고기를 즐겨먹는다. 독일 사람들은 햄과 소시지를 만들어 먹고 영국 사람들의 아침식사에는 베이컨이 반드시 포함된다. 에스파냐 사람들은 돼지 뒷다리를 잘라 피를 뺀 다음 그늘에 오랫동안 말려 햄을 만든다. 이 음식을 하몽(Jamon)이라고 하는데 에스파냐 사람들의 식탁에서 절대로 빠지지 않는다. 식당을 나서며 주방의 진열장을 보니 조그맣고 귀여운 새끼돼지들이 깨끗하게 털이 깎인 채 손질되어 있는데 눈과 꼬리, 발톱이 다 달려 있어서 보기에 민망했다.

반도의 중심 톨레도

올드 라이선스라뇨?

루카스와 상의한 끝에 나머지 여행은 자동차를 렌트해서 다니기로 했다. 기차는 비싸기도 하고 내가 가고자 하는 곳과 노선이 맞지 않기 때문이다. 그는 여행사에서 계약한 다음 렌트카 회사로 가서 자동차를 받으라고 했다. 그래야 저렴하다는 것이다. 아침 일찍 그가 추천해준 알콘 여행사 대리점으로 갔다.

나를 담당한 직원은 20대 후반의 흑인여성이다. 갸름한 얼굴, 늘씬한 몸매가 흑진주라는 애칭으로도 불리는 패션 모델 나오미 캠벨을 닮았다. "6일 동안 자동차를 사용하고 그라나다에서 반납하고 싶다"고 했다. 대답은 "노 프러블럼(No problem)." 그녀는 카탈로그를 보여주며 차를 골라보라고 한다. 가격과 성능을 고려해 미국산 크라이슬러의 1,500시시급 모델을 골랐다. 가격은 170유로. 6일 사용에 24만 원 정도면 싸다.

서울에서 발급한 국제운전면허증과 여권·신용카드를 건넸다. 그녀는 컴퓨터 모니터에 기재사항을 하나씩 입력하기 시작한다. 그런데 일 처리속도가 너무 느리다. 불투명 핑크빛 매니큐어를 바른 그녀의 커피색 손가락이 컴퓨터 자판 위에서 아주 완만한 속도로 움직인다. 여권을 건네받아 배낭 깊숙이 넣었더니 다시 달라고 한다. 기재사항을 빠짐없이 기재하고 난 다음 주었어야 하는데 이름과 생년월일만 기재하고 나한테 주었다가 유효기간 같은 항목을 보고는 다시 달라고 하는 식이다. 처음 하는 일도 아닐 텐데 왜 이럴까? 슬슬 짜증이 나기 시작한다. 여권과 국제운전면허증을 살펴보던 그녀는 '올드 라이선스'(Old licence)를 달라고 한다. 올드 라이선스라니 도대체 무슨 말인가. 구 면허증이 어디 있으며, 또 그런 것이 왜 필요한가.

그녀의 이야기는 내가 소지한 국제운전면허증의 유효기간 개시일이 2월 25일로 되어 있고 오늘이 3월 15일이니 나의 운전경력은 20일밖에 안 된다는 것이다. 그야 당연한 일 아닌가. 한국의 국제운전면허증은 발급한 날로부터 1년간 유효하다. 그러니 여행 직전에 면허증을 발급받게 되면 서류상으로는 운전경력이 며칠밖에 되지 않는다. 그녀는 그것을 문제 삼는 것이다. 그러면서 올드 라이선스를 달라고 하고 있다.

그녀에게 차근차근 설명을 했다. 난 운전 경력이 10년도 넘는다, 한국에서는 국제운전면허증을 1년 단위로 발급한다, 올드 라이선스는 한국의 집에 두고 왔다, 재작년에 독일 가서는 라이선스 없이 신용카드만 가지고도 차를 빌렸다 등등. 하지만 그녀는 천천히 고개를 젓는다. 안 된다는 것이다. 장사를 할 뜻이 있는지 의심이 간다. 육두문자가 목구멍까지 올라왔지만 꾹 참고 여행사 사무실을 나왔다. 일찍 서둘렀건만 오전시간을 거의 다 까먹었다.

좀 비싸지만 여행사를 포기하고 직접 렌트카 회사에 가서 차를 빌리는 수밖에 없다. 걸어서 10분 거리의 에스파냐 광장으로 갔다. 광장은 『돈키호테』의 작가 세르반테스와 그의 하인 산초의 청동 조각상이 있어 많은 관광객들이 찾는 곳이다. 광장 곁에 '허츠'(HERTZ) 간판이 보인다. 세계적인 회사고 과거 독일여행 때 자동차를 빌리면서 좋은 인상을 받았기 때문에 주저 없이 문을 열고 들어갔다. 카운터에는 사각형 얼굴에 금발의 백인여성이 혼자서 접수를 받고 있는데 이미 세 사람이나 줄을 서 있다. 그런데 그녀의 가슴에 'TRAINEE'라고 새긴 패찰이 붙어 있다. 수습사원이라는 이야기다. 불길한 예감이 들었지만 줄을 서서 업무 처리하는 걸 관찰하니 다행히 속도가 빠르다. 20분쯤 기다린 끝에 드디어 내 차례가 됐다. 설마 여기서도 '올드 라이선스'를 달라는 둥 얼빠진 이야기는 하지 않겠지.

그녀는 내 얼굴을 제대로 보지도 않고 낮게 읊조렸다. "여권, 면허증, 신용카드." 몹시 피곤해 보이는 그녀의 심기를 건드리지 않기 위해 신속한 동작으로 세 가지를 그녀의 코앞에 들이밀었다. 그러고는 컴퓨터 자판을 두드리는 그녀의 흰 손가락들을 숨죽이고 지켜봤다. 나오미 캠벨의 갈색 손가락보다 빨리 움직인다. 다행히 아무 문제없이 절차가 진행된다. 다만 자동차를 고를 수 있는 여지가 없다. 한국산 소형차가 한 대 남았고 다른 차는 없다고 한다. 찬밥 더운밥 가릴 처지가 아니고 시간도 없다. 가격이 결정되고 휘발유 종류를 이야기하고 차량 반납장소를 이야기한 다음 몇 군데 사인을 하니 키를 내준다. 그런데 가격이 여행사에서 상담할 때보다 훨씬 비싸다. 차량 등급은 낮아졌는데 가격은 거의 두 배인 320유로. 속이 쓰리지만 별수 없다.

빨간 소형차가 지하주차장에서 날 기다리고 있다. 게츠(GETS)라는 이름과 현대(HYUNDAI) 로고가 붙어 있다. 처음 보는 차다(여행을 마치고 한국에 돌아온 뒤 조금 시간이 지나자 거리에서 그 차를 많이 볼 수 있었다. 한국에서는 '클릭'이라는 이름으로 판매되었는데 현대자동차가 유럽 수출 모델로 개발했다). 외국에 여행 와서 한국산 차를 타는 것은 가슴 뿌듯한 일이지만 차가 너무 작은 것이 마음에 걸린다. 일주일 동안 넓은 이베리아 반도를 헤집고 다녀야 하는데 차의 성능이 좋지 않으면 운전이 피곤하고 위험할 수도 있다. 그리고 기어가 스틱이다. 오래 전에 스틱 자동차를 운전해보긴 했지만 익숙하지 않기 때문에 숙달되는 동안 조심해야 한다.

천천히 차를 몰아 지상으로 올라갔다. 자동차를 빌리면서 가장 걱정했던 것은 복잡한 마드리드 시내를 벗어나는 일이다. 전혀 지리를 모르는 인구 400만의 대도시에서 몇 년 만에 운전해보는 스틱 자동차를 몰고 다른 도시를 찾아가는 것은 쉬운 일이 아니다. 루카스가 마드리드를 벗어나 톨레도로 가는 방법이라면서 나한테 해준 이야기는 너무나 간단했다. "에스파냐 광장을 벗어나서 M30번 순환도로에 진입해 남쪽 방향으로 가다가 N401번 국도를 타고 내려가면 된다"는 것이다. 이 이야기는 서울에 처음 온 에스파냐 사람에게 천안으로 가는 방법이라면서 "여의도를 벗어나 올림픽대로에 진입해 동쪽으로 가다가 경부고속도로를 타고 남쪽으로 가면 된다"고 하는 것과 마찬가지다. 이 정도의 안내로 에스파냐 사람이 무사히 천안에 도착할 수 있을까.

그러나 나는 불가능해 보이는 그 일을 해내야 하는 상황이다. 핸들 위에 지도를 놓고 동서남북 방향을 감 잡으며 손과 발로는 부지런히 스틱과 클러치 페달의 감각을 익히면서 시내를 달리기 시작했다. 그런데 이상하게도 좌회전과 유턴 신호가 없다. 좌회전을 해야 하는데 말이다. 그러니 한없이 목적지와 반대방향으로 달릴 수밖에 없다. 위험을 무릅쓰고 신호위반을 한 끝에 좌회전을 했는데 이번엔 막다른 골목. 식은땀이 나고 입술이 마른다. 정신없이 오락가락한 끝에 M30번 순환도로에 성공적으로 진입했고, 곧이어 N401번 국도를 탔다.

톨레도까지는 70킬로미터가 채 되지 않는다. 비로소 마음이 안정되고 기어도 익숙해진다. 아침 일찍 루카스의 집을 출발해 오전 내내 스트레스를 잔뜩 받은 끝에 자동차를 몰고 에스파냐의 도로를 달린다. 운전을 해서 마드리드를 벗어나는 일이 쉽지 않을 것이라고 짐작은 했지만 생각 이상으로 고생했다.

고성 유스호스텔

기원전 202년 가을, 서른세 살의 로마 장군 스키피오는 북아프리카 자마 평원에서 펼쳐진 전투에서 한니발의 카르타고 군을 격파한다. 위대한 전략가 한니발의 80마리에 이르는 코끼리 떼도 로마군을 짓밟지 못했다. 이 역사적인 전투로 경쟁자 카르타고를 제압한 로마는 지중해의 패자로 떠올랐고 곧 이베리아 반도로 진출한다. 기원전 192년 로마는 톨레도에 진출해 이베리아 반도의 전략적 전초기지로 삼는다.

에스파냐 지도를 펼쳐놓고 동서로, 남북으로 한가운데를 짚으면 톨레도다. 이베리아 반도를 횡으로 가로질러 대서양으로 향하는 타호(Tajo) 강은 거대한 화강암 덩어리 위에 올라앉은 톨레도를 둥글게 감싸고 흐른다. 지리적으로 반도의 중심지요, 지형적으로 천혜의 요새다.

로마가 멸망한 뒤에도 이베리아 반도에서 톨레도의 중심적 역할은 계속되었다. 아니 오히려 더 핵심적인 위치로 떠올랐다. 로마를 대신해 이베리아 반도를 차지한 서고트 왕국은 톨레도를 수도로 삼았고, 뒤를 이은 이슬람 통치기간에도 번영했다. 11세기 말 가톨릭 세력의 레콩키스타(재정복)에 의해 이슬람 세력이 물러간 뒤에는 왕국의 수도가 되면서 전성기를 맞았다. 톨레도의 번영은 16세기 중반 필리페 2세가 수도를 마드리드로 옮길 때까지 계속되었다.

그렇다면 나에게 있어 톨레도는 필수적인 답사지가 아니다. 로마 멸망 이후 오랫동안 이슬람과 기독교 국가의 중심지 역할을 한 탓에 고대 로마의 흔적은 거의 볼 것이 없다. 하지만 나는 톨레도를 방문하기로 했다. 대성당을 보기 위해서다. 마드리드 루카스의 집에서 만난 한 여행자는 나에게 톨레도를 방문하기를 강력하게 권했다. 그는 대학에서 교회사를 연구하는 학자인데 고등학생 아들을 데리고 유럽의 교회를 순례하고 있었다. 톨레도는 작은 도시지만 대성당은 아주 중요하므로 반드시 들러보라고 했다. 에스파냐의 수도가 마드리드로 옮겨가면서 톨레도는 정치적으로는 지도적인 위치를 상실했지만 종교적으로는 여전히 중심지이며, 톨레도 대성당이 에스파냐 대주교좌 성당의 위치를 아직까지 유지하고 있다는 설명도 덧붙였다. 그리고 규모가 유럽에서 다섯 손가락 안에 드니까 볼 만할 거라고도 했다.

톨레도에서 하루를 묵어가려고 마음먹은 곳은 고성(古城)을 개조한 유스호스텔이다. 도시에 진입하자마자 유스호스텔로 올라갔다. 올라갔다고 이야기한 것은 언덕 위에 있기 때문이다. 유스호스텔은 타호 강을 사이에 두고 톨레도 시가지의 동쪽에 솟은 암석 위에 서 있는데 로마시대부터 요새가 있던 자리다. 한눈에 봐도 도시를 경비하기에 적당한 위치다. 톨레도가 한눈에 조망되고 멀리서 다가오는 적을 관측하기에도 유리하다. 이슬람 시절에도, 가톨릭 왕국 시절에도 이곳은 도시의 외곽 경비기지였다. 그러니 전쟁의 광풍이 이베리아 반도를 휩쓸 때마다 이 언덕에는 더운 피가 뿌려졌을 것이다. 세월이 흐르면서 군인들의 주둔지에서 수도원으로, 대학 기숙사로, 사법부 본부로 용도가 변하던 이 성은 현재는 교육기관이 되었고 그 일부가 유스호스텔로 쓰이고 있다.

그러나 14세기의 모습을 유지하고 있는 외관과는 달리 성의 내부는 완전히 개조되어 고성이라는 걸 보여주는 분위기는 아무것도 없다. 현관은 자동 유리문이다. 현대식의 깨끗한 안내 데스크, 검소하지만 쾌적하게 꾸며진 중앙 로비는 소형 호텔 분위기다. 고성에 대한 환상 때문에 약간 실망했다. 그러나 그 실망감을 너무나 싼 숙박비가 즉시 보상해주었다. 아침식사를 포함해 하룻밤에 13유로. 2만 원이 채 안 되니 얼마나 행복한가.

돋보기안경을 낀 안내 데스크 아주머니의 도움을 받아 등록을 마치고 키를 받아 객실에 들어가니 혼자 사용할 객실이 비경제적이라 할 정도로 널찍하다. 3월은 관광 비수기라 이렇게 넓은 방을 혼자 쓸 수 있는 것이다. 샤워 부스가 따로 설

유스호스텔 방향에서 본 톨레도 구시가지. 타호 강이 감싸고 흐른다.

치된 화장실은 호텔식이고 침대에는 빳빳하게 풀 먹인 시트가 깔려 있다. 화려하지는 않지만 깨끗하다. 건물이 원래 고성이라는 걸 알 수 있는 것은 창문뿐이다. 거의 1미터 두께의 벽에 난 창문에 견고한 철제 격자가 설치되어 있다. 감옥의 창살처럼 견고하게 제작된 격자 틀은 성이 원래 군사용 중세건물임을 말해주고 있다. 그 격자를 통해 톨레도 구시가지 방향을 보니 웅장한 알카자르와 대성당의 첨탑이 보인다.

신의 집, 가톨릭 성당

좀 멀더라도 차를 두고 걸어갔더라면 좋았을 것이다. 유스호스텔에서 대성당까지는 천천히 걸어도 30분이면 충분한 거리인데 판단착오로 차를 몰고 나섰다. 톨레도는 거대한 바위 위에 성채처럼 들어선 도시고 따라서 길은 경사가 급하다. 나의 차는 스틱인 데다 이제 운전을 시작한 지 불과 두 시간이다.

도시 초입의 오르막길을 오르는데 신호등에 빨간불이 들어온다. 날 따르던 차는 내 뒤에 바짝 붙여서 정차를 한다. 창문을 내리고 손을 흔들며 차를 뒤로 빼라는 신호를 했지만 차는 움직이지 않는다. 뒤에 다른 차들이 정차했으니 움직일 수도 없다. 초긴장 상태에서 대기한 끝에 파란 불이 들어왔다. 최대한 침착하려고 노력하며 기계를 조작했다. 사이드를 풀고 클러치에서 발을 떼는 동시에 가속 페달을 밟았다. 차가 부드럽게 출발했으면 좋았겠지만 야속한 '게츠'는 쿨렁거리며 몸을 떨더니 시동이 꺼져버렸다. 브레이크를 밟고 시동을 건 다음 다시 출발을 시도했지만 역시 실패. 등에서 식은땀이 흐르고 손이 떨린다. 뒤의 차와 닿기라도 하면 여러모로 난감해진다. 뒤에 늘어선 차는 열 대가 넘어보인다. 이번에는 사이드를 채우고 시동을 건 다음 차를 출발시켰다. 정지상태에서 '왱'하는 요란한 소리가 나며 RPM이 치솟는다. 사이드를 풀자 차는 총알처럼 튀어나간다. 차 안에 뭔가 타는 냄새가 매캐하다.

몇 차례 더 부속품을 태운 끝에 대성당 옆에 차를 세우고 보니 제정신이 아니다. 이슬람과 기독교·유대교의 분위기가 고스란히 간직되어 있는 톨레도의 골목길을 차를 몰고 정신없이 헤맸으니 바보짓을 한 것이다. 이날 오후 나는 오르막에서의 원활한 출발을 위해 몇 차례 연습까지 했는데, 연습할 때는 잘 되던 그 출발이 실전에서는 번번이 나를 골탕 먹였다. 톨레도에서의 그 기억은 나중에 가끔 꿈에서도 되풀이되어 잠자는 나의 다리근육을 뻣뻣하게 만들었다.

톨레도 대성당은 에스파냐 가톨릭의 중심이다. 인구 6만의 조그만 도시에 있는 성당이 그런 위상을 가지고 있다. 세계 최대 규모인 로마의 성 베드로 성당, 아름다운 색채와 우아한 돔을 자랑하는 피렌체의 꽃의 성모 성당, 세계 최대의 고딕 성당인 밀라노 대성당 등과 어깨를 나란히 할 정도로 규모가 크기도 하다.
그래서 그런가, 제법 만만찮은 입장료를 받는다. 5유로. 유스호스텔을 찾아다니는 배낭여행족에게는 적은 돈이 아니다. 그런데 무엇보다 성당이 왜 입장료를 받는가. 미사를 올리기 위해 찾아오는 신도들한테는 입장료를 받을 리 없지 않은가. 인류의 문화유산을 관리·유지하기 위해 내는 기부금이라고 생각하면 편하겠지만 그래도 뭔가 정상이 아니라는 생각이 든다.
유럽의 유명 성당들이 대부분 입장료를 받고 있는 사실은 유럽 대륙에서의 기독교 쇠퇴와 관련 있는 듯하다. 오래되고 웅장한 성당들은 이제 더 이상 종교적 열정이 가득한 집이 아니라 조상들이 남겨준 관광자원으로만 존속한다는 느낌이 든다. 기독교도 이제 이 땅에서는 늙어버렸다.
외벽이 거칠고 낡았으며 밖에서 올려다 본 모습이 명성에 비해 대단치 않다고 생각하며 안으로 들어갔는데, 내부는 그야말로 벌어진 입이 다물어지지 않을 정도로 크고 화려하다. 실내 면적과 높이도 밖에서 본 느낌과는 완전히 다르다. 톨레도 대성당은 유럽의 다른 성당들과 달리 입지가 불리하다. 언덕 정상의 좁은 골목길 사이에 자리 잡았고 다른 건물들이 가까이 접근해 있기 때문에 웅장한 위용을 외부에서는 파악하기 힘들다.
내부공간은 십자가 형태로 되어 있고 그 십자가의 크로스 지점을 중심으로 중앙제단과 성가대석이 마주보고 있다. 제단 뒷벽의 장식은 눈이 어지러울 정도로 화려하다. 까마득히 높은 벽체가 지극히 정교하기까지 하다. 섬세하고 화려한 색상의 조각장식은 예수의 생애를 묘사한 것인데 살아 움직이는 듯하다.
맞은편의 성가대석도 화려하고 정교한 장식이 사람의 손으로 만든 것 같지가 않다. 나무로 만든 의자들이 지휘자를 중심으로 디귿자로 배치되어 있고 팔걸이 하나하나에는 생생한 표정의 사람 얼굴이 새겨져 있는데 가까이 다가가서 보니 놀랍게도 그 표정들이 모두 다르다. 머리받침에도 각기 다른 내용의 부조

에스파냐 가톨릭의 중심인 톨레도 대성당. 사진으로 보는 모습이
대단찮아 보이는 것은 성당의 전면조차 한 앵글에 들어오지 않기 때문이다.
기독교세계 최대의 성당 중 하나며 내부는 충격적으로 크고 화려하다.

가 새겨져 있는데 내용은 그라나다 함락이다. 그라나다는 에스파냐의 마지막 이슬람 국가였으니 조각은 이슬람에 대한 기독교의 승리를 그리고 있는 것이다. 의자 뒤로는 붉은 대리석 기둥이 아케이드를 이루며 성가대석을 감싸고 그 위는 구약시대 인물들의 생동감 넘치는 석고상이 둘러쳐져 있다.

이런 건물을 남긴 시대는 중세다. 톨레도 대성당은 1226년에 시작되어 1493년에 완성되었다. 자그마치 3세기에 걸쳐 지어진 것이다. 유럽에는 이와 같이 수백 년에 걸쳐 지어진 성당이 수두룩하다. 암흑의 시대, 기독교 절대권위의 시대에 사람들은 자신들의 삶과 죽음, 그리고 내세에까지 절대적인 권능을 가진 신을 두려워하여 이런 궁전을 지어 바쳤다. 아무리 강대한 제국이라도 인간을 위한 집이 국가적 프로젝트로 수백 년에 걸쳐 지어진 적은 없었다. 비록 더 크고 더 화려한 집을 가진 제왕이 있었다 해도 기껏해야 한두 세대에 건축이 끝났다. 종교의 힘이 아니면 인간이 하는 일이 그런 지속력을 갖기는 힘들다.

루카스의 집에서 만난 종교학자의 말대로 성당은 그야말로 볼 만하지만 세고비아의 수도교를 볼 때와 같은 신선함을 느끼기는 힘들다. 인간을 위한 건축이 아니기 때문이다. 고대 로마인들이 만든 구조물들은 대개 인간을 위한 것이었다. 그들은 신전도 지었지만 그 신들도 인간을 위한 신이었다.

알칸타라의 로마 다리

제국의 보급기지

에스파냐는 넓은 나라다. 유럽연합 국가 중에서 프랑스 다음으로 넓은 국토를 가지고 있다. 그래서 에스파냐 한가운데 있는 톨레도에서 포르투갈 국경 부근의 알칸타라까지는 제법 멀다. 자동차로 계속 달려도 반나절은 꼬박 걸리는 거리다. 대중교통을 이용하고 싶지만 알칸타라와 같은 오지에는 버스도, 기차도 가지 않는다. 위험을 무릅쓰고 오르막에서 시동 꺼트려가며 외국에서 직접 운전을 하는 것은 그런 곳에 가기 위해서다.

운전자용 정밀지도에는 알칸타라까지는 403번 국도, 90번 고속도로, 521번 국도를 달리다가 207번 지방도로를 타야 하는 걸로 되어 있다. 멀고 복잡한 여정이지만 '에스파냐 도로망은 믿을 만하다'는 여행안내서의 평가만 믿고 출발했다. 다행히 도로 상태는 좋다. 차도 별로 많지 않다. 고속도로변에는 광대한 평원이 펼쳐지고 올리브 농장이 지평선을 이루고 있다. 사막이 아닌 농작물로 이루어진 지평선은 중국의 요동벌판에서 본 옥수수밭 이후 두 번째다.

에스파냐가 로마 역사에 본격적으로 등장하는 것은 카르타고와의 대결부터다. 지중해의 패권을 두고 선진국 카르타고와 신흥국 로마는 맞붙을 수밖에 없었고, 에스파냐가 초기 전쟁의 무대가 되었다. 한니발이 그곳에서 몸을 일으켰기 때문이다. 이탈리아를 거쳐 북아프리카까지 무대를 옮겨가며 벌어진 포에니 전쟁에서 로마는 승리했고 에스파냐는 로마의 수중에 들어오게 되었다. 하지만 그 이후 로마는 원주민의 거친 저항에 부딪혔다. 포에니 전쟁의 승리자 스키피오의 후계자들은 반도를 정복하기 위해 2세기에 걸쳐 피를 흘려야했다. 최종적인 평정은 아우구스투스가 이루었다. 물론 전투는 아그리파의 몫이었다.

피의 대가는 값진 것이었다. 평화가 정착되고 로마화한 히스파니아 속주는 로마제국의 가장 중요한 영토가 되었다. 트라야누스를 비롯한 황제들이 그곳에서 태어났기 때문이 아니라 제국을 지탱해주는 물자가 풍부했기 때문이다. 관개기술의 도입과 함께 농업 생산성은 빠른 속도로 증가했고, 넓은 땅에서는 풍부한 농산물이 생산되었다. 특히 반도의 광대한 동남부지역에서는 포도와 올리브가 대량으로 재배되었다.

히스파니아는 북아프리카와 함께 로마의 식량창고 역할을 맡았다. 히스파니아가 로마에 중요했던 것은 농산물 때문만은 아니었다. 과달퀴비르 강 계곡에는 은광이 줄지어 있었고 황금·철·주석·구리·납 등도 풍부하게 생산되었다. 더 이상 전쟁을 걱정할 필요는 없었지만 레온에 1개 군단이 주둔했는데, 그것은 부근의 철광석과 황금 광산을 지키기 위해서였다. 히스파니아는 이렇게 해서 로마제국의 보급기지가 되었다.

그런데 에스파냐는 2천 년이 지난 오늘날까지도 농업 이외의 산업이 크게 부흥하지 못하고 있다. 피레네 산맥 저쪽의 '유럽인'들이 이국적인 분위기를 즐기기 위해 대거 찾아와 관광산업이 번성하고 있지만 그 외의 산업은 내세울 게 없다. '올리브와 관광'뿐인 것이다.

아름다운 로마 다리

네 시간 만에 알칸타라에 도착했다. 이 마을은 로마시대의 다리 중 보존상태가 가장 좋은 다리가 있는 곳이라 세고비아와 함께 나의 주요한 여행 목적지다. '알칸타라'는 '알카자르'와 마찬가지로 아라비아 말인데 '다리'(橋)라는 뜻이다. 로마제국과 서 고트 왕국 멸망 후 이곳에 들어온 아랍인은 로마시대에 건설된 다리를 보고 감탄했는지 다리 부근에 있는 이 마을을 알칸타라라고 불렀다. 마을 초입에는 다리를 비롯한 로마시대 유적을 안내하는 입간판이 커다랗게 서 있는데 거기에 그려진 마을 문장이 로마 다리를 도안한 것이다. 결국 로마 다리가 마을의 이름이 되었고 현재까지도 마을을 상징하고 있다.

자료에 의하면 인구는 1990년 현재 2천 명이라고 되어 있는데 10여 년이 흘렀다고 해서 큰 변화가 있을 것 같지는 않다. 유명한 로마시대 다리가 있다고 하지만 교통도 불편하고 먼 이 국경마을에 많은 관광객이 찾아올 리 만무하다. 나처럼 어떻게 해서든 다리를 보고야 말겠다는 사람들만 이 마을을 찾을 것이니 관광으로 먹고 살기도 힘든 동네다. 아마 주민들은 대부분 농업에 종사할 것이다.

로마시대에는 이곳으로 가도가 지나갔다. 가도는 대서양의 주요 항구인 카디즈에서 시작해 세비야·이탈리카·메리다를 거쳐 이곳 알칸타라를 통과한 다음 타호 강을 건너 계속 북상해 현재 포르투갈의 브라가로 이어졌다. 현재도 카디즈에서 알칸타라 바로 남쪽의 카세레스까지는 간선도로가 연결되어 있지만, 이 마을은 잊혀진 곳이 되어 1차선 지방도로만이 옛 가도의 명맥을 유지하고 있다.

마을을 벗어나자 타호 강으로 내려가는 급한 경사로가 이어진다. 구불구불 내려가 모퉁이를 돌자 드디어 다리가 시야에 들어온다. 계곡을 가로지르는 여섯

알칸타라의 로마 다리. 단순하고 아름답고 견고하다.
로마 시대의 다리 중 보존 상태가 가장 좋은 경우에 속한다. 트라야누스 시대에 건축되었다.

개의 우아한 로마식 아치. 장식은 다리 중간의 아치 하나뿐이다. 단순하고 아름답다. 확신에 찬 사람들과 시대만이 창조할 수 있는 건축이다. 중간에 서 있는 아치는 그야말로 장식일 뿐 다리의 통행을 차단하는 장치가 아니다. 평화의 시대의 산물이다.

다리는 서기 105년에 건설되었다. 트라야누스 황제가 제2차 다키아 전쟁을 벌이고 있을 때였으니 전시였지만, 로마제국은 그 어느 때보다 강대하고 안정되어 있었다. 그러니 머나먼 이곳 변방의 속주에도 이런 견실한 다리가 건설될 수 있었다. 트라야누스는 차기 황제 하드리아누스와 더불어 가장 많은 건축물을 남긴 로마 황제다. 그런데 하드리아누스가 개인적 용도의 건축물을 많이 지은 반면 그는 공공의 복지를 위한 건축물을 많이 남겼다.

알칸타라 다리를 정면으로 바라보는 위치에 조그만 로마식 신전이 있다.
내부에는 신상이 안치되어 있었겠지만 지금은 부서진 제단뿐이다.

시오노 나나미는 『로마인 이야기』에서 트라야누스가 로마와 본국 이탈리아에서 시행한 공공사업 가운데 중요한 것을 간추려 설명한 뒤 "제국 전역에 있는 걸 다 설명하자면 골치 아프니 하나만 설명하겠다"고 하면서 이 알칸타라 다리를 이야기한다. 그만큼 이 다리는 주목할 만한 가치가 있다는 말이다. 그녀는 알칸타라 다리가 "로마인의 건축이 실용성과 아름다움을 기본 조건으로 하고 있었다는 것을 보여주는 대표적인 예"라고 설명했다.

다리를 정면으로 바라보는 남단에 조그만 신전이 있다. 규모가 작지만 건축양식으로 보면 분명 로마 신전이다. 정면에 계단이 있고 출입문 좌우에 두 개의 벽기둥이 장식되어 있으며 3면은 화강석 벽이다. 신전이었으니 신상이 모셔져 있었겠지만 지금 내부에는 부서진 제단만 있을 뿐 신상은 없다. 박공 아래 흰 대리석 판이 길게 붙어 있는데 큰 글씨로 트라야누스 황제의 공식 이름이 새겨져 있다. IMP NERVAE TRAIANO CAESARI AVG GERM DACICO SACRVM. 제1차 다키아 전쟁이 끝난 것이 102년이니까 그의 이름에 다키아도 붙어 있다. 이름이 너무 길어 신전 정면의 가로 폭을 거의 다 차지한다.

3월 중순이라 아직 초봄이지만 햇살이 포근하다. 나무들은 아직 겨울의 모습이지만 양지바른 곳에는 풀이 파랗게 돋았고 노란 꽃도 피었다. 한 시간쯤 여러 앵글로 사진을 찍은 다음 다리가 잘 보이는 돌 벤치에 상을 차렸다. 차 트렁크에는 톨레도의 슈퍼에서 산 먹거리가 가득 들어 있다. 빵과 잼, 햄과 와인, 그리고 김치 대용의 올리브 절임 같은 것들이다. 오지를 다니면서 식사를 해결하기 위해 준비한 것들이다.

다리의 아치 곡선을 감상하며 점심을 즐기는 중에도 차량들은 끊임없이 다리를 오간다. 다만 폭이 충분하지 않아서 차량들은 교행(交行)을 하는데, 교통경찰이 없어도 흐름이 물 흐르듯 자연스럽다. 그런데 놀랍게도 목재를 산더미처럼 실은 대형 트럭이 줄지어 지나간다. 하기야 놀랄 일이 아니다. 튼튼하지 않다면 어떻게 2천 년 동안 저 다리가 서 있을 수 있었겠는가.

다시 추진되는 제국

차를 몰고 포르투갈 국경으로 접근하면서 혹시나 했는데, 역시 아무것도 없다. 무슨 말인가 하면 아무리 시골길이지만 명색이 국경인데 검문까지는 아니더라도 엉성한 경비초소 정도는 있을 줄 알았다. 그런데 아무것도 없다.

폭 좁은 개천이 국경을 이루고 있고 다리가 놓여 있다. 다리 이쪽 에스파냐 땅에 'Frontera Portuguesa'라고 쓰인 조그만 입간판이 서 있다. 에스파냐 말을 모르지만 '포르투갈 국경'이라는 뜻이겠지. 차에서 내려 걸어서 다리를 건너보니 국경이 있기는 하다. 다리 한가운데를 중심으로 양쪽의 아스팔트 색깔이 다르다. 다리 건너에는 'Portugal'을 열두 개의 노란 별이 감싸고 있는 유럽연합(EU) 간판이 서 있다. 그게 다다. 그 입간판 두 개만 뽑아버리면 어디에도 국경의 분위기는 없다.

로마인의 후예인 유럽인은 끊임없이 통합하고자 하는 유전인자를 가진 듯하다. 제국 붕괴 후 첫 재통합 시도는 신성로마제국이었다. 샤를마뉴의 제국은 게르만 국가들의 연합형태로 고대 로마와는 거리가 있었지만 명칭에서나마 로마를 이어받고자 했다. 19세기의 나폴레옹과 20세기의 히틀러도 로마제국 황제의 계승자가 되고 싶어했다. 특히 히틀러는 자신의 군대를 로마군의 상징들로 치장하기까지 했다. 오른팔을 앞쪽으로 비스듬히 들어 올리면서 "하일, 히틀러" 하고 외치는 경례법이나 독수리 깃발 같은 것은 로마군대를 그대로 모방한 것이었다. 그러나 그들은 과거의 로마제국을 전란의 도가니로 몰아넣으며 당대에 몰락해버렸다. 로마는 하루아침에 이루어지지 않는다.

이제 또 다른 형태의 통합이 추진되고 있다. 경제적 통합시도로 시작된 유럽통합작업은 이제 정치분야로 확대되었다. 1993년 12개국으로 시작된 유럽연합은 2004년 25개국(2007년 27개국)으로 늘어났다. 실질적으로 국경이 없어졌고 통화가 단일화되고 있다. 헌법비준 문제로 정치적 통합이 잠시 늦춰지고 있지만 통합작업 자체가 중단되지는 않을 것이다.

이런 사정으로 이제 유럽국가들 사이에 국경은 점차 희미해져가고 있다. 전에는 고속도로가 지나는 국경에 환전소가 있었다. 그러나 이제 화폐도 통합됐으니 고속도로에서 차가 멈춰 설 일은 없다. 하물며 이런 지방도로에서랴. 또한 지극히 가까운 이웃나라인 에스파냐와 포르투갈 사이에서랴. 시동을 다시 걸고 로마가도의 연장인 다리를 건너 대서양 방향으로 차를 달리기 시작했다.

제국의 땅끝 로카

안개 속의 타임캡슐

여행을 출발하기 전 나의 에스파냐·포르투갈 여행계획을 들은 회사 후배는 꿈꾸는 듯한 표정으로 말했다.

"아! 선배, 포르투갈에 가신다고요? 그러면 리스본도 가시겠네요. 가시면 알파마(Alfama) 지구에 꼭 가보세요. 아주 좋은 곳이죠. 거기 올라가실 때는 28번 트램을 타셔야 해요!"

그녀는 미혼의 30대 여성으로 혼자 배낭을 메고 겁 없이 세계를 돌아다니는 여행광이다. 그녀가 가장 최근에 다녀온 곳은 베트남이었는데 여자 혼자서는 결코 안전하다고 할 수 없는 베트남의 뒷골목 풍경을 열심히 설명하며 나한테도 한번 가볼 것을 권했다. 그녀의 취향과 나의 여행목적은 일치하는 부분이 거의 없지만 나는 알파마 지구를 방문해보기로 했다. 애초에 포르투갈까지 온 것은 '땅 끝'을 보기 위해서지만 리스본에서 하루를 머물며 땅 끝 이외의 가볼 만한 곳을 검토해본 결과 알파마 지구가 가장 적당하다는 결론을 내렸다. 여행안내서는 알파마 지구를 이렇게 설명하고 있다.

알파마 지구는 리스본 도심 오른쪽의 언덕 위에 있고, 리스본이 발전하기 시작한 최초의 지역이다. 1755년 리스본을 폐허로 만든 대지진 때도 피해를 입지 않았으며, 로마 시대와 이슬람 지배시대의 시가지와 16세기의 민가가 남아 있는 곳이다. 그뒤 귀족들과 부자들이 언덕 아래 신도시로 이주하면서 현재는 초라한 모습으로 변했다. 언덕에는 무어풍의 건축이 남아 있는 성 조르제 성(城)을 비롯해 로마네스크 · 고딕 양식의 성 안토니아 교회와 16세기의 카사드비코스 궁전 등이 있다. 또 언덕 비탈면에는 귀화한 무어인의 빈민가가 있다.

가볼 만하지 않은가. 후배가 강력하게 권했던 28번 트램에 올랐다. 트램은 구도심의 로시우 광장에서 출발하는데 한 량짜리다. 요금은 1유로. 승차하면서 10유로 지폐를 냈더니 차장이 자리에 앉아 잠시 기다리라고 한다. 여성이다. 처음 본 순간 누군가를 닮았다고 생각했는데 잠시 뒤 영화「스피드」에서 키아누 리브스와 주연한 산드라 블록이 떠올랐다. 훤칠한 키, 치렁치렁한 금발, 웃으면 얼굴을 반이나 차지하는 커다란 입과 얼굴 가득한 미소가 비슷하다. 산드라 블록은 영화에서 엉겁결에 버스 핸들을 잡고 러시아워의 LA 시내를 좌충우돌하면서 달리는 역할을 하는데 리스본의 이 차장은 트램을 운전하고 있다. 잠시 후 그녀는 거스름돈을 직접 내 자리까지 갖다주며 미소 지었다. 외국인 관광객에 대한 특별 서비스라 해도 대도시 대중교통 종사자가 이렇게까지 친절하기는 쉽지 않다. 고맙다고 이야기하며 알파마 지구의 꼭대기에 내려달라고 부탁했다.

트램이 덜컹거리며 천천히 움직이기 시작한다. 정차할 때마다 한두 사람씩 올라타고 차내가 서서히 소란스러워진다. 승객들은 모두 이웃사람들이다. 아침 일찍 시내에서 볼일을 보고 집으로 돌아가는 길에서 만나자마자 수다들을 떨

알파마 지구의 좁은 길을 오가는 28번 트램. 트럭과 승용차도 같은 길을 비집고 다닌다.

고 있다. 허리가 가슴보다 굵은 40대 주부들이 장바구니를 들고 큰 소리로 떠든다. 굵은 뿔테안경을 쓴 여대생은 베이지색 코트를 차려입은 할머니와 깔깔거리며 이야기를 한다. 몇 정거장 만에 거의 만원이 됐고 트램은 벌집처럼 소란해졌다. 그 소란의 와중에 내 앞자리의 소녀는 양손으로 얼굴을 받치고 나를 빤히 바라본다. 갈색 눈동자가 귀엽다. 내가 미소를 지어도, 사진을 찍어도 미동도 하지 않고 쳐다본다. '마을버스에 웬 외국인이야?' 하고 생각하는 걸까.

트램은 좁고 가파른 골목길을 잘도 올라간다. 정지하면 뒤로 미끄러져 내릴 듯 경사는 급하다. 미로처럼 좁고 복잡한 길에는 트램만 다니는 것이 아니다. 버스와 승용차, 소형 트럭들과 사람들이 뒤섞여 움직이고 있다. 그런데 모두 익숙한 듯 전혀 혼란스럽지 않다. 잠시 엉겨도 서로 양보하면서 조용하고 신속하게 해결한다. 그렇게 하지 않는다면 이 좁은 골목길은 종일 전쟁터가 될 것이다.

창밖으로 손을 뻗으면 베란다 밖으로 펄럭이는 빨래에 손이 닿을 듯하다. 집들은 낡았고 벽면을 가득 채운 아라비아 풍의 푸른 타일은 여기저기 떨어져 나갔다. 골목길을 오가는 사람들은 그런 배경에 어울리는 배우들처럼 적당히 남루하다. 과거의 어느 한 시기에 시간이 멈춘 듯하다. 타임캡슐처럼.

서서히 소리가 잦아드는가 싶더니 어느 순간 차 안이 조용해졌다. 트램이 정차하고 차장이 뒤돌아보며 내리라고 한다. 알파마 정상이란다. 마을사람들은 이미 다 내렸다. 이제 트램은 다시 언덕을 내려가며 마을사람들을 가득 태울 것이고, 로시우 광장에 도착할 때까지 사람들의 수다가 끊이지 않겠지.

친절한 차장에게 눈인사를 하고 내렸다. 그런데 정상에서는 리스본 항구가 훤히 보여야 하지만 자욱한 아침안개 탓에 아무것도 보이지 않는다. 비탈에 들어선 하얀 회벽 주택들과 바닷바람에 흔들리는 몇 그루 종려나무만 보일 뿐이다.

오디세우스의 도시

'신화에 가까운' 역사에 의하면 리스본을 건설한 사람은 오디세우스다. 목마의 뱃속에 숨어들어가 트로이를 멸망시킨 이타카 왕 오디세우스가 전쟁 후 지중해를 떠돌다 이곳에 도착해 도시를 세웠다는 것이다. 고대 로마 역사가 솔리누스의 주장이다. 오디세우스 일행은 이타카로 귀환하던 중 지중해의 한 섬에서 외눈박이 거인 폴리페모스의 눈을 찔러 장님으로 만들어버린다. 그런데 그 거인은 바다의 신 포세이돈의 아들이었다. 하나밖에 없는 눈을 찔러 사랑하는 아들을 장님으로 만들어버렸으니 포세이돈이 오디세우스를 곱게 보내줄 리가 없다. 오디세우스는 10년간이나 지중해를 이리저리 떠돌게 된다.

신화와 전설 중에는 사실에 근거하는 것이 있다고 믿는 현대의 학자들은 연구를 통해 오디세우스의 항해여정을 밝혀내고 있다. 빅토르 베라르라는 사람은

알파마 지구의 건물 벽은 푸른 타일로 장식되어 있다.

오디세우스 일행이 헤라클레스의 기둥, 즉 오늘날의 지브롤터 해협에 도달했다고 주장하고 있다. 오디세우스를 사랑하여 그를 7년 동안이나 붙잡아두었던 여신 칼립소의 섬이 바로 그곳에 있었다는 것이다. 지브롤터까지 갔다면 그곳에서 멀지 않은 리스본에 도착했다는 이야기도 불가능하지 않다. 1,008킬로미터에 이르는, 이베리아 반도 최장인 테주(Tejo, 에스파냐의 타호) 강은 하구에 이르러 폭이 10킬로미터로 넓어지고 대서양으로 빠져나가는 지점은 다시 2킬로미터로 좁아진다. 바다처럼 넓은 강이 파도도 없이 잔잔하다. 오디세우스가 아니더라도 항구가 들어설 수밖에 없는 입지다.

그런데 그런 유서 깊은 리스본 항이 안개 속에 숨어 전혀 보이지 않으니 아쉽다. 아주 깊은 동굴 속에서 들리는 듯한 뱃고동소리만 가끔 짙은 안개를 뚫고 들려온다. 아직 이른 아침이니 안개가 걷히려면 몇 시간은 기다려야 할 것이다. 언덕 위의 성 조르제 성에는 로마시대의 성채 유적이 있다고 하지만 기단만 남아 있을 뿐이고, 현재의 건물은 후세의 것이라 굳이 볼 필요는 없다. 28번 트램이 내려간 방향으로 천천히 발길을 옮긴다.

경사진 길을 천천히 내려가다보니 골목길에 고소한 냄새가 퍼진다. 길모퉁이에 빵 가게가 있다. 가게 안에는 금방 구워낸 빵이 가득 쌓여 있다. 빵 이외에는 아무것도 없다. 말하자면 동네 쌀집이다. 몇몇 여자들이 봉지에 든 빵을 들고 골목길로 종종걸음을 친다. 유스호스텔에서 간단히 요기를 하고 나왔지만 화덕에서 금방 구워낸 빵의 고소한 향기는 입맛을 다시게 한다.

게르만 계열인 초로의 부부가 기념품 가게의 장식장을 유심히 구경하고 있다. 알파마 골목의 남루한 풍경을 아라비아 청색으로 그린 접시들이 진열되어 있다. 라인 강을 건너 피레네 산맥을 넘어 대서양에 면한 이곳까지 온 그들에게 오디세우스의 도시는 이국적일 것이다.

이제 알파마를 떠나야 할 시간. 마침 28번 트램이 내려온다. 혹시 몰라서 출입

오디세우스의 도시 리스본이 짙은 안개에 잠겨 있다.
리스본은 테주 강이 10킬로미터의 폭으로 넓어진 곳에 건설되었다.

문을 열고 차장에게 "로시우 광장 가느냐"고 물었다. 이번에는 산드라 블록이 아니고 나이 많은 남자다. 그는 영어를 알아듣지 못한다. 안쪽에서 핸섬한 청년이 출입문으로 다가오더니 손가락 네 개를 펼쳐 보이며 "여기서 광장까지는 400미터밖에 안 된다"고 일러준다. 타자마자 내려야 하니까 걸어가는 게 좋다는 이야기다. 방향감각 없이 내려오다보니 이미 광장 주변까지 와버린 것이다. 산드라 블록도 그렇고 이 청년도 정말 친절하다. 두 사람으로 인해 나의 포르투갈 인상은 결정지어졌다.

땅이 끝나는 곳

유럽대륙의 서쪽 땅끝 로카 곶(Cabo Da Roca)은 까마득히 높은 절벽이다. 아래를 내려다보니 현기증이 난다. 대서양의 거친 파도가 으르렁거리며 발치를 물어뜯고 있다. 바위틈에 난 키 작은 풀들은 세찬 바람에 납작 엎드린 채 이리저리 흔들리고 있다. 알파마 지구를 감쌌던 짙은 안개는 이제 많이 걷혔지만 수평선은 아직도 보이지 않는다. 이 절벽 끄트머리에 돌을 쌓아 세운 소박한 기념탑이 서 있는데 포르투갈 시인 카몽에스의 시 구절이 새겨져 있다.

    AQUI……ONDE A TERRA SE ACABA E O MAR COMECA.
    이곳은……땅이 끝나는 곳. 그리고 바다가 시작되는 곳.

단순히 풍경을 읊었다고 볼 수도 있겠지만 '대항해시대'를 열었던 포르투갈 사람들을 생각하면 다르게도 읽힌다. 그들은 땅이 끝났다고 해서 땅 안에만 머물지 않았다. 500년 전 그들은 여기서 시작되는 바다를 향해 항해를 시작했고 세계 각지에 그들의 깃발을 꽂았다.

그러나 2천 년 전 대서양을 바라보는 절벽에 도달한 로마인은 발길을 멈출 수밖에 없었다. 더 이상 정복할 땅이 없었기 때문이다. 제2차 포에니 전쟁이 끝나고 반세기 후, 그러니까 기원전 2세기 중반에 로마인은 이베리아 반도를 거의 다 차지했고, 따라서 이 로카 곶도 로마 영토였다.

로마제국에 애정을 가진 사람들은 로마의 영토확장에도 따뜻한 시선을 보낸다. 그들은 로마가 영토를 확장한 것은 남의 땅을 탐내서가 아니라 국가의 안전보장을 위해 주변의 위협요소를 제거하기 위해서였다고 변호한다. 이탈리아 반도의 조그만 도시국가였던 로마가 반도 내의 경쟁자들을 제압하다보니 반도

유럽 대륙의 서쪽 끝 로카 곶. 600년 동안 로마제국의 영토였다.

통일이 이루어졌고, 역시 국가안보를 위협하는 북쪽의 켈트족을 무찌르다보니 갈리아가 로마 영토로 편입되었고, 또한 지중해의 숙적 카르타고를 세 차례에 걸친 전쟁 끝에 멸망시켰더니 북부 아프리카와 에스파냐가 수중에 들어왔다는 것이다. 즉 국가안보를 위해 열심히 애쓰다보니 그만 지중해를 내해로 삼는 대제국이 건설되어버렸다는 것이다.

물론 이런 설명은 부분적으로 맞다. 실제로 기원전 4세기 켈트족에 의해 로마가 약탈당해 국가가 존망의 기로에 처한 적이 있었다. 당시 켈트족은 로마인의 성소인 카피톨리노 언덕까지 유린했다. 따라서 로마 입장에서 켈트족은 반드시 꺾어야 하는 대상이었다. 코앞의 시칠리아에까지 진출해 있던 선진국 카르타고도 분명 위협이었다. 지중해는 운명의 싸움터였고 이기지 못하면 로마가 멸망할 수밖에 없는 상황이었다.

로마가 그런 위협요소들을 제거해 국가의 안전보장을 확고히 한 것은 맞지만 로마라고 해서 영토에 대한 욕심이 왜 없었겠는가. 로마 공화정 말기, 흑해 남쪽 연안 폰토스의 미트라다테스 왕이 로마에 반기를 들었다. 속주에 대한 가혹한 착취와 민족정신이 불러온 일이었다. 폰토스의 로마인은 가차 없이 살육 당했으며 소아시아 전체와 그리스까지 미트라다테스를 따랐다. 로마는 반란을 진압하는 데 많은 어려움을 겪었다. 미트라다테스는 로마에 최종적으로 제압되기 전 동방의 파르티아 왕에게 보낸 동맹요구 서한에서 이렇게 부르짖었다. "로마인은 예로부터 단 하나의 목적을 가지고 외국과 전쟁을 해온 민족이었소. 부와 영토에 대한 끝없는 탐욕이 그것이오!"

나라를 빼앗긴 자의 입장에서 보면 로마는 온 세상을 다 집어삼켜도 만족할 줄 모르는 탐욕덩어리였던 것이다.

그러나 당시 소아시아 남부의 킬리키아 속주 총독이었던 키케로는 "아시아는 우리 로마 덕분에 끝없는 전쟁과 내분에서 구출되었다는 사실을 직시하지 않으면 안 된다"고 말하며 미트라다테스의 반란을 비판했다. 요즘의 관점에서 보면 민족적 우월감에 가득한 제국주의자의 시각이라고 할 수밖에 없다.

영토에 대한 욕심이 있었든 없었든, 그렇다면 로마는 무엇으로 그런 위협요소들을 제거했는가. 로마는 공화제로 이행한 뒤 이탈리아 반도를 통일해나가는 과정에서 고대 인류 역사에서 유례를 찾기 힘든 국가운영 시스템을 갖추어나갔다. 시민과 원로원이 권력을 나눠 갖는 민주적 정치체제, 국가 비상사태에 신속히 대처하는 행정 시스템, 풍부한 인재풀 양성, 그리고 무엇보다 명예를 중시하는 로마 정신, 거기다 패자까지 로마에 동화시키는 개방성. 이런 것들이 유기적으로 결합된 시스템으로 로마는 지중해세계 최강의 국가로 발전했고, 경쟁자들을 제압하며 영토를 땅 끝까지 넓힐 수 있었다.

이런 국가운영의 틀은 제국을 오래도록 존속시켰으며 멸망하는 데만 300년이나 걸리게 했다. 그래서 걸출한 역사가 에드워드 기번은 로마제국 쇠망의 역사만 가지고 평생의 역저를 저술할 수 있었다. 5세기, 제국이 서서히 해체되면서 제국 동북방에 살던 고트족이 이곳 이베리아 반도에 들어와 그들의 왕국을 세웠다. 그때까지 로카 곶은 로마제국의 영토였다. 무려 600년이라는 긴 세월 동안.

가끔 관광객을 실은 버스가 들어왔다가 10여 분 머물다 떠난다. 로마를 여행하는 나한테는 제국 영토가 최대한 팽창한 지점이라는 의미가 있어 답사장소가 되지만 이 장소에 특별한 관심이 없다면 오래 머물 이유가 없다. 대부분의 관광객들에게는 기념사진 한 장이면 족한 곳이다. 그래서 다들 절벽으로 몰려가 증명사진을 찍고는 바로 떠난다.

관광안내소에서 '로카 곶 방문증명서'라는 걸 팔고 있다. 표창장처럼 둘레가 화려하게 장식되어 있고 글씨는 고풍스런 이탤릭체다. 멋을 냈지만 세련미는 없다. 5유로 · 10유로 두 종류인데 10유로짜리에는 로카 곶 컬러 사진이 붙어 있다. 아이디어 상품이다. 우리나라 땅 끝인 마라도나 백령도 같은 데서도 이런 걸 만들어 팔면 잘 팔리지 않을까? 밑천도 별로 안 드니 망할 위험도 극히 적은 사업 아이템이다.

일본 할머니가 들어오더니 10유로짜리를 산다. 초등학생처럼 키가 작은 할머니다. 물건을 받아들고 돌아서는 그녀에게 종업원이 "아리가토" 하고 인사를 하자 놀란 듯 획 돌아선다. 반가움과 놀람과 호기심이 뒤섞인 표정이다. 그녀는 눈을 반짝이며 마치 실험하듯 종업원에게 "사요나라" 하고 인사한다. 종업원이 익숙한 발음으로 "사요나라" 하고 답례하자 그녀는 생긋 웃고는 돌아서 나간다. 해외여행이 처음인 것이 분명하다.

와인, 그리고 코르크

다시 리스본으로 돌아와 테주 강이 대서양으로 빠져나가는 병목지점에 세워진 '4월 25일 다리'에 성공적으로 진입했다. 극도의 긴장상태에서 낯선 포르투갈의 교통표지판을 순간적으로 해독해야 했다. 이것이 실패했다면 에스파냐로 가기 위해 복잡한 리스본 시내를 헤매야 했을 것이다. 이제 다리를 건너 고속도로를 직진하면 에스파냐로 연결된다. 다리는 2천 미터가 넘는다. 원래는 독재자의 이름을 붙여 '살라자르의 다리'라고 불렸는데 1974년 4월 25일 혁신군부에 의한 쿠데타가 성공하자 그때의 무혈혁명을 기념해 '4월 25일 다리'라는 이름으로 바꾸어 부르기 시작했다고 한다. 이제 안개가 많이 걷혀 왼쪽으로는 바다처럼 넓은 리스본 항이 한눈에 보이고 오른쪽에는 테주 강이 대서양으로 흘러가는 것이 보인다. 장관이다.

그런데 오디세우스가 건설했다는 리스본 항구의 멋진 모습을 편안한 마음으로 즐길 수가 없다. 세찬 바람에 다리가 흔들리기 때문이다. 간이 콩알만 해진다. 그래서 빨리 지나고 싶은데 교통량이 워낙 많아 속도를 낼 수도 없다. 마음을 졸이며 맞은편에 도착하자 거대한 그리스도 상이 언덕 위에서 팔을 벌리고 항구를 감싸고 있다. 브라질의 아름다운 항구 리우데자네이루에 저와 비슷한 것이 있다. 브라질은 포르투갈의 식민지였는데, 어느 쪽이 오리지널인가?

에스파냐로 가는 고속도로에 접어들었다. 포르투갈은 국토 면적이 9만 평방킬로미터를 조금 넘는다. 남한과 비슷하다. 국토가 세로로 길쭉하기 때문에 횡단하는 데는 긴 시간이 걸리지 않는다. 고속도로를 통해 1시간 30분 정도면 에스파냐로 넘어갈 수 있다. 그런데 도로는 깨끗한데 차가 거의 없다. 도로 주변에 광고판 하나 보기 힘들고 공장도 없다. 파란 초원에서 소 떼만 한가히 풀을 뜯고 있을 뿐이다. 경작지엔 늙은 올리브와 코르크 나무만 드문드문 서 있다. 코르크는 와인과 더불어 포르투갈의 주요한 생산품목이다.

포르투갈의 1인당 국민소득은 1만 달러를 겨우 넘는다. 유럽 국가 중 뒤떨어진 나라로 에스파냐·그리스·아일랜드·포르투갈을 꼽지만 그중에서도 포르투갈이 가장 비관적인 것 같다. 그리스는 올림픽을 개최하고 아일랜드는 최근 들어 성공적으로 경제를 일으키고 있다. 그러나 축구 소식을 제외한다면 우리가 포르투갈이라는 나라를 뉴스에서 접할 일이 있는가. 한때 세계 각지에 국토 면적의 스무 배가 넘는 식민지를 가졌던 제국이 이제 잊혀진 촌동네가 되어버렸다. 졸부가 재산을 탕진하듯 식민지의 막대한 부는 본국의 근대산업 형성에 사용되지 못했고 최근까지 정치도 불안했다.

요즘 유럽 선진국의 은퇴 노인들이 여생을 포르투갈에서 보내기 위해 연금을 싸들고 온다고 한다. 물가가 싸고 자연환경이 좋기 때문이다. 정부도 적극 받아들인다고 한다. 하지만 그런 것 가지고는 나라 살림이 크게 좋아지지 않는다. 언제쯤 포르투갈은 잠에서 깨어날까.

쌩하고 달리는 가운데 국경을 통과해버렸다. 국경인 줄 미처 몰랐는데 룸미러를 통해 유럽연합 깃발이 펄럭이는 것이 보인다. 도로변 풍경이 즉시 달라진다. 생기가 느껴지고 소득 차이 5,000달러가 확실히 감지된다. 다시 에스파냐.

전략거점도시 메리다

다리가 거기 있었네

맑은 햇살에 하얗게 빛나는 길이 직선으로 뻗어 있다. 사람들은 산책하듯 유유히 오간다. 자전거를 탄 노신사가 사람들 사이를 천천히 달려 멀리 사라져가고 유모차를 미는 젊은 엄마는 아기와 눈을 맞추며 미소 짓는다. 길은 곧고 아주 길어서 끝이 까마득하다. 그런데 길이 공중에 떠 있는 느낌이다. 머리를 스치는 생각이 있어 옆으로 몇 발자국 옮기니, 파도치듯 멀리까지 이어진 화강석 아치들이 길을 받치고 있다. 얕고 넓은 강 위에 로마 다리가 놓여 있는 것이다. 강은 과다니아 강이고, 다리는 현존하는 로마 다리 중 가장 긴 걸로 유명한 메리다의 다리다. 하얗게 빛나는 길은 다리의 상판이었다.

메리다에는 극장을 보기 위해 왔다. 로마시대 극장 중 보존상태가 가장 좋은 것이 메리다에 있다고 들었기 때문이다. 그러나 대규모 극장이 있는 도시라면 로마시대에는 큰 도시였고 따라서 다른 유적도 많은 법이다. 그중 우아하고 장대한 다리가 먼저 나를 맞이한 것이다.

메리다의 로마시대 이름은 에메리타 아우구스타(Emerita Augusta)였다. 이름에서 알 수 있듯 아우구스투스가 세운 도시다. 아우구스투스는 기원전 25년에

처음에는 길인 줄 알았는데 로마의 다리였다. 현존하는 로마 다리 중 가장 길다.
메리다의 과다니아 강을 가로지른다.

제5군단과 제10군단의 제대 군인들을 이주시켜 이 도시를 건설했다. 그는 푸블리우스 카리시우스라는 군인을 이 도시의 행정책임자로 임명했지만, 도시의 건설책임자로는 당시 건축가로 '직업을 바꾼' 아그리파를 보냈다. 현재 메리다는 지방의 조그만 관광도시에 불과하지만 로마시대에는 이베리아 반도의 전략 거점 도시였다. 현재의 포르투갈 대부분과 에스파냐 중서부를 포함하는 루시타니아(Lusitania) 속주의 수도였으며 남쪽으로는 베티카(Baetica) 속주로 연결되고 동쪽으로는 타라코넨시스(Tarraconensis) 속주로 통했다. 그래서 로마 당시를 그린 지도를 보면 가도가 메리다에서 사방팔방으로 뻗어나간 걸 볼 수 있다.

다리에 올랐다. 아마도 아그리파의 감독을 받아 건설되었을 것이다. 세고비아의 수도교나 알칸타라의 다리도 그랬지만 2천 년 전에 건설된 다리가 여전히 현역이라는 사실은 감동적이다. 전체의 폭은 8미터쯤 되고 인도는 5미터 남짓

하다. 자동차가 왕복 통행하기에는 좁아 보행전용으로 사용된다. 메리다 시민들은 문화유산을 일상생활에 이용하는 호사를 누리고 있는 것이다. 다리는 강 중간의 섬을 통과한다. 그렇게 함으로써 건설공사가 용이했을 것이고 건설 이후에는 거센 물살을 피할 수 있었다.

다리의 측면은 눈을 즐겁게 한다. 높지 않아 위압적이지 않고 화강석으로 쌓은 아치의 반복은 리드미컬하다. 그런 물결무늬가 장장 800미터에 이른다. 교각에는 창을 낸 것처럼 조그만 구멍을 하나씩 냈는데 수량이 많을 때 수압을 줄이기 위해 낸 것이겠지만 시각적으로도 재미있다. 자세히 보면 화강석 하나하나에는 조그만 홈이 파여 있다. 돌마다 그 위치는 조금씩 다르다. 이런 홈은 X자 모양의 금속제 집게로 돌을 들어올릴 때 미끄러지지 않도록 낸 것인데 고풍스러운 분위기를 더한다. 집게로 집어서 기중기로 들어 올리는 로마시대의 작업 광경이 떠오르기 때문이다.

다리가 끝나는 지점에 그 유명한 암늑대상이 서 있다. 로마의 창업자 로물루스와 레무스가 젖을 빨고 있는 바로 그 동상이다. 물론 오리지널은 로마에 있지만 로마유적이 있는 곳이면 상징처럼 복제품이 자리 잡고 있다. 세고비아의 수도교 아래에도 암늑대는 있었다.

문화레저 복합단지

다리 북단에서 시작된 완만한 오르막 끝에 극장과 원형경기장이 있다. 주변에서 가장 높은 지역이다. 로마시대의 도심은 다리와 극장 사이의 비스듬한 지역에 펼쳐져 있었다. 극장은 원형이 가장 잘 보존되어 있다고 하지만 물론 온전한 모습이 아니다. 극장 입구에 복원 공사 이전의 사진이 걸려 있는데 거의 폐허에 가까운 모습이다. 전쟁과 지진, 그리고 무엇보다 오랜 세월이 극장을 그

로마의 시조를 키운 암늑대가 에스파냐 메리다의 로마 다리를 내려다보고 있다.

냥 두었을 리 없다.

무대 건물은 완전히 허물어진 것을 오랜 시간 충실하게 복원했다. 부러진 기둥을 접착제로 붙이고 1층과 2층 기둥 사이의 대리석 장식들도 최대한 제자리에 맞춰 넣었다. 목이 부러지고 팔과 다리가 없는 것도 있지만 무대를 장식하던 대리석 인물상들도 제자리를 잡고 있다. 그래서 완전하지는 않지만 로마시대의 규모와 분위기를 느낄 수 있다. 대리석 기둥들은 메리다의 파란 하늘색을 닮았다. 그것만으로도 극장은 너무나 아름답다.

청중석은 겉으로 보면 거의 완전하게 고대의 모습을 유지하고 있다. 그러나 사진 촬영을 위해 청중석 상단으로 올라가보니 허물어진 부분을 원형과 비슷한 색의 합성수지로 수리해놓은 곳이 군데군데 보인다. 그렇지만 시공은 세심하게 되었고 원형을 훼손하지도 않았다. 이런 충실한 수리 덕분에 극장에서는 현재도 다양한 공연이 펼쳐진다. 메리다 시민들은 다리뿐만 아니라 극장도 로마시대의 것을 일상적으로 사용하고 있다.

로마인은 그리스 극장을 받아들여 로마식으로 발전시켰다. 그리스 극장은 대부분 언덕의 경사면에 세워졌다. 관중석을 만들기 쉬웠고 자연과 어울릴 수 있었기 때문이다. 그러나 로마인은 도심에 극장을 세우고 싶어했다. 로마인이 생각한 극장은 도시 인프라의 중요한 부분이었기 때문이다. 그렇게 하자면 관중석을 떠받치는 건축기술이 필요했다. 여기에 사용된 기술이 볼트(Vault)였다. 볼트는 아치의 연속, 즉 둥근 천장의 긴 회랑이다. 로마인의 건축술인 볼트는 아름답고 우아한 공간을 창조했고 위에서 가해지는 중량을 분산시키는 데도 유리했다. 스탠드 아래 종횡방향으로 볼트 통로를 설치하자 수천 명의 시민이 순식간에 극장에 들어오고 나갈 수 있게 되었다. 메리다의 극장에는 이 볼트 구조의 출입구들이 원형대로 잘 남아 있다.

로마시대에 스케나(Scena)로 불렸던 무대 건물——현대 영어의 신(scene)이

세계 어느 곳보다 원형이 잘 보존된 메리다의 로마 극장. 오늘날에도 여름이면 이곳에서 도시의 연극축제가 열린다.

다―도 큰 변화를 겪었다. 그리스 극장의 무대 건물은 작고 소박했으나 로마인은 이 부분을 웅장하고 화려하게 꾸몄다. 높이는 2~3층으로 높아지고 폭도 무대 전체를 커버했다. 전면은 화려한 기둥들과 조각상으로 장식해 비극·희극·역사극에 모두 대응할 수 있도록 했다.

그런데 문제는 소프트웨어였다. 그리스 연극은 전통적인 비극과 희극이 주류를 이룬 반면 로마의 극장에서 공연된 작품들은 수준이 그리 높지 않았다. 민족의 역사를 다룬 서사물이나 희극적이고 선정적인 팬터마임, 정치풍자극이 주류를 이루었다. 심지어 여성들이 나체쇼를 하기도 했다. 군사와 건축과 공공정신에서는 앞섰는지 몰라도 철학과 예술에서는 그리스를 따라갈 수 없었다. 그리스 극장을 건축적으로 훨씬 고도화시킨 이런 화려한 극장에서 수준 높은 비극과 희극 대신 대중적인 코미디가 상연되었으며 주민들은 그것에

볼트 형 통로를 통해 본 메리다 극장의 무대. 완전히 파괴되었던 것을 세심하게 복원했다.

만족했다.

극장 곁에 원형경기장이 붙어 있다. 그러니까 이 언덕 지역은 로마시대 메리다의 문화레저 복합단지였다. 주민들은 이곳에서 번갈아가며 열리는 연극 공연과 검투사 시합을 보며 제국 시민으로서의 여가생활을 즐겼을 것이다. 경기장은 관중석을 포함해 가장 긴 축이 126미터에 이르고, 투기장의 가장 긴 폭이 54미터다. 관중석 스탠드는 지금은 열 칸 정도만 남아 있지만 원래는 1만 5,000명을 수용할 수 있는 규모였다. 관중석 동쪽과 서쪽의 가장 아랫부분에 귀빈석이 있었다. 지금도 원형이 거의 그대로 보존되어 있다. 동쪽은 고관들의 자리였다. 속주 총독은 그 자리에서 엄지손가락으로 검투사의 운명을 결정했을 것이다. 맞은편 서쪽 귀빈석은 경기를 재정적으로 후원한 부유한 시민들 차지였다. 로마도 권력과 돈이 지배하는 사회였음을 알 수 있다. 그 양쪽 귀빈석에는 경기장의 건축연도를 확인할 수 있는 로마시대의 명문(銘文)이 새겨져 있다.

> 아우구스투스 황제, 성스러운 카이사르의 아들, 최고제사장, 열한 번째의 집정관, 열네 번째의 최고사령관.

학자들은 이 해가 기원전 8년이라고 밝히고 있다. 아우구스투스는 기원전 44년 카이사르의 계승자가 된 뒤 약 10년 동안 입지를 다져 기원전 23년 무렵부터는 '제1인자'가 되었는데, 귀빈석에 새겨진 지위는 그 해를 기준으로 계산한 것이다. 그는 메리다의 원형경기장이 준공된 해까지 임기 1년의 집정관을 열한 차례 지냈고 로마군의 최고사령관은 14년째 맡고 있었다. 경기장의 건축연도를 기록하면서 아우구스투스의 지위들을 열거한 걸 보면 그가 당시 확고한 절대권력자가 되었음을 알 수 있다.

수백 년 동안 주민들에게 오락을 제공했던 원형경기장은 어느 시기 갑자기 버려졌다. 기독교국가가 된 로마에서는 검투사경기를 더 이상 할 수도, 볼 수도 없게 되었기 때문이다. 중세에는 새로운 건물을 짓기 위해 석재를 빼갔고 근대에 들어와서는 다이너마이트로 경기장을 부수기까지 했다고 한다. 사람들이 고대의 건축물을 문화재로 인식하기 시작한 것은 그리 오랜 일이 아니다. 그래서 경기장은 이제 살점을 다 뜯긴 앙상한 모습으로 남아 있다. 시에서도 극장은 복원해서 다시 사용하고 있지만 원형경기장은 발굴만 하고 그냥 방치하는 듯하다. 하기야 복원을 해서 무엇에 사용하겠는가. 검투사경기를 다시 할 수도 없는 일이니.

숙소로 돌아가는 길에 재미있는 간판을 발견했다. 로마 병정이 하몽(Jamon)을 들고 있는 그림이다. 하몽은 돼지 뒷다리로 만든 햄으로 에스파냐의 상징

로마 병사가 하몽을 들고 있다.
로마와 에스파냐의 상징이 결합된 모습이다.

같은 음식이다. 그러니 간판은 로마와 에스파냐의 상징을 결합해놓은 것이다. 메리다는 로마의 식민도시였다. 그런데 현재 주민들은 로마의 지배에 대한 반감이 없다. 오히려 로마시대를 자랑스러워하고 있다. 시에서 발간한 안내책자는 머리말에서 '과거의 영광을 가슴에 품고 미래의 빛나는 영광을 향해 나가는 도시'라고 시를 소개하고 있다. 그들에게 있어 로마시대는 영광스런 과거다. 식민지배를 당했는데 무엇이 영광스러운가. 그것은 혼혈정책 덕분이다. 로마 군단의 퇴역군인들은 이 지방 여성들과 결혼했을 테니 고대 로마인은 현재 주민들의 조상이 된다. 새로 정복한 땅을 영원히 지배하는 데는 결혼정책이 가장 효과적이다.

멕시코 대학생들에게 "코르테스를 어떻게 생각하느냐"고 물으면 "우리 할아버지잖아요"하고 대답한다. 코르테스는 16세기에 멕시코에 상륙해 원주민 왕을 죽이고 멕시코를 멸망시킨 에스파냐 장군이었다. 에스파냐 정복자들은 조상인 고대 로마인에게 배웠는지 중남미 식민지에서 혼혈정책을 실시하여 오늘날까지 주인 행세를 하고 있다.

투우사 폴리

에스파냐의 숙박업소는 별의 개수로 등급을 표시하는데 다섯 개짜리 초특급 호텔부터 하나짜리 저렴한 숙소까지 선택의 폭이 넓다. 메리다와 같은 고도의 경우 초특급 호텔이라고 해서 덩치 큰 현대식 건물이 아니고, 유서 깊은 옛 건물을 분위기를 그대로 살리면서 편안하게 꾸민 호텔들이 많다. 말할 것도 없이 엄청나게 비싸다. 그런 곳에서 하루쯤 지내보고 싶은 마음이 없지 않지만 배낭여행객한테 어울리는 집은 아니다.

내가 메리다에서 하루를 묵은 집은 별 하나짜리 오스탈(Hostal-저렴한 호텔)이다. 간판은 'El Torero' (투우사). 숙박업과 식당을 겸하고 있는 집이다. 건물 입구에 동네사람들의 선술집 역할을 하기에 적당한 카페테리아와 어느 정도 격식을 갖춘 레스토랑이 있고 그뒤에 숙소 건물이 있다. 방은 좁은 편이지만 깔끔하고 창문으로는 오래된 무화과나무가 보인다. 운 좋게 찾은 멋진 집이다.

낮에 방을 예약하기 위해 카페테리아에 들어서자 동네 사내들이 TV 앞에 모여 앉아 투우 중계방송을 보고 있었다. 노련한 투우사가 거대한 검은 소를 희롱할 때마다 그들은 소리를 지르고 생맥주잔으로 테이블을 두드리며 열광했다. 내가 보기에 그렇게 극적인 장면이 아닌데도 그들은 쉽게 흥분했다. 아마도 검은 소의 절망에 찬 몸짓과 투우사의 우아한 연기가 그들의 피를 뜨겁게 하기 때문이리라.

저녁에 생맥주를 한잔 하기 위해 다시 카페테리아에 들렀는데 그들은 이제 축구 중계방송을 보고 있다. 저녁시간이라 숫자가 조금 많아졌을 뿐 맥주잔을 들고 방송을 보며 흥분하는 분위기는 낮과 조금도 달라지지 않았다. 나도 생맥주 한 잔과 하몽 한 접시를 주문해서 빈 테이블을 차지하고 앉았다. 레알 마드리드 팀과 레알 사라고사 팀이 경기를 벌이고 있다. 아마도 에스파냐 국내 리그인 프리메라 리가의 중요 경기인 듯하다.

메리다는 지리적으로 마드리드뿐만 아니라 에스파냐 북동부의 사라고사와도 많이 떨어져 있어 이 동네 사람들과는 별로 연고가 없을 듯한데도 사내들은 연신 소리를 질러댄다. 낮에 투우를 볼 때보다 훨씬 더 시끄럽다. 레알 마드리드는 지네딘 지단·데이비드 베컴·호나우두·루이스 피구·카를로스·모리엔테스 등 세계의 슈퍼스타들이 모두 모여 있는 팀이다. (2004년 3월 기준이다. 2002 월드컵 덕분에 나도 이런 선수들의 이름을 줄줄이 꿰게 되었다) 그런데 이런 호화군단이 그만 사라고사에 3대 2로 무릎을 꿇고 만다. 2대 2 동점으로 진행되던 경기가 종료 직전 사라고사 선수의 그림 같은 슛으로 승부가 결정되어버린 것이다. TV로 중계되는 운동장도, 투우사의 집도 열광의 도가니다.

그러나 내가 프리메라 리가에 그들처럼 흥분할 이유는 없다. 짭짤한 하몽을 안주로 시원한 생맥주를 마시며 실내를 둘러보니 네 벽면이 모두 투우와 관련된 장식으로 채워져 있다. 가장 눈에 띄는 것은 소머리 박제다. 위협적으로 뻗은 두 개의 긴 뿔, 번들거리는 검은 눈, 강인한 목, 그리고 윤기 나는 검은 털. 아름답다고 표현해도 지나치지 않는다. 큰 유화도 몇 장 걸려 있다. 그중 가장 압도적인 것은 소와 투우사의 정면대결을 위에서 내려다본 그림이다. 등줄기에서 붉은 피를 뿜는 거대한 소가 투우사를 향해 돌진하고, 금빛 수가 찬란한 옷을 입은 투우사는 번쩍이는 칼을 한껏 뒤로 젖히고 있다. 이 그림을 보는 사람들은 각자의 상상력과 경험을 통해 바로 다음 상황을 생각할 것이다. 투우사의 칼이 소의 심장을 정확하게 관통하거나, 아니면 소의 거대한 뿔이 투우사의 몸을 꿰뚫거나…….

투우사 사진도 몇 장 걸려 있다. 눈길을 끄는 사진은 상반신 흑백 인물사진이다. 깊은 눈매, 뚜렷한 얼굴 윤곽, 풍성하고 검은 머리칼을 가진 미남이다. 남자인 내가 봐도 매혹적이다. 그 사진을 오래도록 감상하는데 누가 어깨를 툭 친다. 돌아보니 다부지게 생긴 50대 사내다. 사내는 내가 정신없이 보고 있던 사진을 가리키더니 "미오!"(mio)라고 한다. 에스파냐 말을 거의 모르지만 무슨 말인지 금방 알 수 있다. 사진의 주인공이 자기라는 말이다. 그렇다면 그는 이 집의 주인이다.

그는 주저 없이 내 앞에 앉는다. 동네 사내들은 모두 축구를 보느라 정신없는데 동양에서 온 여행자가 벽을 이리저리 둘러보다가 자기 사진을 오랫동안 바라보고 있으니 그냥 내버려둘 수가 없었던 모양이다. 그는 테이블의 냅킨을 한 장 뽑더니 '30'이라고 쓰고는 "발렌시아!"라고 한마디 한다. 그러고는 시가를 물고 깊은 눈매로 나를 지긋이 바라본다. 발렌시아는 에스파냐 동부 지중해의 도시로 투우가 유명한 곳이다. 그렇다면 그가 하고 싶은 말은 다 알아들었다. 그는 발렌시아에서 투우사로 활동했으며, 내가 본 흑백사진은 서른 살 때의 모습이다.

말은 통하지 않지만 그와 나는 큰 불편 없이 하고 싶은 이야기를 주고받았다. 그의 이름은 엘 폴리(El Poli). 55세다. 머리는 반백이고 사진 속 청년의 모습은 이제 찾아보기 힘들다. 그러나 깊고 그윽한 눈매는 옛 모습 그대로다. 에스파냐 남자들이 대개 갸름한 얼굴에 덩치가 작은데 폴리는 각진 얼굴에 다부지게 벌어진 상체를 가지고 있다. 그의 선조는 이 도시에 정착한 로마군단의 퇴역 백인대장이었을지도 모른다. 그는 부드러운 눈매로 나를 바라보다가 내가 뭘 물으면 간단히 대답한다. 벽의 박제를 가리켰더니 엄지손가락으로 자기 가슴을 쿡쿡 찌르며 "미오! 미오!" 한다. 놀랍게도 그 박제는 자기가 죽인 소였던 것이다.

그의 흑백사진 옆에 커다란 컬러사진이 한 장 걸려 있다. 투우장의 관중을 배경으로 활짝 웃는 젊은 투우사. 붉은 입술, 하얀 피부, 검은 머리칼이다. 폴리와 닮았지만 분위기는 많이 다르다. 그 사진을 가리키자 폴리는 카페 구석을 가리킨다. 그의 손끝을 따라가자 사진의 주인공이 앉아 있다. 사진보다 야위고 머리와 수염을 길렀지만 쉽게 알아볼 수 있다. 그는 마을 사내들과 축구를 보고 있다. 폴리의 아들 안토니오다.

그런데 그의 옆에는 금속제 목발이 놓여 있다. 차갑게 빛나는 목발은 많은 설명을 대신한다. 투우 경기에서 500킬로그램이 넘는 황소의 뿔이 그의 허벅지를 관통해 복부까지 올라갔다고 한다. 그런 끔찍한 사고를 폴리는 표정도 변하지 않고 손짓을 해가며 설명한다. 투우사는 그런 불행한 일에 대해서도 슬픈 낯빛을 하면 안 되는 것일까? 그게 아들의 일이라도? 아직 젊어 보이는 그는 평생 목발을 짚고 살아야 할 것이다.

폴리는 나를 일으켜 세우더니 벽으로 데려간다. 벽에는 누렇게 색이 변한 신문 기사가 정성스럽게 액자에 넣어져 걸려 있다. 기사 가운데에는 넉 장의 연속사진이 실려 있는데 투우 경기장에서 발생한 끔찍한 사고를 생생하게 기록하고 있다. 거대한 검은 소가 투우사를 공격하고, 투우사가 땅바닥에 쓰러지고, 다른 투우사들이 급히 소를 다른 곳으로 유인하고, 쓰러진 투우사가 실려 나가는 모습. 내가 사진들을 다 보자 폴리가 역시 짧게 설명한다. "졸리, 모르탈(mortal)!"

사고를 당한 투우사는 그의 친구 '졸리'이고 그는 이 사고로 '죽었다'는 것이다. 아들의 사고도, 친구의 비극도, 이 왕년의 투우사는 특별한 감정이 실리지 않은 목소리로 짧게 설명하고 있다. 그러나 그의 마음속에 어찌 정열과 회한이

투우사 엘 폴리가
내 카메라 앞에서 포즈를
취했다. 젊은 시절 사진과
그가 죽인 소가 벽을
장식하고 있다.

없을 것인가. 그랬기 때문에 축구경기에 열광하는 동네 사내들 가운데서 자신의 젊은 시절 모습을 응시하는 나에게 다가왔을 것이다.

그가 카페 구석의 문을 열고 안쪽으로 나를 안내했다. 그곳은 선술집 같은 바깥과는 달리 격식 있는 레스토랑이다. 하얀 식탁보가 깔린 테이블에는 품위 있는 그릇들이 놓여 있다. 이 공간도 벽은 역시 투우와 관련된 것들로 장식되어 있다. 그가 나에게 보여주고 싶어한 것이 벽에 걸려 있다. 하얀 바탕에 금색 실로 화려한 수를 놓은 투우사의 옷. 아마도 폴리의 전성기 시절 투우복일 것이다. 그것은 유리 진열장에 모셔져 레스토랑 벽면 한가운데를 차지하고 있다. 늙은 투우사는 시가를 물고 그 옷을 배경으로 섰고 나는 경의에 찬 동작으로 셔터를 눌렀다.

시간이 흐른다고 해서……

연구에 의하면 로마인은 현대인보다 물을 더 많이 소비했다. 따라서 대규모 극장과 원형경기장이 있는 로마의 도시라면 반드시 있어야 하는 것이 바로 상수도 시설이다. 메리다 도심 북쪽, 마드리드와 세비야로 이어지는 철로 옆에 로스 밀라그로스(Los Milagros) 수도교 유적이 펼쳐져 있다. 수원지와 도심 사이에 펼쳐진 저지대를 통과하기 위해 거의 1킬로미터 가까운 수도교를 만들었는데 오늘날까지도 70여 개의 기둥들이 남아 있어서 들판에 거인들이 도열한 듯한 장관을 보여주고 있다. 보존상태가 좋은 편이라고 하지만 세고비아의 수도교처럼 현역은 아니다. 이제는 많이 허물어져 오래 전에 기능을 상실했다.

세고비아의 수도교가 얇고 날씬해서 여성의 분위기라면 이 수도교는 두텁고 건장한 남성의 분위기를 가지고 있다. 교각 하나의 두께가 3미터나 된다. 건축자재도 세고비아에서는 화강석 한 가지만 사용한 데 비해 여기서는 화강석과 콘크리트와 벽돌을 혼용했다. 화강석 마름돌을 쌓아올리며 중심에는 잡석을 섞은 콘크리트를 다져넣었고 약 2미터 높이마다 붉은 벽돌로 띠를 둘렀다. 교각 사이를 연결한 아치들도 붉은 벽돌로 되어 있다. 벽돌 사용은 외관상으로 단조로움을 탈피해 보기에도 좋지만 구조를 더욱 튼튼히 하는 데 도움이 된다. 이런 엄청난 구조물이 경작지를 가로지르고 강을 건너 언덕 뒤로 사라지고 있다. 메리다 주민들은 언젠가부터 이 수도교를 '기적의 수도교'라 부르기 시작했다. 이렇게 장대한 구조물이 그렇게 오랜 세월 허물어지지 않고 서 있는 것은 기적이라는 것이다. 에스파냐 어 'Los Milagros'는 영어의 'The Miracle'이다.

그런데 이 기적의 수도교가 이제 새들의 천국이 되었다. 사람의 손길이 닿지 않는 교각 꼭대기마다 황새들이 둥지를 틀고 있다. 로마의 콘크리트 위에 보금자리를 마련한 황새 부부가 아침햇살 속에서 사랑을 나누기도 하고, 부지런한 새들은 둥지를 지을 나뭇가지들을 열심히 물어 나르고 있다. 황새 둥지 아래 날개를 쉴 수 있는 공간은 비둘기집이 되어 있고 더 아래 교각 표면의 수많은

로스 밀라그로스 수도교가 메리다 시가 북쪽 들판에 거대한 조각작품처럼 서 있다.
로스 밀라그로스(Los Milagros)는 '기적'이라는 뜻이다.

구멍은 참새들 차지다. 로마의 수도교 교각들이 상하의 질서도 정연하게 새들의 아파트가 된 것이다.

로스 밀라그로스 수도교에서 동쪽으로 5분쯤 걸어간 곳에 또 다른 수도교가 있다. 멀리서 이 수도교를 보았을 때 나는 성벽인 줄 알았다. 수도교는 교각과 아치로 이루어지는 것이 상식인데 이 수도교는 넓은 들판을 차단하는 벽체로 이루어져 있기 때문이다. 높은 곳은 2단으로, 낮은 곳은 1단으로 아치형 창문이 줄지어 나 있지만 너무 좁아서 수도교 저쪽의 풍경이 거의 보이지 않는다. 두께는 얇고 재료는 콘크리트와 버무린 잡석이다.

처음엔 실험정신 강한 로마의 건축가가 기존의 형태와는 완전히 다른 모습의 수도교를 만들었다고 생각했다. 빤히 보이는 거리에 전형적인 로마 수도교가 있으니 자신은 확실하게 차별화를 해보겠다는 괴짜가 로마시대에도 있지 않았겠느냐는 것이다. 그러나 실질강건(實質强健)의 로마인은 이런 식의 어설픈 실험을 하는 민족이 아니었다.

자료를 찾아보니 로스 밀라그로스 수도교보다 먼저 세워진 수도교가 이 자리에 있었다. 산 라자로 수도교라 불린 그 구조물은 로스 밀라그로스 수도교와 거의 비슷한 모습이었다. 16세기 초, 정확히는 1504년에 이 도시의 행정책임자는 이미 폐허가 된 산 라자로 수도교 자리에 새로운 수도교를 건설했다. 도시의 물 공급이 부족했기 때문이다. 그러나 새 수도교는 곧 폐기되고 말았다. 수도교 내부에 설치한 토관(土管)에 침전물이 쌓여 막혀버렸기 때문이다.

나는 이 수도교가 시작되는 언덕에 올라가 외부로 노출된 토관을 살펴볼 수 있었는데 토관의 지름이 한 뼘에 불과한 걸 보고 의아하게 생각했다. 수도교의 거대한 규모에 비해 단 두 개의 좁은 토관이 설치되어 있어 물 공급량이 너무 적어 보였기 때문이다.

수도는 물 공급뿐만 아니라 유지보수의 편의성도 확보되어야 한다. 중간중간에 기술자가 들어가 막힌 곳을 뚫고 허물어진 곳을 수리할 수 있는 시설이 있어야 한다. 그래서 로마시대에 제대로 지어진 수도는 지금까지도 현역인 경우가 많다.

그러나 르네상스 수도교(Renaissance Aqueduct)라고도 불린 이 16세기 수도교는 이런 기준에 도달하지 못했다. 천 년하고도 수백 년 뒤에 만들어졌지만 실용성이나 아름다움에서 로마 수도교의 발치에도 미치지 못한다. 시간이 흐른다고 해서 모든 것이 발전하는 것은 아니라는 것을 웅변으로 말해주는 증거다.

현제들의 고향 이탈리카

이탈리아인의 도시

에스파냐뿐만 아니라 고대 로마세계였던 곳이 다 마찬가지지만 메리다에서 세비야까지 이어지는 도로는 로마시대 가도와 거의 일치한다. 현재 이 도로는 대부분의 구간이 시원하게 뚫린 4차선 고속도로지만 일부 구간은 확장공사 중이기 때문에 속도를 내기 힘들다. 특히 세비야 북쪽 산지를 통과할 때는 앞선 트럭의 꽁무니만 보고 한참을 달려야 했다. 그러나 경치가 좋았기 때문에 빨리 달리고 싶은 마음도 없었다. 늙은 올리브 나무 숲속에 차를 세우고 빵과 햄과 포도주로 점심식사를 하기도 했다.

이 산지를 통과하면서 에스파냐에서 처음으로 경찰을 '구경'했다. 경찰·군인 등 제복을 입은 공무원이 많이 보이는 나라는 결코 좋은 나라가 아니다. 이런 점에서는 에스파냐도 수준이 높다고 할 만하다. 올리브 농장이 좌우로 펼쳐진 편도 1차선 도로를 달리고 있는데 맞은편에서 오는 차들이 상향등을 번쩍였다. 설마 했다. 교통경찰의 존재를 알려주는 이 살가운 대한민국의 운전매너가 에스파냐에도 존재하리라고는 전혀 상상하지 못했다. 그러나 본능적으로 나는 속도를 줄였고 그 직후 오토바이를 탄 경찰과 조우했다. 2인 1조의 그들은 가슴에 연두색 야광 띠를 X자로 두르고 성능 좋은 오토바이를 타고 있었다. 미처 확인하지 못했지만 도로의 제한속도는 기껏해야 60킬로미터 정도였을 것이다. 그 상향등 신호가 없었다면 난 에스파냐의 로마가도에서 딱지를 떼였을지도 모른다.

이탈리카(Italica)는 세비야에서 불과 7킬로미터 떨어져 있다. 멀리 세비야 상공의 거무스레한 도시 오염 띠가 보이기 시작할 무렵 안내판을 보고 고속도로를 빠져나왔다. 로마제국의 판도를 최대로 확장한 '최고의 제일인자'(Optimus Princeps) 트라야누스 황제의 고향마을이다.

기원전 206년, 스물아홉 살의 로마 장군 스키피오는 오늘날 세비야 부근인 일리파 평원에서 카르타고 군과 격돌했다. 카르타고 군은 7만 4,000명의 병력에 코끼리가 32마리. 로마군은 4만 8,000명이었다. 이 전투에서 카르타고 군은 겨우 6,000명만 살아남았다. 제2차 포에니 전쟁은 이제 4년 후 한니발의 몰락을 초래한 자마 회전만을 남겨놓았다. 그해 겨울 스키피오는 병사들과 배를 타고 로마로 떠났는데 그해 제대한 군인들은 에스파냐에 남았다. 카르타고로부터 빼앗은 지 얼마 되지 않은 땅이기 때문에 누군가 남아서 지킬 필요가 있었기 때문이다. 그들은 스키피오의 명령으로 도시를 건설했는데 본국 이탈리아 밖에 건설된 최초의 로마 식민도시였다. 도시의 이름은 이탈리카로 지었다. '이탈리아인의 도시'라는 뜻이다.

서기 53년에 이탈리카에서 태어난 트라야누스는 97년 네르바 황제의 후임으로 지명되었다. 로마인이 도시를 건설한 지 300년 만에 황제를 배출한 것이다. 그는 로마 역사 최초의 속주 출신 황제였다. 하드리아누스는 로마에서 태어났으나 어린 시절을 이탈리카에서 보냈다. 그는 트라야누스의 후임 황제가 되었고 전임자에 이어 로마의 황금기를 이끌었다. 5현제 중에서도 가장 업적이 많은 이 두 사람의 고향이 바로 이탈리카다.

이탈리카의 로마식 도로. 복원한 것이겠지만 로마시대 도로의 원형을 볼 수 있다.
마차가 고속으로 달릴 수 있을 정도로 평탄하다.

그런 이탈리카가 이제는 퇴락한 시골마을로 남아 있다. 고고학자들은 이슬람 지배 시절 부근을 흐르는 과달퀴비르 강의 수로 방향이 바뀐 것이 도시의 소멸을 초래했다고 추측한다. 로마시대 히스팔리스라 불렸던 바로 곁의 세비야가 과달퀴비르 강을 끼고 국제적인 대도시로 성장한 것과 대조된다.

마을 초입에 관광안내소가 있다. 용모 단정한 직원이 사인펜으로 지도에 표시를 해가며 친절하게 설명해준다.

"우리가 지금 여기 있고요, 바로 곁에 로마 극장이 있습니다. 그리고 반대방향으로 조금 가면 원형경기장이 있지요. 그 곁에는 시가지 유적이 있습니다. 거기 가시면 모자이크를 잘 보도록 하세요."

그게 다다. 로마 도시 어딜 가나 있는 원형경기장과 극장이 여기서도 주요 볼거리다. 이탈리카는 오랜 세월 도난당하고 훼손되어서 별로 볼 게 없다는 걸 알고 있다. 그러나 이 마을은 로마 황제들의 고향이다. 그것도 걸출한 두 사람, 트라야누스와 하드리아누스를 키워낸 마을이다. 로마제국을 여행하는 내 입장에서는 예의로라도 들러야 하는 곳이다.

로마 남자들

극장은 훼손이 심하다. 무대건물 기둥은 모두 쓰러져 공터에 나란히 모아놓았는데 조각조각 깨진 것이 많다. 메리다 극장과 마찬가지로 하늘빛 대리석이다. 복원하자면 많은 시간과 정성이 필요할 것이다. 관람석과 오케스트라·무대 입구는 복원공사가 한창이다. 그런데 공사에 시멘트를 사용하고 있다. 철근 골조에 시멘트를 입히는 방식으로 공사를 하고 있는 것이다. 메리다의 극장은 복원에 시멘트를 사용한 흔적은 없었다. 내가 상관할 바는 아니지만 저래도 괜찮을까 하는 생각이 든다.

원형경기장 입구에 검은 대리석으로 만들어진 트라야누스 흉상이 하나 모셔져 있다. 로마의 유적 입구에 입간판 삼아 세워놓은 것이리라. 얇은 입술을 일자로 다물고 미간을 약간 찌푸리고 있다. 가지런한 머리칼은 이마를 덮고 있다. 얼핏 봐도 이탈리아 본토인과는 약간 다른 모습이다. 로마 제대군인이었던 그의 조상은 이베리아 원주민 여성이나 이 지역을 먼저 차지하고 있던 카르타고인 여인과 결혼했을 테니 그의 얼굴에서 이국적인 분위기가 풍기는 것은 당연하다.

내가 회사에서 로마 황제들의 흉상 사진이 실린 책을 보고 있을 때 후배가 관심을 보인 적이 있다. 30대 중반의 여자였는데 나는 그에게 흉상의 주인공들이 어떤 성격을 가진 사람인지 짐작해보라고 했다. 사진을 잠깐씩 보고 그가 여성적 직감으로 평가한 내용은 다음과 같다.

"카이사르는 지적이며 냉철, 아우구스투스는 외로움, 안토니우스는 독선적, 키케로는 고집스러우나 정치적 소신이 강렬, 콤모두스는 음흉, 마리우스는 신경질적……."

책장을 넘길 때마다 그녀는 깜짝 놀랄 정도로 예리하게 로마 남자들의 성격을 짚어냈다. 그녀가 그렇게 정확하게 판단할 수 있었던 것은 있는 그대로 새기는 로마인의 기질 때문이라고 할 수 있다.

후배는 트라야누스에 대해서는 '치밀한 계획과 저돌적 추진력'을 가진 사람이라고 평가했다. 역사적 사실은 그가 그런 사람이었다는 걸 증명하고 있다. 나는 원형경기장을 보기에 앞서 살아 있는 그를 만나기라도 한 것처럼 그의 흉상 곁에 앉아 기념사진을 한 장 찍었다.

원형경기장은 메리다보다 훨씬 규모가 크다. 수용인원이 2만 5,000명이나 되었다고 한다. '제국에서 가장 큰 것 중 하나'였다. 보존상태도 좋은 편이다. 복원공사를 한 탓이겠지만 관중석 아래 볼트 구조의 통로가 깔끔하게 정비되어 있다. 그 통로는 대기실에서 신에게 마지막 기도를 올린 검투사가 굶주린 맹수와 생사를 건 싸움을 하기 위해 투기장으로 걸어 나갔던 길이다. 투기장 가운데의 십자형 구조물도 잘 보존되어 있다. 깊이가 사람 키의 두 배가 넘는데 벽돌로 쌓은 기둥들이 공간을 분할하고 있다. 뚜껑만 덮으면 맹수들의 우리와 온갖 무대장치들을 보관하는 창고로 쓸 수 있을 것 같다. 관중석은 원래 3층으로 되어 있었는데 현재는 2층까지만 남아 있다. 그러나 남아 있는 부분만 해도 대단해 사진을 찍으며 한 바퀴 도는데 발이 아플 지경이다.

수용인원이 2만 5,000명이나 되었다는 이탈리카의 원형경기장.
유지보수 작업을 했지만 관람석은 사람이 앉기 힘들 정도로 풍화되었다. 세월의 파괴력이다.

알몸의 트라야누스

고대의 이탈리카는 구도시와 신도시로 나뉘어 있었다. 로마 극장에서부터 그 서쪽은 구도시고, 원형경기장 옆 언덕은 신도시로 개발된 지역이었다. 철저히 공적 인물이었던 트라야누스는 고향 마을이나 고국인 히스파니아 속주를 특별히 더 챙기지는 않았다. 그러나 사적 성격이 강했던 하드리아누스는 원형경기장 옆 높은 지대에 신도시를 건설했다. 자신이 어린 시절 자라고 공부했던 고향에 선물을 준다는 의미도 있고 전임자이자 양부인 트라야누스의 영광을 기리는 작업이기도 했다. 거의 다 허물어지고 도난당했지만 이 하드리아누스의 신도시에서 제국 전성기의 화려했던 모습을 볼 수 있다.

이탈리카의 전성기에 귀족들의 저택 바닥을 장식했던 모자이크가 이제 남국의 햇살을 받으며 노출되어 있다. 시 당국은 지붕도 없고 담도 거의 다 허물어진 주택에 '새들의 집' '행성(行星)의 집' 같은 이름을 붙여놓았는데 그것은 모자이크의 내용에 따라 붙여진 것이다. '새들의 집' 바닥에는 화려한 색깔의 공작새가 금방이라도 꼬리를 펼칠 것 같은 자세로 사뿐사뿐 걷고 있는 모자이크가 남아 있다. '행성의 집'에는 월요일부터 일요일까지 각 요일과 관련된 로마 신들의 얼굴이 새겨져 있는데 커다란 카펫을 펼쳐놓은 것 같다. 유피테르(木)를 정점으로 시계방향으로 메르쿠리우스(水)·마르스(火)·루나(月)·솔(日)·사투르누스(土)가 둥글게 배열되어 있고, 가운데에는 베누스(金)가 자리 잡고 있다. 베누스(그리스의 아프로디테)는 로마인들이 조상으로 섬기는 신이다.

모자이크는 로마 이전에도 있었지만 기법이 확립되고 고도로 발달한 것은 로마시대였다. 제작과정은 복잡했다. 우선 디자인을 정해야 했다. 모자이크는 주택의 중심 공간을 장식했고 또 아주 비쌌기 때문에 디자인 결정은 신중한 과정을 거쳤다. 하지만 그것을 결정하는 데 집 주인이 가장 중요한 기준으로 삼은 것은 손님들에 대한 과시 또는 자랑이었다고 한다. 집을 완성하고 난 다음 손님들을 초청했을 때 그들을 가장 놀래줄 만한 것이 무엇이냐가 디자인 결정의 기준이었다는 말이다. 디자인이 결정되면 모자이크 완성형태와 같은 그림을 그렸고, 그림은 모자이크 제작 장인에게 넘겨졌다. 장인은 그림 모습대로 모자이크를 제작하기 위해 돌조각을 준비했다. 이 작업은 아주 지루하고 인내를 요하는 작업이었다. 손톱보다 작은 돌조각을 색상별로 엄청나게 많이 준비해야 했다. 빨강이나 고동은 철광석, 노랑은 석회석이나 사암, 파랑과 검정은 점판암, 하양은 백악에서 구했다.

재료가 준비되면 모자이크를 제작할 바닥을 파고 자갈을 다져 기초공사를 했다. 밟고 다니는 바닥이니까 튼튼해야 했다. 다져진 바닥에는 화산재를 반죽한

전성기 이탈리카의 귀족 저택들이 바닥만 남아 있다.
각 요일과 관련된 신들의 얼굴을 새긴 모자이크가 깔린 이 집은 '행성의 집'이라 불린다.

시멘트를 발랐다. 이 시멘트가 완전히 굳기 전에 뾰족한 도구로 이미 완성된 디자인을 그렸다. 이 위에 석회 반죽을 바르고 돌을 하나씩 놓으며 모자이크를 제작해나갔다. 재료의 준비와 마찬가지로 고되고 인내가 요구되는 작업이었다. 웬만한 넓이의 거실 바닥을 제작하려면 수십만 개의 돌을 하나씩 붙여야 했다.

로마 전성기, 모자이크가 흔해졌을 때 도시에 사는 주민들은 기성품 모자이크를 살 수 있었다. 오늘날 벽지를 고르듯 샘플을 보고 디자인을 골라 모자이크를 주문한 것이다. 내용은 로마 역사나 황제 찬양, 신화 등이었다. 하지만 그것은 서민들 이야기다. 부유한 사람들에게 모자이크는 단순히 방을 장식하는 그림이 아니라 손님들에게 자신을 나타내는 수단이었다. 돈을 자랑하고 식견과 개성을 드러내는 도구였던 것이다. 그래서 손님들이 가장 많이 방문하는 공간인 거실이나 식당에 거금을 쏟아부은 작품을 제작했다.

모자이크에 감탄하며 이리저리 앵글을 잡고 사진을 찍는데 배낭을 멘 여성이 곁에서 같이 사진을 찍는다. 금발에 파란 눈, 호리호리한 몸매인데 눈이 뱅글뱅글 돌 정도로 도수 높은 안경을 쓰고 있다. 한눈에 게르만 인종이라는 걸 알 수 있다. 나이는 20대 중반 정도. 아마 대학생인 듯하다. 어디서 왔느냐고 물으니 "드레스덴"이라고 대답한다. '독일'이라고 하지 않고 '드레스덴'이라고 하는 것이 인상적이다. 독일 사람들은 세계 어디서나 만날 수 있다. 워낙 여행을 많이 다니기 때문이다. 그리고 여행하는 자세도 대체로 학구적이다. 그러나 옛날에 그들은 로마인들이 힘겹게 막아내야 하는 '야만족'이었다. 숲속의 그들은 끝내 '로마화'를 거부하며 토이토부르크 숲에서 로마의 3개 군단을 궤멸시켜버렸다. 그 사건 후 로마의 국경은 라인 강으로 고착되었다. 그런데 그 '야만족'의 후손이 이렇게 로마 황제의 고향에서 열심히 공부를 하고 있으니 재미있는 일이다.

언덕 가장 높은 곳에 트라야누스가 알몸으로 서 있다. 이탈리카의 폐허에서 출토된 조각상이다. 머리 절반이 부서져 없어지고 양팔도 떨어져나갔지만 균형 잡힌 몸매가 아름답다. 물론 대리석 진품은 박물관에 보관되어 있고 언덕에 세워놓은 것은 시멘트 복제품이다. 로마인은 신(神)들을 알몸으로 새겼다. 따라서 트라야누스를 알몸으로 새겼다는 것은 그가 신격화된 뒤, 즉 죽은 뒤에 제작되었다는 걸 말해준다. 하드리아누스는 황제가 되자마자 원로원에 트라야누스의 신격화를 요청했고 원로원은 이의 없이 그 요청을 승인한 바 있다. 하드리아누스의 신도시가 언덕 위에 건설될 때 신격 트라야누스의 대리석상도 제작되었을 것이다. 트라야누스는 고향마을 언덕에 발가벗고 서서 자신의 고향을 찾아온 나를 맞아주었다.

이탈리카 언덕에 서 있는 트라야누스. 알몸인 것은 그가 신이 된 뒤, 즉 죽은 뒤에 세웠다는 걸 말해준다.

세비야 탈출

세비야는 유명한 오페라들이 탄생한 곳이다. 먼저 저 유명한 「카르멘」의 무대다. 「카르멘」은 투우와 떼어놓고 생각할 수 없다. 에스파냐에서 가장 오래되고 아름답고 웅장한 투우장이 이 도시에 있다. 투우장 입구 바로 앞, 과달퀴비르 강변에는 정열의 여인 카르멘의 동상도 서 있다. 「카르멘」의 팬이라면 이 주변에서 자신도 모르게 '투우사의 합창'을 흥얼거리게 될 것이다.

로시니의 「세비야의 이발사」 그리고 스토리 전개상 그 후속편이라 할 수 있는 모차르트의 「피가로의 결혼」도 이 도시가 무대다. 모차르트의 또 다른 문제작 「돈 조반니」도 마찬가지다. 「돈 조반니」는 하이든이 모차르트의 작품 중 최고라고 평가한 작품이다. 이런 걸작들의 무대가 바로 세비야다.

그러나 나는 이 도시를 오페라의 고향이라는 측면에서 자세히 들여다볼 생각은 없다. 시간도 부족할 뿐 아니라 한꺼번에 너무 많은 것을 보면서 주제를 흐리게 하고 싶지 않기 때문이다. 오늘은 메리다와 이탈리카에서 너무 많은 것을 보고 다녔다. 거기다 오페라까지 입력되면 너무 혼란스러울 것이다. 몸도 지친다.

그래서 세비야에서는 유스호스텔에서 일찍 쉬기로 하고, 아직 대낮이므로 유명하다는 대성당만 잠시 보기로 했다. 도심의 지하주차장에 차를 세워놓고 성당 앞 광장에 서니 입이 딱 벌어진다. 로마의 성 베드로 성당, 런던의 세인트폴 성당과 더불어 세계에서 가장 큰 성당 중의 하나라고 한다. 유럽 도시들의 심장부를 차지한 거대한 성당들을 보면 당시의 성직자나 군주들이 다른 도시보다 더 큰 성당을 짓기 위해 경쟁을 벌인 것이 아닐까 하는 생각이 든다.

세비야 대성당을 짓기 시작할 무렵 톨레도의 언덕에는 웅장한 성당이 그 모습을 드러내고 있었다. 세비야 사람들이 의식하지 않았을까? 코르도바의 가톨릭 성직자는 그 도시에 있던 세계 최대 규모의 이슬람 사원 한가운데 성당을 지었다. 이슬람 사원의 공간을 모두 흡수하여 최대의 기독교 성당을 이루겠다는 욕심은 없었을까? 영국 국교 교회인 세인트폴 대성당은 종교적 열정보다는 제국의 위엄을 과시하기 위해 최대의 크기로 건축되었고, 로마의 성 베드로 성당은 세계 가톨릭의 수도인 로마의 위상에 걸맞은 규모로 계획되었다. 결국 유럽의 성당들이 초월적 규모를 자랑하게 된 것은 인간들의 허영과 과시욕에서 비롯되었다고 봐야 할 것이다.

여행을 마치고 돌아와 각 나라별 유네스코 세계문화유산 현황을 조사해보았다. 에스파냐 도시마다 발에 걸리는 것이 세계문화유산이었기 때문이다. 이전에는 막연히 이탈리아가 가장 많을 것이라고 짐작했다. 로마 시와 이탈리아 반도에 분포되어 있는 로마 유적의 질과 양을 어느 나라도 따라갈 수 없을 것이라고 생각했기 때문이다. 그러나 결과는 의외였다. 에스파냐와 이탈리아가 같이 34건(2004년 현재)으로 세계 1위였다. 에스파냐에는 수준 높은 로마 유적뿐만 아니라 아름다운 이슬람 유적과 웅장한 가톨릭 성당들이 전국에 분포되어 있다. 이미 본 세고비아의 수도교와 톨레도의 구시가지·메리다의 로마 유적이 세계문화유산이며, 앞으로 갈 코르도바의 구시가지와 그라나다의 이슬람 유적, 타라고나의 로마 유적들도 모두 세계문화유산이다. 내 앞에 태산 같은 크기로 솟아 있는 세비야의 대성당이야 말할 나위도 없다.

성당 내부는 보지 않기로 했다. 역시 유럽 5대 성당에 속할 정도로 큰 톨레도 성당을 찾아 거의 충격적으로 화려한 장식을 이미 봤기 때문이다. 진수성찬은 한 번이면 족하다. 성당을 천천히 한 바퀴 돌고, 차를 몰아 유스호스텔로 향했다. 세비야의 유스호스텔을 숙소로 정한 이유는 여행안내서의 소개 때문이다. '세비야에서 가장 저렴하게 묵을 수 있는 유스호스텔로 시설도 좋은 편'이라고 되어 있다. 그만하면 족하지 않은가. 그런데 위치가 시내에서 좀 멀다. 자동차로 20분쯤 걸리는 도시 동쪽에 있다.

지하주차장을 빠져나오니 좁은 골목길이다. 차 한 대가 겨우 지나갈 수 있을 정도의 일방통행 길. 도시의 동쪽으로 가야 한다는 생각으로 골목에서 우회전을 하려고 했지만 진입금지다. 그래서 다시 직진. 한참 가다가 겨우 우회전을 했는데 이번엔 막다른 골목길이 나온다. 차를 세우고 지도를 봤다. 지도상으로 봐도 구도심은 복잡하고 불규칙하다. 수백 년 된 중세 골목길 그대로이기 때문이다. 내가 지도의 어느 위치에 있는지 전혀 감이 잡히지 않고 몇 번 이리저리 틀다보니 방향감각도 잃어버렸다.

피로감이 몰려오고 슬슬 세비야에 정나미가 떨어진다. 낯선 대도시에서, 숙소

예약도 되어 있지 않은 불안한 상태에서 길까지 헤매게 되니 처량한 생각이 든다. 그런데 날씨마저 갑자기 컴컴해진다. 조금 전까지도 맑았는데 먹장구름이 하늘을 뒤덮더니 곧 굵은 빗방울이 떨어진다. 소나기가 쏟아지고, 사람들은 이리저리 뛰며 비를 피하고, 골목길에서 막혀버린 차들은 꼼짝을 하지 않는다. 온 천지가 칠흑같이 어둡고 보이는 것은 신호등뿐이다. 잠시 갈등하다 유스호스텔 찾는 걸 포기해버렸다. 소나기가 내리는 대도시에서 운전을 하면서 어떻게 길을 찾는단 말인가. 큰 길을 찾아서 세비야를 벗어나자고 마음먹었다. 다음 목적지인 코르도바는 그리 큰 도시가 아니니까 헤매지는 않을 것이라고 생각했다.

한참을 더 헤맨 끝에 겨우 구도심을 벗어났다. 왼쪽에는 과달퀴비르 강이 흐르고 오른쪽에는 도시에 들어오면서 보았던 투우장이 보인다. 겨우 방향감각을 회복했다. 하늘은 여전히 구름으로 덮여 있지만 빗줄기는 많이 가늘어졌다.

코르도바 방향표지판을 보고 다리를 건너기 위해 신호대기를 했다. 그때 어디서 딱! 하는 소리가 난다. 소스라치게 놀랐다. 누가 차에 돌을 던진 것 같다. 혹시 외국인에 대한 테러인가? 긴장감으로 온몸에 소름이 돋는다. 따딱! 이번에는 두 개다. 극도로 긴장한 가운데 앞 유리창을 보니, 세상에! 우박이 떨어지고 있다. 곧 차 지붕 두드리는 소리가 요란하게 울린다. 창밖 인도에는 얼음덩어리들이 튀어 오르고 사람들은 모두 처마에 숨어 불안한 얼굴로 하늘을 바라보고 있다. 이러다가 차가 다 부서지는 것 아닌가. 내 차도 아닌데 곰보처럼 찌그러지면 어떻게 하지. 다행히 얼음 알갱이가 굵지는 않다. 서서히 소리가 잦아들더니 드디어 우박이 그치고 와이퍼에 쌓인 얼음 알갱이가 녹아내린다. 3월에, 이 남쪽지방에, 무슨 우박이란 말인가.

고속도로에 올랐다. 코르도바까지는 140킬로미터. 좀 밟으면 한 시간이면 도착한다. 아직까지 하늘엔 검은 구름이 흐르는데 서쪽 하늘과 지평선이 맞붙은 곳은 붉게 물들어 있다. 이제야 해가 지고 있는 것이다. 오후까지 맑다가 갑자기 소나기를 퍼붓더니 우박까지 뿌린 하루가 조용히 저물고 있다.

피살의 예감

완전히 어두워진 코르도바에 도착했다. 큰 도시는 아니지만 초행이라 길을 모르기는 마찬가지다. 그러나 다행히도 나의 목적지인 구도심은 멀리서도 보였다. 웅장한 사원과 성채에 야간조명을 하고 있기 때문이다. 가까이 접근하니 구도심에는 차가 넘친다. 무슨 축제가 벌어지고 있다. 긴 수염에 모자를 깊이 눌러 쓴 사내의 도움을 받아 겨우 도로변에 차를 세웠다. 그는 "숙소가 필요한가?" 하고 묻는다. 키가 크고 말랐으며, 눈빛이 어둡고 날카롭다. 회색 수염을 길게 길렀지만 나이가 그리 많아 보이지는 않는다. 그의 도움을 받고 싶은 생각은 없었지만 "가까운 곳에 유스호스텔이 있느냐?"고 묻고 말았다. 따라오라고 하더니 빠른 걸음으로 앞서 간다.

그는 성벽에 나 있는 큰 문으로 들어가더니 광장을 가로지른다. 광장이 끝나는 곳에서 좁은 골목길이 시작되는데 사내의 뒷모습이 보였다 사라졌다 한다. 그를 놓치지 않기 위해 발걸음을 빨리했다. 인적은 전혀 없고 큰길의 시끄럽던 자동차 소리도 이제 들리지 않는다. 어둡고 좁은 중세의 골목길이 끝없이 이어진다. 갑자기 불안한 생각이 엄습한다. 내가 왜 경솔하게 이 사내를 따라가고 있는가? 혹시 위험한 인물 아닐까? 주차를 도와주고 강도짓을 하려고 하는지도 모른다. 그런 생각을 하니 순간적으로 상상이 비약한다. 어두운 골목길, 범죄집단, 번쩍이는 칼, 흔적도 없이 실종……. 머리칼이 곤두선다. 즉시 뒤돌아 달리기 시작했다. 그가 소리치며 부른다. 금방이라도 그의 억센 손아귀가 내 목덜미를 잡아챌 것 같다. 심장이 쿵쾅거리며 뛴다. 어떻게 길을 찾아 나왔는지도 모르게 단숨에 큰길로 달려 나왔다.

차를 몰고 가장 가까이 있는 오스탈로 들어갔다. 유스호스텔보다 비싸지만 안전한 곳으로 빨리 들어가고 싶었다. 돈을 지불하고 방 키를 받았는데 그게 마지막 방이었다. 주인은 출입문에 'COMPLETO'(빈방 없음)라고 적힌 종이를 붙이고는 문을 걸어잠갔다. 조금만 늦었으면 또 방을 찾아 헤매야 했다. 제대로 씻지도 못하고 눅눅한 침대에 쓰러졌다. 긴 하루가 끝나는 순간이다.

아침에 메리다의 수도교를 둘러볼 때만 해도 여유롭고 컨디션도 좋았다. 낮에 이탈리카를 볼 때는 좀 덥기는 했지만 기대 이상으로 볼 것이 많아 재미있었다. 그러나 지친 몸으로 도착한 세비야에서 폭우와 우박으로 혼이 빠진 데다 코르도바의 어두운 골목길에서 정신적인 충격까지 받고보니 그게 결정적인 펀치가 되고 말았다. 여행을 마치고 필름을 현상해보니 세비야에서 찍은 사진은 단 한 장도 없었다. 카메라를 꺼내서 뭘 찍고 할 정신이 없었던 것이다.

이슬람의 땅

세계도시 코르도바

현재의 코르도바(Cordoba)는 과거 전성기에 비하면 '몰락했다'고 말해도 지나친 표현이 아니다. 기원전 2세기 중엽부터 코르도바는 로마제국 베티카 속주의 수도로 번창했다. 로마는 이베리아 반도 남부지방에 큰 도시와 주요한 가도를 건설해 로마화를 착실히 진행시켰는데 코르도바——로마시대에는 코르두바(Corduba)였다——는 그 중심도시였다.

도시의 전성기는 이슬람 지배시절에 찾아왔다. 북아프리카에서 건너온 이슬람교도는 이베리아 반도에 알 안달루스 왕국을 세우고 코르도바를 수도로 삼았다. 10세기에 번영이 절정에 달했는데 성벽의 길이가 22킬로미터였고 이슬람 사원은 무려 700개를 헤아렸다. 당시 유럽에서 인구 3만 명이 넘는 도시를 찾아보기 힘들었는데 코르도바는 50만 명이었다. 대학을 포함한 교육기관이 17개, 도서관이 70개……. 부와 힘이 넘치는 번영은 백 년 넘게 지속되었다. 이 시기 세계에서 코르도바와 비견할 만한 도시는 동로마제국의 수도인 콘스탄티노플과 이슬람 세계의 중심지인 바그다드밖에 없었다.

그랬던 코르도바가 21세기에는 조그만 관광도시로 겨우 명맥을 유지하고 있

코르도바의 뒷골목은 두 사람이 겨우 비켜갈 정도로 좁다. 전성기였던 10세기 이후 변한 것이 거의 없는 것이다. 화분으로 장식된 예쁜 골목 사이로 메스키타의 종탑이 보인다.

다. 도시 영역은 전성기에 비해 크게 축소되었고 과달퀴비르 강변에 집중된 유적지만 관광객들로 붐빌 뿐이다. 이슬람 세계뿐만 아니라 세계에서도 가장 큰 사원인 메스키타(Mezquita, '이슬람 사원'의 아랍어)가 없었더라면 코르도바는 잊혀진 도시가 되었을지도 모른다.

메스키타 외의 볼거리로는 중세의 모습을 그대로 간직한 유대인들의 거주지와 가톨릭 군주들의 성이 있다. 성은 다른 도시의 것들보다 특별히 크다거나 화려하지는 않지만 국토 재정복에 박차를 가하던 이사벨과 페르난도가 때때로 머물렀고, 신대륙 탐험을 계획하던 콜럼버스가 찾아와 자신의 계획을 설명하던 곳이라는 설명이 눈길을 끈다. 그게 다다. 로마 다리가 있지만 코르도바에 로마 유적을 보러 오는 사람은 거의 없을 것이다. 그래서 길을 잃을 염려도 적고 숙소를 찾기도 쉬울 거라고 만만하게 생각한 내가 밤길을 달려 도착한 것이다.

오아시스를 창조하다

날씨가 화창하다. 하늘은 새파랗게 갰다. 어젯밤 부슬비가 내려 음침하게 보이던 도시가 밝게 빛난다. 3월인데도 햇살이 따갑게 느껴지고 나무는 이미 짙푸르다. 차가운 비에 파카를 입고도 떨던 세고비아와는 완전히 다르다. 코르도바에서는 아프리카가 그리 멀지 않다.

산책하듯 가벼운 마음으로 메스키타를 향했다. 본업은 로마지만 코르도바에서 메스키타를 보지 않을 수는 없다. 주차장에는 지난 밤의 그 '범죄피의자'가 여전히 분주하게 일을 하고 있다. 기운을 차리고 밝은 아침에 본 그는 지난 밤에 봤을 때와는 완전히 분위기가 다르다. 눈빛은 여전히 깊고 어둡지만 성실한 주차안내원 이상도 이하도 아니다. 그는 밤늦게 낯선 도시에 도착한 외국인에게 길을 안내해주는 친절을 베푼 것인데 내가 상상력을 동원해 그를 위험인물로 본 것이다. 미소를 지었더니 그는 고개를 설레설레 흔든다. 내가 왜 골목길에서 죽어라 달아났는지 그는 영원히 모를 것이다.

메스키타에 들어가려는 사람들이 길게 줄을 섰다. 코르도바에 오는 사람은 누구나 이 사원을 방문한다. 입장료는 6.5유로. 제법 비싸다. 이슬람교도가 남겨 놓은 사원으로 이 도시 주민들은 앞으로도 오랫동안 안정적인 삶을 누릴 것이다. 그때 갑자기 천둥치듯 천지를 뒤흔드는 소리가 허공에서 울려 퍼진다. 하지만 천둥은 아니고, 다행히 우박도 아니다. 사원 서북쪽 모서리에 까마득한 높이로 서 있는 종탑에서 종이 울리고 있다. 열 개도 넘어보이는 거대한 종들이 일제히 뒤집어지며 굉음을 낸다. 강렬한 아날로그의 소리다. 귀가 먹먹할 정도다. 저 정도의 음량이라면 과거 수십만이 살았던 도시 어디에서도 종소리가 들렸을 것이다.

오렌지 나무가 늘어서 있는 뜰을 지나 사원 안으로 들어섰다. 어둡고 조용하다. 줄지어 들어온 그 많은 사람들은 다 어디로 사라졌을까. 나 혼자 서 있는 듯하다. 서서히 어둠에 익숙해지자 기둥의 숲이 펼쳐진다. 동서남북의 축도 없고 그저 광대한 공간이다. 끊임없이 사람들이 들어오지만 그들은 기둥의 숲으로 사라져 붐비는 느낌이 전혀 없다. 2만 5,000명을 한꺼번에 수용할 수 있다고 하니……. 수없이 많은 기둥과 아치의 연속, 붉은색과 흰색의 교차가 공간을 끝없이 확대시킨다.

메스키타는 선지자 마호메트와 그의 제자들이 사막에서 금요일 기도를 올리던 집을 기원으로 한다. 그 집은 대추야자(종려나무) 줄기를 기둥으로 세우고 가지로 지붕을 덮어 태양빛을 가리던 열린 마당이었다. 사막에서는 영구적인 집을 짓지 않았다. 그러나 코르도바에서는 이제 제대로 된 사원이 필요했다.

건축에 사용할 재료는 주변에 널려 있는 로마인과 고트족의 건물 잔해에서 가져왔다. 그러나 코르도바 주변에서 구할 수 있는 기둥들은 충분히 길지가 않아

메스키타의 종탑에 매달린 종들이 한꺼번에 뒤집어지며 굉음을 내고 있다.

실내공간의 높이를 확보할 수 없었다. 바로 여기서 건축가의 창의적인 재주가 발휘되었다. 그는 우선 길이가 다른 기둥들을 높이가 균일하게 세웠다. 짧은 것은 아래를 받치고 긴 것은 바닥에 심었다. 이 기둥들 위에 그는 역시 다른 건물에서 가져온 기둥머리 장식을 얹었다. 기둥머리 위에 건축가는 짧은 기둥의 길이를 확장해주는 사각기둥을 올리고 그 기둥들을 붉은색과 흰색이 교차하는 아치들로 연결했다. 아치는 지붕을 받쳤다.

그러나 이 구조는 우아하기는 하지만 붕괴의 위험이 있었다. 기둥이 아래위로 나뉘어 있으며, 사각기둥은 아래 기둥보다 굵었고, 아치는 사각기둥보다 더 굵었다. 이 문제점을 보완하기 위해 건축가는 중간부분에 아치를 하나 더 설치했다. 기둥머리 사이를 또 하나의 말발굽형 아치로 연결한 것이다. 이렇게 해서 두 층의 아치가 기둥들을 연결하는 견고하고 아름다운 공간이 창조되어 코르도바의 메스키타는 특별한 존재가 되었다.

지붕 곳곳에 설치된 창에서 햇살이 비쳐든다. 조용하게 오가는 사람들은 숲속을 산책하는 듯하다. 기둥의 숲과 아치의 반복. 대추야자 줄기와 가지로 만든 사막의 기도공간이 건축적으로 구현된 모습이다. 사막을 떠나온 이슬람교도들은 이 공간에서 야자나무 우거진 오아시스를 떠올리며 고향을 그리워했을 것이다.

메스키타는 8세기 후반 압 달 라만 1세가 건축을 시작해 그의 후계자들이 여러 차례 확장을 거듭했다. 알 만수르가 마지막 확장을 시작했을 때는 첫 건축이 이루어진 때로부터 200년이 지나 있었다. 그 결과는 세계 최대의 사원이었다. 이런 거대한 역사(役事)는 왕조 붕괴의 한 원인이 되기도 했다.

가톨릭 세력에 의한 재정복 이후 사원은 기독교 교회로 사용되었지만 200년 동안 건물 자체에 대한 변화는 거의 없었다. 그러나 1523년 사원은 중대한 변화를 겪는다. 주교 만리케가 카를로스 1세(신성로마제국 황제로는 카를 5세)에게 사원 한가운데 가톨릭 성당을 건립하자고 건의해 허락을 받은 것이다. 주교는 황제의 조카였다. 1526년 그의 신혼여행길에 코르도바에 들린 황제는 1차 공사가 끝난 성당을 보고 자신의 경솔한 허락을 후회하면서 이렇게 탄식했다. "이 사원이 어떤 것이라는 것을 제대로 알았더라면 난 네가 손대는 것을 허락하지 않았을 것이다. 네가 지은 성당은 다른 도시들에 이미 세워진 것들과 조금도 다를 바가 없지 않느냐? 하지만 네가 망쳐버린 것은 세상에 단 하나밖에 없는 보물이다."

그러나 공사를 중단하기에는 너무 늦어버렸다. 장인 에르난 루이스 3대(代)의 주도 아래 거의 백 년에 걸친 공사가 진행된 끝에 가톨릭 성당의 웅장한 돔이 이슬람 사원의 지붕을 뚫고 솟아올랐다. 주교 만리케가 거대한 이슬람 사원 중

메스키타는 대추야자 줄기와 가지로 만들었던 사막의 기도공간이
건축적으로 구현된 공간이다. 이슬람교도들은 이 기둥의 숲에서 오아시스를 떠올리며
고향을 그리워했을 것이다. 그것이 건축가의 의도 아닐까?

앞에 가톨릭 성당을 건축한 것에 세계 최대규모의 공간에 의지해 가장 큰 성당을 갖겠다는 뜻이 있었는지는 알 수 없다. 그러나 현재의 모습을 보면 성당이 사원을 흡수했다기보다 사원이 성당을 포위한 형국이다. 성당이 들어서고 난 다음에도 원래의 기둥 1,013개 중 856개가 남아 있는 것을 보면 더욱 그렇다. 200년 동안 지속적으로 확장된 건물의 정체성을 쉽게 바꿀 수는 없었을 것이다.

이 사원에서 눈여겨볼 만한 것은 종교적 관용이다. 가톨릭교도는 되찾은 땅에 서 있는 이슬람 사원을 파괴하지 않았다. 물론 사원 자체가 엄청난 국가적 자산이기 때문이기도 하겠지만 종교적 결벽증과 적대의식을 드러내지 않은 것이다. 가톨릭의 수호자이기도 한 신성로마제국의 황제는 이 사원의 훼손을 아쉬워했다.

야자숲을 나오니 한낮의 부드러운 바람이 얼굴을 쓰다듬듯 일렁인다. 그 바람에 실려 조그맣고 하얀 꽃잎들이 투명한 대기 속에 흩날린다. 오렌지 꽃이다. 길가에 늘어선 오렌지 나무에는 노랗게 익어가는 오렌지가 주렁주렁 달려 있고 꽃잎이 눈처럼 떨어진다. 꽃향기는 은은하면서도 상큼하다.

시칠리아 섬을 배경으로 한 마스카니의 오페라 「카발레리아 루스티카나」는 사랑과 질투의 격정적인 이야기다. 막이 오르고 교회의 종소리가 울리고 나면 마을사람들이 무대로 나와 합창을 한다. 여성들이 먼저 시작하고 남성들이 가세하는 합창의 첫 부분은 이렇다.

오렌지 꽃향기에 신록은 짙어가고, 종달새 지저귀네…….

극의 내용은 비극적이지만 첫 부분은 이렇게 평화롭게 시작된다. 부드럽고 리듬감 풍부한 관현악 반주에 얹혀 나오는 이 유명한 합창곡을 나는 가끔 듣는다. 들을 때마다 오렌지 꽃향기가 과연 어떨지 궁금했는데 코르도바의 오래된 골목길에서 마침내 확인했다.

로마 · 이슬람 · 가톨릭

로마시대의 아우구스타 가도(Via Augusta)는 대서양의 항구도시 카디즈에서 수도 로마까지 이어지는 중요한 고속도로였다. 카디즈를 출발해 세비야 · 코르도바를 거쳐 지중해 해안도시인 발렌시아 · 타라고나를 통과한 다음, 갈리아를 관통하고 알프스를 넘어 이탈리아까지 연결되었다. 견고한 도로는 이슬람 통치기간에도 그대로 사용되었으며, 현재의 안달루시아 국립도로인 4번 국도는 비아 아우구스타를 그대로 따라가고 있다. 따라서 어제 저녁 내가 세비야를 탈출해 내달린 길도 역시 비아 아우구스타이다.

로마의 다리 뒤로 장대한 이슬람의 메스키타가 서 있고 그 가운데 가톨릭 성당이 솟아올랐다.
번갈아가며 이 땅을 지배했던 세력들의 기념물이 한곳에서 조화를 이룬다.

메스키타 앞 과달퀴비르 강에 건설된 로마 다리는 이 가도의 연장이었다. 현재도 코르도바의 주요한 다리며 당연히 현역이다. 메리다의 다리와 달리 넓기 때문에 왕복 2차선의 차도가 있고 양쪽으로는 인도도 있어 시민들이 강의 남북을 오간다. 다리 상판은 오랜 세월 동안 여러 차례 재공사되어 매끈한 모습이지만 이끼 낀 기초부분은 로마시대 모습 그대로다. 까마득한 세월을 잘도 견디고 있다.

해질 무렵 와인 한 병을 들고 다리 건너 광장에 앉았다. 시민들도 가벼운 차림으로 나들이 나와 여유롭게 강변을 거닌다. 왜가리 떼가 하늘을 뒤덮고 황혼 속에서 비행한다. 아름다운 풍경이다. 강변의 무성한 수풀이 새들과 짐승의 보금자리다. 메리다의 과다니아 강에도 숲이 우거진 섬이 떠 있었다.
차츰 어두워지면서 교각에 조명등이 켜지자 로마 다리가 어둠 속에 아치를 그린다. 강 건너 언덕 위엔 메스키타가 웅장한 성채처럼 펼쳐져 있다. 그리고 그 위에 가톨릭 성당의 돔이 우뚝 솟아 있다. 2천 년 세월 동안 번갈아가며 이 땅의 주인으로 군림했던 로마와 이슬람과 가톨릭이 한눈에 들어온다. 그들은 아무런 저항 없이 한 자리에서 조화를 이루고 있다. 세월의 힘일 것이다.

그라나다의 새우볶음밥

그라나다에 도착하자마자 자동차부터 반납했다. 기록을 보니 6일간 1,672킬로미터를 운전했다. 평균을 계산하면 하루에 300킬로미터가 채 안 되지만 톨레도에서 리스본까지 간 날은 종일 운전했었다. 우박까지 뒤집어썼는데도 멀쩡한 상태로 반납할 수 있어서 천만다행일 뿐이다. 검사요원은 차 외관을 꼼꼼히 살피고 휘발유 미터까지 점검하더니 OK 사인을 내렸다. 허츠에 지불한 돈은 보험료와 세금을 포함해서 320유로. 휘발유값을 포함하면 하루 평균 약 10만 원이 든 셈이다. 마드리드의 그 둔한 '나오미 캠벨'이 조금만 융통성을 발휘했더라면 비용의 3분의 1정도는 줄였을 것이다. 자동차 렌트 비용이 대중교통보다 저렴해지려면 기간이 일주일은 넘어야 한다. 그래야 할인 폭이 커지기 때문이다.

자동차가 부족한지 허츠 사무실에는 여행자들이 줄을 서 있는데 젊은 미국인 커플이 대기하다 내 차를 인수한다. 그들은 처음 보는 한국산 소형차가 미덥지 못한지 불안한 표정이다. 그러나 걱정 마라, 차의 성능은 나무랄 데 없이 좋으니까. 다만 스틱이니 오르막에서 시동 꺼뜨리지 않도록 조심하길. 그리고 부디 에스파냐의 뒷골목에서 날벼락 같은 우박을 만나지 말길.

배낭을 메고 거리로 나서니 배가 고프다. 그냥 배고픈 것이 아니라 '밥이 고프다.' 이번 여행에서 식사는 주로 식료품가게에서 구입한 것으로 해결했다. 자동차는 그것들을 싣고 다니기 편했다. 빵과 잼·소시지·생수·와인·과일·절인 올리브 등을 충분히 사서 싣고 다니며 적당한 데서 차를 세우고 먹거나 저녁에 유스호스텔에서 펼쳐놓고 먹었다. 소금에 짭짤하게 절인 올리브는 김치 대용으로 먹을 만했고 포도·사과 등 과일도 신선하고 저렴했다. 특히 와인을 살 때는 신이 났는데, 불과 3유로에 괜찮은 와인을 한 병 살 수 있었다. 화이트 와인 중에는 생수 가격과 비슷한 1유로 전후의 상품도 있었다. 그러나 너무 싸면 질이 좋지 않을 거라고 생각해 3유로 전후의 상품을 골랐고 '큰맘 먹고' 5유로짜리를 한 병 사기도 했다. 이런 식사로 비용을 많이 절약할 수 있었다. 먹는 일에는 하루에 10유로 정도밖에 들지 않았다.

이랬으니 밥이 고픈 것이다. 아무리 배불리 먹어도 내 몸이 기억하고 원하는 음식은 따로 있는 법이다. 그라나다에 한국음식점이 있을 거라 기대하기는 어렵고 있다 하더라도 찾기가 번거롭다. 이럴 경우 가장 빠른 해결책은 세계 어디에나 있는 중국집을 찾아가는 것이다. 길가는 아줌마한테 "차이니즈 레스토랑이 어디냐"고 물으니 손가락으로 길 모퉁이를 가리킨다. 붉은 바탕에 금색으로 상호를 새긴 간판이 걸려 있다. '平和飯店'.

새우볶음밥과 돼지고기볶음, 해물요리 한 가지를 주문했다. 그리고 조그만 와인도 한 병. 새우볶음밥은 우리나라 중국집의 삼선볶음밥과 맛이 비슷하고, 볶은 돼지고기 요리는 일주일 동안 딱딱한 육포 같은 소시지만 씹어온 나의 입 안에서 녹는 듯하다. 쌀밥의 감미로운 맛이 입안에 퍼지자 기쁨도 슬픔도 아닌, 뭐라고 표현하기 힘든 감정에 잠시 목이 멘다. 맛의 기억이란 그런 것이다.

이슬람의 마지막 촛불

8세기 초 이베리아 반도에 진출한 이슬람교도는 10세기부터 100년간 찬란한 번영을 구가했다. 번영기의 알 안달루스 왕조는 강력한 칼리프의 통치 아래 통일왕조를 이루었고 판도는 이베리아 반도 대부분과 피레네 산맥 너머 프랑스 땅 일부에까지 미쳤다. 11세기 말 쇠퇴기에 접어들면서 이베리아 반도 전체는 조그만 소왕국들로 분열되었고 북부의 가톨릭 세력은 국토 재정복을 위해 남진을 개시했다. 12세기에 호전적인 북아프리카 이슬람교도들이 이베리아 반도 남부를 차지하면서 잠시 중단됐지만 가톨릭 세력은 계속 남하했다. 1085년 톨레도가 함락됐고 1236년에는 코르도바까지 가톨릭 세력의 수중에 떨어졌다. 결국 반도 남부의 나스리드 왕조만이 유일하게 이베리아의 이슬람 왕국으로 남게 되었다. 그라나다는 이 나스리드 왕조의 수도였다.

그라나다 시가지를 굽어보는 언덕 위에 그 유명한 알람브라 궁전이 있다. 이슬람 왕들의 궁전이자 그들의 파라다이스, 그리고 요새였던 곳이다. 알람브라 궁전은 코르도바의 메스키타와 함께 에스파냐의 가장 유명한 이슬람 유적이다. 그래서 그라나다를 방문하는 사람은 누구나 이곳을 방문하고, 따라서 나도 예외가 아니다.

하지만 나는 궁전을 볼 수 없다. 세계 각지에서 관광객이 밀려오는 곳이라는 것은 알았지만 일주일 전에 예약을 해야 한다는 것까지는 몰랐기 때문이다. 코르도바의 숙소에서 여행안내서를 보다가 알람브라 궁전을 관람하려면 은행에서 미리 예약해야 한다는 내용을 보고 서둘러 가봤지만 은행 직원은 "Sold Out"이라고 한마디 했을 뿐이다.

그래서 하는 수 없이 당일 내방객에게도 개방되는 궁전 외부와 정원·성채의 전망대만 관람하기로 했다. 나뿐만 아니라 많은 사람들도 마찬가지다. 미리 예

그라나다는 세계 각지에서 오는 관광객으로 항상 북적인다.
알람브라 궁전이 보이는 알 바이신 지구에서 연인들이 따뜻한 햇살을 즐기고 있다.

약해서 궁전 내부까지 관람하는 부지런하고 준비성 있는 사람들은 전체 관람객 중 30퍼센트 정도밖에 안 된다.

알람브라 궁전은 외부에서 보면 소박하기 짝이 없다. 덩치도 별로 크지 않다. 도대체 저런 건물의 내부가 화려하면 얼마나 화려할까 싶게 검소하다. 그래서 더욱 그 안의 모습이 궁금해진다.

궁전의 핵심이 되는 왕궁으로 들어가는 관람객들이 길게 줄지어 서서 입장을 기다리고 있다. 안내를 받아서 관람하고 정해진 시간 안에 나와야 하기 때문이다. 안에는 궁전에서 가장 아름답다는 '사자(獅子)의 중정'이 있다. 124개의 가느다란 기둥이 받치고 있는 사각의 아케이드가 장방형 공간을 만들고, 그 중앙에는 열두 마리의 작은 대리석 사자들이 분수대를 지탱하는 곳이다. 그리고 기하학적 무늬가 화려함의 극치를 이루는 '대사들의 방'도 있다. 그런 멋진 공간들을 여기까지 와서 직접 보지 못하다니…….

나스리드 왕들은 꺼져가는 촛불과 같은 자신의 왕국을 바라보며 마치 그러한 운명을 외면이라도 하듯 화려한 궁전 건설에 몰두했고, 건축가들은 평범하기 짝이 없는 재료인 석고·목재·타일을 이용해 왕들의 요구에 응했다. 그들은 신비한 빛이 스며들고, 정적이 머물며, 물이 흐르는 파라다이스를 창조해냈다. 정교하고 아름답지만 슬프고 유약한 모습으로.

최후의 순간은 1492년 1월 2일에 찾아왔다. 10년에 걸친 전쟁 끝에 나스리드의 마지막 왕 보압딜은 가톨릭 군주들인 이사벨과 페르난도에게 항복하고 그라나다를 떠났다. 20세기의 낭만주의 화가 프란시스코 프라디야는 그날의 모습을 그림으로 그렸다. 장소는 그라나다 성문 앞인 듯하다. 멀리 언덕 위에는 알람브라 궁전이 보인다. 흑마를 타고 가톨릭 군주들을 향해 한 발을 내딛는 보압딜의 손에는 알람브라 궁전의 열쇠가 들려 있다. 침통한 표정이고, 그가 탄 말도 고개를 숙이고 있다. 반면 항복을 받아들이는 페르난도와 이사벨은 당당한 모습이다. 둘 다 화려한 군주의 의상을 입었다. 이사벨은 모피로 장식된 망토를 입고 왕관을 썼다. 페르난도는 붉고 화려한 옷을 입고 한 손을 뻗어 궁전의 열쇠를 받는다. 그림의 전체적인 분위기는 엄숙하다. 승자와 패자가 말없이 자신들의 입장을 확인하고 있을 뿐 오만도 굴욕도 보이지 않는다.

보압딜의 어머니는 아주 강한 여성이었다. 아마도 네로의 어머니였던 소(小)아그리피나와 같이 강단 있는 여자였던 듯하다. 그녀의 남편은 성 밖의 이교도, 즉 기독교도와 사랑에 빠졌다고 한다. 나라를 지켜야 할 왕이 적과 사랑에 빠졌으니 어찌해야겠는가. 그녀는 그런 남편을 몰아내고 어린 아들을 왕위에 올렸다. 그러나 10년간의 전쟁 끝에 결국은 항복해야만 했다. 그녀는 아들이 절망 속에 그라나다를 떠날 때 "네가 한 남자로서 감당해내지 못한 일에 대해 어린아이처럼 울지 말라"고 말했다 한다. 마지막 이슬람 왕가에 남자보다 대찬 여걸이 있었던 것이다.

보압딜은 궁전의 열쇠를 넘겨준 뒤 아프리카로 망명했고 불행하게 살다 죽었다고 한다. 8세기에 걸친 이슬람교도의 이베리아 반도 지배는 그에 이르러 완전히 끝났다.

악마의 수도교

축구? 난 잘 몰라요

안개 낀 새벽풍경이 빠르게 흘러간다. 철길을 따라 드문드문 서 있는 올리브 나무는 순식간에 다가왔다가 이내 까마득히 안개 속으로 사라진다. 에스파냐의 고속열차 탈고(TALGO)는 고속으로 달리고 있지만 진동이 거의 느껴지지 않는다. 어젯밤 10시에 그라나다를 출발해 타라고나에 접근하면서 지중해 해안을 달리고 있다. 열차가 출발하자마자 곯아 떨어졌는데 아침까지 깨지 않고 자버렸다.

일요일 아침 8시, 로마제국 타라코넨시스 속주의 수도 타라고나(로마시대에는 타라코라 불렀다)에 도착했다. 휴일이라 역은 한산하다. 매점에서 도시 관광지도를 하나 사들고 택시를 탔다. 지도의 겉면 사진이 바로 나의 목적지인 로마 수도교다. 그림을 보여주며 "Here!"라고 하자 젊은 기사는 고개를 끄덕이고 차를 출발시킨다.

타라고나는 로마시대에 이베리아 반도의 입구 역할을 했다. 피레네 산맥을 넘으면 바로 접근할 수 있었고 지중해를 통해 로마의 오스티아 항과 연결되었다. 그래서 반도 정복의 전진기지 역할을 하며 이베리아 반도에서 가장 광대한 속주의 수도가 되었던 것이다. 그런 도시의 성격이 이어졌기 때문인지 현재의 타라고나도 교통의 이점을 이용해 대규모 석유화학단지가 있는 산업기지 항구가 되어 있다.

택시기사는 앞만 보고 운전하고 있다. 도시는 아직 잠에서 깨지 않았는지 시내는 한산하다. 아직까지 안개도 자욱하다. 심심하다. 그래서 기사와 대화를 시도해보기로 한다. 젊은 친구니 스포츠를 좋아할 것이고, 스포츠 중에서도 축구를 좋아할 것이 틀림없다. 그렇다면 월드컵 이야기를 해야 한다.

월드컵과 관련해서는 대한민국 국민이라면 누구나 기억하는 감동적인 장면이 있다. 평소 웃는 모습을 거의 보여주지 않던 홍명보 선수가 에스파냐와의 월드컵 8강전에서 승부차기 마지막 슈팅을 성공시키고 양 팔을 V자로 쳐들고 밝게 웃으며 내달리는 모습. 이로써 한국은 월드컵 4강이라는 단군 이래 최대의 사건을 일구어낼 수 있었다. 반면 에스파냐는 또 다시 4강 문턱에서 좌절할 수밖에 없었다. 축구 강국 에스파냐는 월드컵과는 지독히도 인연이 없어 반세기 동안 한 번도 4강에 오른 적이 없었다.

그러나 우리 국민의 이런 기쁨 뒤에는 피눈물을 흘린 희생자가 있었다. 그는 바로 에스파냐 팀의 마지막 키커였던 호아킨. 태산 같은 부담 때문이었을까? 자신감이 없어 보였던 그는 공을 향해 몇 걸음 걷다가 잠시 멈칫거린 다음 골문 오른쪽을 향해 슛을 날렸는데 방향을 정확하게 파악한 이운재의 펀칭으로 공이 튕겨져 나오고 말았다. 그가 실축하고 홍명보의 슛이 성공하면서 게임은 끝나버렸다. 호아킨의 표정은 넋이 나간 듯했고 우리 팀 감독이었던 히딩크조차도 그를 위로해야 했다. 호아킨은 월드컵이 끝난 뒤 신문과 가진 인터뷰에서 자신의 실축상황을 3만 번 이상 생각했다고 말했다. 얼마나 괴로웠을까.

2년이 채 지나지 않았으니 이런 악몽을 에스파냐 국민 모두가 아직 기억하고 있을 것이고, 이 타라고나의 젊은 택시기사도 당연히 알고 있을 것이다. 그래서 나는 그 아픈 기억을 떠올리게 하려고 심술궂은 질문을 해보기로 했다.

"자네 축구 좋아하나?"

"……."

아무 대답이 없다. 나의 질문을 제대로 알아듣지 못한 것인가. 젊으니 어느 정도 영어는 할 텐데. 다시 물었다.

"자네 축구 좋아하지 않나?"

"아, 축구요. 무슨 말씀인가 했네. 축구는 별로 좋아하지 않아요. 저는 농구를 하지요."

"……."

할 말이 없어졌다. 축구를 좋아한다고 해야 이야기가 풀리고, 이야기가 진행되어야 월드컵 이야기를 할 게 아닌가. 그래야 한국과 에스파냐의 8강전에 대해서도 이야기하고, 그 피말리던 승부차기 이야기도 하지. 메리다의 선술집에서는 동네 사내들이 모두 축구에 열광했는데 이 친구는 왜 이리 맹물 같은가, 재미없게.

도시 외곽의 소나무숲에 도착했다. 공터에 차를 세우더니 숲속에 난 길을 가리키며 조금만 올라가면 수도교가 보일 거라고 한다. 기다릴 테니 다녀오란다. 그러고는 도시락을 꺼내더니 호일에 싼 햄버거를 먹는다. 일요일 아침, 오래 기다린 끝에 첫 손님을 태웠으니 이제 느긋하게 아침식사를 하는 것이다.

숲길을 따라 100여 미터쯤 걸어들어가니 뿌연 안개 속에서 로마 아치가 모습을 드러낸다. 놀랍게도 수도교는 한 곳도 허물어진 곳 없이 원래의 모습을 간직하며 두 언덕 사이의 계곡을 가로지르고 있다. '에스파냐 동부의 로마 유적으로는 가장 장관'이라는 평가에 걸맞게 웅장한 모습이다. 2세기에 30킬로미터 떨어진 수원지로부터 타라고나 도심으로 물을 공급하기 위해 건설되었는데 길이는 218미터에 달한다. 물은 평지와 산 속의 터널을 달리다가 계곡을 만나

타라고나의 수도교. '에스파냐 동부의 로마 유적으로는 가장 장관'이라는 평가를 받는다.

서 수도교 위를 흘렀다. 다리는 전체적으로 녹슨 듯 붉은 빛을 띠고 있다. 이 지역 석재에 철분이 많이 섞여 있기 때문이다.

수도교 위에 올라가보니 물이 흘렀던 수도가 보인다. 잡석과 시멘트로 된 디귿자 모양의 통로가 하늘 방향으로 열려 있다. 보존상태가 좋아 지금이라도 물을 흘려보내면 한 방울도 새지 않을 것 같다. 로마의 수도교는 대개 뚜껑이 덮여 있었는데 이 수도교에는 현재 뚜껑이 없다. 원래 없었는지 아니면 뒤에 제거되었는지는 알 수 없다. 궁금해 하며 여러 앵글로 사진을 찍는데 반대쪽에서 사람이 걸어온다. 깜짝 놀랐다. 로마의 수도교가 사람의 통로로 이용되다니. 그렇다면 혹시 통로로 사용하기 위해 수도의 윗부분을 뜯어낸 것은 아닐까. 설마 그렇지는 않을 것이라고 믿는다. 유적은 기능을 상실했더라도 원형을 훼손하지 말고 그대로 보존해야 한다. 또한 아무리 튼튼하다 해도 밟고 다니면 안 된다. 타라고나의 수도교보다 훨씬 튼튼한 프랑스 님의 수도교도 이제 사람들이 함부로 올라가지 못한다.

택시가 기다리고 있으니 오래 머무를 수 없다. 15분쯤 머물다 택시로 돌아가니 이 친구는 식사를 다 마치고 유순하게 기다리고 있다. 지도 위의 도시 성벽유적을 가리키니 고개를 끄덕이곤 즉시 시동을 건다.

수도교의 전설

타라고나의 수도교에는 별명이 붙어 있다. '악마의 수도교'가 그것이다. 내 여행안내서에도 그렇게 나와 있는데 이유는 설명되어 있지 않다. 직접 가까이 다가가서 자세히 살펴보았지만 겉모습만 봐서는 그런 별명이 붙은 이유를 알 수 없었다. 색이 좀 붉긴 했지만 악마라는 이름이 붙을 정도로 붉진 않았다. 혹시나 해서 택시기사한테 물어봤다.

"이봐, 저 수도교 말이야. '악마의 수도교'라는 별명이 붙어 있잖아?"

"그렇지요. 다들 그렇게 불러요."

"그런데 왜 악마라는 별명이 붙었을까? 혹시 알아?"

"……."

"전설이나 뭐, 옛날이야기 같은 거 몰라?"

"글쎄요……. 그게 크고, 또 높고 그래서가 아닐까 싶은데……. 뭐, 잘 모르겠네요."

"……."

정말 도움이 안 되는 친구다. 관광객을 상대하면서 택시 운전을 하는 친구가 동네사람들이 다 부르는 그 이름의 유래를 모른단 말인가. 기본적으로 세상일에 호기심이 없는 친구다. 아까 축구 이야기만 해도 그렇다. 눈치 빠른 택시기사라면 에스파냐를 여행하는 동양인이 왜 축구 이야기를 꺼내는지 당장 알아차려야 한다. 그러고는 즉시 "혹시 코레아에서 오셨습니까?" 하고 물어줘야 하는 것이다. 그래야 택시 운전도 재미있게 잘할 수 있다. 답답한 녀석 같으니라고.
여행에서 돌아온 뒤 인터넷을 뒤져보니 '악마의 수도교'에 얽힌 전설이 있긴 했다. 내용은 이렇다.

옛날 옛적 한 젊은 여인이 물을 긷기 위해 마을에서 멀리 떨어진 계곡까지 다녀야 했다. 하루도 빠짐없이 무거운 물통을 져 날라야 했던 그녀는 어느 날 계곡에 주저앉아 이렇게 중얼거렸다. "만약 누가 이 계곡에서 마을까지 수도를 놓아준다면 내 영혼이라도 바칠 수 있으련만……." 어둠 속에서 여인의 탄식을 들은 악마가 그녀 앞에 나타난다. 악마는 "당신의 영혼을 준다면 하룻밤 사이에 수도를 만들어주겠다"고 제안한다. 여인과 악마의 거래는 이루어졌고, 밤이 되자 악마는 서둘러 돌을 쌓아 수도를 만들기 시작했다.
자신의 영혼을 팔아야 하는 공사가 진행되는 동안 여인은 밤새 성모에게 기도를 올렸고 악마는 동이 트기 전에 수도를 완성하려 바삐 움직였다. 그러나 수도를 완성하는 마지막 돌을 놓기 직전에 해가 뜨고 말았다. 햇살에 놀란 악마는 어둠 속으로 사라져버렸다. 악마가 약속을 지키지 못했기 때문에 여인은 영혼을 빼앗기지 않았고 수도는 그대로 남게 되었다. 하룻밤 사이에 나타난 거대한 수도교를 본 마을 사람들은 깜짝 놀랐고 이 수도를 '악마의 수도교'라 부르게 되었다.

거대한 수도교에 어울리는 전설이다. 중세적 신비감이 감돌기도 한다. 그러나 이 전설은 타라고나의 수도교가 아닌 세고비아의 수도교에 전해지는 전설이다. 악마의 수도교 이야기는 에스파냐의 수도교에만 전해지는 것이 아니다. 님에 있는 수도교에도 악마가 만든 수도교라는 전설이 전해진다.

로마시대가 끝나고 중세에 태어난 사람들에게는 머리 위를 지나는 거대한 수도교가 비현실적으로 보였다. 그래서 과거 자신들의 마을에 살던 로마인이 만들었다는 것을 망각하고 악마가 아니라면 이런 다리를 도저히 만들 수 없었을 것이라고 생각하며 전설을 만들어 붙였다. 결국 후세 사람들에게 모든 로마의 수도교들은 악마의 수도교였던 것이다. 메리다의 수도교를 Los Milagros, 즉 '기적'의 수도교라고 부르는 것도 같은 맥락이다.

타라고나의 수도교에도 그런 류의 전설이 전해질 것이다. 그래서 이 동네 악마 이야기를 끝내 확인하지 못한 것은 아쉽다. 타라고나 역 매점에서 산 도시 관광지도의 표지에는 아침 햇살에 붉게 빛나는 수도교 사진이 실려 있는데 로마 수도교(Acueducto Romano)라는 설명과 함께 악마의 수도교(Pont Del Diable)라는 별명도 같이 표기되어 있다. 관광지도에 이런 별칭까지 표기했다면 세고비아의 수도교 전설보다 더 재미있는 이야기가 전해질지도 모른다.

무솔리니의 아우구스투스

로마시대의 타라코는 현재의 타라고나보다 훨씬 작은 도시였다. 속주의 수도라고는 해도 성벽으로 둘러싸인 도시였기 때문에 그리 넓지는 않았다. 그래서 현재 타라고나의 도심에는 로마시대의 성벽 유적이 남아 있다. 그러나 성벽 유적은 원형 그대로 남아 있기 힘들다. 전쟁의 무대가 되었고 세월이 흐르면서 후세의 보수와 변형이 광범위하게 진행됐기 때문이다. 또한 현대에 이르러 도시가 팽창하면서 성벽이 흔적도 없이 사라진 곳도 많다.

큰 기대 없이 성벽을 한 바퀴 돌아보기로 했다. 기단은 로마시대의 것이지만 윗부분은 중세 이후의 건축이다. 로마인은 다듬지 않은 큰 돌로 기단을 쌓아 올렸고 중세 사람들은 반듯하게 다듬은 돌로 성벽을 쌓아 올렸다. 눈으로 뚜렷하게 구별된다.

그런데 성벽을 걷다가 반가운 인물을 만났다. 아우구스투스. 그가 로마의 성벽을 바라보고 서 있다. 청동으로 복제한 「프리마 포르타의 아우구스투스」다. 프리마 포르타는 아우구스투스의 아내였던 리비아의 별장이 있던 곳이다. 1863년 별장 폐허에서 발굴작업을 하던 이탈리아 고고학자들은 완벽한 상태의 아우구스투스 대리석 전신상을 발견했다. 손가락이 하나 부러졌을 뿐 훼손된 곳은 없었고, 복장과 장식이 특이했으며, 무엇보다 아름다웠다. 발견된 장소의 이름을 따서 「프리마 포르타의 아우구스투스」라고 부르게 된 이 대리석상은 아우구스투스를 새긴 것 중 최고의 걸작으로 평가되고 있다. 진품은 바티칸 박물관에 고이 소장되어 있다. 1996년도에 로마를 처음 방문했을 때 콜로세움 앞의 큰 길에서 이 작품의 청동제 복제품을 봤다. 그 길에는 아우구스투스뿐 아니라 카이사르를 비롯한 로마 황제들의 청동상이 줄지어 서 있었다.

로마에서 본 것과 똑같은 아우구스투스 상을 반가운 마음으로 바라보는데 한 무리의 학생들이 교사와 함께 다가온다. 50대 중반의 여교사는 아우구스투스 동상 아래서 설명을 하고, 중학생으로 보이는 학생들은 진지하게 듣는다. 저 선생님은 학생들에게 아우구스투스를 누구라고 설명할까? 이베리아 반도의 침략자일까? 아니면 조상 할아버지일까? 그것도 아니면 그냥 로마제국 황제일까? 에스파냐어를 알아듣지 못하니 무슨 이야기를 하는지 전혀 알 수 없다. 설명을 끝내고 떠날 때 선생님에게 잠시 말을 걸어보았다.

"저, 혹시 영어 하시나요?"

로마 콜로세움 앞 대로에 서 있는 아우구스투스 청동상. '프리마 포르타의 아우구스투스'를 복제한 것으로 무솔리니 시절 제작되었다.

"네, 물론이죠."

부드럽게 미소 지으며 대답한다.

"저 청동상 말입니다. 오리지널이 아닌 건 알고 있는데……."

"아, 저 청동상은 이탈리아가 선물한 거예요. 1935년에 무솔리니가 타라고나 시에 기증했지요."

그렇구나. 그렇다면 콜로세움 앞의 청동상과 이 타라고나의 청동상은 같은 시기에 만들어졌을 것이다. 무솔리니는 1930년대에 고대 로마시의 중요한 유적 위로 넓은 길을 뚫어버렸다. 그 길은 엠마뉴엘레 2세 기념비 옆에서 시작해 오른쪽에 포로 로마노, 왼쪽에 황제들의 포럼을 끼고 콜로세움을 향해 직진했는

휴일 오전, 타라고나의 학생들이 아우구스투스 동상 아래서 도시 성벽에 대해 공부하고 있다. 성벽 기단은 로마시대에 쌓은 것이고 윗부분은 중세 이후의 것이다.

데 트라야누스 포럼의 상당부분을 비롯해 많은 황제 포럼들이 아스팔트 아래 묻히고 말았다. 그가 이곳에 큰 길을 뚫은 것은 대규모 군사 퍼레이드를 벌일 목적도 있었다고 한다. 무솔리니는 이렇게 뚫은 길을 자신의 위대한 선조들 동상으로 장식하고 싶어했다. 여러 황제들의 청동상이 제작되었는데 아우구스투스 상의 모델로는 당연히 '프리마 포르타의 아우구스투스'가 선택되었다.

그리고 청동상은 '만드는 김에' 충분히 만들어 세계 각지의 로마 유적이 있는 곳에 기증하기도 했다. 그중 한 곳이 이 타라고나의 로마 성벽인 것이다. 어쩌다 아우구스투스가 과대망상에 사로잡힌 후손의 선심성 홍보물로 전락한 셈이지만 결과적으로는 심심한 타라고나의 성벽을 멋지게 장식해주고 있다.

4 보급기지 히스파니아

당신네 대통령이 쫓겨났어요

타라고나에도 당연히 원형경기장이 있다. 그것은 로마 도시의 필수적 인프라였다. 규모는 메리다와 비슷해 보인다. 많이 훼손됐지만 최대한 복원해 원래 모습을 짐작할 수 있을 정도로 꾸며놓았다. 그런데 다른 도시의 원형경기장과 다른 점은 입지조건이다. 경기장이 바닷가 언덕을 깎아내고 들어섰다. 관중석 상단에서 지중해의 푸른 파도가 보인다. 검투사들의 무기가 날카롭게 부딪치는 소리나 맹수의 울부짖는 소리가 철썩이는 파도소리와 함께 들렸을 것이다.

렌즈를 번갈아 끼우며 경기장 사진을 찍고 있는데 누가 나를 빤히 바라본다. 두 부부다. 남자는 검은 피부의 인도 계열이고, 여자는 작은 키의 백인 여성이다. 특이한 조합이지만 분위기로 봐서는 분명한 부부다. 남자가 먼저 말을 건다.

"Where are you from? Japan?"

"No. I am from Korea."

"From Korea? 안녕하세요? 반갑습니다."

그는 "안녕하세요? 반갑습니다"를 한국말로 했다. 난데없는 한국말에 깜짝 놀랐다. 그에게 한국말로 "한국말을 잘하시네요" 하니까 그는 손을 젓고 다시 영어로 돌아가 "할 줄 아는 한국말은 몇 마디 안 된다"고 했다. 그러고는 간단히 자기소개를 한다.

"전 2년 동안 서울에서 살았어요. 홍제동의 한양아파트에서요."

그러면서 명함을 건넨다. 이름은 워렌 에드워즈(Warren Edwardes). 인도요리 관련 사업을 한다. 그가 나를 빤히 바라보더니 심각한 어조로 말한다.

"당신네 대통령이 쫓겨났어요!"

무슨 말인지 이미 알고 있다. 내가 서울을 출발한 날은 2004년 3월 12일. 그날 국회에서는 노무현 대통령 탄핵안이 통과됐다. 국회 본회의장은 난장판이 되

타라고나의 원형경기장은 특이하게도 해변 경사면에 들어섰다.
고대인들은 지중해의 파도소리를 들으며 피 튀기는 검투사 경기를 보았을 것이다.

었고 그 활극은 TV를 통해 중계되었다. 나는 그런 모습을 인천공항에서 지켜보며 우울하게 출국했다. 그런데 그 난장판은 마드리드로 가는 내내 날 따라다녔다. CNN을 통해 전 세계로 중계된 그 장면은 내가 비행기를 갈아탄 프랑크푸르트 공항에서도, 밤늦게 도착한 마드리드의 공항에서도 볼 수 있었다.

그러나 대통령에 대한 탄핵은 국회를 통과한다고 결정되는 것이 아니다. 헌법재판이 남아 있다. 나는 인천공항을 출발하면서 탄핵안의 국회통과에 놀라기는 했지만 헌법재판에서 기각될 걸로 확신했다. 야당도 진짜 탄핵까지 원한 것은 아니고 헌법재판소의 결정도 여론이나 나라 형편을 도외시할 수는 없을 것이라고 생각했기 때문이다. 그러나 이 외국인은 국회에서 벌어진 그 난리통을 보고 한국대통령이 영영 '잘려버렸다'고 생각한 모양이다. 그러고는 대통령이 그 지경이 됐는데 국민이라는 사람이 아무것도 모르고 여행 다니면서 로마의

4 보급기지 히스파니아

원형경기장 사진이나 찍고 있으니 딱하다고 생각한 모양이다. 내가 별것 아니라는 듯 말했다.

"헌법재판이 남아 있습니다!"

"……."

그가 대한민국 헌법상의 대통령 탄핵절차를 어떻게 알겠는가? 그는 "헌법재판이 남았다"는 내 말을 이해하지 못했는지 이렇게 또 묻는다.

"북한은 어쩔 거라고 생각해요?"

그는 이제 남북관계를 걱정하고 있다. 남한의 대통령이 유고상태니 당장 전쟁이 날지도 모른다고 생각하는 것이다.

"형제니까 괜찮습니다."

내가 간단하게 대답하자 그가 크게 고개를 끄덕인다. 그렇지만 마음속으로 동의하는 것 같지는 않다. 한국 사람들은 대체로 북한을 형제로 생각하고 그리 위협적인 존재로는 간주하지 않는 반면, 외국인들은 북한을 금방이라도 핵무기를 발사할 문제국가로 인식한다. 이 남자도 한국에서 생활했기 때문에 북한을 '형제'로 지칭한 내 말에 고개를 끄덕여주었지만 마음속으로는 전쟁을 생각하고 있는 것이다. 그는 6자회담이 열리고 있으니 모든 문제가 잘 풀릴 거라며 걱정하지 말라고 위로까지 한다. 착잡하다. 그에게는 한국이 곧 망하거나 전쟁이 날 것처럼 보이는 모양이다. 하기야 내가 봐도 탄핵안 통과장면은 충격적이었다. 투표함이 날아다니고, 울부짖고, 애국가를 부르고……. 그랬으니 외국인인 그가 어떻게 놀라지 않았겠는가. 일주일 동안 까맣게 잊고 있었던 한국과 서울이 그렇게 갑자기 로마의 원형경기장에서 되살아났다.

카잘스와 가우디의 도시 바르셀로나

카탈루냐 사람 카잘스

지하 기차역에서 내려 밖으로 올라오니 깜짝 놀랄 정도로 공기가 차다. 코르도바는 오렌지 꽃향기가 거리에 가득하고 그라나다는 지중해를 건너온 아프리카의 훈풍이 이슬람교도의 하얀 골목을 맴돌고 있는데 바르셀로나는 아직 겨울의 끝자락이다. 고속열차를 타고 밤새 북쪽으로 달렸으니 당연한 일이다. 흰 눈 덮인 피레네 산맥을 넘어온 차가운 공기가 느껴진다.

바르셀로나 역의 '출구' 표기는 카탈루냐(Catalunya)어 'Sortida'로 되어 있다. 에스파냐어 'Salida'는 그 아래 조그만 글씨로 적혀 있다. 바르셀로나는 개성 강하고 독립의지 치열한 카탈루냐 사람들의 도시다. 나에게 있어 바르셀로나는 카탈루냐 사람 카잘스의 도시다. 위대한 첼리스트 파블로 카잘스(Pablo Casals). 그는 파블로 카잘스보다 '파우 카잘스'(Pau Casals)로 불리는 걸 더 좋아했다. '파우'는 카탈루냐어다.

카잘스는 첼로 연주법을 혁신적으로 발전시키기도 했고 하루도 거르지 않고 연습에 몰두한 재능 있고 성실한 음악가였다. 사람들은 그가 첼로 연주하는 걸 보고 "마치 새가 날듯 쉽게 연주한다"고 말하곤 했다. 하지만 그렇게 말하는

바르셀로나 카탈루냐 음악당에 있는
카잘스 흉상. 나에게
바르셀로나는 카잘스의 도시다.

사람들은 새가 날기 위해서 얼마나 고통스런 연습을 반복해야 하는지 몰랐다. 카잘스는 단순한 첼리스트가 아니었다. 그를 위대하게 한 것은 자유와 평화에 대한 의지, 그리고 인간의 존엄성에 대한 확신이었다. 에스파냐 내전 때는 공화주의자로서 신념을 지켰고 제2차세계대전 후 프랑코의 독재통치에는 온몸으로 저항했다. 그렇게 하기 위해 그는 망명자의 길을 걸었다. 이미 세계인이 추앙하는 위대한 예술가가 되어 있었지만 그는 산속의 조그만 마을 프라데에서 은둔자로서의 거친 삶을 살았다. 프라데는 피레네 산맥의 에스파냐와 프랑스 국경에 있는 조그만 마을로 카탈루냐인들이 모여 사는 곳이었다. 카잘스는 17년 동안이나 이 마을에 살면서 음악제를 개최함으로써 자신의 언어인 음악을 통해 자유의지를 외쳤다.

바르셀로나는 그런 카잘스와 관련된 '신비한 이야기'가 전해오는 도시다. 카잘스를 흠모하고 첼로 음악을 사랑하는 사람이라면 누구나 아는 이야기다.

1889년, 바르셀로나의 고악보 상점. 열세 살의 어린 소년이 먼지와 곰팡이로 뒤덮인 악보들을 살펴보고 있다. 그는 음악을 공부하기 위해 바르셀로나에서 멀지 않은 작은 마을 벤드렐에서 유학 와 있는 파우 카잘스. 가난한 소년은 돈을 벌기 위해 저녁 시간이면 카페에서 첼로를 연주해야 했다. 카페에서는 항상 새로운 곡을 연주해야 했기 때문에 악보 상점에서 오래된 악보를 뒤지는 것도 그의 일이었다.

악보들 사이에서 그는 누렇게 색이 바랜 한 묶음의 악보를 발견한다. 그것은 요한 세바스찬 바흐의 「무반주 첼로 모음곡」 필사본이었다. 소년은 놀라운 마음으로 악보를 읽었다. 첼로를 위한 여섯 개의 모음곡! 그는 누구한테서도 그와 같은 첼로 모음곡이 있다는 이야기를 들은 적이 없었다. 그 음악 속에는 마술과 신비가 숨어 있다는 느낌이 들었다. 어린 소년은 상점에 간 이유도 잊어버리고 악보를 응시하며 어루만졌다.

이날 이후 소년은 매일 이 음악을 연구하고 연주한다. 먼지 속에 버려졌던 위대한 음악에 생명을 불어넣은 것이다. 그렇게 12년이 지나고 스물다섯 살이 되었을 때, 그는 처음으로 이 음악을 공개적으로 연주한다. 바흐가 사망한 이후 세상에 알려지지 않고 사라져버린 이 곡이 카잘스에 의해 비로소 세상에 알려지게 된 것이다.

영화의 한 장면 같은 이야기다. 카잘스는 평생을 통해 이 음악을 갈고 닦았으며 60세가 된 1936년에 드디어 녹음을 남겼다. 그래서 현대의 우리들도 그의 연주를 들을 수 있다. 나는 바흐의 이 음악을 특별히 좋아해 여러 연주자들의 음반을 들어보았다. 첼리스트라면 반드시 넘어야만 하는 산 같은 곡이기 때문에 기라성 같은 연주자들이 녹음을 남겼다. 그러나 결국은 누구도 카잘스를 뛰어넘지 못했다. 그들도 어린 시절부터 카잘스의 연주를 음반으로 들으며 공부했을 것이니, 카잘스가 개척한 길을 좀 더 쉽게 갔다는 느낌이 들 뿐이다. 그래서 새로운 연주는 한두 차례 들어보는 걸로 끝나고 음반은 구석에서 먼지를 뒤집어쓰게 된다. 결국은 카잘스의 연주로 돌아가게 되는 것이다.

그런데 최근에 카잘스가 바흐의 악보를 처음 발견하는 그 '신비한 이야기'가 사실이 아니라는 이야기를 듣게 되었다. 바흐의 「무반주 첼로 모음곡」은 이미 1824년경 파리에서 출판되었으며 모음곡 형태가 아닌 단일악곡 형식으로 종종 연주되기도 했다는 것이다. 말하자면 카잘스가 바흐의 악보를 최초로 발견한 것이 아니라는 말이다. 섭섭한 이야기고, 김새는 사실이다. 이런 이야기를 한 사람은 유망한 첼리스트 양성원 씨다. 그는 전기작가 앨버트 칸이 지은 카잘스 자서전 『첼리스트 카잘스, 나의 기쁨과 슬픔』의 추천사에서 이와 같은 이야기를 하고 있다. 그 책에도 카잘스가 바흐의 악보를 발견하는 그 '신비한' 순간이 묘사되고 있는데도 말이다.

그러나 양성원 씨가 이야기한 것은 첼리스트라면 다 아는 사실일 것이고, 우리들도 지나치게 서운해할 필요는 없을 것 같다. 중요한 것은 카잘스가 그 어린 나이에 악보의 위대함을 꿰뚫어보고 평생을 통해 되살리는 작업을 해 세상에 알렸다는 사실이다. 카잘스 자신으로서는 그 음악은 처음 접하는 것이었고 경이로운 보물이었다. 나한테 있어 바르셀로나는 바로 이와 같은 카잘스를 기억하는 도시다.

옥수수 성당

바르셀로나는 나에게는 카잘스의 도시지만, 다른 많은 이들에게는 가우디의 도시일 것이다. 위대한 모더니스트 안토니 가우디(Antoni Gaudi, 1852~1926)는 독창적인 건축가였다. 그는 자연으로부터 받은 영감을 건축에서 구현했다.

바르셀로나 구엘 공원 계단에 원색의 세라믹 타일로 장식된 거대한 도마뱀이 입을 벌리고 있다.

바르셀로나 도심의 한 모퉁이를 차지하고 있는 카사 밀라(Casa Mila)에서 그의 독창적이고 자연주의적인 건축을 볼 수 있다. 주변 건물들과 달리 건물 전면이 물결치는 선으로 이루어져 있다. 직선을 거부한 것이다.

평생을 통해 그를 후원했던 기업가 구엘을 위해 가우디는 도심 좁다란 골목에 저택을 지어 선물했다. 상상력과 실험정신과 집주인에 대한 배려가 가득한 이 작품으로 그는 건축가로서 세계적인 명성을 획득했다. 도시 북쪽, 구엘 공원의 계단에는 온몸을 화려한 원색의 세라믹 타일로 장식한 거대한 도마뱀이 방문객을 향해 입을 벌리고 있다. 매표소 지붕의 선은 동화에나 나올 법한 느낌이다. 충격적이고 환상적이다. 그러나 가우디의 이름을 유명하게 한 것은 역시 사그라다 파밀리아 성당이다. 그를 모르는 사람도, 바르셀로나에 한 번도 가보지 않은 사람도 옥수수 네 개를 세워놓은 듯한 사그라다 파밀리아 성당은 사진으로라도 한 번쯤 본 적이 있을 것이다.

1883년 바르셀로나 신시가지에서 신 고딕 양식의 성당 건축이 시작되었는데, 1년 후 이 성당의 완성 책임이 가우디에게 맡겨졌다. 그는 즉시 모든 설계를 바꾸어버렸다. 중앙에 큰 탑을 세우고 네 개의 탑이 이 탑을 둘러싸게 했다. 큰 탑은 예수, 네 개의 탑은 복음서가(福音書家)들을 상징했다. 동쪽 문은 탄생의 문, 서쪽 문은 수난의 문, 그리고 성당의 정문인 남쪽 문은 영광의 문으로 이름 붙이고 문들 위에는 각각 네 개의 탑들을 세웠다. 이 열두 개의 탑은 예수의 열두 제자를 의미했다. 그러고는 이 성당에 사그라다 파밀리아(Sagrada Familia), 즉 성가족(聖家族)이라는 이름을 붙였다. 설계는 이처럼 야심찬 것이었다.

가우디는 성당 건축에 생명을 걸었다. 16년 동안 외부와는 담을 쌓고 공사현장에서 은둔자처럼 지내기도 했다. 그는 성당 건축에 자신의 전 재산을 바쳤으며 죽기 전까지 때때로 거리에 나가 집집마다 돌아다니며 모금을 하기도 했다. 1926년 교통사고로 죽은 그는 성당의 납골묘에 안치되었는데, 그때까지 완성된 부분은 탄생의 문뿐이었다.

내가 2004년 봄 이 성당을 방문했을 때는 121째 공사가 계속되고 있었다. 가우디가 죽은 뒤로 78년이 흘렀는데도 성당의 완성은 아직 멀어 보인다. 수난의 문이 가우디의 계승자에 의해 완성되었지만 영광의 문은 아직 착공도 되지 않았으며, 중앙 홀도 전혀 제 모습을 갖추지 못하고 있다. 물론 유럽의 성당 중에는 짓는 데 300년 이상 걸린 것도 수두룩하니 그 정도 세월 가지고는 명함을 내밀기 힘들다. 그러나 요즘 사람들은 중세 사람들과는 다르다. 자기 세대에 성당의 완성을 보고 싶어한다. 그래서 그런지 공사현장 가운데에는 대형 크레인이 여러 대 설치되어 분주히 움직이고 매표소 부근에 설치된 석재가공 현장에서는 요란한 연마소리와 함께 돌먼지가 피어오르고 있다.

입장료는 8유로. 비싸지만 성당은 기부금으로만 건축한다고 하니 나도 벽돌 한 장 보탠다고 생각했다. 탄생의 문에 설치된 탑이 관람객에게 개방되어 있다. 줄을 서서 천천히 탑으로 들어갔다. 탑 내부는 소라 속처럼 빙글빙글 돌아

사그라다 파밀리아 '탄생의 문'에 올라서 본 '수난의 문.'
가운데 빈 공간에는 예수를 상징하는 큰 탑과 네 복음서가를 가리키는
네 개의 작은 탑이 들어설 예정이다. 하지만 언제 완공될지는 아무도 모른다.

서 올라가는 좁은 계단이다. 무려 400계단이다. 다행히도 줄지어 올라가야 하기 때문에 쉬엄쉬엄 올라간다. 올려다보니 계단은 끝이 보이지 않게 하늘로 이어져 있어 내려다보는 사람들의 수많은 눈동자들이 반짝인다. 탑신에 나 있는 구멍을 통해 서늘한 바람이 분다. 겨울에 이 탑을 오르면 추울 것 같다.

탑은 1904년에 완성되었으니까 꼭 100년이 되었다. 오래 전부터 개방되었는지 벽면에는 세계 각국 사람들의 낙서가 가득하다. "God is dead." 왜 신이 죽었다고 했을까. 신을 모시기 위한 성당이 100년 넘게 지어지고 있는데. "人生最高の日." 아마 이 낙서를 한 일본인은 건축학도였고, 가우디는 그의 우상이었던 모양이다.

물론 한국인의 낙서도 빠지지 않는다. "가우디, 좀 괜찮네." 감동한 모양이지만 인심 좋게 칭찬의 표현을 하지는 않았다. "원섭이 왔다가다." 전형적인 한국인의 낙서다. 한국인은 예로부터 어딜 가나 이름 새기는 걸 즐겼다. 그래서 경치 좋은 계곡의 바위는 성한 곳이 없다. 이런 성향은 기념사진 찍는 데도 드러나는데 유적지에 가더라도 반드시 자신의 얼굴을 넣어서 촬영한다.

탑을 3분의 2쯤 올라간 곳에 옆의 탑과 연결된 구름다리가 있다. 아찔하게 높다. 격자 모양으로 정연하게 구획된 바르셀로나 신시가지가 한눈에 들어오고, 멀리 지중해가 햇살에 반짝이는 모습도 보인다. 뒤로는 수난의 문 위로 솟은 네 개의 탑이 보인다. 이쪽의 탑과 같은 모습이지만 돌의 빛깔이 희다. 그 탑들 사이 예수를 상징하는 큰 탑이 들어설 자리는 아직 텅 비어 있다. 가우디의 뜻대로 성당이 과연 완성될 것인가. 옆의 탑으로 들어가니 이제 내려가는 길이다. 꼬불꼬불한 계단을 따라 바닥까지 내려오니 다리가 후들거린다.

관람로는 성당의 중앙홀 공사현장으로 이어진다. 넓은 홀의 벽면과 창틀은 완성되었고 내부에 기둥들이 들어서고 있다. 그런데 그 기둥들이 놀랍게도 그리스의 기둥이다. 기존의 고딕 성당을 받치던 석재를 층층이 쌓아올린 기둥이 아

사그라다 파밀리아 입구.
고딕 성당의 묵직한 기둥은 줄기로,
장엄한 천장은 가지와 나뭇잎으로
진화해 공간 전체가 숲이 되었다.

니라 하얀 돌에 세로 홈이 길게 파인 '파르테논 신전의 기둥들'이 가우디의 성당에 세워지고 있는 것이다. 그리스인은 이집트와 동방의 건축을 받아들여 자기 것으로 만들었다. 건축을 지지하고 장식하는 기둥도 이집트에서 배웠지만 그리스인은 밋밋한 돌기둥에 나무의 무늬를 입혔다. 세로 홈을 길게 파서 목재 기둥의 질감을 더한 것이다. 이 그리스의 자연친화적인 기둥은 로마로 전해졌고 전 세계에 퍼졌다. 자연주의자 가우디가 엄격한 고딕 성당의 기둥 대신 그리스의 기둥을 선택한 것은 자연스러운 일이다.

이 나무를 닮은 기둥은 천장으로 올라가면서 그리스인의 뜻을 더욱 확실하게 구현하고 있다. 기둥의 머리부분이 초현대적 감각의 조각품처럼 둥글게 뭉쳤다가 나무의 가지처럼 여러 갈래로 뻗어나가고 있다. 그리고 가지 끝에는 무성한 잎이 달려 하늘을 가리고 있다. 고딕 성당의 규칙적인 아치와 장엄한 볼트가 나뭇가지와 숲으로 진화한 것이다. 놀랍고 대담한 발상이다. 성당이 완성된 뒤 이 공간에 들어올 사람들은 엄숙한 신의 공간이 아니라 아름드리 고목들이 들어찬 숲속에 들어온 느낌을 받을 것이다.

톨레도와 세비야의 성당은 크고 화려했지만 위압적이었다. 신은 위대하지만 인간은 너무 초라해 보였다. 무조건적인 복종을 요구하는 것 같았다. 그래서 세비야에서는 아예 안으로 들어가지도 않았다. 그런데 사그라다 파밀리아는 그렇지 않다. 바깥에서 보는 모습은 웅장하기는 하지만 친근하다. 누구나 '맛있는 옥수수 같다'고 생각할 것이다. 탑의 내부는 어린이 놀이터 같은 소라 모습이고, 가장 엄숙한 공간인 중앙홀로 들어가는 문은 숲이다. 누가 이런 공간을 어려워하겠는가? 나도 바르셀로나 시민들처럼 이 성당이 내 생전에 완성되는 모습을 보고 싶다. 가우디가 생각했던 성당이 어떤 모습인지 직접 확인하고 싶다.

바르키노의 흔적

로마시대에 바르셀로나는 바르키노(Barcino)라 불렸다. 기원전 133년에 루키우스 코르넬리우스라는 인물에 의해 정복당한 후 식민도시가 되었다. 아우구스투스 황제 시절에 로마도시로서의 기본 골격을 갖추었는데, 도시의 공식명칭(Colonia Faventia Julia Augusta Paterna Barcino)에 그 흔적이 남아 있다. 도시는 4세기까지 지속적으로 성장하면서 타라코와 어깨를 나란히 하기도 했으나 서고트 왕국 이후 쇠퇴했고, 특히 이슬람 점령기에는 도시가 파괴되는 수난을 겪기도 했다. 재정복 이후 12세기에 아라곤과의 연맹을 통해 번영했으며 때맞춰 일기 시작한 지중해 무역으로 비약적인 발전을 이루었다.

오늘날의 바르셀로나는 에스파냐에서 마드리드에 조금도 뒤지지 않는 경제적·문화적 역량을 갖추고 있을 뿐만 아니라 지중해 세계에서 가장 분주한 항구도시 중의 하나다. 그렇기 때문에 이 도시에서 로마의 흔적을 발견하기는 쉽지 않다. 대성당을 중심으로 한 고딕지구가 고대의 바르키노인데, 카탈루냐 여행자 안내센터 속에 갇힌 아우구스투스 신전의 기둥 몇 개가 볼 만한 유적에 속한다. 나는 이 신전을 사진으로만 봤는데 네 개의 이끼 낀 기둥이 비좁은 공간에 볼품없이 서 있었다.

내가 바르셀로나에서 본 유일한 로마 유적은 도시 성벽과 성문 일부였는데 이마저 후세의 증축으로 옛 모습을 잃고 있다. 바르셀로나 대성당 옆 고문서보관소 건물 아랫부분이 로마의 성벽이었는데 자세히 보지 않으면 그 벽이 로마의 유적인지 알기 힘들다. 해질 무렵 내가 그곳을 찾아갔을 때는 동네아이들이 성벽 앞 공터에서 공놀이를 하고 있었다.

5 고향 그리스

에게 해의 전설

커크 더글러스

망망대해에 조그만 배가 한 척 떠 있다. 10여 명의 사내들이 힘겹게 노를 젓고 있다. 오랜 항해를 한 그들은 모두 지쳤고 어디로 가야 할지 모른다. 우두머리 사내는 뱃머리에서 수평선을 바라보며 육지를 찾고 있다. 그때 어디선가 희미하게 아름다운 노랫소리가 들려온다. 지쳐서 탈진해가던 우두머리와 부하들의 얼굴에 아연 생기가 돌기 시작한다. 멀리 섬이 시야에 들어온다. 모두 환호를 지른다.

그들은 있는 힘을 다해 섬으로 배를 저어간다. 섬에 가까이 다가가자 노랫소리는 더욱 아름답게 들려온다. 그러나 배가 섬에 거의 닿을 무렵 우두머리는 소스라치게 놀란다. 해변의 바위 곳곳에 사람 해골이 흩어져 있는 것이다. 그는 부하들에게 즉시 배를 돌릴 것을 명령한다. 그러나 부하들은 우두머리의 명령에 아랑곳하지 않고 계속 노를 젓는다.

산전수전을 다 겪은 그는 즉각 상황을 이해한다. 섬에는 노래로 뱃사람을 유혹하는 마녀가 살고 있으며 부하들은 지금 그 아름다운 노래에 홀려 자기의 명령을 듣지 못하는 것이라고. 그리고 만약 섬에 상륙하게 되면 자신과 부하들도 마녀에게 먹혀 해변에 뒹구는 해골이 될 수밖에 없을 것이라고. 그는 부하들의 귀를 밀랍으로 틀어막는다. 노래를 듣지 못하게 된 부하들은 그제야 정신을 차리고 우두머리의 명령에 따라 바다로 배를 돌린다.

그러나 우두머리는 자신의 귀는 막지 않고 부하들에게 자신을 돛대에 묶으라고 명령한다. 위험에서 빠져나가되 사람을 죽음으로 이끌 만큼 아름다운 그 노랫소리를 계속 듣는 스릴을 즐기고 싶은 것이다. 돛대에 묶인 그는 이제 마녀의 노래에 완전히 몰입해 환희에 찬 얼굴이 된다. 그러고는 자신도 모르게 섬으로 배를 저어가라고 소리 지르며 몸부림친다. 그러나 귀를 막은 부하들은 그의 명령도, 마녀의 노래도 듣지 못하고 바다로 배를 저어나간다.

영화 「율리시즈」의 한 장면이다. 이 영화는 트로이 전쟁에 참가한 그리스 영웅 오디세우스(영어식 표현은 율리시즈)가 트로이를 함락하고 본토 그리스로 돌아가면서 10년간 에게 해와 지중해를 떠돌면서 겪는 모험담을 소재로 하고 있다. 호메로스의 서사시 『오디세이아』가 줄거리인 셈이다. 영화의 이 장면은 마녀 세이레네스가 뱃사람들을 유혹하는 부분으로 오랜 세월 예술가들의 상상력을 자극해 많은 예술품을 탄생시켰다.

나는 이 영화를 까까머리 중학교 시절 봤다. 그래서 기억이 가물가물하다. 그러나 우두머리가 돛대에 묶여 온몸이 땀으로 범벅이 된 채 광채 나는 푸른 눈을 번득이며 환희의 소리를 지르는 모습은 지금도 선명히 기억난다. 배우는 커크 더글러스였다. 팔순의 나이로 오늘날까지 생존해 있다. 어린 시절 「율리시즈」와 역시 그가 주연한 영화 「스파르타쿠스」를 보면서 그의 남성적인 모습에 반했었다.

그리스 인상

한번 뇌리에 박힌 인상은 다른 강렬한 이미지가 대체하기 전까지는 잘 바뀌지 않는다. 내가 그리스라는 나라에 대해 가지고 있던 인상은 영화 「율리시즈」가 가장 중요한 요소였다. 영화를 본 나에게 에게 해와 그리스라는 곳은 마녀가 뱃사람을 유혹하는 노래를 부르고, 뱃사람이 돼지로 변하며, 외눈박이 거인이 출몰하는 신화의 땅이었다. 오랜 세월이 흘렀지만 곳곳에 신화와 전설의 분위기가 널려 있을 것이라고 생각했다.

그러나 공항을 벗어나자마자 나의 기대는 산산이 부서지기 시작한다. 그리스의 전성기는 오래 전에 끝났다. 소크라테스와 플라톤, 아리스토텔레스의 시대를 마지막으로 그리스는 다시는 부흥하지 못했다. 그뒤로는 오랫동안 로마제국의 일원이었다. 비록 아테네와 스파르타 같은 도시국가들이 자치를 인정받기는 했지만 신흥 로마제국의 속주일 뿐이었다.

그뒤의 역사는 비잔틴 제국의 역사와 운명을 같이한다. 불길처럼 일어난 오스만투르크 제국의 서진으로 15세기에 이르러 비잔틴 제국은 그 숨통이 끊어지고 그리스는 400년 동안이나 투르크의 지배를 받는다. 근세에 이르러 독립을 했지만 열강의 간섭을 받고 독재로 인한 정치불안을 겪었다. 우리와 크게 다르지 않다. 민주적인 정부가 들어선 것은 불과 20여 년 전이라고 하니 그 역시 우리와 사정이 비슷하다.

그렇다 하더라도 이건 좀 의외다 싶을 만큼 거리가 누추하다. 공항에서 버스를 타고 시내로 들어가는데 공항 주변의 새로 만든 도로를 벗어나자마자 도로상태가 한심해진다. 포장상태도 형편없이 불량하고 가장자리는 포장이 되어 있지도 않아 길 주변이 온통 먼지와 흙탕물로 범벅이 되어 있다. 물건들이 인도에 지저분하게 쌓여 있고 짓다 만 건물들은 왜 그리 많은지. 콘크리트 뼈대만

흉하게 서 있는 상태로 공사가 중단된 곳이 수도 없이 보인다. 조금 가다보니 도로공사를 하는지 한쪽 차선을 막아놓고 길을 다 파놓았는데, 정작 공사가 진행되지는 않는다. 길이 막혀 차가 꼼짝도 못하고 있다.

그리스는 유럽 문명의 고향이다. 그리고 현재는 유럽연합의 일원이다. 그래서 막연히 그럭저럭 살 만한 나라라고 생각했다. 썩어도 준치라는 말도 있고. 그런데 실제 와서 보니 생각보다 훨씬 못하다. 길거리 모습, 사람들의 옷차림을 보면 그 나라 수준을 금방 알 수 있다. 관광수입으로 국민소득이 1만 달러를 훨씬 넘긴 하지만 외형은 한국의 70년대 수준으로밖에 보이지 않는다.

버스가 제대로 달리지를 못하니 자연 피곤해지고 자주 시계를 보게 된다. 빨리 숙소에 도착해서 샤워라도 하고 싶은 마음이 간절하다. 거의 만 하루를 자지도 못하고 여행을 하는 중이다. 그런 나의 심기를 눈치 챘는지 옆자리에 앉아 있는 덩치 큰 사내가 조심스레 말을 걸어온다. 서툰 영어다.

"어디서 왔나요? 일본?"

"아뇨, 코리아에서 왔어요. 사우스 코리아."

"아, 코리아. 서울 올림픽, 서울 월드컵. 베리 굿."

월드컵은 끝난 지 몇 달 되지 않으니 당연히 기억하겠지만 올림픽까지 기억하는 것이 좀 의외다. (내가 그리스를 여행한 것은 2002년 10월 말이다) 사내가 이렇게 덧붙인다.

"우리가 2004년에 올림픽을 개최하잖아요. 그래서 도로 확장공사를 하느라 지금 이렇게 교통정체가 발생하는 거죠. 조금만 가면 공사구간이 끝나니 잠시만 참으세요."

버스가 제대로 달리지 못하는 것이 마치 자기 탓이라도 되는 것처럼 미안한 표정을 지으며 그렇게 말한다. 그 말을 듣고보니 아테네가 차기 올림픽 개최도시라는 것이 새삼스레 생각난다. 그렇다면 불과 20개월 후면 이곳에서 세계적인 행사가 열린다는 이야긴데 이래 가지고야 뭘 어떻게 하겠다는 이야긴지 이해하기 힘들다. 어쨌든 외국인에게 미안한 마음을 가지고 말을 걸어주는 것은 고마운 일이다.

"난 글리파다에 가는데 어디서 내리면 되죠?"

"내 집이 그 부근이죠. 이 공사구간이 끝나면 차가 우회전하면서 해안도로를 달립니다. 세 번째 정거장에서 내리세요. 가장 번화한 곳이니까 쉽게 찾을 겁니다. 내가 벨을 눌러드리죠."

차는 공사구간을 지나자 해변도로를 시원하게 내달린다. 도로 왼쪽으로는 파란 바다가 보이고 오른쪽에는 깔끔한 건물들이 줄지어 있다. 글리파다는 아테네에서 남쪽으로 30킬로쯤 떨어진 휴양지 마을인데 나는 이곳의 한인 민박집을 찾아가는 중이다. 한국의 몇몇 사업가나 주재원들이 여기 주택가에 살며 민박집을 운영하고 있다. 정보를 얻고 여행 초기의 어려움을 해결하기 위해 인터넷을 통해 예약했다. 친절한 사내 덕분에 쉽게 차에서 내렸고 민박집을 바로 찾았다.

아이게우스의 절벽

수니온 곶은 아테네 남동쪽 약 70킬로미터 지점, 아티카 반도 끄트머리에 있다. 에게 해를 향해 돌출해 있는 땅이라 그리스인들이 바다를 여행하고 돌아오면서 처음 보게 되는 곳이다. 글리파다에서 시외버스를 타고 해안도로를 따라 수니온으로 향한다. 휴일이라 교외로 나가는 차량들이 길을 메우고 있다. 길가의 대중음식점 타베르나는 외식하러 나온 시민들로 가득하다. 10월 말의 기온이 항상 이런지는 모르겠으나 영상 25도쯤 되지 않을까. 해변 모래사장에는 아직 파라솔이 늘어서 있고 수영복 차림의 시민들이 일광욕을 즐기고 있다.

키 작은 나무들이 듬성듬성 뿌리를 내린 황량한 고갯길을 버스가 구불구불 오른다. 언덕 아래로는 복잡한 해안선이 이어지는데 구석진 곳마다 비키니 차림의 미녀들이 일광욕을 하거나 수영을 하고 있다. 하얀 석회암 해안에 푸른 바닷물이 닿아 있는 모습이 눈부시게 아름답다. 백자 접시에 담긴 물에 푸른 잉크를 한 방울 풀어놓은 것 같다. 저런 물에서 수영을 하면 몸이 푸른빛으로 물들 것 같다.

한 시간쯤 달렸을까. 버스가 해안도로를 달리는데 멀리 언덕 위에 포세이돈 신전이 나타난다. 까마득히 높은 언덕에 흰 대리석 기둥이 삐죽삐죽 솟아 있다. 버스는 그 언덕을 숨 가쁘게 올라가 신전 바로 아래 승객들을 내려놓는다.

포세이돈은 바다의 신이다. 보통 삼지창 모양의 작살을 들고 있는 모습으로 표현된다. 모습만 그런 것이 아니라 신화에서도 무서운 신으로 표현되는 경우가 많다. 오디세우스의 10년에 걸친 방랑도 포세이돈의 저주에 따른 형벌이었다. 로도스의 명작 「라오콘」도 포세이돈이 보낸 거대한 뱀에게 라오콘 부자가 고통스런 죽음을 맞이하는 장면이다. 그러나 그리스인은 바다의 민족이자 통상의 민족이었기 때문에 바다로 나가야 했다. 그래서 그들은 포세이돈을 숭배했고 에게 해를 굽어보는 이 수니온에 신전을 지어 바쳤다.

버스에서 내려 신전으로 올라간다. 많은 사람들이 신전으로 오르고 있다. 아테네와 가까운 곳이고 일몰이 가까운 시간인데다 날씨도 나들이하기에 좋다. 거기다 공휴일이기도 하다.

신전은 많이 허물어져 있다. 2,500년의 세월이니 무너지지 않을 리 없다. 10여 개의 기둥과 그 위에 얹혀 있는 들보가 신전의 규모를 짐작하게 해줄 뿐이다. 신전을 한 바퀴 둘러보고 바다를 내려다본다. 장쾌한 경치가 한눈에 들어온다. 탁 트인 에게 해가 수평선까지 시원하게 조망된다. 고대 그리스인이 바로 이곳에 바다의 신에게 바치는 신전을 지었다는 사실이 당연하게 여겨진다. 그런데 이 수니온 곶은 포세이돈의 보금자리기도 하지만 비극적인 전설

로도스의 명작 「라오콘」.
포세이돈이 보낸 거대한 뱀에게
라오콘 부자가 고통스런 죽음을
당하고 있다.

이 전해오는 곳이기도 하다.

헤라클레스와 더불어 그리스의 전설적 영웅인 테세우스는 아테나이 왕 아이게 우스의 왕자였다. 그런데 약소국이던 아테나이에는 큰 근심거리가 있었다. 강국 크레타는 미노스 왕이 다스리고 있었는데 아테나이는 9년마다 열네 명의 소년소녀를 크레타에 바쳐야 했기 때문이다. 크레타의 미궁에는 왕비 파시파에가 낳은 괴물이 갇혀 있었는데 그 괴물은 사람의 고기를 먹어야만 살 수 있었다. 괴물은 미노타우로스라 불렸다. 머리는 소, 아래는 사람이었다.

테세우스는 자기 나라의 소년소녀들이 크레타의 괴물에게 희생되는 것을 그냥 두고만 볼 수 없었다. 그는 제물들 틈에 끼어 크레타로 간다. 미궁에 들어가서 괴물을 죽여버리고 올 생각이었다. 그리고 아버지 아이게우스와 약속한다. 배에 검은 돛을 달고 떠나지만 자기가 만약 그 괴물을 처단하면 흰 돛을 달고 오겠노라고.

크레타 공주 아리아드네는 첫눈에 테세우스에게 반한다. 아리아드네는 미궁으로 들어가는 테세우스를 가만히 찾아가 실타래를 건네준다. 설사 미노타우로스를 죽인다고 해도 그 미궁에서 빠져나오는 것은 불가능하기 때문이다. 테세우스는 실타래를 풀면서 미궁으로 들어가 괴물 미노타우로스를 죽이고 다시 실을 잡고 미궁을 탈출하는 데 성공한다.

괴물을 죽인 테세우스가 흥분하여 잊어버린 걸까. 그는 아테나이로 돌아가면서 흰 돛을 다는 것을 잊어버린다. 바다가 보이는 절벽 위에서 이제나저제나 아들이 돌아오기만을 기다리던 아이게우스 왕은 드디어 멀리 수평선에 나타난 배를 발견한다. 그러나 가까이 다가온 배에는 검은 돛이 펄럭인다. 절망한 왕은 몸을 던져 바다에 빠져 죽고 만다. 그뒤로 아이게우스가 빠져죽은 바다는 아이게우스의 바다, 즉 에게 해로 불렸다.

수니온 곶에 전해지는 이야기다. 아이게우스라는 왕이 있었는지 없었는지, 그가 여기서 빠져죽었는지 아닌지 묻지 말자. 크레타의 미궁에 괴물이 살았는지, 또 사람이 들어가서 나올 수 있었는지 아닌지를 따지는 사람은 바보다. 신화를 통해서 사람은 상상력을 키우고 풍성한 예술을 창조했다. 지금도 어린이들은 신화를 읽으면서 눈을 반짝인다. 그 아이들의 눈에는 빛나는 태양이 하늘을 달리는 태양마차로 보인다.

많은 사람들이 신전을 등지고 바다가 내려다보이는 절벽 위에 걸터앉아 있다. 해가 지려면 아직 시간이 제법 남아 있는데도 모두들 좋은 자리를 잡고 앉아 수니온의 낙조를 기다린다. 어쨌든 여행안내서마다 '에게 해의 수평선 너머로 떨어지는 아름다운 석양을 보는 곳으로 이곳을 추천한다.

그리스의 학문과 철학·신화는 그대로 로마로 전해졌다. 로마인은 군대로 세계를 제패해 지중해를 내해(內海)로 삼는 대제국을 건설했지만 소프트웨어는 그리스의 것을 차용할 수밖에 없었다. 그들의 콤플렉스이기도 했다. 그래서 로마의 황제들 중에는 그리스 문화에 심취한 사람이 많다. 하드리아누스와 마르쿠스 아우렐리우스가 그랬고, 네로도 병적으로 그리스 취향에 빠졌다. 그들은 그리스 문화를 애호하기만 한 것이 아니라 후원자가 되기도 했다.

고대로부터 이어져 내려오는 이러한 유럽인의 그리스 사랑은 그뒤에도 계속됐다. 그중 한 사람이 영국시인 바이런이다. 젊은 시절 그리스를 여행한 그는 그리스 문화를 깊이 사랑하게 된다. 1821년, 그리스가 투르크의 오랜 지배에 반기를 들고 독립전쟁을 시작했다. 다음해 그리스는 독립을 선언했지만 투르크군도 반격에 나서 보복적인 대학살을 감행했다. 이런 사실이 유럽에 알려지면서 많은 사람이 그리스 의용군에 참전했는데 바이런도 그중 한 명이다. 그는 1823년 전투에 참가하였다가 말라리아에 걸려 사망했다. 그리스는 잘난 조상을 둔 덕에 고대 로마시대부터 유럽 사람들의 정신적인 고향 대접을 받은 것이다.

그런데 바로 이 포세이돈 신전의 기둥에 바이런의 이름이 새겨져 있다. 신전 전실 입구의 벽기둥에 그의 이름이 새겨져 있다는 것이다. 바이런이 직접 새겼는지 다른 사람이 새겼는지는 알 수 없단다. 나는 신전을 한 바퀴 돌면서 그 낙서가 있다는 곳을 찾아봤다. 그러나 신전은 원형을 알기 힘들 정도로 무너져 전실 입구를 찾기가 쉽지도 않지만, 아예 가까이 접근하는 것이 불가능하다. 신전 둘레에 노끈을 둘러놓아 사람들의 접근을 차단하고 있기 때문이다. 문화재를 보호해야 하니 당연한 일이지만 아쉽다.

바이런은 젊은 시절 그리스 여행 중에 수니온을 찾았다. 아직 투르크가 지배하던 시절이었다. 오늘날의 포세이돈 신전에는 10여 개의 기둥만 서 있을 뿐이지

수니온의 포세이돈 신전 기둥이 에게 해의 석양에 붉게 물들었다.

만 이것도 그리스 당국이 복원한 결과인 것을 생각한다면 그가 이곳을 방문했을 당시는 대리석 돌무더기라고 말하는 것이 적당한 지경이었을 것이다. 겨울 바람이 몰아치는 언덕에서 그는 시를 한 수 남겼다. 스물두 살의 젊은이가 쓴 시답게 감상적이다.

> 수니온의 가파른 대리석 언덕에 나를 올려다주오.
> 그곳에는 파도와 나 말고는 아무도 없도다.
> 우리의 속삭임이 스쳐가는 것을 들으소서.
> 그곳에서 내가 백조처럼 노래 부르며 죽게 해주오.

해가 많이 기울었다. 이제 에게 해도 붉게 물들기 시작한다. 구름 한 점 없이 맑은 날씨라 황혼이 화려하지는 않지만 붉게 물들기 시작하는 서쪽 하늘이 장엄하다. 하얀 대리석 기둥들도 황금빛으로 물들기 시작한다. 아직 코발트빛을 잃지 않은 하늘에는 아테네 공항에서 날아오른 제트기가 비행운을 길게 끌며 솟아오르고 있다.

절벽 위의 바위에 앉아 낙조를 바라보는 사람들의 얼굴도 붉게 물들었다. 연인들끼리는 입맞춤을 나눈다. 절벽 아래서 위로 솟구치는 바람이 시원하다. 에게 해는 이제 붉은 포도주 빛으로 물들어 반짝인다. 금방 터질 것 같은 홍시처럼 밝은 주황색 해가 이윽고 멀리 펠로폰네소스 반도 뒤로 서서히 자취를 감추기 시작한다. 사라지는 해를 마지막까지 숨죽이며 지켜보던 사람들이 "아!" 하는 탄성을 지르는 순간, 해가 자취를 감추고 만다.

일순 바다는 짙은 회색으로 바뀐다. 사람들이 자리에서 일어나기 시작한다. 어디서 나타났는지 제복을 입은 덩치 큰 아줌마가 사람들을 출구 쪽으로 몰아낸다. 해가 지는 순간 포세이돈 신전의 관람시간도 끝난다.

에게 해의 방파제 크레타

그리스 시계, 그리스 개

피레우스는 도시국가 아테네의 외항으로 발전해왔다. 기원전 5세기에 건설된 후 줄곧 아테네를 지키는 군항으로 그 역할을 다했다. 현재는 세계적인 상업항으로 변모해 지중해를 여행하고자 하는 여행자들은 모두 이곳을 거쳐야만 한다. 피레우스 전철역은 괜찮아 보인다. 자연광이 비치도록 지붕을 투명하게 만들어 플랫폼은 환하다. 건물이 크진 않지만 고풍스럽다.

니코스 카잔차키스의 소설 『그리스인 조르바』에는 이 피레우스 항구가 첫 장면으로 나온다. 아마도 카잔차키스 자신일 소설 속의 '나'는 카페에서 크레타로 가는 배를 기다리고 있다. 새벽이고 밖에는 비가 내리고 있다. 시로코(sirocco, 북아프리카의 사막지대에서 불어오는 열풍)가 파도의 거품을 카페 안으로 날린다. 추운 날씨 탓에 사람들의 숨결은 김이 되어 유리창에 뽀얗게 서린다.

'나'는 파이프 담배에 불을 붙이고 단테의 문고판을 꺼내든다. 그러고는 어느 부분을 읽을지 잠시 고민한다. 이윽고 읽을 부분을 결정하고는 막 고개를 숙이려는 순간 정수리에 강렬한 시선을 느끼고 고개를 든다. 시선의 주인공은 키가 크고 몸이 가는 60대의 노인. 불길 같고 섬뜩한 시선은 '나'를 쳐다보고 있다. 마침내 다가온 그 노인은 이렇게 묻는다.

"여행하시오?"

끄덕이는 '나'에게 그는 다시 묻는다.

"어디로? 하느님의 섭리만 믿고 가시오?"

"크레타로 가는 길입니다. 왜 묻습니까?"

"날 데려가시겠소?"

이렇게 해서 니코스 카잔차키스는 피레우스 항구에서 조르바를 만나게 된다. 둘은 크레타로 건너가서 광산을 개발하지만 실패한다. 그러나 사업의 실패 같은 일은 이 책에서 거의 중요한 요소가 되지 못한다. 조르바는 정열적으로 일을 하고, 여자를 만나 사랑하고, 술을 마시고, 모닥불을 피운 해변에서 밤새 춤을 춘다. 카잔차키스는 자유인 조르바를 경이에 찬 시선으로 바라보며 그에게 깊이 매료된다. 나중에 카잔차키스는 조르바와 보냈던 크레타 시절을 회상하며 이 소설을 썼다. 크레타의 자연과 그곳에 사는 사람들, 자유로운 영혼과 사랑을 섬세한 필치로 그린 작품이다.

항구는 역 바로 곁에 있고 산더미 같은 배들이 줄지어 정박해 있다. 어떤 배는 이제 막 고동을 울리며 항구를 떠난다. 그리스는 세계 최대의 해운국이다. 보유한 선박도 가장 많다고 한다. 수천 년 전부터 배를 타고 바다를 떠돌던 민족이라 배와 관련된 일은 잘할 수밖에 없을 것이다. 광장 주변에는 해운회사들의 티켓 판매소들이 빼곡하다. 성수기에는 이 광장이 발 디딜 틈 없이 붐빈다는 이야기를 들었지만 10월의 마지막 주는 이미 비수기다. 티켓 판매소도 한가하고 여행자들도 거의 보이지 않는다. 저녁 8시에 떠나는 크레타 행 티켓을 산 다음 광장 벤치에 앉았다.

역사 벽에 붙어 있는 커다란 시계가 눈에 들어온다. 그런데 좀 이상하다. 내 시계는 오후 5시 15분인데 그 시계는 10시 30분을 가리키고 있다. 조금의 오차 정도가 아니라 5시간 15분이나 틀린다. 한참을 들여다봐도 시계 바늘은 전혀 움직이지 않는다. 작동을 하지 않는 시계다. 세계에서 수많은 관광객들이 모여드는 피레우스 항의 시계가 작동하지 않는다는 사실을 믿기 힘들지만, 시계는 분명 멈춰 있다. 말하자면 하루에 두 번만 정확하게 맞는 시계인 것이다.

이후 몇 차례나 더 공공장소의 시계를 관찰했지만 정확하게 맞는 시계는 한 번도 보지 못했다. 형편없이 틀렸거나 아예 멈춰 있었다. 통상(通商)의 민족이었던 그리스인이 이렇게 둔해진 것은 무엇 때문일까? 400년에 걸친 투르크의 지배 탓일까? 옛날의 영광을 이제는 다 잊어버리고 그저 살기에 바쁜 이류국민들이 되었기 때문일까? 그리스는 2천 년 넘게 작동을 멈춘 고장 난 시계와 같다. 그 녹슨 시계에 기름을 치고 다시 작동하게 하려면 아직 시간이 부족한지도 모른다.

전철에서 내려 역사를 빠져나올 때 화장실을 찾느라 그냥 지나쳤지만 희한한 장면을 봤다. 배 티켓도 끊은 터라 다시 그곳에 가봤다. 역시 처음 봤던 그대로다. 많은 사람들이 오가는 전철역 대합실 한가운데 개가 누워 있다. 그런데 누워 있는 자세가 한국의 개들과는 틀리다. 한국의 개들뿐만 아니라 아마 세계의 어느 나라 개도 그런 자세로 눕지는 않을 것이다.

우리가 익숙히 보아온 개의 앉는 자세는 어떤 것인가. 두 뒷다리는 한쪽으로 뻗고 엉덩이는 땅에 붙인다. 그리고 앞다리 두 개의 가운데를 굽혀 상체를 지지하고 고개를 들고 있는 모습이다. 그런 자세로 개는 앉아서 쉬기도 하고 짖기도 한다. 잠이 오면 그 자세에서 앞다리 위에 머리를 숙이고 몸을 둥글게 말아서 뱃가죽을 땅에 댄 채 잠을 잔다. 그게 우리가 알고 있는 개의 눕는 자세다. 그렇게 해야 급할 때 벌떡 일어날 수 있다.

그런데 그리스 개들은 그렇게 눕지 않는다. 네 개의 다리를 모두 한쪽 방향으로 뻗고 옆구리와 머리를 모두 땅바닥에 대고 누워버린다. 처음 대합실 한복판에 두 마리의 송아지만 한 개가 그런 자세로 쓰러져 있는 모습을 발견하고는 경악했다. 죽은 개들이라고 생각했기 때문이다. 그러나 얼핏 봐도 죽은 개들 같지는 않았고 사람들이 피하는 것 같지도 않았다. 상식적으로 생각해도 개 두 마리가 넓지도 않은 대합실에 죽은 채 쓰러져 있다면 사람들이 태연히 그 주위를 오갈 리 없다.

그러니 얼마나 희한한 모습인가. 많은 사람들이 오가는 종착역의 대합실 한가운데 커다란 개 두 마리가 죽은 듯 쓰러져 자고 있고, 사람들은 또 그 주변을 바삐 오가면서도 개의 잠을 전혀 방해하지 않는다. 자동차도로에서 개의 처참한 말로를 심심찮게 보고 살아야 하는 한국인한테는 정말 불가사의한 광경이다.

그런데 더욱 놀라운 장면이 바로 이어진다. 20대 후반쯤의 어여쁜 처녀가 자고 있는 그 개들을 두들겨 깨우더니 역 광장으로 데리고 나간다. 그러고는 큼직한 캔에 들어 있는 먹이를 깨끗한 바닥에 붓더니 개들에게 먹인다. 쓰다듬기도 하고 얼굴을 쳐다보기도 하는 모습이 자식 먹이는 어머니 같다. 주인인가 했으나 개가 먹이 먹는 모습을 한참 보던 그녀는 곧 자기 갈 길을 가버린다. 행려병자를 먹이는 성자나 노숙자를 돌보는 수녀의 모습이 저럴까? 참으로 대단한 그리스인들의 개 사랑이다. 참고로 말하자면 열흘간 그리스를 다니면서 차에 치인 동물 시신은 한 번도 보지 못했다. 개나 고양이를 막론하고.

에게 해 물살을 가르다

7시경 아네크 라인(Anek Lines)의 프레벨리(Preveli) 호에 승선했다. 1만 4,000톤급의 대형 페리 선박이다. 성수기에는 관광객들이 배의 갑판에까지 가득 타는데 밤사이 풍랑이 거칠어지면 바닷물을 뒤집어쓰기도 한다고 한다. 그렇지만 지금은 비수기. 침대칸도 비어 있다. 내가 들어간 방에는 침대가 있고 화장실도 있다. 고급은 아니지만 하룻밤 지내기에는 불편함이 없다.

고대 로마인들도 대개 상선(商船)을 이용해 바다를 여행했다. 편의시설이 좋을 리 없고 개인침실이라는 것은 상상하지도 못했다. 부유한 사람이라 하더라도 밤이 되면 노예와 함께 갑판에 침구를 깔고 자야 했다. 귀부인이 탔을 경우 갑판에 임시로 텐트를 설치하기도 했지만 아침이 되면 걷어야 했다. 음식도 불편했다. 배에서 제공하는 것은 식수 정도였고 음식과 포도주는 출발 전에 각자 항구에서 준비해야 했다. 노예들은 주방 출입이 허용되었기 때문에 주인들을 위한 요리를 할 수 있었다. 고대 로마인에게 있어서 선상생활은 이와 같이 불편한 것이었다. 하지만 교양 있는 고대인에게 항해는 즐겁고 유쾌한 경험이기도 했다. 긴 여행기간 동안 그들은 노래 부르고 책을 읽었으며 밤이 되면 동료와 술잔을 기울이며 은하수가 흐르는 하늘에서 북극성을 찾기도 했다. 그들은 그렇게 지중해를 항해했다. 하지만 이제 모든 것이 달라졌다. 여행은 안전하고 편안해졌으며 빨라졌다. 피레우스 항구에서 음식을 준비할 필요도 없고 편안한 선실에서 하룻밤만 자고 나면 목적지에 도착한다. 우리는 시간에 대한 개념이 고대인과 완전히 다른 세상에 살고 있다.

저녁노을이 하늘을 장엄하게 물들였다가 서서히 어둠이 내릴 무렵 배가 움직이기 시작했다. 가장 높은 갑판에 올라 천천히 뒤로 물러나는 피레우스 항구를 본다. 색색의 전구로 장식한 대형유람선들이 항구를 메우고 있다. 하얀 선체가 산더미 같다. 노란 불빛이 흘러나오는 창을 통해 선실과 호화 레스토랑이 보인다. 잘 차려입은 사람들, 하얀 제복을 입은 승무원들이 영화 「타이타닉」에서 보던 모습이다. 아직까지 저런 호화유람선을 타보고 싶다고 생각한 적은 없다. 아직은 배낭여행이 더 편하다. 10년쯤 뒤에는 나도 저런 여행을 하고 싶어질까.

배가 서서히 속도를 내기 시작한다. 이제 피레우스 항구의 불빛도 멀리 수면에 희미하게 반짝일 뿐이다. 뱃머리 쪽으로 시선을 돌렸다. 수평선은 어둠에 잠겨 있다. 수많은 전설·신화를 간직한 그리스인의 바다, 에게 해의 물살을 가르고 있다. 사람들은 모두 선실에 머물고 있는지 세찬 바람이 몰아치는 갑판에는 아무도 없다. 이런 비수기에 페리 선을 타는 사람들은 대부분 생업을 위해 오가는 사람들이다. 선실에서 편안히 쉬면서 시간 보낼 궁리나 하는 게 정상이고 바람을 맞으며 갑판에서 서성일 이유가 없다.

선실로 돌아왔다. 동그란 창문을 통해 바다를 내다본다. 넓은 바다로 나왔는지 제법 파도가 너울거린다. 배는 육중한 몸으로 물살을 가른다. 부서진 포말이 높이 솟는 걸 보니 최고속도로 달리는 모양이다. 배는 이런 속도로 밤을 새워 에게 해를 남하할 것이다. 자리에 누웠다. 몸이 땅 속으로 꺼지듯 잠이 몰려온다. 미세하게 전해오는 엔진의 진동과 에게 해의 큰 꿈틀거림을 느끼며 기절하듯 잠에 빠져들었다.

지중해 음식, 그리크 샐러드

크레타는 큰 섬이다. 지중해 지도를 펼쳐놓고 보면 크레타보다 큰 섬은 몇 개 되지 않는다. 이탈리아 반도 아래 시칠리아 섬이 크기로는 맏형이다. 그 다음이 사르디니아 섬. 다음이 키프로스와 코르시카·크레타 섬인데, 이 세 섬은 크기가 비슷하다.

유럽과 아프리카 사이의 바다 전체를 일컬어 지중해라고 하지만 구석구석 제 이름을 따로 가지고 있는 바다들이 많다. 이탈리아 반도 오른쪽은 아드리아 해, 왼쪽은 티레니아 해라는 이름으로 불리고, 이탈리아 반도를 장화에 비유한다면 그 발바닥과 그리스 사이는 이오니아 해다. 내가 밤새 배를 타고 달린 에게 해는 그리스와 터키 사이, 아래로는 크레타 북쪽의 바다를 일컫는다. 크레

크레타의 타베르나에 걸려 있는 문어다리.
살짝 구워서 올리브유를 뿌린 요리를 맥주와 같이 먹었는데 맛이 일품이었다.

타는 마치 방파제처럼 길쭉하게 에게 해의 남쪽을 둘러싼 섬이다. 이런 위치 덕분에 크레타는 문명의 전달자 역할을 했다. 유럽 문명의 뿌리는 그리스라고 말하지만 그리스 문명은 이집트를 비롯한 동방에서 건너왔다는 것이 정설이다. 크레타는 동방문명이 그리스로 전달되는 징검다리 역할을 한 것이다.

새벽 6시. 이라클리온 항에 도착했다. 아직 어둡다. 배에서 내린 승객들은 모두 어둠 속으로 사라졌다. 나도 배낭을 메고 천천히 항구를 벗어난다. 시가지 초입에 들어섰지만 인적은 없다. 해변의 언덕진 곳에 그리스의 소박한 음식점 타베르나가 줄지어 있다. 수많은 야외 테이블은 텅 비어 있다. 나는 새벽에 비수기의 에게 해 섬에 도착한 것이다. 지난 여름 저 테이블들은 세계 각지에서 온 여행자들로 가득 찼을 것이다.

테이블에 앉았다. 언덕 아래에서는 파도가 철썩인다. 밝지는 않지만 바닷물이 투명하게 맑다는 것을 알 수 있다. 고개를 들어 하늘을 본다. 아직 빛을 잃지 않은 북두칠성이 가파른 각도로 기울고 있다. 조용한 새벽에 파도소리를 들으며 북두칠성 아래 앉아 있자니 슬며시 웃음이 난다. 이런 곳에 오려고 그렇게 길 떠나기를 열망했던가. 이것이 진정 내가 하고 싶었던 여행인가. 앉아 있다 보니 담배 생각이 난다. 하지만 담배는 이미 2년 전에 끊었고 그뒤로 다시는 입에 대지 않고 지내왔다. 그러나 여기서는 간절히 담배 생각이 난다. 아무리 여행을 즐기더라도 혼자 다니다 보면 여수(旅愁)가 밀려올 때가 있는 법이다.

날이 밝자마자 크노소스 행 버스에 올랐다. 버스가 어디에서 출발하는지 사전에 전혀 알지 못했지만 이라클리온은 크노소스 관광의 출발지이기 때문에 배낭을 멘 여행자들의 뒤를 따라가다보면 자연스럽게 크노소스 행 버스정류장으로 갈 수 있다. 2번을 단 시내버스는 10분 간격으로 출발하고, 세계 각지에서 온 관광객들은 줄서서 표를 사고 있다.

복잡한 시가지를 벗어나 조금 달리자 사람들이 다 내린다. 불과 20여 분 거리다. 거리는 한적하다. 찬란했던 크레타 문명의 본고장답지 않게 평범한 모습이다. 다만 기념품가게에 여러 가지 크기로 전시되어 있는 황소머리 기념품들만이 이곳이 바로 미궁과 괴물 미노타우로스의 고향임을 말해줄 뿐이다.

그런데 배가 고프다. 금강산도 식후경이니 일단 배불리 먹고 미궁을 보자는 생각을 하고는 '좋은 경치'를 강조하는 타베르나로 들어갔다. 2층에 앉으니 정말 경치 하나는 훌륭하다. 창문도 없이 툭 터진 공간으로 맑은 햇살이 쏟아지는 산과 들이 보인다.

먹는 것도 공부니까 욕심을 내서 음식을 주문했다. 우선 그리크 샐러드(Greek

Salad). 말 그대로 그리스식 샐러드다. 그리고 닭고기와 돼지고기를 섞은 수블라키. 쇠고기 스파게티도 한 그릇. 마지막으로 그리스 와인 레치나.

테이블에 가득한 음식을 천천히 음미하며 먹는다. 그리크 샐러드는 멋진 음식이다. 오이·토마토·양파·상추 같은 야채를 큼직하게 썰어서 깊은 그릇에 담은 다음 올리브유를 듬뿍 치고 그 위에다 손바닥만한 페타 치즈를 얹어주는 샐러드다. 한국의 호텔에서 스테이크를 먹을 때 나오는 빈약한 샐러드와는 비교가 되지 않는다. 여행 중에 타베르나에서 이 샐러드만 주문해서 먹는 사람도 많이 봤다. 그리스 사람들은 이 샐러드뿐만 아니라 다른 음식을 만들 때도 올리브유를 많이 사용하는데 바로 이것이 그리스 국민들의 건강을 지켜준다고 한다. 그리스 국민들의 흡연율은 세계 최고다. 할아버지와 손자가, 시어머니와 며느리가 맞담배를 피우는 나라가 그리스다. 그런데 이상하게도 이 나라에는 폐암이 없다고 한다. 사람들은 모두 올리브를 많이 먹어서 그렇다고 믿는다.

수블라키는 쉽게 말해 꼬치구이다. 생선·양고기·쇠고기·돼지고기와 야채·마늘 등을 큼직하게 잘라 쇠꼬챙이에 꽂아서 숯불에 구워주는 요리다. 물론 구우면서 소금·후추 등으로 양념을 한다. 그러나 이 음식은 금방 식어버리기 때문에 그렇게 맛있는 요리라고는 할 수 없다. 언제 터질지 모르는 가스불을 껴안고 불판에 고기 구워먹기를 즐기는 한국 사람에게 쇠꼬챙이에 꽂혀 있는 식은 돼지고기는 그저 그런 음식일 뿐이다. 그리고 이 음식은 그리스에만 있는 것은 아니다. 러시아 사람들도 돼지고기를 꼬치에 꽂아 구워먹는다. 다만 그 '꼬치'가 시베리아 것은 거의 무기 수준으로 크고 길어 좀 더 터프한 느낌을 주는 게 다르다면 다른 점이다. 그러나 어쨌든 수블라키는 그리스인들이 즐기는 대표적인 음식이다.

레치나는 그리스에만 있는 와인이다. 옛날에는 와인을 산양가죽 주머니에 넣고 주둥이는 나무로 마개를 했는데 그 마개를 봉하는 데 송진을 사용했다고 한다. 시간이 지나면서 송진이 와인에 스며들고 그렇게 해서 태어난 독특한 향기의 와인이 바로 레치나다. 내가 주문한 레치나는 황금색이고 진한 송진향기가 난다. 요즘이야 산양 주머니에 와인을 보관할 리도 없고 송진 바른 마개를 써서 향기가 나도록 하는 전통적인 방법을 쓸 리 없지만 그래도 맛은 훌륭하다. 배불리 먹고 마시고 나니 한결 기분이 느긋해진다. 천천히 발걸음을 미궁으로 옮긴다.

왕비의 이상한 사랑

아이게우스 왕의 아들 테세우스가 크레타의 미궁에 들어가 미노타우루스라는 괴물을 죽였다는 이야기는 앞에서 했다. 그렇다면 그 괴물은 어떻게 해서 생겨난 것일까. 크레타 왕 미노스가 바다의 신 포세이돈과 한 약속을 지키지 않자 포세이돈이 벌을 내린다. 벌이란 왕비 파시파에로 하여금 황소를 사랑하게 한 것이다. 황소는 포세이돈이 미노스에게 보내준 것이었다.

파시파에는 황소를 사랑하는 것에 그치지 않고 강렬한 욕정을 느끼게 된다. 그러나 황소는 사람이 가까이 오는 것을 허락하지 않았다. 욕정에 눈먼 파시파에는 한 가지 방법을 생각해낸다. 마침 크레타에 망명해 있었던 재주꾼 다이달로스를 불러 암소를 만들게 한 것이다. 물론 속은 비어 있고 겉은 암소가죽으로 씌운 가짜 암소다. 사람이 드나들 수 있는 뚜껑을 마련했고 꼬리 아래에는 구멍도 하나 냈다.

파시파에는 소의 뱃속으로 들어가 뚜껑을 닫았다. 황소가 다가오자 파시파에는 엎드렸고 꼬리 아래 나 있는 구멍을 통해 황소를 받아들인다. 달이 차자 파시파에의 배가 불렀다. 이윽고 아이가 태어났는데 머리는 황소, 몸은 사람인 괴물이었다. 이 괴물은 미노타우로스, 즉 '미노스의 소'라 불렸다.

난처해진 미노스 왕은 파시파에 왕비를 위해 가짜 암소를 만들었던 다이달로스를 부른다. 그러고는 한번 들어가면 절대로 나올 수 없는 미궁을 만들 것을 명령한다. 명령을 받은 다이달로스는 복잡하게 꼬부라지는 복도와 수백 개의 방이 있는 미궁을 만들었다. 괴물 미노타우로스는 미궁에 갇히고 만다.

사람들은 이렇게 재미있고 에로틱한 이야기가 깃든 미궁을 신화 속에서만 존재하는 것으로 믿고 있었다. 그런데 아서 에번스(Arthur Evans, 1851~1941)라는 고고학자에 의해 크노소스 궁이 발굴되자 신화 속의 미궁이 바로 크노소스 궁전이라고 믿게 되었다.

세계사 교과서의 첫 부분에서 사진으로만 봤던 크노소스 궁전으로 들어갔다. 붐비는 정도는 아니지만 세계 각지에서 온 관광객들이 진지한 표정으로 가이드의 설명을 듣고 있다. 궁전은 맑은 가을 햇살 아래 속살을 다 드러내고 있다. 복원된 것이겠지만 붉은 빛깔의 기둥이 남아 있고 돌과 진흙으로 쌓은 벽이 제법 온전한 모양으로 유지되고 있다. 평지도 아니고 산지도 아닌 완만한 구릉지형에 자리 잡은 궁전은 외적의 침입에 대비하여 성벽을 둘러친 흔적도 없어 삼엄한 분위기는 전혀 느껴지지 않는다. 유적만 보고는 그 규모와 구조를 짐작할 수 없어 그늘에 앉아 설명서를 읽어본다.

> 궁전은 한 변이 160미터의 정사각형으로 중앙에 정원이 있는 복잡하고 거대한 형태의 건물이다. 부분적으로는 4층이었으며 방은 무려 1,200개 이상일 것으로 추정되는 진짜 미궁이다.

그러나 이제는 대부분 허물어져 유적을 통해서는 원래 규모를 그려보기가 쉽지 않다. 나는 궁전 관람을 마치고 이라클리온 시내에 있는 고고학 박물관을 방문했는데 그곳에서 크노소스 궁전의 정교한 복원모형을 보고 감탄했다. 모

크노소스 궁전은 이제 원래의 모습을 찾아보기 힘들다. 부분적으로 추정 복원된 건물이나 약간 남아 있는 벽화들을 보면서 상상력을 발휘해야 옛날의 화려했던 모습을 짐작할 수 있다.

형은 목재로 정교하게 제작되었는데 유적지에서 본 모습과 오버랩시켜보니 허물어지기 전의 미궁이 그대로 상상되었다. 궁전은 3,700년 전 크레타 문명의 전성기에 만들어졌는데 300년 후에는 갑자기 폐허로 변했다. 그리스 본토 세력의 침략 때문이었는지, 지진 때문이었는지는 모른다고 한다.

가이드들은 열심히 설명하고 방문객들은 가이드의 얼굴과 안내책자를 번갈아 보며 열심히 설명을 듣는다. 나도 그들 뒤에 서서 공짜로 설명을 듣다가 이내 포기했다. 설명이야 책에 다 나오는 것 아닌가.

대신에 이리저리 거닐면서 짐작을 해보았다. 미노타우로스가 갇혀 있던 곳은 어디쯤일까? 테세우스는 저기에 있는 저 붉은 기둥 뒤에서 아리아드네로부터 실타래를 은밀하게 전달받았겠지. 욕정에 눈먼 왕비 파시파에는 미노스 왕의 눈을 피하기 위해 저기 언덕 아래 구석진 곳에서 가짜 암소의 뱃속으로 들어갔을 거야.

공기가 맑은 탓인지, 레치나의 술기운 탓인지, 아니면 파시파에의 정기를 받은 덕분인지 피곤하지 않다. 오랫동안 신화의 주인공들을 만나면서 미궁을 거닐었다. 궁전 담벼락에 질긴 뿌리를 박고 있는 늙은 소나무에서 매미가 울고 있다.

할머니의 콧수염

이라클리온 시내의 모로시니 분수대 부근은 배낭여행자들이 많이 모이는 곳이다. 발길 닿는 대로 조그만 카페에 들어갔다. 오크 통을 테이블로 삼은 간이주점 겸 카페다. 손님은 아무도 없다. 60세 정도의 사내와 그의 아내가 빈 가게를 지키고 있다. 입구에는 '깨끗한 방을 소개해준다'는 안내문이 붙어 있다. 오크 통에 걸터앉자 사내가 메뉴판을 갖다주며 친절한 미소를 짓는다. 카푸치노를 한 잔 주문했다.

"이 근방에 싼 호텔이 있나요?"

"있다마다요. 싸고 가깝지요."

사내는 가게 입구로 나가더니 100미터쯤 떨어진 곳을 가리킨다. '미나젤로 호텔'이라는 간판이 앉은 자리에서도 보인다. 한 가지는 해결되었다. 만일 여름철에 이곳을 여행한다면 이런 식으로 방을 구한다는 것은 절대 불가능할 것이다. 여행을 떠나면서 왕복항공편과 글리파다의 한인민박 외에는 아무것도 예약하지 않았다. 묶인 여행이 싫기 때문이다.

저녁이 되기 전에 한 군데 가볼 곳이 남았다. 니코스 카잔차키스의 묘다. 다시 주인장에게 물었다.

크레타 성벽 위 전망 좋은 곳에 서 있는 니코스 카잔차키스 동상.
카페 주인은 이곳을 카잔차키스의 무덤이라고 했으나 무덤은 다른 곳에 있다.

"카잔차키스의 묘가 어딘지 아세요?"

"알다마다요. 바로 가게 뒤쪽이지요. 100미터만 가면 되죠."

그러면서 그는 아예 가게 바깥으로 나가더니 가게 뒤쪽을 향해 두 팔을 두세 차례나 뻗어 보이며 방향을 가리킨다. 야구 3루심이 라인 아웃을 선언하는 자세 같다. 이로써 두 가지가 다 해결되었다. 잠자리와 카잔차키스.

그의 아내는 남편을 보면서 빙그레 미소 짓고 있는데, 그녀가 앉아 있는 카운터 뒤쪽에는 세계 각국의 지폐가 빼곡하게 붙어 있다. 우리나라에서도 가끔 볼 수 있는 모습이다. 그런데 아무리 찾아봐도 한국 돈이 보이지 않는다. 깨끗한 1,000원 지폐를 한 장 꺼냈다.

"한국 돈이 없군요. 제가 한 장 드리지요."

"고마워요. 정말 친절하시네요."

부부가 진심으로 기뻐한다.

"이 사람 이름은 이황인데 한국의 위대한 철학자지요. 가치는 1유로보다 조금 적습니다."

"귀한 걸 주셔서 감사해요. 제일 잘 보이는 곳에 붙여야겠네요."

아내는 지폐를 카운터 바로 뒤, 가장 잘 보이는 곳에 붙인다. 카푸치노를 마시고 부부에게 "돈 많이 버시라"는 덕담을 남기고 카페를 나왔다.

불과 며칠이지만 그리스 사람들 외모의 특징은 완전히 파악했다는 느낌이 든다. 이제 세계 어디를 가더라도 그리스 사람은 가려낼 수 있을 것 같다. 주인장이 바로 전형적인 그리스 남자의 풍모를 지니고 있다. 그들은 남유럽 인종답게 머리카락은 검고 나이가 들면 회색으로, 또 흰색으로 물든다. 눈동자도 푸른색은 없고 대부분 짙은 갈색이다. 태양의 혜택을 많이 받는 덕분일 것이다. 표정은 좀 무거운 편이다. 철학자의 후예라 그런지 미간에 약간씩 주름이 잡혀 있고 눈빛은 깊다. 내가 어디에 가더라도 가려낼 수 있겠다고 한 것은 바로 이 사람들의 눈빛 때문이다.

그런데 그리스 사람들의 외모에서 가장 두드러진 것은 아무래도 '털'이다. 체모라는 의학적 단어를 쓰게 되면 전혀 느낌이 달라 일부러 '털'이라는 도발적이고 에로틱한 어휘를 썼는데, 그리스 남자들의 가슴털은 정말 대단하다. 카페 주인도 단추가 하나 열린 셔츠 위로 쿠션의 솜이 터져 나오는 듯한 풍성한 가슴털을 자랑했다. 그런데 그리스 사람들한테 털은 남자만의 것이 아니다. 『그리스인 조르바』에 이런 구절이 나온다.

우리 할머니는 콧수염이 날 때까지 오래 사셨지요.

'콧수염이 날 때까지 산다'는 의미를 도무지 알 수 없었는데, 여행을 하며 할머니들을 보고는 그게 무슨 말인지 알았다. 그녀들의 코 아래에는 제법 거뭇한 수염이 나 있는 것이다. 나는 이것이 치즈와 올리브 같은 음식과 햇볕세례 덕분이라고 짐작한다.

그리스 여자들 외모의 특징은 볼륨이 뛰어난 몸매라고 할 수 있다. 같은 서양이지만 북유럽 여자들이 도저히 따라갈 수 없을 정도로 그들의 몸매는 뛰어나다. 특히 풍만한 가슴은 일품이다. 내 견문에 의하면 세계 어느 나라의 여성들도 그리스 여인만큼 가슴이 아름답지는 않다. 물론 몸매란 가슴만 크다고 아름다운 것은 아니다. 그들의 짙고 긴 머릿결, 전체적으로 균형 잡힌 체형, 햇볕의 세례를 받아 탄탄한 피부 등이 가슴의 아름다움을 받쳐준다. 다시 『그리스인 조르바』의 한 구절을 인용한다.

> 지중해를 건너 아프리카에서 불어오는 훈훈한 시로코는 오렌지의 과즙을 풍성하게 하고 크레타 계집들의 가슴을 부풀게 하지요.

자유인 조르바의 육성이다.

올리브, 교회, 그리고 국기

일본작가 무라카미 하루키의 작품 중에 『먼 북소리』라는 책이 있다. 작가가 마흔 전후의 3년 동안을 에게 해의 섬들과 이탈리아·오스트리아 그리고 핀란드 등지를 여행하면서 쓴 기행문이다. 그는 아내와 단 둘이서 에게 해의 섬에 가서 방을 얻어 살면서 글을 쓴다. 살다가 지치면 다른 섬으로 가고, 그것도 문제가 있으면 로마로 가서 아파트를 구해서 산다. 히트작 『상실의 시대』도 에게 해의 섬들을 떠돌며 완성한 작품이다.

그는 급히 서두르며 여행하지 않는다. 관광객들이 다 떠난 비수기의 섬으로 가서 단출한 세간으로 살림을 한다. 매일 정해진 시간에 조깅을 하고 아내와 부두에 나가 생선을 사다가 요리를 해먹기도 한다. 그러고는 글을 쓰고 책을 번역한다. 책상에 앉아서 일하는 그의 등에는 고양이가 올라앉아 졸기도 하고 아내는 창가에 앉아 뜨개질을 한다. 로마에 살 때는 자동차를 한 대 사서 알프스를 넘어 오스트리아로 여행을 떠나기도 한다. 가는 도중에 자동차가 고장이 나서 이틀을 이름 없는 알프스 산간마을에 갇혀 지내기도 한다.

에게 해를 떠돌던 무라카미와 그의 아내는 1987년 부활절을 전후해 크레타에 간다. 미코노스 섬에 머물던 그는 심심하던 차에 『그리스인 조르바』를 읽다가 '그러면 크레타나 가볼까' 하면서 비행기를 탄 것이다. 그러고는 버스를 타고 크레타 남해안 마을인 아기아 갈리니로 직행한다. 무슨 볼일이 있어 간 것이 아니다. 그냥 불쑥 마음 내키는 대로 여행을 떠난 거다. 그는 아기아 갈리니를 오가는 버스 안에서 생긴 일을 중얼중얼 이야기하듯 풀어놓는데 나는 읽으면서 배꼽 빠지는 줄 알았다. 한 장면만 간추려 소개하면 다음과 같다.

몇 명 타지도 않은 버스가 어느 마을에 정차하더니 운전기사가 차에서 내려 사라진다. 한참 후에 차로 돌아온 그의 손에는 큼직한 포도주가 한 병 들려 있다. 잠시 가다가 다시 정차한 마을에서 이번에는 차장이 사라지더니 커다란 치즈 덩어리를 하나 들고 차로 돌아온다. 다시 달리기 시작한 차 속에서 운전기사와 차장은 포도주를 마시고 치즈를 먹기 시작한다. 운전석 부근에 앉아 있던 부인이 포도주를 한 잔 얻어 마신다. 조금 후에는 뒷자리에 앉아 있던 영국인 노부부도 운전석으로 가서 술을 얻어 마시고 치즈를 오물거린다. 와인 좋아하기로는 둘째가라면 서러워할 무라카미와 그의 아내도 급기야 앞으로 가서 술을 마시게 된다. 결국 운전수를 포함한 전원이 술판을 벌이는 중에 버스는 조금도 속도를 줄이지 않고 달린다.

그 아기아 갈리니에 나도 가보기로 했다. 아기아 갈리니는 이라클리온의 반대쪽인 크레타 남해안에 있는 조그만 마을로 지중해를 바라보는 곳이다. 크레타 지도를 펼쳐놓고 도로 사정을 살펴보면 아기아 갈리니로 가는 것이 가장 이상적이다. 가깝고 도로도 좋기 때문이다. 크레타에 머물 수 있는 시간은 어쨌든 오늘 저녁까지뿐이다. 저녁에는 로도스에 가야 한다.

아침 9시에 출발하는 버스를 탔다. 가는 데 두 시간 걸린단다. 오가는 데 네 시간이 걸리면 아기아 갈리니에는 세 시간 남짓 머물다 돌아와야 한다. 나의 여행은 이렇게 항상 시간에 쫓긴다. 차창을 내다보니 짐칸에 여러 가지 물건을 싣고 있다. 오늘치 신문 묶음들이 마을별로 표시되어 있고 여러 가지 잡지도 보인다. 자동차 머플러도 세 개가 실린다. 그러니까 버스는 이라클리온과 아기아 갈리니 사이의 여러 마을에 들러 신문과 잡지를 전달하고 자동차정비소에 물건도 배달해주는 보급차량이기도 하다.

관광객은 나를 제외하고는 한두 명에 불과하다. 모두 볼일을 보기 위해 나들이하는 주민들이다. 특이한 것은 할머니들이 많다는 점이다. 계단을 잘 오르내리지도 못하는 할머니들이 무슨 볼일이 있어 저렇게 힘겨운 나들이를 하는 것일까. 모두 코밑에 수염이 난 연세 많은 분들이다.

운전기사는 장발에 검은 선글라스를 쓴 20대 후반의 청년인데 대단한 미남이다. 그리스 출신 뮤지션인 야니를 닮았다. 차장은 운전기사보다 몇 살 많아 보이는데 그 역시 미남이다. 그는 적재함에 짐을 싣기도 하고 할머니들의 승차를 도와주기도 하면서 부지런히 출발 준비를 하고 있다. 아무리 봐도 두 사람 다 운행 중에 포도주를 마실 것 같지는 않다. 9시가 되자 차가 출발한다. 운전기사 위쪽에 시계가 걸려 있는데 12시 35분에 고정되어 있다. 역시 하루에 두 번만 맞는 시계다. 그러나 차는 벤츠다. 좀 낡았긴 하지만 엔진 소리는 힘차다.

버스가 가파른 산을 오르기 시작한다. 비탈에는 드문드문 포도밭이 보인다. 그러나 대부분의 경작지는 올리브 나무로 뒤덮여 있다. 산지와 평지를 가리지 않고 모든 땅이 올리브 나무 일색이다. 아기아 갈리니로 가는 두 시간 동안 내가 본 올리브만 해도 세계 모든 나라의 올리브 수요를 감당할 수 있을 것 같았다. 그만큼 많다.

버스가 산을 올라 고원지대를 달린다. 그런데 어느 순간 수다에 열중하던 할머니들이 똑같은 동작으로 오른손을 들어 무슨 손짓을 한다. 나는 그 동작이 몇 번 반복될 때까지도 뭘 하는 것인지 눈치 채지 못했다. 가만히 살펴보니 버스 창을 통해 교회가 보이면 자동으로 손이 올라가 성호를 긋는 것이다. 그것도 다섯 번씩. 그렇다고 이야기를 중단하는 것도 아니다. 이야기를 하던 사람은 계속 이야기하는 채로, 그냥 앉아 있던 사람은 그냥 앉은 채로 똑같은 모습으로 성호를 긋는다. 버스가 달리면서 모퉁이를 돌면 사람들의 몸도 모두 한쪽으로 기우는데 모퉁이를 돌자마자 교회가 나타나도 그들은 실수하는 법이 없다. 몸이 기울었다가 바로 서는 사이에 어김없이 오른손은 올라간다.

그리스에서 교회의 존재양식은 특이하다. 대부분의 기독교 국가에서 교회는 규모가 크고 있어야 할 곳에 있다. 말하자면 많은 사람을 수용할 수 있도록 크게, 사람이 쉽게 접근할 수 있는 장소에 짓는다. 그런데 그리스는 그렇지 않다. 차를 타고 길을 달리다보면 계곡의 바위 위에 올라앉은 교회가 있는가 하면 인적이라고는 없는 고원의 능선에 턱하니 교회가 서 있다. 크기도 다양하다. 시내에는 물론 대규모 성당이 있지만 마을 구석구석에 들어앉은 교회 중에는 열 명이 들어가면 꽉 찰 것 같은 곳도 있다. 심지어는 개집만한 교회도 있고 비둘기집이나 우체통만한 크기도 있다. 물론 이런 조그만 교회에는 예수를 그린 조그만 성화(聖畵)를 모신다. 그러나 그리스인들은 이 우체통만한 교회도 당연히 교회로 대접하기 때문에 눈에 띄면 즉시 손이 올라가는 것은 물론이다.

그리스인들의 국기 사랑도 남다르다. 하여간 사람들의 눈길을 끈다고 생각되

언덕 위 교회의 시계탑에 그리스 국기가 펄럭인다.
조금이라도 사람들의 눈에 띄는 곳에는 어김없이 국기가 걸려 있다.

는 곳에는 어김없이 국기가 꽂혀 있다. 깊은 계곡의 바위 위에서 국기가 펄럭이는 모습을 보면 '저런 곳에까지' 하는 생각이 든다. 도대체 누가 저런 곳에 올라가 국기를 게양하고 내리는지 알 수 없다. 400년 동안이나 투르크의 지배를 받은 역사가 그리스인들로 하여금 장소를 안 가리고 국기를 내거는 습관을 갖도록 했는지도 모른다.

질리도록 많은 올리브 나무를 보면서, 할머니들이 교회를 발견하고 일제히 성호를 그어대는 모습을 보면서, 여기저기 에게 해의 물결처럼 펄럭이는 그리스 국기를 보면서 드디어 아기아 갈리니에 도착했다.

날씨는 이라클리온하고는 또 다르다. 바다 저쪽이 아프리카다. 마을로 들어가다 보니 '리비아 호텔'이라는 간판이 보인다. 이곳에서 바다를 가로질러 남쪽을 향해 똑바로 내려가면 리비아와 이집트의 국경이다. 햇살이 따갑게 느껴진다. 습기마저 있다면 푹푹 찐다는 느낌일 것 같다.

조그만 항구가 있는데 고기잡이배와 관광객을 상대로 하는 낚싯배가 몇 척 파도에 흔들리고 있다. 손님은 없다. 기온으로 보면 해수욕을 얼마든지 즐길 수 있는데 이미 날짜는 10월 26일이다. 텅 빈 타베르나를 지키던 노인이 지나가는 나를 보고 "칼리 메라(안녕하세요)" 하고 인사를 하지만 목소리에는 나른함이 묻어 있다.

항구에서 1킬로미터쯤 떨어진 곳에 비치파라솔이 줄지어 있는 해변이 있다. 천천히 그쪽으로 발길을 옮긴다. 해변의 가파른 절벽에는 진분홍 꽃이 폭포처럼 쏟아지고 있다. 바닷물은 투명하게 맑다. 이렇게 좋은 날씨에 이렇게 아름다운 해변이 텅 비어 있다니. 파라솔 아래 비치 의자가 놓여 있다. 배낭을 내리고 의자에 몸을 눕힌다. 햇살을 받은 지중해가 반짝인다. 파도는 거의 없다. 팔베개를 하고 온몸의 긴장을 푼다. 참 멀리도 왔다. 남유럽의 끝 그리스의 크레타에 와서, 또 그 남단까지 내려와서 아프리카를 마주하고 누웠으니.

해변에 나 말고 아무도 없는 것은 아니다. 멀찍이 떨어진 곳에서 60대 부부가 마지막 휴가를 즐기고 있다. 둘 다 금발인 걸 보니 독일이나 스칸디나비아쯤에서 온 것 같다. 그들은 물속에 들어가서 놀다가 힘이 들면 파라솔에서 쉬기를 반복하고 있다. 잠시 쉰 여자가 먼저 바다 속으로 다시 첨벙첨벙 뛰어들어가자 남편도 몸을 일으킨다. 그런데 그는 큼직한 돌을 하나 집어들더니 등 뒤에 숨기고는 아내한테 접근한다. 남편이 가까이 접근하자 아내는 '나 잡아봐라' 하는 몸짓으로 첨벙거리며 도망간다. 그때 남자가 돌을 갑자기 던져 '풍덩' 소리를 내자 여자는 놀란 척하며 비명을 지른다. 그러고는 곧 남자 품으로 달려가 '쪽' 소리 나게 키스를 한다. 닭살이 돋는 풍경이긴 하지만 저들에게는 지금 이 시간이 천국이리라.

아기아 갈리니 해변에 분홍빛 덩굴꽃이 폭포처럼 쏟아지고 있다.

좀 떨어진 곳에는 30대 초반의 커플이 누워 있다. 인상을 보니 '갈리아'쯤 된다. 남자는 깊이 잠들었는지 움직임이 없고 여자는 수영복 차림으로 누워 책을 보다 가끔 적포도주를 병째 들고 한 모금씩 마신다. 포도주 병은 2리터짜리다. 그 부부도 조용하지만 행복해 보인다.

두 커플을 구경삼아 보다가 내 발을 보니 난 아직 신발도 벗지 않고 있다. 뭐가 그리 바쁜가. 벌써 다른 곳으로 튈 준비를 하고 있는 건가. 스스로도 한심하다. 신발을 벗고 다시 길게 눕는다. 조르바의 섬 크레타에서 지중해를 바라본다. 아프리카에서 불어오는 시로코가 나의 뺨을 부드럽게 어루만진다.

장미꽃 피는 섬 로도스

해적두목 카이사르

오후 6시 45분. 로도스 행 비행기가 활주로를 박차고 이륙했다. 황혼에 물든 에게 해가 창밖에 붉게 펼쳐져 있다. 시간이 많다면 가급적 비행기를 이용하지 않고 배로 이동하면서 에게 해를 가까이에서 보고 싶지만 주어진 시간이 너무 짧다.

로도스 부근 소아시아 해안은 로마 공화정 말기까지 해적의 소굴이었다. 해적들은 지중해를 오가는 상선을 노략질했다. 바다의 치안이 확립된 것은 아우구스투스 시절에 이르러서였다. 이후 로마인들은 안전하게 지중해를 항해했고 해적 이야기는 전설이 되었다. 하지만 바다 사람들은 그뒤로도 오랫동안 잔혹했던 해적 떼와 해적을 물리친 무용담을 즐겨 이야기했다. 그런데 에게 해를 무대로 한 해적 이야기의 주인공 중 가장 흥미진진한 인물은 바로 젊은 카이사르였다.

20대 초반의 젊은 민중파 카이사르는 술라 파의 정치적 압박을 피해 잠시 도피하기로 했다. 그가 선택한 것은 로도스 섬에서 수사학(修辭學)을 배우는 것이었다. 그런데 그를 태우고 로도스로 가던 배가 해적의 습격을 받아 카이사르는 해적의 소굴로 끌려가게 되었다. 붙잡힌 몸이지만 카이사르는 조금도 위축되지 않았다. 당시의 해적들은 사람을 죽이는 것이 목적이 아니라 몸값을 받는 것이 목적이었다. 그래야 돈이 되었기 때문이다. 그런데 해적이 요구한 몸값이 별로 많지 않았던 모양이다. 자존심 상한 카이사르는 이렇게 말했다.

"내 몸값이 그것밖에 되지 않는단 말이냐? 이 고귀한 카이사르가 그렇게 싸? 그 액수의 다섯 배를 주겠다."

몸값이 소굴에 도착할 때까지 카이사르는 해적들의 두목처럼 굴었다. 웅변술을 연습할 때는 해적들이 경청해줄 것을 요구했고 무식한 해적들이 그의 은유법을 제대로 이해하지 못하면 면박을 주기도 했다. 낮잠을 잘 때는 조용히 하라고 명령했다. 이런 카이사르를 해적들이 당혹과 경이의 시선으로 바라보면 그는 해적들에게 이렇게 말했다.

"내가 풀려나면 반드시 돌아와서 너희들을 처형하겠다."

어린 청년이 이렇게 말하자 해적들은 폭소를 터트렸다. 해적들은 청년이 장차 무슨 일을 할 사람이라는 걸 알 리 없었다. 그는 아직 로마에서 유명인사가 아니었다. 카이사르는 풀려나자마자 부근의 밀레투스 항으로 직행해 함대를 조직한 다음 해적소굴을 소탕했다. 지불한 몸값을 돌려받았을 뿐만 아니라 약속한 대로 해적들을 모두 십자가에 매달아버렸다. 로도스 섬은 로마의 천재 카이사르와 관련해 이런 전설적인 일화가 전해지는 곳이기도 하다.

로도스(Rhodos)는 '장미꽃 피는 섬'이라는 뜻이다. 바다에 떠 있는 섬이지만 기후는 연중 온화하고 산도 푸르다. 그래서 이곳은 고대로부터 학문과 철학의 중심지였다. 아테네에서 만개한 그리스 철학은 이오니아 지방이라고 불린 소아시아 서해안과 로도스를 비롯한 에게 해의 섬들에서 싹텄다. 로도스에서 위쪽으로 조금만 올라가면 만날 수 있는 코스 섬은 의학의 아버지 히포크라테스의 고향이고, 그 맞은편 소아시아의 할리카르나수스는 역사의 아버지 헤로도투스의 고향이다. 로도스는 로마시대에도 학문의 중심지로서 그 명성을 잃지 않았다. 로마의 엘리트들은 대학교육제도가 없는 로마를 떠나 아테네나 로도스 섬에서 수준 높은 교육을 받았다. 그래서 젊은 카이사르도 정치적 망명지로 로도스를 선택했을 것이다.

로도스 공방전

이번 여행에서 내가 로도스를 찾아가는 것은 로마의 흔적보다는 성 요한 기사단의 성채를 보기 위해서다. 성 요한 기사단은 십자군원정 초기 예루살렘을 찾은 서구의 순례자들을 위한 의료활동을 목적으로 생긴 조직이다. 그 기사단이 십자군원정의 횟수가 거듭되면서 군사적 성격을 띠게 되었다. 13세기 말, 기독교 성지 예루살렘은 다시 이슬람의 손에 들어가고 기사단은 잠시 키프로스 생활을 거쳐 14세기 초 로도스에 둥지를 틀게 된다. 섬의 지배자가 된 것이다.

그렇게 또 200년의 세월이 흐른다. 이 무렵 오스만투르크는 대제국으로 성장하면서 지중해로 세력을 확장한다. 콘스탄티노플을 마지막으로 동로마제국을 멸망시키고, 팔레스티나 지방을 완전히 석권했으며, 북아프리카 지역도 지배하게 된다. 그렇게 되자 로도스의 성 요한 기사단은 투르크 제국의 내해(內海) 한가운데 위치하게 되었다. 투르크 제국의 술탄은 목에 박힌 가시와 같은 이 기사단을 그냥 둘 수 없었다. 강력한 전투력으로 지중해를 무대 삼아 해적 노릇을 일삼는 이 기사단을 투르크 제국은 '그리스도의 뱀들'이라고 불렀다.

1522년, 뒤에 대제라는 칭호를 받은 술탄 쉴레이만은 드디어 로도스를 공격한다. 점잖게 섬을 넘겨줄 것을 요구했지만 기사단이 이를 무시했기 때문이다. 500척의 배, 20만의 병력이 동원된다. 한편 이런 대병력을 맞는 로도스의 전력은 600명이 채 안 되는 기사와 1,500명의 용병, 그리고 섬 주민 중 참전 가능한

로도스 섬 공방전. 위쪽의 성벽에 성 요한 기사단의 수비군이 보인다.

3,000명이 전부였다.

『로마인 이야기』의 작가 시오노 나나미 여사는 전쟁 3부작이라는 타이틀 아래 세 권의 책을 펴냈다. 1권 『콘스탄티노플 함락』 2권 『로도스 섬 공방전』 3권 『레판토 해전』이 그것인데 모두 서쪽으로 세력을 확장해나가는 투르크와 이에 맞서는 서구세계의 저항을 소재로 하고 있다.

그녀는 『로도스 섬 공방전』에서 1522년의 이 전쟁을 그리고 있다. 이야기에는 세 명의 젊은이를 등장시킨다. 한 명은 프랑스, 나머지 둘은 이탈리아 출신의 기사들이다. 모두 이름 있는 명문귀족 출신들이다. 작가는 피비린내 나는 전쟁을 그렸지만 가슴이 싸해지는 사랑도 슬쩍 끼워넣고 소설가적인 상상력을 발휘해 장미꽃 피는 섬의 아름다운 정경도 묘사한다. 그러나 그녀가 항상 그래왔듯

법의 수호자, 질서의 군주라 불리기를 좋아했던
쉴레이만 1세.

이 책의 줄기는 역사적 사실을 바탕으로 하고 있다. 나머지는 장식이다. 세 기사 중 한 명인 안토니오가 살아남아서 로도스를 떠난 뒤 수도원에 들어가 전쟁에 관한 기록을 남겼는데, 시오노 여사는 이 자료를 바탕으로 책을 쓴 듯하다.

장장 5개월에 걸쳐 전투가 벌어진다. 지중해세계 최고의 견고함을 자랑하는 로도스 성채에 무려 20만이라는 투르크 병사들이 벌떼처럼 달려들어 공성전을 벌인다. 술탄 쉴레이만도 직접 전투에 참가한다. 이를 맞아 한 치도 양보하지 않고 용맹하게 싸우는 서유럽의 귀족 출신 기사들. 전쟁의 사이사이를 장식하는 첩보전과 배신자의 색출. 이런 이야기를 작가는 이야기하듯 들려준다.

매일같이 계속되는 포격과 두더지같이 땅 밑을 파고 들어와 터뜨리는 지뢰, 그리고 뒤를 이어 파도처럼 쏟아져 들어오는 병사들. 멀리서 섬을 보면 바다 한

가운데서 화산이 터져 오르는 모습 같았다고 한다. 당시 교황청을 비롯한 서유럽 국가들은 이런 지경에 처한 로도스를 도와줄 형편이 되지 못했다. 한 명 한 명 기사들이 죽어가고 바다는 그들의 피로 포도주 색으로 물들어갔다.

드디어 기사단장은 항복을 결심한다. 술탄 쉴레이만은 항복하기 위해 자신의 천막을 방문한 기사단장을 정중히 맞이하고 기사들이 위엄을 갖추고 로도스를 떠날 수 있도록 예우한다. 1523년 1월 1일. 드디어 기사들이 섬을 떠나는 날, 항구 입구의 요새에서 포성이 울렸다. 쉴레이만의 명에 따라 울리는 예포였다. 그 소리에 답하듯 기사단장이 탄 배의 선미에서는 나팔수가 나팔을 불기 시작한다. 200년 동안 그들의 보금자리였던 장미꽃 피는 섬을 기사들은 그렇게 떠나갔다.

로도스 공항의 대중교통 사정

불과 30분의 비행으로 로도스 공항에 도착했다. 이미 해가 져서 어둡다. 그리 크지 않은 공항을 서둘러 빠져나오니 관광버스들이 청사 입구에 줄지어 있다. 비행기에서 내린 승객들은 현지 안내인을 만나 관광버스를 타거나 마중 나온 호텔 셔틀버스에 오른다. 그런데 아무리 둘러봐도 일반 버스가 눈에 띄지 않는다. 택시 승차장도 없다. 대중교통이 없는 것이다. 공항 직원에게 물어보니 멀리 어둠 속을 가리키며 큰길 쪽으로 나가야 택시를 탈 수 있다고 말한다.

어둠 속으로 발걸음을 옮긴다. 몸이 좀 지친다. 아침 일찍 일어나 아기아 갈리니를 다녀오고 다시 비행기로 이동했으니 피곤하다. 무거운 배낭을 메고 한참 걸어가니 큰길이 나온다. 그곳에 버스정류장이 있다. 띄엄띄엄 서 있는 가로등이 넓은 길을 희미하게 비출 뿐 주위는 어둡고 고요하다. 가끔 승용차가 쌩 하는 소리를 내며 달려간다. 한참을 기다려도 버스도 택시도 오지 않는다. 그렇게 기다리다보니 이곳이 구시가지로 가는 차를 타는 곳이 맞는지 의심이 된다. 반대방향에 서 있는 것은 아닌가, 아니면 다른 길이 있는 것은 아닌가 하는 생각도 든다.

어떤 곳이든 기대를 가지고 여행을 가면 환상을 품게 마련이다. 로도스는 어떤 곳인가? 신비한 신화의 섬, 고대의 학문 중심지, 카이사르나 티베리우스 같은 로마 엘리트들이 공부하던 곳, 성 요한 기사단의 본거지……. 인문과 역사의 향기 가득한 상상만 했다. 하지만 막상 마주친 것은 불편한 대중교통, 무거운 배낭, 그리고 어두운 밤이다. 여행을 하다보면 흔히 겪는 일이다. 하지만 실망스럽고 힘들어도 이런 순간을 잘 넘기면 충분히 보상받기도 한다. 로도스도 그렇길 바란다.

20분쯤 지났다고 생각할 무렵, 기적과도 같이 어둠 속에서 빈 택시가 나타났다. 검은색과 노란색으로 디자인된 로도스 섬의 영업용 택시다. 낡긴 했지만 벤츠다. 기사가 미리 가격을 이야기한다. 10유로. 비싸다는 생각이 들지는 않는다. 미리 읽은 안내서에 의하면 공항에서 구시가지까지는 16킬로미터로 20분쯤 걸리는 거리다. 잠시 달리자 오른쪽에 화려한 호텔들이 나타난다. 미국 자본이 들어와 세운 거대한 리조트 호텔들이다. 왼쪽에는 넓은 백사장이 펼쳐져 있다. 방벽처럼 해변에 늘어선 호텔은 끝이 없을 것처럼 이어져 있다. 고대 학문의 중심지였던 로도스 섬도 이제 세계적인 체인 호텔들의 네온 간판으로 번쩍이고 있다.

그런 해변도로를 거침없이 내달린 택시가 오른쪽으로 방향을 꺾으면서 고풍스런 석조 문을 통과하자 갑자기 풍경이 돌변한다. 네온이 완전히 사라졌다. 구시가지로 들어선 것이다. 로도스는 구시가와 신시가로 나뉘어져 있는데 성 요한 기사단이 축성한 성벽 안쪽이 구시가다. 이곳이 나의 목적지다. 택시는 웅장한 문 앞에 멈췄다. 원통형 포대가 문 좌우에 버티고 있다. 붉은 나트륨 등의 조명을 받아 거대한 짐승의 이빨처럼 삐죽삐죽한 성벽 위의 요철(凹凸)은 지중해의 푸른 밤하늘을 깨물 듯하다. 투르크의 술탄이 '그리스도의 뱀들'이라며 지긋지긋해 했던 성 요한 기사단의 본거지다.

성 요한 기사단의 천 년 유전

아침 공기가 선선하다. 날씨는 투명하게 맑다. 10월 하순이니 한국 같으면 제법 쌀쌀해지는 계절이지만 로도스는 가장 추운 겨울에도 영하로 내려가지 않는 지상낙원이다. 카메라와 수첩만 들고 숙소를 나선다. 숙소는 펜션의 옥탑방이다. 1박에 10유로니까 너무 싸다.

'바다의 문'이라 불리는 성문을 나서니 어젯밤 택시에서 내린 곳이다. 그 앞에는 항구가 펼쳐져 있다. 로도스에는 방파제를 사이에 두고 두 개의 항구가 붙어 있는데 구시가지에 면한 이 항구는 상항(商港)으로 발달해왔다. 방파제 저편은 만드라키 항이라 불리는 군사용 항구인데 고대 그리스 시절부터 사용해 왔다.

성벽이 병풍처럼 상항을 둘러싸고 있다. 구시가 전체를 철갑처럼 둘러싼 이 성벽이 바로 격전의 현장이다. 500년 전 투르크의 대군은 이 성벽을 둘러싸고 대포를 쏘고, 땅을 파고 들어가 폭탄을 터뜨리고, 그래서 성벽이 허물어지면 벌떼처럼 달려들었다. 인원이 절대적으로 많았으니 인해전술을 펼친 것이다. 5개월이라는 긴 시간 동안 똑같은 공격을 끈질기게 반복해 결국은 섬을 자기의 것으로 만들었다. 그러나 지금 성벽은 깨끗하게 수리되어 있다. 치열한 공방전의 상처는 찾아보기 힘들다.

두 항구 사이를 가르는 방파제로 발걸음을 옮긴다. 관광객은 그리 많지 않지만 일요일 아침이라 시민들이 산책을 즐기고 있다. 고양이들이 모여 아침식사를 하고 있다. 앞에서 그리스의 개 이야기를 했지만 그리스는 고양이의 천국이기도 하다. 길을 걷다보면 발길에 차일 정도로 많다. 고양이들은 쓰레기를 뒤질 필요도 없다. 사람들이 캔으로 된 먹이를 사다가 먹이기 때문이다.

방파제 중간쯤에 세 개의 풍차가 서 있다. 에게 해에서는 바닷바람을 이용해 밀을 빻는 풍차가 늘어선 모습을 어느 곳에서나 볼 수 있다. 지극히 실용적인 이유에서 만든 물건이지만 지금은 이 지방을 상징하는 명물이 되어 있다. 바람개비는 네덜란드의 풍차와는 달리 기다란 나무막대에 마포를 붙인 것인데 바람을 받으면 펄럭이는 소리를 내며 돌아간다. 사용하지 않을 때는 마포를 나무에 감아서 풍차가 헛돌지 않도록 한다. 풍차들은 제방 위에 가급적 틈새를 적게 두고 세워 항구로 들어오는 배를 바람으로부터 지켜주는 역할도 한다.

방파제 끝에 성 니콜라오스 요새가 버티고 있다. 로도스의 최전방 요새였지만 지금은 등대의 역할을 하고 있다. 바로 여기서 발사하는 투르크의 예포소리를 들으며 기사단은 로도스를 떠났다. 은제 그릇에 담긴 성 요한의 오른손, 그리스도가 못 박힌 십자가의 나뭇조각, 못 박히기 전에 그리스도의 머리에 씌워진 가시관의 가시 두 개 등의 보물을 가지고 그들은 정처 없이 길을 떠났다. 로도스를 떠난 성 요한 기사단은 그뒤 크레타와 시칠리아에 잠시 머물다가 시칠리아 섬 아래 몰타에 둥지를 틀게 된다. 로도스 기사단은 그때부터 몰타 기사단이라 불린다.

다시 세월이 흘러 1798년, 이집트 원정길에 나선 나폴레옹은 몰타를 점령하고 기사단을 추방한다. 다시 난민이 된 기사단은 러시아 황제의 보호를 받으며 잠시 모스크바에 머문다. 그뒤 기사단의 본부는 시칠리아의 카타니아에 있다가 북이탈리아의 페라라를 거쳐 다시 로마로 옮긴다. 유명한 쇼핑 거리인 로마의 콘도티 거리에는 지금도 기사단의 본부가 있다. 바티칸과 같이 이탈리아 안에서 독립국 대우를 받는다. 천 년 역사의 성 요한 기사단은 아직 존재하고 있는

방파제 끝의 성 니콜라오스 요새. 로도스의 최전방 요새였지만 지금은 등대로 쓰이고 있다. 성 요한 기사단은 여기서 발사하는 예포소리를 들으며 로도스를 떠나갔다.

것이다. 그들의 본업이었던 의료활동을 하면서.

요새의 가장 높은 곳에는 정교(正敎)의 십자가와 에게 해의 파도를 상징하는 그리스 국기가 있다. 세월이 흘러 섬은 다시 투르크인의 손에서 그리스인에게 넘어왔다. 요새는 군데군데 허물어져 있고 보수공사를 하고 있다. 안쪽 구석구석에는 포탄이 쌓여 있다. 물론 요즘 폭탄이 아니라 돌을 둥글게 깎아서 만든 포탄이다. 이곳에서 전투가 벌어질 당시의 포탄은 적진에 날아가서 터지는 폭발물이 아니라 둥글게 깎은 돌멩이였다. 크기는 대체로 핸드볼공이나 축구공 정도다. 하지만 이런 포탄이 철갑의 성채를 무너뜨렸다.

고추 내민 태양신 헬리오스

요새를 나와 만드라키 항의 입구로 발걸음을 옮긴다. 배가 드나드는 입구 양쪽에는 높은 원기둥이 하나씩 서 있고 그 위에서는 암수의 청동사슴이 바다를 바라보고 있다. 사슴은 로도스 섬의 상징동물이다.

지금 두 개의 원기둥이 서 있는 자리에 고대에는 태양신 헬리오스의 청동상이 서 있었다고 한다. 알몸의 거대한 남신(男神)상이 한 손에 횃불을 들고 두 다리를 벌리고 서 있는 사이로 배들이 오갔다는 말이다. 세상 어디에도 없는 고대인의 걸작이었다. 그래서 그 신상은 이집트의 피라미드, 소아시아의 아르테미스 신전 등과 함께 고대세계 7대 불가사의 중의 하나로 꼽혔다.

로도스 사람들이 헬리오스를 각별하게 생각한 데는 이유가 있다. '장미꽃 피는 섬'을 뜻하는 로도스는 원래 포세이돈의 딸인 님프 로도스의 이름을 따서 붙인 것이다. 신화에 의하면 태양신 헬리오스는 이 님프와 결혼하여 아이를 일곱이나 낳았다. 고대 로도스 사람들은 님프 로도스와 결혼한 헬리오스를 수호신으로 삼고 싶어 신상을 만들어 항구에 세웠던 것이다.

하지만 모든 전설이 그렇듯이 헬리오스 거상에 대한 이야기도 상상과 윤색이 보태지지 않았을 리 없다. 우선 거상은 다리를 벌리고 서 있지는 않았다. 현대의 학자들은 항구의 폭이나 당시의 기술수준을 생각해볼 때 그런 자세의 거대한 신상을 만드는 것은 불가능했을 것이라고 말한다. 아마도 늘씬하게 빠진 근육질의 남성이 직립의 자세로 서서 한 손으로 횃불을 들고 있는 모습으로 새겨졌을 것이다. 뉴욕 앞바다에 서 있는 자유의 여신상처럼.

그렇다 하더라도 엄청난 규모의 거상이 만들어진 것은 분명한 사실이다. 기원전 282년, 로도스인들은 12년에 걸친 대역사 끝에 태양신상을 세워 올렸다. 섬에 있던 세 도시의 단합을 위한 상징물이었다. 하지만 거상은 불과 56년 만에

전설에 의하면 암수의 청동사슴이 있는 만드라키 항의 입구에 알몸의 헬리오스가
다리를 벌리고 서 있었다. 하지만 고대에 그런 자세의 신상을 만드는 것은 불가능했을 것이다.

무너져 내리고 말았다. 강력한 지진이 섬 전체를 덮쳤기 때문이다. 거상은 가장 약한 부위인 무릎부분이 꺾이면서 땅바닥에 내동댕이쳐졌다. 이후 수백 년 동안 거상은 잔해가 땅바닥에 나뒹구는 상태로 방치되었다. 서기 1세기 로도스를 방문한 로마의 박물학자 대(大)플리니우스는 이렇게 기록을 남겼다.

거상은 땅바닥에 누워 있지만 경이롭다. 엄지손가락은 어른도 양팔로 감싸안을 수 없을 정도로 굵고 손가락 하나하나도 웬만한 동상보다 크다. 갈비뼈가 부서져나간 자리에는 동굴과도 같은 구멍이 입을 벌리고 있으며 안에는 조각가들이 거상의 무게를 유지하기 위해 넣은 바위들이 들어 있다.

2세기 초 하드리아누스가 로도스를 방문했다. 라인 강의 방위선을 철벽으로 강화하고 브리타니아에 들러 성벽을 건설하라고 명령한 황제는 이곳 로도스에 도착했을 때는 훨씬 여유로운 기분이었을 것이다. 자신이 오랫동안 동경하던 마음의 고향 그리스를 즐기면 되었다. 그는 파괴되어 땅바닥에 나뒹구는 헬리오스 상을 보고 "재건하라"고 명령했다. 그를 수행하던 일행 중에는 로마세계 최고의 엔지니어들과 조각가들이 있었으니까 거상을 다시 세우는 일은 그리 어려운 일이 아니었다. 하지만 헬리오스 상은 재건되지 않았다. 분명한 이유는 전해지지 않지만 아마도 신탁 때문이었을 것이다. 거상이 무너졌을 당시 재건이 즉시 추진되었지만 "거상을 다시 세우면 안 된다"는 신탁 때문에 중단된 적이 있었다. 로도스인들은 과거의 신탁을 생각해내고는 로마 황제의 거상 재건을 만류했을지도 모른다.

땅바닥에 쓰러진 지 거의 천 년의 세월이 흐른 서기 654년, 섬을 침략한 아랍인들은 헬리오스 거상을 해체해 시리아의 유대인에게 팔아버렸다. 이때 거상 잔해를 운반하기 위해 무려 900마리의 낙타가 동원되었다고 한다. 1970년에 로도스 당국은 헬리오스 상을 재건하려는 계획을 세운 적이 있다. 비록 56년 동안만 제대로 서 있었을 뿐이지만 고대세계 7대 불가사의로 전해지는 거상을 보려고 섬에 오는 관광객들을 실망시키지 않기 위해서였다. 하지만 계획은 비용문제로 보류되고 말았다.

그래서 오늘날에는 로도스에서 헬리오스 거상의 웅장한 모습을 볼 수 없다. 하지만 기념품가게에 가면 다양한 형태의 거상 기념품들을 살 수 있다. 조각상도 있고 그림도 있다. 자세는 전설대로 두 다리를 벌리고 한 손으로 횃불을 들고 있는 모습이다. 그런데 가게에는 다리를 벌리고 서 있는 그 자세로 고추를 한껏 발기시켜 앞으로 내밀고 있는 망측한 모양의 조각상도 크기별로 진열되어 있다. 에로틱하고 재미있지만 좀 민망한 상품이다. 고대 로도스인의 수호신이었던 헬리오스는 이제 고추를 내민 자세로 관광객의 호기심 어린 손길을 맞이하고 있다.

멀리서 교회의 종소리가 들려온다. 마침 일요일이다. 이제 로도스인들의 신은 헬리오스가 아니라 하느님이다. 그리스인들의 신앙심은 각별하다. 달리는 버스에서도 교회만 보였다 하면 자동으로 손이 올라가 성호를 긋는 사람들이다. 이 시간이면 모두 교회에서 예배를 보고 있을 것이다.

지중해 최고의 병원

지금의 로도스 고고학박물관은 원래 기사단의 병원건물이었다. 기사단의 본업이 의료활동이었던 만큼 지금까지 보존되어 있는 이 건물은 기사단 궁전 다음으로 웅장하고 훌륭하다.

2층에 천장이 높고 널따란 병실이 있다. 과거 이 병실에는 환자를 100명까지 수용할 수 있었는데 환자들은 모두 개인 침대를 사용했다. 각각의 침대 사이에는 커튼을 칠 수 있었고 병실의 한쪽 벽을 따라서는 창고로 쓸 수 있는 좁은 방들이 있어서 환자들의 소지품을 보관할 수도 있었다. 병실 한가운데에는 조그만 예배당이 있어서 미사를 볼 수도 있었고 식당도 있었다. 가히 지중해세계 최고의 의료시설이었다고 할 만하다.

이 병원건물에 이제 로도스의 보물이 가득하다. 그 옛날 철학과 학문이 번성했던 곳이니만큼 뛰어난 예술품들이 많다. 로도스는 훌륭한 도자기의 생산지이기도 했다. 문명이 발달하면 도자기가 발달하기 때문이다. 크레타 크노소스 궁

로도스 고고학박물관으로 사용되는 이 장중하고 아름다운 건물은 요한 기사단의 병원이었다. 지중해세계 최고의 의료시설이었다.

전에서 발견된 도자기들은 현대의 감각으로 봐도 그 추상적인 문양이 감탄스럽다. 그것들이 3,700년 전에 만들어진 작품이라는 생각을 하면 과연 인류 문명에 발전이라는 것이 있었는가 하는 생각을 새삼스럽게 하게 된다. 로도스의 도자기는 황토 빛깔의 몸체에 검은색으로 문양을 그린 것이 주종을 이룬다. 대부분 로도스의 전성기였던 기원전 작품들인데 방마다 시대별로 작품들이 전시되어 있다.

우리는 「라오콘」이라는 조각작품을 잘 알고 있다. 미술교과서에도 나올 만큼 유명하다. 아버지와 아들들이 뱀에 휘감겨 고통스러워하는 걸작품이다. 그 작품이 로마의 바티칸 박물관에 보관되어 있기 때문에 사람들은 그것이 로도스에서 만들어진 것이라는 걸 잘 모른다. 박물관에는 이 「라오콘」의 정교한 복제품이 진열되어 있다. '진품은 바티칸 박물관에 보관되어 있다'는 설명과 함께.

박물관에서 가장 유명한 작품은 「목욕하는 아프로디테」 상이다. 다른 작품들과 달리 아크릴로 만든 박스에 갇혀 있다. 만지지 말라는 이야기다. 막 목욕을 끝낸 미의 여신이 쪼그리고 앉아 양손으로 머리를 매만지는 대리석 조각이다. 전체 높이는 1미터 정도. 루브르 박물관의 아프로디테도 이 작품과 비슷한 시기에 역시 에게 해에서 만들어진 작품이다. 예술적인 조예가 부족해서 평가하기는 힘드나 자연스러운 자세가 특이하고 여체의 아름다움이 그야말로 어두운 구석 없이 구현되어 있다는 느낌이 든다. 무엇보다 아랫배도 적당히 있고 허벅지도 제법 살집이 있어 보기에 불안하지 않다. 요즘의 미인대회에 나오는 여성들은 너무 가늘다는 것이 내 생각이다.

무늬만 로마군

박물관에서 기사단장 궁전으로 가는 길은 완만한 오르막길이다. '기사의 거리'라고 불리는 길이다. 바닥은 오랜 세월 파도에 쓸려 둥글게 닳은 바다 조약돌로 포장되어 있다. 로도스 구시가의 골목길은 모두 이런 조약돌로 포장되어 있는데 다른 곳에서는 보기 힘든 예쁜 길이다. 비가 와서 젖으면 더욱 운치가 있을 것 같다.

천천히 길을 오른다. 중세의 석조건물 위로 프랑스·이탈리아·독일 깃발이 펄럭인다. 그 옛날 기사단은 프랑스를 중심으로 한 유럽 각국 출신들로 구성되어 있었고 각 나라마다 기사관저가 따로 있었다. 그래서 지금도 그 나라들의 국기가 펄럭이는 것이다. 옅은 황금빛깔의 사암(砂巖)으로 지은 석조건물들이 기사의 길을 따라 길게 줄지어 있고 금속제 출입문이 굳게 닫혀 있다. 창살문을 통해 보이는 기사관저의 정원에는 분수가 솟고 있다. 정원 구석에는 예의 포탄이 쌓여 있다. 현대적인 소품은 완벽하게 제거되어 있다. 거리는 500년 전

바다 조약돌로 포장된 '기사의 거리'. 완벽히 중세의 모습을 하고 있다.
좌우로 유럽 각국의 기사관저가 늘어서 있다.

에도 이와 같은 모습이었을 것이다. 전투에서 부상을 입은 이탈리아 기사 안토니오가 다리를 절룩거리며 강철갑주를 입고 모퉁이에서 나타난다고 하더라도 이상할 것이 없을 것 같다.

오르막이 끝나는 곳에 기사단장 궁전이 있다. 출입문 위에는 성 요한 기사단의 문장인 변형 십자가가 새겨져 있고 좌우로는 원통형의 전투용 포대가 웅장하다. 궁전이라기보다 요새라고 해야 어울릴 정도다. 문 안쪽에는 제법 넓은 안뜰이 있고 석조건물이 뜰을 감싸고 있다. 기사단 병원과 비슷한 분위기지만 규모는 훨씬 크다.

내부는 수많은 방으로 이루어져 있다. 넓은 장방형의 회의실·거실·침실·도서관 등의 방들이 이어져 있다. 벽면은 깨끗한 사암이고 바닥은 대리석이다.

천장은 둥근 아치로 장식되어 있다. 전체적으로 수수한 느낌이다. 청빈·복종·순결이 그 기율인 기사들의 거처이니 그럴 수밖에 없을 것이다. 이곳에서 기사단 수뇌들은 투르크의 술탄이 보낸 최후통첩을 놓고 회의를 거듭한 끝에 고뇌에 찬 결단을 내렸다. '항복이란 없다. 최후의 한 사람까지 싸운다.' 그뒤 5개월에 걸친 치열한 공방전이 벌어졌다.

관람객은 별로 없다. 대리석 복도를 걷는 내 발소리만 크게 울린다. 2층과 3층의 수많은 방들을 빠른 걸음으로 돌아보는데 제법 다리가 아프다. 밖에서 봤을 땐 그리 넓어보이지 않았는데 내부는 규모가 크다. 궁전은 몇 차례의 전쟁과 지진으로 많은 손상을 입었는데 제1차세계대전 후 로도스 섬을 점령했던 이탈리아가 지금의 모습으로 복원해놓았다. 그뒤 무솔리니가 이곳을 별장으로 사용하기도 했다고 한다.

이탈리아 파시스트 당수 무솔리니는 자신이 카이사르와 같은 영웅이 될 수 있다고 생각한 모양이다. 그래서 카이사르를 닮고자 많은 노력을 했다. 그러나 창조적 두뇌를 갖지 못한 인물이 새로운 역사를 써나가는 것은 불가능하다. 그는 이탈리아 군의 최정예 부대를 제10군단이라고 명명했다. 그것은 말할 것도 없이 카이사르의 최정예 군단이 제10군단이었던 것을 모방한 것이다. 하지만 군대의 실력은 그럴듯한 명칭이나 깃발 같은 걸로 결정되는 것이 아니다. 제2차세계대전 당시의 이탈리아 군은 그들의 선조와는 달리 싸웠다 하면 져버리는 엉성한 군대였다. 무솔리니는 그런 군대의 사령관이었을 뿐이다.

마이크의 펜션

숙소로 돌아왔다. 볼 것은 다 봤고 발도 아프다. 오후는 방에서 좀 쉬고 싶다. 내일 아침 일찍 떠나야 하기 때문에 방값도 미리 지불해야 한다. 1층 식당은 일요일이라 낮에는 영업하지 않는다. 주방에 인기척이 있어 들여다봤더니 주인 마이크가 잠옷 바람으로 술을 마시고 있다. 제법 취해 있다. 아무도 없는 집에서 혼자 취해 있는 것이다. 그는 밤마다 타베르나 마당에서 밴드를 이끌고 춤추고 노래한다. 나도 어제 저녁에 그의 노래를 들으며 맥주를 마셨다.

"낮에는 쉬는군요."

"그래요. 나도 일요일엔 쉬어야지요. 주방 아주머니도 집으로 갔어요."

주방에서 일하는 그 여자가 아내인 줄 알았더니 아니다. 이 사내가 가족이 있는지 궁금하지만 그런 이야기는 물을 필요가 없다.

"내일 아침 일찍 떠나야 하니 방값을 미리 드려야겠어요."

"아, 네. 그렇게 하세요. 아무래도 좋아요."

이틀치 20유로를 받더니 주방 구석에 아무렇게나 던져둔다. 기분을 보아하니 만사 귀찮은 듯하다. 편히 쉬라고 하고 방으로 올라왔다. 1층에서 내 숙소인 3층으로 올라가는 좁은 통로에는 사진이 빈틈없이 붙어 있다. 주로 마이크가 손님들과 찍은 것인데 색 바랜 옛날 사진들에는 젊은 시절의 마이크가 힘차게 춤추고 노래하는 모습이 보인다.

마이크는 오래 전부터 이곳 로도스의 구시가에서 타베르나를 겸한 펜션을 운영해왔다. 상호는 마이크의 펜션(Mike's Pension). 그는 간소한 밴드도 운영하면서 손님들에게 생음악을 제공해 다른 펜션들과 차별화를 하고 있다. 더 낡은 흑백사진은 그의 군인 시절 사진이다. 30년 전쯤의 모습이리라. 그 시절의 마이크는 젊고 건장했다. 우람한 팔뚝이 대단하다. 그런 청년이 이제 쉰이 넘었고 일요일 오후에 외롭고 지친 모습으로 술에 취해 있다. 나도 괜히 우울해진다.

3층 베란다에서 시가지를 내려다본다. 이슬람 사원의 뾰족탑과 사암으로 쌓은 석조 건물들과 미풍에 흔들리는 야자수가 보인다. 조용하다. 부근의 식당들에도 손님이 없다. 관광객들이 다 떠난 10월 말이다. 하늘에는 옅은 구름이 드리워져 있다. 아침에 파랗게 반짝이던 바다도 이제 지친 듯 하늘빛을 닮아 회색으로 물들어 있다. 그렇게 로도스에서의 하루가 조용히 저물고 있다.

침대에 누워 깜박 잠이 들었다가 떠들썩한 소리에 잠이 깼다. 베란다로 나가 내려다보니 숙소 바로 옆의 이슬람 사원에 사람들이 몰려들고 있다. 사이프러스 나무에 둘러싸인 사원은 정육면체 위에 펑퍼짐한 돔이 올라앉은 소박한 모습인데, 주변에 불이 환하게 밝혀져 있다. 옷을 깨끗하게 차려입은 사람들이 차에서 내리고 흰 드레스를 입은 꼬마들이 사원 안으로 들어간다. 결혼식을 하는 모양이다. 이런 구경거리를 놓칠 수는 없다. 이슬람교도들의 결혼식은 한 번도 본 적이 없다.

검은 양복을 말끔하게 차려입은 청년이 사원 입구에서 병을 들고 하객들의 손에 일일이 뭔가를 조금씩 부어준다. 입장하는 사람들은 양손을 비비며 손을 씻는다. 신성한 결혼식장에 입장하면서 향료로 몸을 씻는 의식이다. 다른 청년은 하객들에게 기념품을 나누어준다. 하얀 망사 헝겊으로 리본을 묶은 사탕이다. 손님들이 그걸 하나씩 들고 있는 모습이 꽃 한 송이씩을 든 것 같다. 사원 안에서는 식이 진행되는지 경전 읽는 소리가 흘러나온다.

술탄 쉴레이만이 로도스 섬을 함락한 1522년부터 400년 동안 터키인은 이 섬의 주인이었다. 그래서 아직도 많은 터키인이 이곳에 살고 있다. 그런데 사람들의 옷차림은 이제 모두 양복으로 바뀌었다. 터키의 전통복장을 입은 사람은 하나도 보이지 않는다. 보기 힘든 이슬람식 결혼식을 볼 수 있을 것으로 기대했는데 조금은 실망이다.

식이 끝나고 신랑 신부가 나온다. 신랑은 레오나르도 디카프리오 뺨치는 미남이고, 신부는 월트 디즈니의 만화영화『알라딘』에 나오는 자스민 공주처럼 이목구비가 뚜렷하다. 드레스를 입은 들러리 꼬마 아가씨 셋과 신랑신부, 그리고 주례가 사원 입구에 서서 사진사의 하나, 둘, 셋 구령에 함박웃음을 짓는다. 신랑신부가 탄 벤츠 승용차가 소크라테스 거리를 천천히 굴러 내려가며 계속 경적을 울려댄다. 길가는 사람들이 모두 손을 흔들어준다.

나도 그들을 따라 거리를 내려간다. 자명종을 사야 하기 때문이다. 내일 아침 아테네로 가는 비행기는 7시 40분에 출발한다. 그러면 최소한 5시에는 일어나야 하는데 아무도 깨워줄 사람이 없다. 아주 작고 싼 전자식 자명종 시계를 하나 샀다. 배터리를 새 걸로 넣고 시간을 정확하게 맞췄다. 만에 하나 비행기를 놓치면 모든 일정이 다 헝클어지니 조심해야 한다.

숙소로 돌아오니 타베르나에 불이 밝혀져 있고 마이크 일행이 노래를 시작하고 있다. 마이크는 이미 술이 다 깬 모습이다. 나도 테이블에 앉아 간단히 식사를 하고 맥주를 마신다. 마이크가 춤을 추기 시작한다. 갈매기가 나는 것처럼 양팔을 옆으로 벌리고 너울너울 날갯짓하듯 춤을 춘다. 조르바도 크레타 해변에서 저런 모습으로 춤을 추었다.

방으로 올라와 배낭을 꾸리고 시계를 머리맡에 놓은 뒤 침대에 눕는다. 창밖으로 보이는 하늘이 아름답게 푸르다. 지중해의 밤하늘은 새벽별이 스러질 때까지 스카이 블루 색을 잃지 않는다. 마이크의 부주키 연주가 점점 빨라진다. 손님들이 어깨동무를 하고 춤을 추는 모양이다. 그들의 힘찬 구둣발 스텝 소리가 들린다.

끝나는 날이기에 망정이지……

5시에 정확하게 울린 자명종 소리에 스프링처럼 몸을 일으켰다. 잠을 자면서도 긴장하고 있었던 모양이다. 서둘러 숙소를 나와 소크라테스 거리를 내려간다. 거리는 쥐 죽은 듯이 고요하다. 성문을 나선다. 바닷바람이 서늘하게 얼굴에 와닿는다. 그런데 걱정했던 대로 택시가 없다. 이른 새벽이고 게다가 오늘은 공휴일이다.

아직 시간은 충분하지만 한 시간 내에 택시를 타지 못한다면 큰일이다. 멀리 성벽이 끝나는 지점에서 자동차 불빛이 하나 나타난다. 린도스 쪽에서 올라오는 차다. 차가 가까이 접근했을 때 혹시나 하고 손을 들었지만 차는 쏜살같이 지나친다. 자가용이다. 거리는 다시 어둠에 휩싸인다. 30분이 그렇게 흐른다. 초조해지기 시작한다. 도착하는 날도 초조하게 하더니, 로도스는 아무래도 대중교통에 문제가 있다. 또 하나의 불빛이 멀리서 접근한다. 손을 들었다. 천만 다행으로 빈 택시가 내 앞에 멈춘다. 검은색과 노란색으로 디자인된 그 로도스 택시다. 기사는 11유로라고 미리 이야기한다. 물론 오케이다. 그저께는 10유로였지만 1유로 더 비싼 것은 문제가 되지 않는다. 비행기를 놓쳐서 여행을 망칠 수도 있는 상황은 일단 면했다. 택시는 텅 빈 거리를 쏜살같이 달려 6시에 나를 공항에 내려줬다. 1시간 40분이나 남아 있으니 여유 있게 수속을 할 수 있다.

대합실에는 서너 명의 손님만 나와 있고 항공사 직원들은 전혀 보이지 않는다. 내가 이용할 '올림픽 항공'의 카운터는 아직 문도 열지 않았다. 국내선이니까 서두르지 않는 모양이다. 매점도 닫혀 있다. 그냥 의자에 앉아 시간을 죽이는 수밖에 없다. 그렇게 한 시간이 흐른다. 이제 출발시간이 40분가량 남았다. 손님들도 많이 도착해 있다. 그런데 아직도 카운터는 문을 열지 않는다. 뭔가 좀 이상하다. 아무리 국내선이라 해도 이 시간이면 좌석 배정이 다 끝나야 한다. 그래야 정해진 시간에 비행기가 출발할 수 있다. 무전기를 든 항공사 여직원이 나타난다. 올림픽 항공 직원이다. 미국인인 듯한 여자승객이 참지 못하고 묻는다.

"아니, 지금이 몇 신데 아직 수속을 안 밟는 거예요?"

"아직 시간 많이 남았는데 뭘 그래요. 기다리세요."

짜증스럽게 물어보는 질문에 역시 쏴붙이듯 만만찮게 대답한다. 화가 잔뜩 난 미국여자는 항공사 직원의 뒤통수를 노려본다. 되어가는 상황을 보면 제 시간에 비행기가 출발하기는 이제 글렀는데 항공사 직원은 전혀 미안한 기색도 없이 손님한테 오히려 큰소리를 치고 있다. 나도 부아가 나기 시작한다. 그렇지만 기다릴 수밖에 없다. 비행기 출발시간인 7시 40분을 10분 넘기고서야 카운터 업무가 시작된다. 입이 퉁퉁 부은 그 미국여자도 나도 불만스런 가운데 '그래도 가기는 가는 모양이구나' 하면서 줄을 서서 수속을 밟는다. 8시 20분쯤 수속이 다 끝나고 지정된 게이트 앞에서 기다리는데 방송이 나온다. "아테네행 올림픽 항공을 탈 손님들은 몇 번 게이트로 오라"는 내용이다. 그런데 그 게이트가 지금 내가 서 있는 게이트가 아니다. 갑자기 게이트가 바뀐 것이다. 방송을 유심히 들었기에 망정이지 흘려들었더라면 큰일날 뻔했다. 입에서 쌍시옷이 나오기 시작한다. 다른 승객들도 마찬가지다. 모두 툴툴거리며 짐을 들고 우르르 게이트 앞으로 몰려가니 그제야 탑승이 시작된다. 정해진 출발시간에서 벌써 40분이나 지났다.

계류장을 걸어서 비행기에 오른다. 비행기는 깨끗한 편이다. 그리 크지 않은 비행기라 승객들이 탑승을 완료하는 데는 긴 시간이 걸리지 않는다. 8시 40분. 비행기가 활주로를 구르기 시작한다. 꼭 한 시간 늦었다. 그런데 그때 앞자리에 앉은 두 여자승객의 대화가 귀에 들어온다. "서머……" 어쩌고 하는 말이 들린다. 귀를 기울였다. 잠시 후 온몸의 맥이 풀리는 이야기가 그녀들의 입에서 나왔다. 내용인즉 오늘 새벽에 '서머 타임'이 끝났기 때문에 한 시간이 늦춰졌는데 그걸 모르는 관광객들이 공항에 일찍 나와 기다리다 직원들하고 말다툼을 하더라는 것이다.

그랬구나. 오늘이 서머 타임이 끝나는 날이구나. 그렇다면 아까 그 항공사 여직원은 왜 그런 걸 설명해주지 않았을까. 어쨌거나 끝나는 날이었기에 망정이지 시작하는 날이었다면 어쩔 뻔했나.

올림픽 항공은 7시 40분에 정확하게 활주로를 구르기 시작해 아침햇살이 번지는 푸른 에게 해 위로 날아올랐다.

세계의 배꼽 델포이

스핑크스의 수수께끼

경북 김천에 살던 초등학교 시절, 학교만 갔다오면 친구 집에 가서 땅거미가 내릴 때까지 놀곤 했다. 그 집에서 나는 『소년중앙』과 부록으로 나오는 만화책들을 읽느라 정신없었다. 『우주소년 아톰』, 『타이거 마스크』, 『요괴인간』 같은 명작들이 당시 『소년중앙』의 부록이었다. 친구 집 다락에 가득 쌓여 있는 그 만화들을 외우도록 보고 또 봤다.

어느 날 『소년중앙』을 읽던 친구가 수수께끼를 하나 내겠다며 내 얼굴을 빤히 쳐다봤다. 그 책에 수수께끼가 나온 모양이었다. 나는 뱀·베라·베로가 나오는 『요괴인간』을 정신없이 보던 중이었다. 내가 얼굴을 들자 친구가 눈을 반짝이며 또박또박한 말투로 이렇게 물었다.

"아침에는 네 발로, 낮에는 두 발로, 저녁에는 세 발로 걷는 짐승이 뭔지 너 아니?"

도대체 무슨 말인가. 아침에는 네 발로, 낮에는 두 발로, 저녁에는 세 발로 걷다니. 그런 짐승이 세상에 어디 있단 말인가. 잠시 골똘하게 생각하는 척하다가 모르겠다고 이야기했다. 『요괴인간』의 으스스한 이야기가 한창 재미있게 진행 중이었다.

친구는 책을 다시 펼치더니 그 이상한 짐승이 뭔지 이야기했다.

"사람이다, 사람. 잘 생각해봐라. 사람이 태어나서 아기 때는 기어다니니까 네 발로 걷는 거고, 크면 당연히 두 발로 걷지? 그리고 늙어서 허리가 휘면 지팡이를 짚으니까 세 발로 걷는 게 되는 거라."

절묘한 이야기였다. 정신이 번쩍 들 정도로 재미있는 수수께끼였다. 『요괴인간』을 덮고 수수께끼의 문제와 답을 머릿속에 간직했다. 내가 그리스 신화를 처음으로 접한 것이 바로 그때의 스핑크스 수수께끼였다. 그러면 여기서 그 이야기가 나오는 그리스 신화의 유명한 대목을 간추려보자. 이런 이야기를 모르면 그리스에 가도 까막눈에 귀머거리가 될 수밖에 없다.

테바이 왕 라이오스는 아름다운 여인 이오카스테를 아내로 맞이한다. 왕은 델포이로 가서 아폴론 신의 뜻을 묻는다. 아폴론 신전의 무녀 퓌티아는 이렇게 신의 뜻을 전한다.

"아들은 낳지 마라. 아들을 낳으면 그 아들이 장차 아비를 죽이고 아비의 아내와 잠자리에 들지니."

해괴한 이야기다. 라이오스는 이 무서운 신탁을 듣고 아내 이오카스테와 동침하지 않으려 노력하지만 술기운을 이기지 못해 동침하고 만다. 아내는 열 달 뒤 아들을 낳는다. 왕은 양치기를 불러 아이를 산 속에 버리라고 명령한다. 양치기를 통해 아이를 받은 코린토스 왕 폴뤼보스는 이 아이에게 오이디푸스라는 이름을 붙여주고 잘 기른다. 세월이 흐르자 오이디푸스는 자신의 근본에 대해 궁금하게 생각하게 된다. 그는 델포이 신전을 찾아간다. 그러고는 퓌티아에게 신탁을 묻는다. 무녀는 놀랄 만한 예언을 한다.

"**뼈**를 준 아비를 죽이고, 살을 준 어미로 짝을 삼는구나."

오이디푸스는 기겁을 한다. 아버지를 죽이고 어머니와 결혼을 한다니, 도대체 이게 무슨 운명이란 말인가. 오이디푸스는 그 무서운 신탁을 피하기 위해 코린토스로 돌아가지 않고 반대방향으로 말 머리를 돌린다. 그는 코린토스의 왕과 왕비를 그때까지 자신의 생부모로 알았기 때문이다. 아폴론 신전을 떠난 오이디푸스가 비좁은 오솔길에 접어들었다. 길은 마차 한 대가 겨우 지나갈 정도로 좁다. 조심스럽게 마차를 몰아가던 오이디푸스는 테바이 쪽에서 오는 한 마차와 만난다. 어느 한쪽이 양보하지 않으면 충돌하게 되는 상황이다. 다툼이 일어나고, 오이디푸스는 테바이에서 오는 사내를 죽여버린다.

오이디푸스는 테바이에 도착한다. 그때 테바이에서는 스핑크스라는 괴물이 행인들에게 수수께끼를 내서 맞히지 못하는 사람들을 죽이고 있었다. 오이디푸스가 죽인 사내는 테바이 왕 라이오스로, 그는 바로 이 스핑크스를 죽이는 방도를 묻기 위해 델포이로 갔던 것이다. 오이디푸스는 스핑크스를 찾아간다. 스핑크스는 얼굴과 젖가슴은 여자의 모습이고, 다리와 꼬리는 사자의 모습이며, 등에는 날개가 달린 괴물의 모습으로 오이디푸스를 맞는다. 스핑크스는 바로 '그 수수께끼'를 오이디푸스에게 묻는다.

"땅 위에 네 발로 걷는 것이 있다. 무엇이냐? 이름이 같은데 두 발로도 걷는다. 무엇이냐? 이름이 같은데 세 발로도 걷는다. 무엇이냐?"

잠시 생각한 오이디푸스는 이렇게 외친다.

"인간이구나! 인간이 태어나 바닥을 길 때는 네 발이요, 자라서 걸을 때는 두 발이며, 늙어서 허리가 구부러지면 지팡이를 짚으니 세 발이다."

오이디푸스의 말이 끝나기 무섭게 스핑크스는 땅바닥에 머리를 찧고 죽는다. 오이디푸스는 테바이의 왕좌를 차지하고 왕비 이오카스테를 아내로 맞이한다. 이로써 오이디푸스는 '뼈를 준 아비를 죽이고, 살을 준 어미로 짝을 삼는구나'라고 한 신탁을 완전히 이루게 된다.

내가 가장 처음 접한 그리스 신화는 스핑크스의 수수께끼였다. 스핑크스는 이집트 문명과 그리스 문명을 이어주는 끈이기도 하다. 사진은 델포이 박물관에 소장된 스핑크스 상.

버스 패키지 관광

버스가 델포이로 올라가는 오르막길을 달린다. 오른쪽은 까마득한 낭떠러지다. 정면에 웅장한 파르나소스 산이 보인다. 가이드가 마이크를 켜고 안내방송을 하기 시작한다.

"오른쪽 계곡 아래를 봐주시기 바랍니다. 오솔길이 보이지요? 저곳이 바로 오이디푸스가 그의 아버지 라이오스 왕을 죽인 곳입니다. 오이디푸스 이야기는 다 아시리라 믿고 자세한 이야기는 하지 않겠습니다."

계곡 아래 희미하게 나 있는 길이 보인다. 길은 계곡을 따라 내려가 바위투성이 언덕을 넘어 사라진다. 좁은 오솔길이라 마차가 비켜가기도 힘들겠다. 오이디푸스와 라이오스의 이야기에 어울리는 길이다. 그런데 가이드는 저 길에 그런 전설이 있다고 이야기하지 않고 실제로 일어났던 역사적 사건을 이야기하듯 단정적으로 이야기한다. 그리스인들의 의식 속에서는 신화와 역사의 경계가 불분명한지도 모른다. 인간들이 싸웠던 트로이 전쟁에서 신들도 편을 나누어 응원하지 않았던가. 그리스에서는 인간과 신들이 뒤섞여 있고 역사와 신화가 이어져 있다. 저 가이드는 오이디푸스 이야기가 사실이라고 생각하는지도 모른다. 하기야 나 자신도 크레타의 크노소스 궁전을 거닐면서 테세우스가 아리아드네로부터 실타래를 건네받았을 만한 위치를 짐작해봤으니.

델포이는 고대세계 최대의 신탁소인 아폴론 신전이 있는 곳이다. 그래서 옛날부터 국가와 자신의 미래가 궁금한 사람들의 발길이 끊이지 않았다. 하지만 험한 산중에 있었기 때문에 쉽게 접근할 수는 없었다. 고대인들은 안데스의 공중도시 마추픽추를 찾아가듯 깎아지른 절벽 길을 걸어야 했다. 신전이 가까워질수록 길도 더욱 가팔라져 열렬한 신앙심의 발로가 아니라면 도달하기 힘든 성소(聖所)였다. 하지만 이제 도로가 뚫려 샌들을 신고도 델포이에 도착할 수 있게 되었다. 나도 아테네 시내에서 가이드가 딸린 투어 버스를 타고 두 시간 만에 아폴론 신전 바로 아래의 주차장에 도착했다. 가이드는 잘 들으라는 부탁과 함께 안내방송을 한다.

"여기서부터는 각자 다니면서 보셔야 합니다. 봐야 할 곳은 계곡 아래 아테나 신전과 산 위의 아폴론 신전, 그리고 박물관입니다. 시간은 1시간 30분을 드리지요. 반드시 시간을 지키셔야 합니다. 오후 1시 정각에 박물관 입구까지 오시면 저의 설명을 들으며 관람하실 수 있습니다. 다시 말하지만 시간을 엄수하셔야 합니다."

이래서 나는 패키지 여행이 싫다. 시간에 쫓겨 바쁘게 다녀야 하거나 내가 보기 싫은 것도 봐야 한다. 어쨌든 주어진 시간은 1시간 30분이다. 그 짧은 시간에 아테나 신전과 아폴론 신전을 보고 박물관 입구에 도착해야 한다.

계곡 아래 아테나 신전이 까마득하게 보인다. 사진으로 많이 봤던 곳이다. 저기를 갔다가 다시 올라와 산 중턱에 있는 아폴론 신전으로 올라가야 한다. 눈치를 보니 다른 사람들은 아테나 신전을 포기하고 아폴론 신전으로 올라간다. 하지만 여기까지 와서 저곳을 포기할 수는 없다. 초고속으로 걷기 시작했다. 발바닥에 불이 나도록 걸어서 아테나 신전이 한눈에 보이는 언덕에 도착했다. 신전의 모양은 특이하다. 그리스의 신전들이 대부분 장방형인데 이 건물은 원형구조다. 지금은 원형의 신전을 둘러싼 기둥도 일부만 서 있고 다 허물어져 내렸지만 그 규모와 모습이 어땠을지는 남은 부분으로도 충분히 짐작할 수 있다. 사진을 찍고 신전을 한 바퀴 둘러본 뒤 서둘러 발걸음을 돌린다. 아테나 신전 옆에는 로마 시대에 세운 체육시설 유적이 있지만 이제 주춧돌밖에 남지 않아 원래의 모습을 짐작하기는 어렵다.

다시 파르나소스 산 아래로 열심히 걸어와서 중턱에 있는 아폴론 신전으로 올라간다. 신전으로 오르는 길은 가파르고 지그재그 길이다. 고대에는 이 길 양쪽에 그리스 도시국가들의 공물을 저장하던 창고들이 줄지어 있었다. 도시국가들이 서로 다투던 시기에 델포이의 신탁은 그리스 세계의 전쟁과 평화를 결정했다. 아테네와 스파르타가 전쟁을 벌이게 되면 그 도시국가들에서 파견한 특사들이 델포이에서 마주쳐 각자 신탁을 구했다.

기원전 5세기, 페르시아 군대가 쳐들어왔을 때 아테네인들은 신탁을 구했고 무녀는 "나무로 된 벽에 의지하라"는 신탁을 내렸다. 이 수수께끼 같은 신탁을 받아든 아테네인들은 '나무로 만든' 함대로 살라미스 해전에서 페르시아 군대를 격파했다. 전쟁 후 아테네의 공물창고는 전리품과 보물로 가득해졌을 것이다. 아테네 창고는 오랜 세월을 지나는 동안 무너져 내렸으나 최근 옛 모습대로 복원되었다.

고대의 델포이는 산중 도시였다. 그러나 이제는 원래의 모습을 상상하기 어려

델포이의 아테나 신전. 대부분의 그리스 신전이 장방형인 데 비해 이 신전은 원형이다. 뒤로 파르나소스 산의 거친 골격이 보인다.

델포이 아테나 신전 옆에 있는 로마시대의 체육시설 흔적. 원형을 알아보기 힘들다.

울 정도로 폐허가 되어버렸다. 전쟁과 지진과 종교적 이유에 의한 인간의 파괴가 오랜 세월 진행되었기 때문이다. 하지만 그리스를 '너무 사랑한' 나머지 이곳 델포이의 예술품을 싹쓸이해 도시의 황폐화에 일조한 로마인이 있었으니, 네로가 바로 그다. 그는 서기 66년부터 다음해까지 15개월간 그리스를 여행했다. 자신을 재능 있는 예술가라고 착각한 그가 그리스 각지를 돌며 리사이틀을 하기 위해 기획한 여행이었다. 행차는 대단한 장관이었다. 일행을 태운 수레가 1,000대가 넘었는데 말들은 은제 신발을 신고 황금 재갈을 물었다. 화려하게 치장한 아프리카 출신 노예들이 길을 깨끗하게 청소했고 얼굴을 하얗게 분장한 그리스 미소년들이 황제의 가마를 둘러싸고 춤을 추었다.

네로의 연회는 로마 황궁에서보다 더 사치스러웠다. 손님들은 다이아몬드가 박힌 은제 식기로 식사를 했으며 술잔은 청금석(青金石)을 깎은 것이었다. 와인은 눈(雪)으로 차게 식혔는데 그 눈은 놀랍게도 파르나소스 산의 정상에서 노새로 실어내린 것이었다. 부창부수라고, 황후 포파이아 사비나도 만만치 않았다. 그녀는 여행길에 500마리의 나귀를 끌고 다녔다. 매일 아침 그 젖으로 목욕하기 위해서였다. 황후의 우유목욕을 돕기 위해 동행한 수백 명의 여자 노예들은 속이 훤히 비치는 색색의 가운을 입었다. 네로 일행의 그리스 여행은 이와 같이 사치와 방탕의 극을 달렸는데 그리스인들은 그런 로마인을 이전에도 이후에도 다시는 보지 못했다.

그런데 네로가 이 델포이를 방문했을 때 그는 도시를 장식하고 있던 아름다운 조각상에 넋을 빼앗겼다. 그는 눈으로 보는 데 만족하지 못하고 작품들을 로마로 실어가라고 명령했다. 그가 델포이 '방문기념'으로 챙긴 조각상은 무려 500개에 달한다고 한다. 아무리 도시였다고는 해도 그렇게 많은 미술품이 하루아침에 실려 나갔다면 거의 재난 수준이었을 것이다. 네로의 그리스 사랑은 이와 같이 수준 미달이었다.

호메로스의 고향이 어디냐?

로마의 그리스 정복은 신탁소의 기능에 큰 변화를 가져왔다. 팍스 로마나에 편입된 그리스의 도시국가들이 더 이상 싸우지 않게 되었기 때문이다. 아폴론 신전은 개인적인 길흉화복을 점쳐주는 곳으로 격하되었고 더 이상 국가적인 이슈를 다루는 신탁은 하지 않게 되었다. 무녀도 예전에는 여러 명이었으나 로마 시대에는 한 명으로 줄었다. 하지만 델포이가 로마 시대에 완전히 쇠퇴해버린 것은 아니다. 전성기에 쌓였던 엄청난 보물로 그리스에서 가장 부유한 도시가 되었기 때문이다.

드디어 아폴론 신전에 올랐다. 고대세계 최고의 성지요, 종교의 중심이었던 신전이다. 신전이 자리 잡은 곳은 한눈에 봐도 명당이다. 산봉우리들이 둥글게 둘러싸고 있고 아래로는 넓고 깊은 계곡이 자리 잡고 있다. 날씨가 좋으면 바다도 보인다고 한다. 고대인들이 이곳을 세상의 중심이라고 부르고 신탁소를 세운 이유가 있다. 포근하고 영험한 기운이 감도는 땅이다. 그러나 지금은 화려했던 과거의 모습은 사라지고 몇 개의 기둥만이 과거의 영광을 말해줄 뿐이다.

신전이 서 있는 자리는 가파른 파르나소스 산의 중턱이다. 신전 뒤로는 엄청난 덩어리의 암석 산이 버티고 있다. 고대인들은 저 산에서 암석을 채취해 이 비탈진 곳에 터를 닦아 신전을 세웠다. 신전은 길이가 60미터, 폭이 23미터로 도리아식 기둥이 서른여덟 개나 늘어서 있는 장대한 규모였다. 신전 입구의 기둥에는 그리스 철학의 핵심적 내용인 "너 자신을 알라. 모든 일에 중용을 지켜라"는 격언이 황금색으로 새겨져 있고 내실에는 아폴론 상이 안치되어 있었다. 전실에는 옴파로스라는 돌이 놓여 있었는데 신탁은 그곳에서 행해졌다.

무녀는 신탁을 부탁받으면 파르나소스 산의 경사진 곳에 나 있는 동굴로 들어간다. 동굴 속에서 그녀는 갈라진 바위틈에서 솟는 얼음과 같은 차가운 가스를 마시고 쓰러진다. 발작적인 경련을 일으키며 정신이 없는 가운데 헛소리를 쏟아내다가 다시 정신을 차린 무녀는 신전으로 돌아와 은제 삼각(三脚)의자에 앉아 애매한 대답을 한다. 이것이 바로 신탁이었다. 사람들은 이해하기 힘든 신탁을 되뇌며 아폴론 신전을 나오는데 신전 주변에는 이 신탁을 그럴듯하게 해석해주는 인간들이 있었다.

과거와 같이 세상을 뒤흔드는 정도는 아니었지만 로마 시대에도 신탁은 이루어졌고 동방을 여행한 로마인도 이곳을 방문했다. 이 대열에 하드리아누스가 빠질 리 없다. 서기 2세기, 로마 황제는 이제 신비한 기운이 많이 가신 아폴론 신전에 도착해 무녀에게 신탁을 구했다. 하지만 무녀는 아무리 가스를 마시고

신화의 주인공들과 그리스 세계의 수많은 영웅들이 자신의 운명을 알아보기 위해 멀고 험한 길 마다않고 찾아왔던 델포이의 아폴론 신전. 이제는 다 허물어지고 비바람에 닳은 기둥만 몇 개 서 있다.

아폴론 신전 전실에 놓여 있던 옴파로스. 옴파로스는 '세상의 중심'이라는 뜻이다.

경련을 해도 하드리아누스의 질문에 만족스런 대답을 해줄 수 없었다. 그리스 문화에 깊이 경도된 로마 황제의 질문은 이랬다고 한다.

"호메로스는 어디서 태어났으며 그의 부모들은 누군가?"

호메로스는 현재까지의 연구로도 실존 자체가 불투명한 인물이다. 그런데 그의 고향이 어디며 부모가 누구라는 걸 어떻게 안단 말인가. 수준 낮은 네로와는 달리 이지적이고 깐깐한 하드리아누스의 하문을 받은 무녀는 아마도 얼굴이 노랗게 질렸을 것이다.

당시 아폴론 신전의 무녀가 '접수'한 질문은 신전 측에서 파피루스에 적어 방문객에게 나누어준 100여 개의 질문에 한정되었다. 아무 질문이나 할 수 있었던 것이 아니라 모범답안을 낼 수 있는 질문만 해야 했던 것이다. 내용은 대체로 이런 것들이었다. "내가 돈을 벌 수 있겠습니까?" "내가 원로원 의원이 될 수 있을까요?" "이혼을 해야 하나요?" 등등. 이런 질문이라면 '복채'에 따라 얼마든지 만족스런 신탁을 내려줄 수 있었다.

파르나소스 산의 비탈에는 신전만 있는 것이 아니다. 신전 위에는 35계단의 부채꼴 극장이 웅장한 크기로 펼쳐져 있다. 수천 명이 앉을 수 있는 대규모의 공연장이 산 중턱에 있는 것이다. 극장은 보존상태가 좋아 요즘에도 여름철에 고대극이 공연된다고 한다. 출입이 자유로워 나도 앉아봤다. 엉덩이가 시원하다. 고대 그리스인들은 이 풍광 좋은 산중의 야외극장에서 희비극을 감상하며 긴 여름밤을 보냈다.

극장보다 높은 곳에는 스타디움이 있다. 길이가 무려 178미터나 되는 트랙이 험준한 산 중턱에 올라앉아 있다. 결국 델포이는 운명을 점치는 신탁의 장소였을 뿐 아니라 공연을 하기 위한 대규모 극장과 운동을 할 수 있는 스타디움까지 있었던 복합 문화단지였던 셈이다.

델포이를 떠나 아테네로 돌아가는 버스 차창으로 파르살라(Farsala)라는 지명이 언뜻 보인다. 기원전 48년 여름, 카이사르가 라이벌 폼페이우스를 꺾은 파르살로스 회전이 벌어진 곳이다. 그 전투에서 패한 폼페이우스는 이집트로 도망쳤다 살해당했고, 승자 카이사르는 로마의 최고권력자가 되었다. 전투는 카이사르의 열세에서 시작되었지만 그의 완승으로 끝났다. 그래서 파르살로스 회전은 알렉산드로스가 다리우스의 페르시아 군대를 격파한 이수스 회전이나 스키피오가 한니발의 카르타고 군대를 격파한 자마 회전과 비견되는 역사적 전투로 기록되어 있다. 하지만 버스는 쏜살같이 달릴 뿐이다. 혼자 다니는 여행이라면 잠시라도 들러보겠지만 패키지 여행은 그런 걸 허락하지 않는다.

비밀의식의 무대 엘레우시스

군복 입은 로마 황제

아테네 시내 엘레프테리아스 광장에서 출발한 시내버스가 30분 만에 바닷가 종점에 도착한다. 바다 건너 지척에 살라미스 섬이 보인다. 기원전 480년, 페르시아 대군과 그리스 연합군이 저 살라미스 섬 주변의 바다에서 사투를 벌였다. 그리스 연합군의 승리로 전쟁은 끝나고 주도적인 역할을 한 아테네는 그리스의 패권국가로 성장해 전성기를 맞는다. 그러나 이제 전투의 함성은 사라지고 역사의 전환을 가져온 전쟁의 바다에는 화물선만 몇 척 떠 있다.

해변에서 오른쪽으로 방향을 틀어 한적한 주택가를 한참 걸어 들어간 곳에 엘레우시스 유적이 있다. 고대로부터 그리스인의 중요한 의식의 현장이었던 이곳은 이제 찾는 사람이 별로 없어 잊혀진 곳이 되었다.

그리스 신화에서 데메테르는 자연의 생장을 주관하고 곡물의 수확을 담당하는 여신이다. 말하자면 농사의 신이다. 고대 그리스인은 이 여신을 섬기는 의식을 거행했는데 의식에 참여한 사람들이 얻을 수 있었던 것은 죽은 뒤의 안식에 대한 희망이었다고 한다. 의식은 그리스 각지에서 성대히 치러졌는데 그중에서도 엘레우시스에서 열린 것이 가장 대표적이었다.

엘레우시스의 모든 유적은 로마 말기 고트족의 침입으로 파괴되었고 다시는 복원되지 못했다.

기원전 6세기 엘레우시스가 아테네에 편입되면서 의식은 도시국가 아테네의 공식적인 종교행사로 확대되었다. 그러나 오늘날에는 그 의식이 어떤 모습으로 치러졌는지 전혀 알 수 없다. 일정한 입회절차를 마친 신자들만 참여할 수 있었으며, 참가한 사람들이 의식의 내용에 대해서 철저히 비밀을 지켰기 때문이다.

유적지에 들어섰다. 제법 넓은 마당이 있고 계단과 기둥 등 유적들이 보인다. 그러나 모두 부서지고 제대로 된 건물은 하나도 남아 있지 않다. 로마 말기 고트 족의 침입으로 파괴된 뒤 복원되지 못하고 오늘에 이르렀기 때문이다. 이런 유적을 이해하려면 자료를 바탕으로 상상력을 발휘해 빈 공간을 채워야 한다. 정면 계단 위에 신전 출입문인 대관문(大關門)이 있다. 물론 기둥 흔적 정도만

군복 입은 마르쿠스 아우렐리우스 황제의 대리석 흉상. 아테네 시민들의 신비의 의식의 장소였던
성소 출입문 박공에 설치되어 있었다. 문이 허물어질 때 떨어진 듯 얼굴 윤곽이 많이 상했다.

남아 있다. 바닥에는 문이 열리고 닫히면서 돌이 부채꼴 모양으로 파인 흔적이 선명하다.

대관문 옆에 문의 잔해가 놓여 있는데 마르쿠스 아우렐리우스 황제의 대리석 흉상이 보인다. 상은 대관문의 박공에 부착되어 있었다. 의식에 참가하는 사람들이 모두 드나드는 신전의 출입문 위에 로마 황제의 흉상이 새겨져 있었던 것이다. 엘레우시스의 신전 건물들은 한 시기에 한꺼번에 만들어진 것이 아니고 상당한 기간에 걸쳐서 조금씩 지어졌는데 대관문에 마르쿠스 아우렐리우스 황제의 상이 붙어 있는 걸로 봐서 문은 그의 치세에 만들어졌을 거라고 추정된다. 아테네 시민들의 종교행사용 건물이었지만 로마 황제들의 후원으로 건립되었다는 걸 알 수 있다.

그의 얼굴을 가만히 쓰다듬어본다. 로마 시대 그리스에서 만들어진 철인황제 마르쿠스 아우렐리우스의 얼굴이다. 서늘하고 까칠한 대리석의 질감이 느껴진다. 문이 허물어질 때 떨어졌는지 얼굴 윤곽이 많이 상했다. 그런데 흉상은 로마군 총사령관의 복장인 군복을 입고 있다. 평생을 전쟁터에서 보낸 황제이긴 하지만 그는 그리스 철학에 심취한 사람이었다. 그런 그가 그리스 신전을 장식할 자신의 흉상에 군복을 입혔다는 것은 선뜻 이해되지 않는다. 하지만 그리스는 로마의 속주였다. 로마 황제는 그리스인에게 그들의 지배자가 누구인지 분명히 인식시켜주어야 했다.

지금은 기둥 아랫부분만 남아 있지만, 대관문 앞에는 로마 시대에 세운 개선문이 한 쌍 서 있었다. 그 곳에는 "모든 그리스인이 여신들과 황제에게 이 문을 바친다"는 문구가 새겨져 있었다. 로마 황제는 그리스 여신의 권위를 빌어 자신의 위상을 높이려 했던 것이다.

마르쿠스 아우렐리우스 VS 카이사르

초대 아우구스투스 이후 가장 유명한 로마 황제는 누구일까? 우선 네로라는 이름이 떠오른다. 로마 역사를 모르는 사람도 영화 「쿼바디스」에서 불타는 로마 시가지를 내려다보면서 그리스 악기를 연주하며 「트로이의 멸망」이라는 노래를 부르던 네로는 기억한다. 할리우드의 영화제작자는 그 한 편의 영화로 어떤 역사학자보다 강렬하게 네로의 이미지를 결정지었다. 그러나 로마의 가장 유명한 황제가 네로라면 제국의 창시자 율리우스 카이사르가 불쌍해진다. 그렇다면 누가 있는가? 아무래도 마르쿠스 아우렐리우스를 정답으로 내놓아야 할 것 같다.

그는 로마의 오현제 중 맨 마지막 황제다. 오현제는 로마사의 황금기를 이끈

다섯 명의 위대한 황제들이다. 마르쿠스 아우렐리우스는 그들 중 한 명일 뿐만 아니라 『명상록』이라는 저서를 후세에 남겼다. 그가 다른 네 명보다 유명해진 이유다. 어린 시절부터 그리스 출신의 고명한 학자들로부터 교육을 받은 그는 그리스 철학에 깊이 빠져들었고 황제가 된 후에도 철학자의 자세로 평생을 살았다. 그러나 그는 안타깝게도 로마를 둘러싼 주변 정세로 인해 평생 군복을 벗지 못하고 전쟁터를 전전하며 일생을 보내면서 전쟁터의 막사 안에서 인간 존재에 대한 철학적인 사색에 빠진다. 그런 단상을 글로 남긴 것이 오늘날까지 전해지는 『명상록』이다. 인생과 영혼, 그리고 죽음 등 삶의 여러 철학적 주제에 대해 사색한 결과물이다. 그래서 2천 년 동안 식자들이 애독해온 베스트셀러가 되었다.

책이 쓰여진 장소는 전쟁터였다. 황제는 피비린내 나는 전투를 끝내고 장병들이 쉬는 것을 확인한 다음 갑옷을 벗고 야전용 책상에 앉아 긴 한숨을 내쉬었을 것이다. 그러고는 펜을 들고 '이제 나는 나만의 세계로 들어간다'는 태도로 사색에 빠져들었을 것이다. 그런데 전투의 함성이 귓가에서 채 사라지지도 않았는데 그의 펜 끝에서 나온 글은 '우정에 대하여'와 같은 철학적 사유였다. 전투는 이제 그의 머릿속에서 잊혀진 일이 된 것이다.

이런 점이 그의 불행이다. 하기 싫은 일을 억지로 해야 하는 상황 말이다. 그는 어린 시절에 일찌감치 후임 황제로 정해져 있었다. 그래서 청년시절부터 줄곧 황제수업을 받으며 바쁜 시간을 보냈고 황제에 오른 후에도 쉴 틈 없이 제국의 보존을 위해 온힘을 다해야 했다. 황제가 되기를 원했던 것도 아니고 잘해낼 인물도 아니었다. 다만 자기한테 닥쳐온 운명을 강한 책임감으로 감당했다. 철학자로 살았으면 개인적으로 행복하게 살았을 한 사내가 제국의 황제가 되어 고단한 삶을 산 것이다.

로마인으로 유명한 글을 남긴 또 다른 사람은 율리우스 카이사르다. 그는 갈리아를 정복해나가면서 『갈리아 전기』라는 명작을 남겼고 이후 경쟁자를 제압하는 과정을 기록한 『내전기』도 남겼다. 모두 간결, 명쾌하고 지적인 통찰력이 가득한 문장으로 그를 단순한 무장이 아니라 '로마사의 유일한 천재'라고 불리게 한 작품들이다. 이런 글들에서 그는 자신을 뛰어난 전략가이자 능수능란한 전술가로 그리고 있다. 어떤 전략으로 적을 대했으며, 전투에서는 어떤 전술을 구사해 상대를 제압했고, 뒤처리는 어떻게 했다는 식이다. 자신감에 가득찬 그의 글을 읽다보면 감탄이 절로 나온다. 그가 남긴 말 중에서 가장 유명한 것은 아마 "VENI, VIDI, VICI"일 것이다. "왔노라, 보았노라, 이겼노라." 터키 동북부지방을 평정하고 로마 원로원으로 보낸 보고서의 첫 구절이다. 간결함으로 자신감을 웅변하고 있다.

두 사람이 남긴 글을 가지고 그들의 군인으로서의 능력을 살펴보면 마르쿠스와 카이사르는 큰 차이가 있다고 하지 않을 수 없다. 마르쿠스는 전쟁터에서 글을 썼는데도 그의 글에는 전쟁에 대한 이야기가 거의 나오지 않는다. 겨우 나온다는 것이 다음과 같은 내용들이다.

> 잘려나가 몸에서 멀리 떨어진 곳에 흩어져 있는 팔을, 다리를, 머리를 본 적이 있는가?

알렉산드로스도 폼페이우스도 카이사르도 수많은 전투에서 적을 무찌르고 많은 도시를 공략하고 몇몇 도시는 송두리째 파괴했다. 수천 명을 헤아리는 기병과 보병이 희생되었다. 하지만 그들도 어느 맑은 날 무대에서 퇴장했다. 알렉산드로스 대왕도 그의 말을 돌보던 하인도 죽은 뒤에는 똑같이 재가 되었다.

분명히 전쟁터에서 쓴 글이지만 이 글은 전쟁을 이야기하고 있지 않다. '죽음'이라는 주제를 철학적으로 다룰 뿐이다. 전술이나 전략 이야기는 눈을 씻고 찾아봐도 없다. 전투를 끝내놓고 그 힘든 임무로부터 달아나듯이 쓴 글이 『명상록』이다. 그러니 전쟁의 달인인 카이사르와 군사적인 성과에서 큰 차이를 보였던 것이다. 카이사르는 8년 만에 갈리아 전쟁을 끝냈지만 마르쿠스는 죽는 순간까지 전쟁터를 떠나지 못하고 도나우 전선에서 숨을 거두고 말았다.

올리브 나무 아래서

유적지 위쪽 언덕에 서 있는 교회 종탑에서 종이 울린다. 교회는 허물어지고 종탑만 남았다. 신전이 폐허가 되고 그뒤에 들어선 교회조차 세월의 힘을 이기지 못해 허물어진 자리에 초라한 종탑만 남아 있다. 종탑에는 그리스 국기가 펄럭이고 있다. 하여튼 조금이라도 사람의 눈에 띄는 높은 자리라고 생각되는 곳에는 어김없이 국기가 걸려 있다.

마르쿠스와 작별하고 대관문·소관문 자리를 거쳐 신전에 도착했다. 그러나 신전은 터만 남아 있다. 기둥의 아랫부분이 조금 남아 있어 이곳이 신전이었다는 것을 짐작할 수 있을 뿐이다. 신전에서는 데메테르를 숭배하는 비밀의식이 행해졌다. 마르쿠스 아우렐리우스와 하드리아누스도 그리스를 방문했을 때 이 신비의식에 입문했다. 로마 황제가 참석했지만 아테네 시민들에게 가해졌던 제한은 평소 몸에 지니고 다니던 단검의 소지를 금지한 것뿐이었다. 하드리아누스는 축제기간 동안 아테네를 찾아오는 순례 인파에 휩쓸려 사흘 밤낮을 보냈다고 한다. 참으로 못 말리는 그리스 사랑이었다.

유적지 바로 옆 작은 언덕에 박물관이 있다. 그리스 박물관들은 대부분 유적에 붙어 있다. 델포이도 그렇고 크노소스도 그랬다. 유적을 둘러보고 바로 박물관

엘레우시스 박물관에 보관된 석상.
누구인지 분명치 않으나
일부 학자들은 데메테르의 딸
페르세포네가 저승신 하데스에게
쫓기는 모습일 거라고
추측하고 있다.

에 들어가 그곳에서 출토된 유물들을 자세한 설명을 읽으며 볼 수 있는 것은 좋은 일이다.

눈에 띄는 조각상이 하나 있다. 주름진 원피스를 입은 젊은 여자가 불안한 얼굴로 뒤를 돌아보며 몸을 돌려 달아나는 모습이다. 마치 사진을 찍듯 순간적인 모션을 멋지게 표현하고 있다. 이 처녀가 누군지는 모른다고 한다. 학자들은 이 처녀가 페르세포네일 것이라고 추측하고 있다. 페르세포네는 데메테르의 딸인데, 저승신 하데스에게 보쌈을 당해 그의 아내가 된 처녀다. 이 조각상은 하데스에게 쫓기는 페르세포네를 표현한 것이라는 설명이다.

엘레우시스 유적은 성곽으로 둘러싸여 있다. 성소였기 때문에 사람들의 출입을 막기 위한 목적이 있기도 했지만 군사적인 이유도 있다고 한다. 이 성벽 바깥에 판자로 만든 관람로가 만들어져 있다. 천천히 관람로를 따라가며 허물어진 성벽을 돌아보는데 올리브 나무 아래 기다란 나무의자가 있다. 다리도 아픈

데 잘됐다. 의자에 걸터앉아 준비해온 와인과 치즈를 꺼냈다. 올리브 나무 그늘에 앉아 그리스 산 와인을 한 모금 마신다. 새콤한 맛이 상쾌하다. 하늘은 투명하게 맑다. 가지가 늘어지도록 많이 달린 올리브는 이제 짙은 자주색으로 물들기 시작한다. 들려오는 소리는 풀섶에서 울어대는 가을 벌레소리뿐이다. 의미 있는 유적이지만 볼거리가 없어 사람들이 찾지 않는다. 조용해서 좋다.

해가 기울고 알코올 기운이 사라져갈 무렵 자리에서 일어났다. 유적지 출구를 나가기에 앞서 잠시 뒤를 돌아보았다. 그런데 시커먼 개 한 마리가 나를 향해 걸어온다. 비틀거리는 것이 상당히 불안정한 모습이다. 쥐약을 먹고 죽기 직전의 모습 같다. 순간적으로 긴장했지만 그리스의 개들이 워낙 온순한 것을 아는지라 그대로 서 있었다. 개는 내가 서 있는 곳까지 오더니 쓰러지듯이 눕는다. 그러고는 바로 배를 부풀리며 단잠에 빠져든다. 술은 내가 마셨는데 개가 취한 꼴이다. 어쩌란 말인가. 그냥 아무데서나 자면 되지, 왜 하필이면 내 앞까지 힘들게 비틀거리며 걸어와서 눕느냔 말이다. 이렇게 꼭 사람한테 어리광을 부려야 잠이 온단 말인가.

기독교의 일방적인 승리인가?

엘레우시스에서 아테네로 돌아오는 길에 다프네 수도원에 내렸다. 유명하다는 수도원 내부의 모자이크 그림들을 보기 위해서다. 11세기 작품들로 비잔틴 미술의 걸작품으로 꼽힐 만큼 예술적으로 높은 평가를 받는다고 한다. 그런데 수리 중이라 관람을 할 수가 없다. 수도원은 철책으로 둘러싸여 있고 보수공사 안내판이 커다랗게 걸려 있다. 아쉬운 마음에 발걸음이 떨어지지 않아 출입구를 살며시 밀쳤더니 공사현장 관계자가 내다본다. 30대 후반의 금발 여성이다.
"들어갈 수 없나요?"

"안 돼요. 보수공사 중이에요. 일반관람은 할 수 없어요."
운이 따르지 않으면 별 도리 없다. 잔뜩 기대를 했는데 많이 아쉽다. 그런데 수도원의 이름이 '다프네'라는 것이 이채롭다. 역시 신화 속에 그 해답이 있다.

미의 여신 아프로디테에게는 에로스라는 아들이 있다. 조그만 활을 들고 다니는 통통한 꼬마 신이다. 어느 날 신들 중에서도 명사수인 아폴론 신에게 조롱을 당한 에로스가 아폴론 신에게 금화살을 쏘아 맞힌다. 금화살은 맞자마자 사랑을 목마르게 구하는 영험을 가지고 있다. 에로스는 또 강의 신 페네이오스의 딸 다프네에게는 납화살을 쏘아 맞힌다. 납화살은 맞자마자 이성에게 혐오감을 느끼게 하는 화살이다. 에로스가 자신을 무시한 아폴론을 골려주기 위해 심술궂은 장난을 친 것이다.
아폴론은 숲속에서 다프네를 만나자마자 온 마음을 빼앗겨 열렬히 다프네의 사랑을 갈구한다. 그러나 아폴론이 다가가면 다프네는 달아나기만 한다. 남자라면 꼴도 보기 싫은데 자꾸만 접근하는 게 귀찮기만 하다. 이렇게 두 남녀는 얄궂게도 다가가면 도망가는 사이가 되어버렸다.
가슴이 뜨겁게 타오르는 아폴론은 다프네가 피하면 피할수록 더욱 조바심이 나서 그녀를 쫓아간다. 다프네는 그런 아폴론을 피하기 위해 더욱 걸음을 빨리한다. 이제 그들은 숲속을 달리면서 쫓고 쫓기고 있다. 그러나 사랑에 불타는 아폴론의 발걸음이 더 빠를 수밖에 없다. 아폴론이 바짝 따라붙어 다프네의 어깨에 손을 얹으려는 순간, 절망에 빠진 다프네는 아버지 페네이오스에게 외친다.
"아버지, 기적을 베푸시어 몸 바꾸기의 은혜를 내려주세요."
그 순간 다프네의 아름다운 몸이 나무로 변하기 시작한다. 머리카락은 나뭇잎이 되고 팔은 가지가 되었다. 힘차게 달리던 다리는 뿌리가 되어 땅에 박혔다. 다프네는 마침내 월계수가 되었다. 나무가 되었는데도 아폴론은 다프네를 사랑했다. 월계수는 아폴론의 나무가 되어 승리자의 머리를 장식하는 관이 된다.

재미있고 안타까운 신화의 한 장면이다. 다프네가 월계수로 변한 곳이 현재의 수도원이 있는 자리라고 한다. 고대 그리스인들은 이 장소에 아폴론 신전을 지었다. 그러나 기독교가 국교로 된 이후 로마인들은 그리스의 전통신앙을 말살하기 위해 아폴론 신전을 헐어버리고 그 자리에 수도원을 세웠다. 특히 이 장소는 비밀의식을 행하기 위해 엘레우시스로 가는 길목이었기 때문에 일부러 여기에 수도원을 세운 것이다.

어떤 학자는 이 장소에 수도원이 서 있다는 것은 고대종교에 대한 기독교의 승리라고 설명하고 있다. 하지만 과연 그런가. 나는 생각이 조금 다르다. 수도원의 이름이 '다프네 수도원' 아닌가. 기독교 수도원에 신화의 주인공 다프네의 이름이 붙어 있는 것을 어떻게 설명해야 할까. 나는 이 이름을 보고 그리스인들의 종교적 관용을 보았다. 신화를 배척의 대상이 아닌 민족의 자산으로 대접하고 있는 것이다. 박수를 보내고 싶다. 기독교와 신화도 이처럼 멋지게 공존할 수 있다.

언덕 위의 도시 아크로폴리스

소크라테스의 감옥은 어디에?

월트 디즈니에서 만든 만화영화 「판타지아」 1편을 보면 대장장이 신 헤파이스토스가 나온다. 「판타지아」 제작진은 그리스 신화를 소재로 베토벤 교향곡 6번을 연출했다. 3악장 이후에서 제우스와 디오니소스를 주연으로 삼고 헤파이스토스를 조연으로 출연시킨다. 디오니소스가 포도주를 마시고 흥청망청 취해 있을 때 제우스가 구름 위에서 땅을 향해 번개를 내리꽂는 장면이 나오는데, 제우스 옆에서 망치로 번개를 만들어 바치는 친구가 바로 헤파이스토스다.

아크로폴리스 아래 펼쳐진 아고라에 이 헤파이스토스를 모시는 신전이 있다. 신전은 아테네 인근에서 유례를 찾아보기 힘들 정도로 보존상태가 완벽해 그리스 신전을 연구하는 데 큰 도움이 된다. 신전이 파괴되지 않은 것은 기독교 국가인 동로마제국 시대에 교회로 이용되었기 때문이라고 한다. 수니온에 있는 포세이돈 신전과 구조와 모양이 거의 흡사해 포세이돈 신전의 원형을 알고 싶으면 이 신전을 보면 된단다.

헤파이스토스 신전을 보고 나서 동쪽에 펼쳐진 아고라를 내려다보면 한마디로 폐허다. 아고라는 '민회' 또는 '민회가 열리는 장소'라는 뜻으로 고대 아테네

헤파이스토스 신전에서 내려다 본 아고라. 모두 무너지고 파괴되어
제 모습을 갖고 있는 것은 아무것도 없다. 왼쪽의 아탈로스 주랑은 1950년대에 복원한 것이다.

시민들의 정치·경제·문화생활의 중심지였다. 젊은이들을 모아놓고 자신의 생각을 펼치던 소크라테스가 자주 들르던 곳이었으며 아테네의 민주정치가 싹을 틔운 곳이기도 했다. 신들이 거주하는 아크로폴리스와 달리 떠들썩하고 자유분방한 시민들의 활동공간이었다. 그러나 이제 그런 흔적은 거의 남아 있지 않다.

헤파이스토스 신전에서 제법 가파른 계단을 내려가서 아고라의 폐허로 걸음을 옮겨본다. 왕궁에 해당하던 바실레우스 주랑 터가 있고 의회의 기능을 하던 협의회관 터도 있다. 부근에는 아테네의 군사적 지도자였던 장군들의 본부 터도

아고라의 폐허에 굴러다니던 주두(柱頭) 하나를 보존해놓았다. 화려한 코린트 양식이니까 로마시대 유적일 것이다. 뒤로 제법 멀쩡하게 보존된 헤파이스토스 신전이 보인다.

있다. 아고라 중앙에는 로마 장군 아그리파가 기증한 음악당 터가 있고, 남쪽에는 시민법정과 감옥 터도 남아 있다. 감옥은 사형선고를 받은 소크라테스가 투옥되었다가 사형에 처해진 곳으로 알려져 있다.

그런데 그런 곳들이 모두 '터'로만 남아 있을 뿐이다. 흔적이 있다고 해봐야 기단 축대가 조금 남은 곳이 있고 아예 아무 흔적도 없이 장소만 추정되는 곳도 있다. 그러니 이런 곳에 서서 그 옛날 세계 민주정치의 첫 페이지를 써나간 아테네인들의 숨결을 느끼기는 힘들다. 안내서에 자세히 나와 있는 '고대 아고라의 약도'를 아무리 열심히 들여다봐도 옛날 모습이 떠오르기는커녕 소크라테스가 죽었다는 감옥을 찾기도 힘들다.

경주에 가면 황룡사터가 있다. 그 옛날 신라 황금기에 세워져 서라벌 어디서나 보였다는 장대한 9층 목탑이 있던 절터다. 황룡사는 고려시대 몽고군의 침략 때 불타버렸고 목탑도 그때 같이 사라져버렸다. 지금 가면 탑의 위치와 크기를 짐작할 수 있는 주춧돌만 잡초 속에 박혀 있는데, 그 돌들만 보고는 황룡사 9층 탑의 위용이 어땠는지 짐작하기 어렵다. 학자들의 연구에 의하면 탑의 높이는 요즘의 20층 빌딩 높이와 같았다고 하니 대단한 규모였다. 그러나 그 텅 빈 절터에 서서 아무리 눈을 감고 상상의 나래를 펼쳐도 탑의 진면목을 파악하기는 힘들다. 아고라도 그렇다. 대리석 돌무더기만 나뒹구는 폐허를 걷자니 시간의 엄청난 파괴력이 느껴질 뿐이다.

아고라 동쪽에는 '아탈로스 주랑(柱廊)'이라는 건물이 있다. 기원전 2세기에 처음 세워졌다가 다른 건물들과 마찬가지로 폐허로 변했는데 1950년대에 복원했다. 이 건물은 현재 아고라에서 출토된 유물을 보관하는 박물관으로 쓰이면서 그나마 아고라에 있던 건물의 원형을 보여주고 있다.

아크로폴리스로 이어지는 언덕길을 올라가다 가파른 계단길을 올라가면 하얗고 울퉁불퉁한 바위산이 나타난다. 아레오파고스다. 산이라기보다 커다란 바위덩어리라고 하는 편이 적당한 크기다. 고대에는 이 바위 부근에 귀족회의를 위한 건물이 있어서 아레오파고스를 귀족정치의 산실로도 부르지만 바위덩어리와 귀족정치를 연결해서 생각하기는 힘들다. 다만 이 바위산이 사도 바울이 아테네인들에게 기독교 교리를 설파한 장소라는 사실이 재미있다.

사도 바울은 기독교 전파를 위해 두 차례 그리스를 방문했는데 두 번째 방문이었던 서기 51년 아테네에 와서 이 바위산에서 전도를 했다고 한다. 바위산을 오르는 계단 곁에는 동판이 붙어 있는데 내용은 바울의 아테네 전도와 관련된 신약성서의 『사도행전』 일부다. 그 첫 부분은 이렇게 되어 있다.

아레오파고스 언덕. 사도 바울이 로마제국 시절인 서기 51년 아테네인들에게 기독교 교리를 전한 곳이다. 오른쪽 동판은 신약성서 사도행전 일부를 새긴 것이다.

> 바울이 아테네에서 저희를 기다리다가 온 성에 우상이 가득한 것을 보고 마음이 분하여······.

바울이 아테네에 왔을 때는 아크로폴리스의 파르테논 신전 옆에 웅장하고 찬란한 아테나 신상이 서 있었다. 그는 그런 '잡신'을 보고 분했던 것이다. 당시 아테네인들은 바울의 유일신에 대한 설교를 허무맹랑한 것으로 간주했기 때문에 그의 전도는 별 성과가 없었다고 한다.

워낙 많은 사람들이 오르내려서 반질반질해진 계단을 조심스레 올라 아레오파고스 언덕 위에 올랐다. 경관이 훌륭하다. 아고라가 한눈에 보이고 아테네 북쪽 시가지도 시원하게 펼쳐져 있다. 많은 관광객이 아크로폴리스로 오르는 중간휴식처로 삼아 바위에 걸터앉아 땀을 식히고 있다. 뒤를 돌아보니 아크로폴리스가 가까이 보인다. 민중들의 터전이었던 아고라를 지나 귀족들의 장소였던 아레오파고스까지 올라왔다. 이제 신들의 거소인 아크로폴리스로 올라간다.

상처투성이 파르테논

아크로폴리스는 '가장 높다'는 뜻의 아크로스(akros)와 '도시'를 의미하는 폴리스(polis)가 합쳐진 말이다. 그러니까 '높은 언덕 위의 도시'라는 뜻이다. 불과 해발 156미터지만 바다에서 멀지 않은 도시 가운데 있기 때문에 제법 높아 보인다. 이 산 위에 신전들이 들어서서 말 그대로 폴리스가 형성된 것은 기원전 5세기 중엽인 페리클레스 시대인데, 지금은 파르테논 신전을 비롯한 서너 개의 건물만 남아 있어서 도시라고 하기는 힘들다.

지그재그로 나 있는 참배로를 따라 제법 가파른 계단 길을 오르자 우뚝 솟은 사각기둥이 길을 가로막듯이 서 있다. 아그리파 기념상의 대좌(臺座)다. 기원전 27년 아그리파 상을 설치하며 높이 8미터로 쌓아올렸는데, 지금도 아크로폴리스로 오르는 길에 버티고 서 있다. 유능한 장군이었던 아그리파는 평화의 시대가 도래하자 건축가로 변신했다. 그의 건설 작업은 제국 전역에 미쳤으며 아테네도 예외가 아니었다. 그는 아크로폴리스 보수사업도 지원했고 아고라에는 음악당도 지어 기증했다.

아테네 사람들은 그런 그를 고맙게 생각해 동상을 세워주었다. 그러나 위치 선정에 문제가 있어 보인다. 동상은 네 필의 말이 끄는 전차를 모는 모습이었다고 한다. 그런 모습의 청동상이 아크로폴리스로 올라가는 길목에 자리 잡고 있었다. 아크로폴리스는 아테네 시민의 수호신 아테나가 거하는 파르테논 신전이 있는 곳이다. 위치 선정을 로마인이 했는지, 아니면 아테네 시민이 했는지

파르테논 입구인 프로필라이아 아래 자리 잡은 아그리파 기념상 좌대(왼쪽).
전차를 탄 로마 장군의 청동상이 아테네인들의 성소에 버티고 있었던 셈이다.

궁금하다.

아크로폴리스의 관문 프로필라이아가 나타난다. 원래 지붕이 덮인 장대한 규모였는데 현재는 기둥만 남아 있다. 거대하게 솟은 기둥들 사이를 통과하자니 아름드리 나무가 들어찬 숲을 지나는 느낌이다. 지붕에는 철제 비계가 설치되어 있고 기술자들이 복원작업을 하느라 여념이 없다. 기둥의 숲을 통과하자 드디어 파르테논 신전이 그 장려한 모습을 드러낸다. 지혜와 정의로운 전쟁과 기술의 신 아테나의 거처 파르테논 신전. 힘차고 남성적인 도리아식 기둥들이 파란 하늘을 향해 뻗어 있는 모습이 장관이다. 사진으로 봤던 것보다, 상상했던

여신 아테나의 거처 파르테논 신전. 사진으로 봤던 것보다,
상상했던 것보다 훨씬 크고 압도적이다. 하지만 많이 상한 모습이다.

것보다 훨씬 크고 압도적이다.

2,500년 전 아테네는 페르시아의 침략을 받았다. 시민들은 모두 아테네를 떠나야 했고 도시는 완전히 파괴되었다. 힘겹게 적을 물리친 후 지도자 페리클레스는 최고의 건축가와 조각가를 동원해 아테네를 재건했다. 그가 가장 심혈을 기울인 건물은 아크로폴리스의 파르테논 신전이었다. 기원전 447년에 시작해 15년의 대역사 끝에 신전을 완성시켰다. 긴 변의 길이가 70미터에 달하고 기둥 높이는 14.2미터에 이른다. 사방에 늘어선 기둥은 모두 마흔여섯 개. 기둥의 아랫부분 지름이 성인의 키보다 큰 1.9미터나 된다. 그런 장대한 기둥들이 아직까지도 아테네 중심 아크로폴리스 언덕 위에 줄지어 서 있다.

그런데 신전을 한 바퀴 돌아보니 너무 큰 상처를 입고 있다. 신전 중앙에 거대

파르테논 신전의 북쪽 면 복원공사. 화약이 폭발한 흔적이 V자로 남아 있다.
신전은 기원전 5세기에 15년 만에 지어졌지만 복원공사에는 몇 년이 걸릴지 알 수 없다.

한 크레인을 설치해 복원작업을 하고 있지만 본래의 모습을 되찾을 수 있을지는 의문이다. 오스만투르크 제국은 그리스를 지배하던 시절 아테네 한가운데 솟아 있는 아크로폴리스를 군사요새로 사용하고 가장 큰 건물인 파르테논 신전을 화약고로 썼다. 파르테논은 투르크 사람들에게는 별로 소중한 유산이 아니었다. 1687년 아테네를 공격한 베네치아 군은 아크로폴리스에 포격을 가했다. 유탄 한 발이 파르테논 신전에 떨어져 내부에 가득하던 화약이 폭발했다. 지붕이 날아가고 내부도 모두 파괴되었다. 지금 현재도 파르테논 신전의 기둥들은 V자로 화약이 폭발한 흔적을 보여주고 있다.

엄청난 폭발에도 불구하고 신전 벽에 새겨져 있던 프리즈는 살아남았다. 고대 아테네 시민의 제전인 판 아테나이아 행렬을 새긴 장대한 부조가 기적같이 살아남았던 것이다. 그런데 이 작품은 살아남기는 했지만 신전에서 뜯겨나가는 운명을 맞았다. 19세기 초 오스만투르크 주재 영국 외교관이었던 엘긴이 아크로폴리스를 찾아왔다. 그는 스코틀랜드에 있는 자신의 저택을 장식할 고대 그리스 조각을 찾고 있었다. 투르크 정부는 그에게 "땅바닥에 흩어져 있는 것이라면 무엇이든 가져가도 좋다"고 허락했다. 하지만 엘긴은 그걸로는 만족할 수 없었다.

이 영국외교관은 박공에 얹혀 있는 조각과 신전 벽을 장식하고 있는 프리즈를 욕심냈다. 그는 인부들에게 조각과 프리즈를 모두 떼어내라고 명령했다. 그런데 프리즈는 떼어내기가 쉽지 않았다. 벽을 장식한 그 부조는 타일처럼 한 장씩 제작해 부착한 것이 아니고 신전 가로보에 새긴 것이었기 때문이다. 엘긴은 '톱으로 썰어서' 부조를 떼어내게 했다. 160미터에 이르는 장대한 프리즈는 이렇게 해서 뜯겨나갔고 신전은 또다시 치명적인 상처를 입었다. 엄청난 화약의 폭발까지 견디고 살아남은 걸작품이 가장 거칠고 야만적인 방법에 의해 훼손된 것이다.

투르크 정부가 엘긴의 이런 폭거를 눈감아준 것은 당시의 국제적 이해관계 때문이었다. 그 무렵까지 투르크 영토였던 이집트를 프랑스의 나폴레옹이 빼앗아 차지하고 있었는데 영국이 프랑스를 이겨주는 바람에 나폴레옹이 이집트를 떠났던 것이다. 투르크에게는 영국이 아주 고마운 나라였고 파르테논 신전이야 어떻게 되든 아무 상관도 없었다. 신전을 장식하던 조각들은 이렇게 해서 영국으로 건너갔는데 나중에 경제적 형편이 나빠진 엘긴이 영국 정부에 팔아 현재는 영국박물관에 보관되어 있다. '엘긴 마블스'라는 이름으로.

현재도 신전 주변은 부서진 대리석 조각들로 가득하다. 일련번호가 붙은 석재들이 언젠가는 자기 자리를 찾아 들어가기를 기다리고 있다. 신전 복원공사의 책임자는 파르테논 신전의 복원공사를 '거대한 퍼즐 맞추기'라고 표현했다. 새

벽면이 복원된 에레크테이온. 원래의 석재를 최대한 사용하고, 빈 공간에는 새로운 석재를 종이를 오리듯 가공해 메웠다.

대리석을 깎아서 공사를 빨리 할 수도 있을 것이다. 그러나 서두를 이유는 없다. 파르테논 신전은 21세기에는 이렇게 복원되는 모습을 보여줄 운명을 타고났는지도 모른다. 천천히, 정확하게 작업을 진행하다보면 언젠가는 2,500년 전의 모습에 접근해갈 것이다.

파르테논 신전 북쪽에는 에레크테이온이라는 특이한 모습의 신전이 있다. 날씬하고 우아한 여성들이 기둥으로 서 있는 유명한 신전이다. 기둥들은 높이가 2.3미터로 사람의 키보다 조금 큰데 차려 자세가 아니라 한쪽 다리를 조금 구부리고 있어 경쾌하고 동적인 느낌을 준다. 그런데 이 기둥들의 오른쪽 벽면을 보면 아크로폴리스 복원작업이 어떤 방식으로 진행되고 있는지 알 수 있다. 작업원칙은 최대한 원래의 석재를 사용한다는 것이다. 원칙이 이러니 땅에 흩어져 뒹구는 대리석들을 하나하나 맞추어나갈 수밖에 없다. 도저히 찾을 수 없는 부분만 새 석재를 다듬어 사용한다. 그런데 원래의 석재들은 마모되고 파손되어 형태가 일정하지 않다. 그 사이를 메우는 석재들은 종이를 오리듯이 복잡한 형태로 가공해야 한다. 힘들고 시간이 많이 걸려도 최대한 원래의 모습을 찾는 노력을 하는 것이다.

아크로폴리스 동쪽에는 박물관이 있다. 역시 '현장박물관'이다. 그런데 이 박물관은 지하구조로 되어 있어 아크로폴리스 아래서 올려다보면 보이지 않는다. 유적을 가리지 않기 위해 지하에 박물관을 설치한 배려가 돋보인다.

박물관은 모두 아홉 개 전시실로 이루어져 있고 아크로폴리스에서 발견된 유물들이 시대 순으로 전시되어 있는데 여기서 모두 설명하기는 힘들다. 다만 내가 "아!" 하는 탄성과 함께 본 것이 「신발을 벗는 니케 상」이다. 신체 움직임의 한 순간을 사진으로 찍듯이 묘사한 이 작품은 그야말로 감탄할 만하다. 조각은 여신이 오른발을 들고 오른손으로 신발 끈을 푸는 모습을 새긴 것이다. 몸을 앞으로 숙이느라 왼손은 뒤로 들려 있고 얼굴도 위로 치켜져 있다. 오랫동안 지속하

신발을 벗는 니케.
말괄량이 처녀가 나들이 갔다
들어오면서 현관에서
급히 신발을 벗는 모습이다.

기 힘든, 아주 짧은 순간의 동작이다. 신발 끈을 빨리 풀지 못하면 넘어질 수도 있는 자세다. 여신의 풍만한 몸은 얇고 주름진 옷을 통해 훤히 드러나는데 주름 묘사는 과연 저것이 돌로 만든 것인가 하는 감탄이 나올 만큼 자연스럽다. 신을 새겼지만 영웅적이지도 서사적이지도 않다. 말괄량이 처녀가 나들이 나갔다가 들어오면서 현관에서 급하게 신발을 벗는 모습과 다를 것이 없다.

언젠가 앙드레 김 의상실에 들렀다가 이 작품의 복제품이 그의 사무실 벽에 붙어 있는 걸 본 적이 있다. 그도 아크로폴리스 박물관을 들렀다가 이 작품에 매료되어 복제품을 구입한 것이 틀림없다.

한국은 아직도 그렇게 추운가요?

유적을 답사하고 박물관을 관람하는 것은 우아한 일 같지만 사실은 아주 고되다. 루브르 박물관 같은 대형 박물관에 갈 때는 주제를 정해 핵심적인 것만 봐야지 욕심내다가는 몸살 나기 십상이다.

아침에 아고라에서 시작해 보고, 기록하고, 사진 찍고 했더니 이제 배가 고프다. 사실 어제 봐둔 생선구이 집이 있다. 기름기 있는 파스타나 육류만 먹다보니 생선이 먹고 싶다. 아크로폴리스 아래 있는 관광거리를 플라카 지구라고 하는데 중심가는 기념품가게들이 줄지어 있는 키다티네온 거리다. 이곳에는 그리스 각지에서 출토된 유적의 모조품 등 기념품이 다양하게 전시되어 있는데 관광대국답게 기념품의 수준이 높은 편이다. 제법 잘 만들었다 싶으면 상당히 비싸다.

그 거리를 걷다가 사거리에서 오른쪽으로 돌면 타베르나가 줄지어 있는 거리를 만나는데 그 사거리에 생선구이 집이 있다. 가게로 접근하니 어제 나를 불렀던 주인이 아는 체를 하며 반가워한다. 배가 많이 나오고 대머리인 70대 사내다. 어제 그는 나를 일본사람으로 알고 "조토 마테(잠깐만요)" 하면서 불렀다. 이번에는 내가 먼저 말을 걸었다.

"어제 '조토 마테'라고 하셨죠? 난 일본 사람이 아니에요. 한국에서 왔죠. 사우스 코리아."

"아, 그래요? 정말 미안합니다. 어서 오세요."

나는 그저 해본 이야긴데 그는 진정으로 실례를 했다는 얼굴이다. 노인이 그러니 내가 오히려 미안하다. 아크로폴리스가 올려다 보이는 야외 테이블에 앉아 주문을 했다.

"생선구이를 먹고 싶은데요. 저기 진열장에 있는 놈 중에서 제일 큰놈으로 구워주세요. 양념하지 말고 화덕에 굽는 게 좋겠어요. 레치나도 1리터 주시고요."

주문을 하고 자리에 앉아 있는데 주인이 '우조'를 한 잔 가져와 탁자에 내려놓는다. 우조는 허브나 아로마 같은 지중해산 식물로 만든 그리스 고유의 술로 40도의 독하고 투명한 술이다. 보통 스트레이트로 마시지 않고 얼음을 서너 개 채운 맥주잔에 우조를 조금 붓고 거기다 다시 생수를 타서 먹는다. 그렇게 하면 투명한 술이 뿌옇게 변한다. 향기가 강하지만 상쾌한 술이다. 주인은 그렇게 칵테일한 우조를 한 잔 권하고 있다.

"믿으실지 모르겠는데……, 저는 1952년에 한국에 있었습니다. 그리스는 한국전쟁에 비행기와 공군 파일럿 열일곱 명을 보냈는데 저도 그중 하나지요. 서울·부산……그리고 인천도 생각나네요."

깜짝 놀랐다. 그리고 벌떡 일어났다. 노인의 손을 두 손으로 잡았다.

"정말입니까? 한국전쟁에 참전하셨군요. 감사합니다, 감사합니다."

손을 잡고 흔들며 큰 소리로 "감사합니다"를 연발했다. 노인도 진정으로 반가워한다. 50년 전에 그는 전쟁이 한창인 한반도에 있었던 것이다. 그가 젊은 시절에 본 한국 땅은 비참한 전쟁터였다. 그런 곳에서 얼마 전 월드컵이 열렸고 한국은 4위에 올랐다. 이 노인도 서울시청 앞 광장을 메운 붉은 물결을 보았을 것이다. 그런 모습을 보고 그는 무슨 생각을 했을까? 노인은 생선을 맛있게 구워주겠다며 주방으로 들어갔다.

장작불에 구워낸 생선이 나왔다. 노릇노릇하게 적당히 익은 생선에 레몬즙을 듬뿍 뿌려 먹는 맛이 일품이다. 레치나는 집집마다 맛이 틀린데 이 집은 레치나 맛도 좋다. 늦은 점심이라 정신없이 먹는데 주인장이 조심스럽게 내 옆으로 오더니 한마디 묻는다.

"한국은 아직도 그렇게 추운가요?"

그렇구나. 이 노인은 아직도 한국의 겨울 추위를 잊지 못하고 있구나. 한국에서 온 여행자가 맛있게 생선을 먹는 모습을 지켜보면서 50년 전의 전쟁터를 떠올린 그가 가장 강렬하게 기억해낸 것은 바로 추위였다. 남국 그리스 사람에게 한국의 겨울 추위는 혹독한 것이었겠지. 이렇게 대답해주었다.
"네, 아직 그렇게 추워요. 그렇지만 한국인들은 당신 덕분에 따뜻하게 지냅니다."
참전용사 노인의 얼굴이 환하게 밝아졌다.

하드리아누스의 신도시

그리스에서는 로마가 눈에 잘 띄지 않는다. 남프랑스의 계곡을 가로지르는 거대한 수도교나 영국 북부의 평원에 놓여 있는 장대한 성벽을 보면 과연 이곳에 로마가 있었구나 하는 생각이 들지만 그리스에서는 그런 느낌이 별로 들지 않는다. 로마가 그리스의 자식이었기 때문이다. 그런데 아테네의 이곳 하드리아누스 신도시에는 로마의 분위기가 많이 남아 있다. 로마 포로 로마노의 한 귀퉁이를 옮겨다놓은 느낌이 드는 곳이다.

하드리아누스는 황제 재임 중 두 번 그리스를 방문했다. 48세 되던 서기 124년에 처음 방문했고 4년 뒤에 한 차례 더 방문했다. 그는 그리스에 머무는 동안 델포이를 방문하거나 엘레우시스에서 비의에 입문하는 등 자신의 그리스 취향에 몰두하기도 했지만 로마 황제로서 속주를 관리하는 임무도 게을리 하지 않았다. 게르마니아와 브리타니아에서는 국경 강화가 그의 일이었으나 어린 시절 '그리스 학생'이라고 불린 그였으니만큼 그리스에서 한 일은 좀 달랐다. 황제가 되기 전 아테네를 방문한 적이 있는데 시민들은 그리스를 사랑하는 이 실력자에게 그리스 집정관인 '아르콘'이라는 직함을 선사한 적이 있다. 멸망한 국가의 이름뿐인 직함이지만 그리스를 정신적 고향으로 여기던 하드리아누스에게는 가장 순수한 기쁨으로 받아들일 만한 직함이었을 것이다.

그래서 그는 아테네에 신도시를 선물하기로 했다. 아크로폴리스 동남쪽 일리소스 강이 흐르는 지역에 기존 시가지를 정비하고 새로운 건물을 세워 신도시를 건설한 것이다. 이 공사로 아테네 시가지의 면적은 배가 되었고 도시는 오랜 침체 끝에 활기를 찾게 되었다. 하드리아누스는 아르콘의 임무를 제대로 해낸 셈이다.

아크로폴리스 동남쪽 비탈을 내려가 골목길을 빠져나간 곳에 있는 특이한 문이 시선을 끈다. 신도시 건설을 기념해 만든 하드리아누스 기념문이다. 로마식 아치 위에 그리스 식 신전 파사드가 얹혀 있는 양식이다. 아래의 아치는 서울에 있는 독립문 정도의 규모인데 위의 그리스 신전은 그보다 규모가 작다. 그러니까 비율이 맞지 않는다. 아치는 정상적인 크기지만 그리스 신전은 축소된 모형이 얹혀 있는 꼴이다. 하드리아누스는 건축에 자신의 의지를 강하게 반영하는 사람이었으니까 이 문의 디자인도 그의 아이디어일 가능성이 높다. '로마와 그리스의 결합'을 상징적으로 나타내려고 했겠지만 결과적으로는 우스꽝스럽게 되어버렸다. 하드리아누스의 건축은 성공적인 경우가 많았지만 이 문처럼 실패한 경우도 있었고, 당대에도 건축 전문가의 조롱을 사기도 했다. 아폴로도로스가 바로 그런 사람이었다.

문은 아테네 구도심과 신도시의 경계에 있다. 하드리아누스는 이 문의 꼭대기에 글을 새기게 했다. 아크로폴리스 방향에는 "이곳은 아테네, 테세우스의 옛 도시다"라는 글을 새겼고, 신도시 방향에는 "이곳은 하드리아누스의 도시이고, 테세우스의 도시가 아니다"라는 글을 새겼다. 테세우스는 크레타 미궁의 미노타우로스를 죽인 영웅으로 아테네의 시조로 대접받는 인물이다. 하드리아누스는 아테네 시민에게 새로운 도시를 조성해줌으로써 자신이 테세우스에 버금가는 아테네의 설립자로 대접받기를 바랐던 것 같다.

신도시 완공을 기념해 세운 하드리아누스 기념문. 로마의 아치 위에 그리스 신전 파사드를 올려놓았다. '로마와 그리스의 결합'을 나타내려고 했겠지만 건축적으로 칭찬하기는 힘들다.

기념문을 빠져나가면 바로 신도시다. 하지만 과거의 모습은 이제 찾아보기 힘들고 제우스 신전의 유적만이 화려했던 모습을 짐작하게 할 뿐이다. 제우스 신전은 신도시의 핵심적인 건물이었다. 현재는 열다섯 개의 기둥만 남아 있지만 당시에는 아테네 최대의 신전이었다. 평면 규모가 길이 110미터, 폭 44미터였다. 파르테논 신전도 작지 않지만 제우스 신전과는 비교가 되지 않는다. 외곽을 둘러싼 기둥 수만 하더라도 파르테논 신전이 46개인 데 비해 제우스 신전은 무려 104개나 되었다. 기둥의 높이도 파르테논 신전보다 높은 17미터이고, 양식도 코린트식이라 주두(柱頭)가 화려하다. 신전은 웅장하고도 화려한 모습이었다. 제우스는 그리스 최고신이었지만 아테네 시민들은 그들의 수호신으로 아테나 여신을 선택했다. 그래서 제우스는 아크로폴리스에 자리 잡지 못했다.

아테네 최대 규모를 자랑하던 제우스 신전. 이제는 몇 개의 기둥만 남아 있다.
멀리 아크로폴리스 위의 파르테논 신전이 보인다.

아테네 시민들은 대신 제우스의 거처를 최대의 크기로 지어 바침으로써 체면을 살려주었다.

제우스 신전의 건축이 시작된 것은 기원전 515년이었다. 하지만 정치적인 격변으로 인해 신전은 기초공사만 끝난 상태에서 중단되고 말았다. 그뒤 몇 차례 건축이 재개되기는 했지만 하드리아누스가 그리스를 방문한 서기 124년까지도 완성되지 못하고 있었다. 하드리아누스는 신전의 완공을 신도시 조성의 핵심사업으로 정하고 공사의 재개를 명했다. 4년 뒤 그가 방문했을 때 신전은 드디어 완공되어 무려 650년에 걸친 공사가 끝났다. 신전 안에는 황금과 상아로 치장된 제우스 상을 만들어 안치했고 부근에는 자신의 동상도 세워 로마제국 주인으로서의 위상을 과시했다.

로마제국 시절의 아테네는 비록 로마의 속주이긴 했지만 주민들은 완전한 자치를 인정받았다. 외견상으로는 과거와 큰 차이 없이 평온하게 살았다. 황제 중에서는 강력한 후견인도 많았다. 네로가 그랬고, 하드리아누스와 마르쿠스 아우렐리우스는 정신적으로는 그리스 사람이나 마찬가지였다. 하지만 뜻있는 사람들에게는 굴욕적인 세월이기도 했을 것이다. 성소 아크로폴리스로 올라가는 길에는 로마 장군 아그리파의 청동상이 높은 대좌에 올라앉아 있었고 데메테르를 모신 엘레우시스의 신전 입구에는 군복 차림의 마르쿠스 아우렐리우스가 시민들을 내려다보고 있었다. 이곳 제우스 신전에도 하드리아누스 황제의 동상과 기념문이 서 있었다.

눈만 돌리면 보이는 로마 지도자들의 얼굴을 보고 그들은 무슨 생각을 했을까. 망해버린 나라의 운명을 슬퍼하고 굴욕감을 느꼈을까. 아니면 자신들의 문화를 사랑해 마지않는 로마 황제들을 보며 오히려 우월감을 느꼈을까. 프랑스 여류작가 마르그리트 유르스나르는 『하드리아누스의 회상록』에서 하드리아누스의 입을 빌려 이렇게 말하고 있다.

> 그리스인들의 가벼운 멸시를 나는 그들의 아주 열렬한 경의 밑에서 항상 느끼고 있었건만 거기에 대해 모욕감을 느끼지는 않았다. ……나는 노여움 없이 이 자부심 넘치는 민족의 약간 오만한 친절을 받아들였다.

이 글에는 2세기 그리스인의 처지가 잘 드러나 있다. 로마의 힘에 굴복했지만 아직 자존심까지는 완전히 버리지 않았고, 그렇다고 해서 로마로부터 독립할 힘도 없는 그리스인의 모습 말이다.

젊을 때 아껴 써야

제우스 신전에서 동쪽으로 조금만 걸어가면 판아테나이코스 경기장이 있다. 고대부터 있던 경기장을 근대올림픽 개최를 위해 1895년에 복구한 것이다. "참가하는 데 의의가 있다"는 유명한 말을 남긴 프랑스 쿠베르탱 남작의 주창으로 1896년 제1회 근대올림픽이 열린 곳이다. (참고로 이야기하면 2004년 올림픽 때 이곳은 양궁경기장으로 사용되었고 한국 남녀선수들의 선전으로 태극기가 여러 차례 올라간 바 있다) 1세기가 넘는 세월이 흘렀지만 경기장은 깨끗하다. 대리석 스탠드는 하얀 빛깔을 잃지 않았고 각도 마모되지 않았다. 엊그제 새로 준공한 경기장 같다. 2,500년 전에 세운 파르테논 신전이 아직 그대로 서 있는 아테네 아닌가. 그리스 땅에서 100년 정도 된 건물은 명함도 내밀기 어렵다.

경기장은 U자형으로 한쪽이 터져 있어 그쪽이 입구 역할을 한다. 관광버스가 많이 몰리는 걸 보니 이곳이 아테네 시내여행 코스에 포함되어 있는 모양이다. 그런데 관광객들은 입구 주변에서 경기장을 한번 쓱 둘러보고는 이내 버스로 돌아가버리고 만다. 스탠드에 한번 올라갈 생각도 하지 않는다. 물론 입구에 서서 보면 5만 명을 수용한다는 경기장 전체가 한눈에 들어오기는 한다.

그러나 경기장 안쪽으로 깊숙이 들어가면 재미있는 조각상 두 개가 서 있다. 헤르메스 석상이다. 그는 제우스의 아들인데 신화에서는 주로 제우스의 심부름꾼으로 나온다. 다산과 풍요·운동경기의 신이기도 하고 파리스의 '미스 그리스 선발대회'를 참관하기도 했다.

그런데 이 석상의 모습이 너무 재미있다. 잘 다듬어진 대리석 사각기둥 위에 젊은 헤르메스와 늙은 헤르메스의 얼굴이 반대방향을 보고 올라앉아 있다. 그 얼굴 아래 평평한 대리석 면에는 성기가 새겨져 있다. 관찰력은 지금부터 필요

판아테나이코스 경기장 안쪽에 서 있는 헤르메스 석상.
젊은 얼굴 뒤쪽에는 늙은 얼굴이 있다. 젊은 얼굴 아래에는 작고 힘없는 고추가,
늙은 얼굴 아래에는 크고 힘찬 고추가 새겨져 있다. 교훈을 잘 새겨야 한다.

하다. 잘 살펴보면 젊은 헤르메스의 얼굴 아래 새겨져 있는 성기는 조그맣고 힘없이 아래로 처져 있는 반면, 늙은 얼굴 아래의 성기는 오히려 힘차게 위로 솟구쳐 있다. 이 재미있는 석상에는 여러 가지 해석이 따르지만 내가 믿고 싶은 설명은 다음과 같다.

나이만 믿고 운동은 전혀 하지 않으면서 방탕하게 몸을 놀리면 젊어서도 고추가 힘이 빠져 못쓰게 되는 반면, 나이가 들더라도 운동으로 몸을 다듬고 정력도 절도 있게 사용하면 노인이 되어서도 힘찬 고추를 유지할 수 있다.

전망 좋은 방

아크로폴리스는 거대한 바위산 위에 깎아지른 듯한 축대를 쌓아올린 다음 건설되었다. 바위산 자체도 경사가 가파르고 높은데 그 위에 다시 높은 성곽을 쌓아올린 것이다. 그래서 아크로폴리스는 서쪽에 나 있는 참배로를 통해 오를 수 있을 뿐 다른 방향에서는 접근이 불가능하다. 건설 당시에는 세상의 어떤 무기로도 함락시키기 어려운 철옹성이었을 것이다. 성채 아래의 비탈면에는 뾰족한 사이프러스 나무 몇 그루만 힘겹게 자라고 있을 뿐 바위가 거친 골격을 드러내고 있다. 이렇게 요새화한 거대한 성채도시가 아테네의 한가운데를 차지하고 있다.

그 아크로폴리스에 밤이 내렸다. 아테네 시 당국은 이 바위산을 밤새 조명한다. 낮에 파란 하늘 아래 하얗게 빛나던 파르테논 신전은 이제 어두운 하늘 가운데 환하게 떠 있다. 바위산과 성벽은 주황색으로, 신전은 흰색으로 조명된다. 거대한 덩치의 바위산과 직각으로 솟은 성벽이 오렌지색으로 묵직하게 받치고 있는 위에 아테나 여신의 파르테논 신전이 보름달처럼 환한 모습으로 떠 있는 것이다. 그 위로 펼쳐진 하늘빛은 지중해에서만 볼 수 있는 스카이 블루다. 신비하고 아름다운 색의 조화다.

19세기 영국박물관 연구진은 파르테논 신전이 원래는 화려한 색으로 채색되어 있었다는 걸 밝혀냈다. 박공과 메토프의 조각상이 다채로운 색으로 칠해져 있었으며 신전 전체는 연한 갈색으로 칠해져 있었다는 것이다. 2세기의 그리스인 지리학자 파우사니아스도 아테네의 건물들이 채색되어 있었다고 했으니까 틀림없을 것이다. 하지만 오랜 세월이 흐르는 동안 물감은 퇴색되고 파르테논은 현재의 모습처럼 순백색의 대리석 신전으로 남았다. 원래의 모습이 궁금하기도 하지만 하얗게 빛나는 신전이 지중해의 하늘에 잘 어울린다.

아테네에 처음 온 날, 버스를 타고 지나면서 건물 사이로 잠깐 보았던 파르테논 신전은 가슴을 뛰게 했다. 그러나 나는 그날 당장 아크로폴리스에 오르지 않았다. 크레타와 로도스를 다녀와서, 다시 북쪽의 델포이를 다녀와서 마침내 오늘 참배하듯 신전을 보았다. 파르테논은 그리스에서는 마지막에 보아야 하는 곳이라고 생각했다. 가장 중요한 곳이기 때문이다. 로마를 이야기하면 콜로세움을 떠올리고 파리를 생각하면 에펠탑을 떠올리듯이 그리스, 그중에서도 아테네를 말하면 우리는 파르테논을 떠올린다. 그만큼 이 신전은 모든 그리스 문화의 상징이다.

역사에 기록될 만한 건축양식에는 절정의 걸작품이 있게 마련이다. 신라의 3층 석탑은 감은사지삼층석탑에서 원형이 만들어진 다음 불국사 석가탑에서 최고의 정점에 도달했다. 무영탑이라고도 불리는 이 석탑은 그리 크지 않은데도 장중한 느낌을 주며 고고한 기품까지 갖추었다. 기단에서 상륜부에 이르는 체감율과 비례는 완벽하다. 석가탑 이후 오늘날까지도 수많은 3층석탑이 조성되었지만 모두 불국사 마당의 3층석탑을 모방하는 데 그치고 있다. 기술적으로도, 정신적으로도 더 이상 어찌해볼 도리가 없기 때문이다.

그리스 신전건축은 파르테논에서 절정을 맞았다. 페르시아인이 파괴한 옛 신전 터에 다시 세운 건물이었지만 당시 전성기를 맞이한 그리스의 기술과 정신이 집대성되었다. 이전까지의 둔하고 무겁고 불안정한 요소는 모두 제거되었고 안정적이고 완벽한 비례의 걸작품이 태어났다. 이렇게 완성된 그리스 건축은 로마로 전해졌다. 로마인은 그리스 건축을 받아들여 자신들의 기질과 도시생활에 맞게 변주했다. 갈리아 속주 님에 있는 메종 카레는 파르테논의 유전자를 이어받고 있다.

그런 신전을 호텔 테라스에 앉아 조용히 지켜본다. 격랑과도 같았던 아테네 역사를 산 위에서 내려다보며 그 자신 많은 상처를 입은 파르테논 신전은 아직도 옛 모습을 잃지 않고 의연하게 아크로폴리스를 지키고 있다. 아크로폴리스 동쪽 끝에서는 그리스 국기가 밤바람에 펄럭인다. 한때 빼앗겼다가 외국 군대들의 전쟁터가 됐던 그리스인의 성소에 다시 그들의 국기가 펄럭인다.

그런 정경을 보고 있자니 새삼 멋진 자리를 찾아냈다는 생각이 든다. 찾느라 고생은 했지만 애쓴 보람이 있다. 파르테논 야경이 잘 보이는 '전망 좋은 방'을 찾느라 아크로폴리스 아래를 한 바퀴 돌았다. 5층짜리 조그만 호텔의 꼭대기 층에 있는 테라스. 파라솔이 펼쳐져 있고 깨끗한 테이블도 마련되어 있다. 주변은 불빛도 밝지 않고 소란스럽지도 않다. 관광객이 떠난 거리는 해가 지자 정적에 빠져들었고, 다행스럽게도 번쩍이는 네온도 없다. 이런 시간을 위해 마련한 지중해산 붉은 와인을 한 모금 머금어본다. 향기는 짙고 맛은 상쾌하다. 그리스의 맑은 햇살에 익은 포도다. 11월의 첫날인데도 밤바람이 전혀 차갑지 않다. 살갗에 훈풍이 스친다.

와인 한 병이 다 비어갈 무렵 나는 서서히 잠에 빠져들었고, 하얀 신전도 가물가물 졸기 시작했다.

이제, 이런 책도 읽어보는 건 어떨는지요

● 이 책을 읽은 분들에게

"한 권을 다 읽고 마지막 페이지를 덮으니 다음에 읽을 책이 자연스럽게 떠오르더군요." 책을 시작하며 이런 말을 했습니다. 이 책의 마지막 페이지에 이르렀는데 여러분께서는 다음에 읽을 책이 떠오르셨습니까? 만약 그렇지 않다면 도움을 드리기 위해 몇 권을 추천 해보겠습니다. 이 책을 쓰면서 읽거나 인용한 것들 중 특별히 인상 깊었던 몇 권입니다.

로마인 이야기1~15(시오노 나나미 지음, 김석희 옮김, 한길사, 1992~2007)

저를 로마제국 여행으로 이끈 책입니다. 장구한 로마 역사를 서술했지만 제목을 '이야기'라고 붙인 데서 알 수 있듯 쉽고 재미있게 읽을 수 있습니다. 우리나라에 매년 한 권씩 소개된 지난 10여 년간 만원지하철이나 흔들리는 버스 속에서도 이 책을 들고 '로마 삼매경'에 빠져드는 사람들을 심심찮게 볼 수 있었습니다. 고대 역사를 다룬 방대한 책이 그런 장소에서 읽힌다는 것은 사건에 가깝다고 생각합니다. 저자의 흡인력 있는 글쓰기 덕분이겠지요.

제가 흥미롭다고 생각한 것은 인물에 대한 새로운 해석입니다. 저자는 사료 분석을 통한 객관적인 정보에 자신만의 독특한 주관을 가미해 독자들이 일반적으로 가지고 있던 평가와는 상당히 다른 해석을 하고 있습니다. 대표적인 경우가 마르쿠스 아우렐리우스라고 생각합니다. 로마 역사상 가장 유명하고 인기 있는 철학자 황제가 시오노 여사에 의해 재능이 부족하고 쓸데없이 감성적인 로마군 총사령관으로 강등됩니다.

로마에 대한 저자의 시선은 따뜻합니다. 로마는 그녀에게 매력덩어리였던 것 같습니다.

그랬으니 로마통사 집필을 필생의 과업으로 삼고 15년간 분투할 수 있었던 것이겠지요. 그녀는 카이사르를 자신의 연인이라고 세상에 공표한 바 있지만 로마에 대해서도 응원단 입장에 서 있습니다. 그녀의 육성을 들어볼까요?

> 로마인이 저지른 악행 가운데 가장 '성공적인' 사례는 율리우스 카이사르에 의한 갈리아 정복이다.

나쁜 일이지만 질질 끌지 않고 빨리 끝냈기 때문에 잘했다는 것입니다. 갈리아 정복 자체는 당연시하고 있습니다. 제국주의자의 모습도 드러나지요? 일본으로부터 식민지 지배를 당한 민족의 후손으로서는 껄끄럽기도 합니다.

많은 사료를 참고한 역사서지만 제목대로 '이야기' 성격이 강합니다. 엄격한 객관성을 추구하지는 않았습니다. 애초부터 '로마가 다른 민족과 달리 어떻게 위대한 제국을 건설할 수 있었느냐', 즉 로마인의 우수성을 증명하는 방향으로 이야기가 전개되기 때문입니다.

하드리아누스의 회상록(마르그리트 유르스나르 지음, 남수인 옮김, 세계사, 1995)

이런 책을 만난다는 것은 행운입니다. 프랑스의 한 지성이 평생에 걸친 사색을 통해 보석을 연마하듯 다듬어낸 책입니다.

형식 자체가 특이합니다. 늙고 병든 하드리아누스가 차차기(次次期) 황제가 될 소년 마르쿠스 아우렐리우스를 곁에 앉혀놓고 자신의 일생을 회고하는 글이니까요. 인간사에 대한 깊은 성찰이 중심이기 때문에 독자에게 명상록을 읽는 진지함을 요구합니다. 작가는 "한 문장은 때로 세세하게 묘사해본 어떤 사념(思念), 상념, 어떤 장면을 축약하는 것"이라고 했습니다. 따라서 문체는 극히 간결하고 함의적입니다.

> 나는 그리스인들에겐 그들만이 언제나 가장 현명한 자들이 아니라는 것을, 유대인들에겐 그들이 가장 순수한 자들이 전혀 아니라는 것을 논증하려고 애썼다.

세계제국 경영자가 짊어졌던 짐이 묵직하게 느껴집니다. 하지만 추상적인 내용만 가득한 것은 아닙니다. 책임감으로 가득한 한 사내가 황량한 라인 강 하구에서 배를 타고 북해의 차가운 바람에 수염을 휘날리며 브리타니아로 향하는 모습이 빛바랜 수채화처럼 떠오르기도 합니다.

저자 마르그리트 유르스나르는 아카데미 프랑세즈 최초의 여성회원이었습니다. 스무 살에 처음 이 글을 구상했지만 최종적으로 발표한 것은 마흔여덟 살 때였습니다. 젊은 시절의 한때 그녀는 로마 동쪽 티볼리에 있는 하드리아누스 빌라 유적을 매일 아침 방문했고, 아테네 제우스 신전 앞의 작은 커피숍에서 수없이 많은 저녁을 보내기도 했습니다. 하지만 그녀가 내린 결론은 자신이 너무 젊다는 것이었습니다. 적어도 불혹이 되기 전에는 감히 생각해서는 안 되는 글이라고 생각했습니다.

오랜 세월 내공이 다져져 나온 글은 '소설이자 역사이고 시(詩)'였습니다. 이 작품은 세계 비평계로부터 '문학적 대사건'이라는 평가를 받았습니다.

로마제국 쇠망사(에드워드 기번 지음, 데로 손더스 편집, 황건 옮김, 청미래, 2004)

18세기 영국 역사가 에드워드 기번의 '로마제국 쇠망사'는 300년에 걸친 서로마제국의 소멸과 그후 천 년 동안 더 존속한 동로마제국의 역사를 다루고 있습니다. 무려 1,400년에 이르는 로마제국 역사를 서술하고 있는 것이지요. 분량도 엄청나 원서는 여섯 권 한 질로 3,000페이지에 달합니다.

이 걸출한 저작은 국내에서도 완역되어 열 권으로 묶여 나왔습니다. 하지만 책은 선뜻 손에 잡히지 않습니다. 분량이 많기도 하지만 책의 만듦새가 너무 조악하기 때문이지요. 대안으로 고른 책이 이 손더스의 편집본입니다. 기번의 원서를 축약하긴 했지만 후반부인 동로마 부분을 줄거리만 간단히 언급한 대신 서로마 부분은 충실히 살렸기 때문에 부실하다는 느낌은 들지 않습니다.

기번은 '읽히는 소리'를 중시하며 글을 썼다고 합니다. '한 단락을 구상한 다음 읽어보며 귀로 음미해보고 기억에 저장해 마지막 손질을 하고 나서야 펜을 움직이는 식'이었던 겁니다. 그래서 그의 문장은 묵독을 하더라도 화려한 격조가 귀에 낭랑하게 울린다고 합니다. 이 책이 명저가 된 이유이기도 하지요.

하지만 영어와는 발음이 전혀 다른 한글로 번역된 이 책에서 기번이 의도한 격조 있는 소리를 기대하기는 어려울 것입니다. 다만 문장의 품격만은 번역문으로도 짐작할 수 있습니다.

이제, 이런 책도 읽어보는 건 어떨는지요

하드리아누스는 긴 생애를 통해 끊임없이 여행을 즐겼다. 그는 군인, 정치가, 학자 등 다방면에 걸쳐 재능을 가진 사람이었고 직무수행을 통해 자신의 호기심을 충족시켰다. 그는 계절과 풍토의 차이에 개의치 않고 모자도 쓰지 않은 채 도보로 눈 덮인 칼레도니아와 찌는 듯이 무더운 이집트의 사막을 행군했다.

마르그리트 유르스나르가 그린 우울한 하드리아누스에서 벗어나 호기심 가득한 여행가 황제의 강인한 모습이 그려지지 않습니까?

The Roads that led to Rome(Victor W. von Hagen, World, 1967)

독일 출신의 인종학자이자 고고사학자인 하겐은 1960년대 5년에 걸쳐 총연장 4만 8,000킬로미터에 달하는 로마가도를 주파하며 탐사활동을 벌였습니다. 팀원은 그를 포함해 여섯 명에 불과했습니다. 통과한 나라는 34개국이었으며 일행을 태운 지프는 눈 덮인 알프스를 넘고 북아프리카의 사막을 관통했습니다. 로마가도의 대부분이 한 사람 주도하에 조사된 것이지요. 이 책은 그 기록입니다.

가도만 다룬 것은 아닙니다. 가도로 연결된 도시들, 그 도시에 살던 사람들, 그 사람들이 살던 모습도 설명합니다. 로마 시대 여행가들의 기록도 군데군데 인용되어 있습니다. 그래서 이 한 권의 책으로도 로마의 지리와 역사가 대강 파악됩니다. 특별한 장점은 좋은 사진이 많다는 점입니다. 200장이 넘는 컬러와 흑백사진들이 큼직하게 편집되어 있습니다. 사진들은 글을 보완하고 설명해주는 수준에 머물지 않고 고급 정보를 담고 있습니다. 로마 대학 소속의 사진가 아돌포 토메우치의 사진들은 역사와 유적에 깊은 조예가 없으면 찍을 수 없는 것들입니다.

그런데 이 책은 미국 뉴욕의 지인이 헌책방에서 사다리를 오르내리며 찾아준 것입니다. 이 자리에서 추천하지만 구하려면 상당한 운이 따라야 할지도 모르겠습니다.

Route 66 A.D.(Tony Perrottet, Random House, 2002)

'프리마 포르타의 아우구스투스'가 카메라를 메고 있는 사진이 표지입니다. 가볍게 읽을 수 있는 여행기라는 인상을 주려고 한 것 같습니다. 실제로 글이 딱딱하지 않아 빠른 속도로 읽을 수 있습니다. 제목도 도로 번호처럼 붙이는 재치를 발휘했습니다.

하지만 결코 가벼운 읽을거리가 아닙니다. 저자는 로마에 대한 공부가 깊고 넓은 사람이라 전편에 걸쳐 고대의 사료들이 풍부하게 녹아 있습니다. 그런데 그런 것들이 흥미로운 일화 가득한 저자의 21세기 여행기에 실려 전달됩니다.

저자 토니는 호주 출신으로 『뉴욕 타임스』를 비롯한 신문과 잡지에 글을 써온 언론인입니다. 현재 사는 곳은 맨해튼이고요. 그는 도서관에서 고대 로마와 관련한 독서에 몰두하다가 이런 깨달음에 도달합니다.

'로마인은 거대한 원형경기장이나 가도만 남긴 것이 아니라 관광산업을 남겼다. 역사상 안전하고 편안한 세계여행을 처음으로 즐긴 민족이 바로 그들이다. 영국 귀족자제들이 근대에 벌인 그랜드 투어(Grand Tour)의 원조가 바로 로마인들의 동방여행이었다.'

그랬지요. 로마인들은 제국 전성기에 떼를 지어 동쪽으로 여행을 떠났습니다. 잃어버린 트로이, 아테네의 아크로폴리스, 로도스의 헬리오스 거상, 이집트의 피라미드를 거쳐 세계의 끝인 나일 강을 거슬러 올라갔습니다.

여행작가인 저자는 로마인들이 갔던 길을 그대로 따라갔습니다. 배낭에는 로마와 그리스인들이 남긴 여행기록이 가득했습니다. 동행은 임신한 여자친구입니다. 그러니 얼마나 재미있는 이야기가 펼쳐지겠습니까?

토니는 여행지 곳곳에서 배부른 여자친구에게 고대인이 바로 이 현장에서 어떻게 먹고 자며 여행했는지 이야기해줍니다. 그러면서 깨닫습니다. '형편없는 음식, 모자라는 숙소, 불친절한 가이드는 2천 년 전 그대로구나.' 『Route 66 A.D.』는 로마제국의 유적을 21세기에 둘러본다는 점에서 이 책과 스타일이 비슷합니다. 그래서 매우 재미있게 읽었습니다.

하나 거슬리는 것이 있다면 폼페이와 같이 사람들이 많이 모이는 관광지에서 저자를 불편하게 하는 사람들로 '한국인 단체관광객'이 두 번이나 등장한다는 사실입니다.

고대 로마의 일상생활(제롬 카르코피노 지음, 류재화 옮김, 우물이 있는 집, 2003)

저자는 고대 로마인의 일상생활사 분야에서 천재적인 연구자라는 평가를 받은 사람입니다. 이 책은 현대에 씌어진 거의 모든 로마 역사서에서 가장 핵심적인 참고 문헌으로 인용됐다고 합니다. 1939년에 처음 출판되어 오늘날에도 고대사를 공부하는 학생들이 필독서로 읽고 있으니 수명이 긴 편이지요.

이제, 이런 책도 읽어보는 건 어떨는지요

저자는 명확하게 한 시기를 정해놓고 그 틀에서 로마를 파악합니다. 로마 역사는 길게 보면 2천 년이 넘고, 서로마만 하더라도 1,200년이나 되니 그 긴 세월을 다 연구대상으로 하기는 힘들겠지요. 그는 네로 황제(54~68) 통치 초기부터 하드리아누스 황제(117~138) 시절까지의 로마를 분석대상으로 합니다. 제국의 힘과 번영이 절정에 달했던 시기입니다.

할리우드에서 만든 영화는 대부분 황실과 귀족들의 생활만 보여줍니다. 현대의 갑부들도 따라하기 힘들 정도로 화려하고 사치하지요. 하지만 그런 생활을 떠받치던 평민과 노예들이 뒷골목에서 어떻게 살았는지에 대해서는 잘 알려져 있지 않습니다. 이 책은 그런 것들을 조목조목 설명하고 있습니다.

공중화장실은 어떤 모습이었고 서민주택 난방은 어떻게 했을까? 로마인이 가장 중시했던 가구는 침대였는데 매트리스는 무엇으로 만들었을까? 그들은 무엇을 어떻게 먹고 살았는가? 검투사 경기가 성행했다는 것은 아는데 경기에는 어떤 종목이 있었고 순서는 어떻게 진행되었는가? 이런 것들이 궁금하다면 이 책을 읽어보면 됩니다.

The battle that stopped Rome(Peter S. Wells, Norton, 2003)

서양 역사의 흐름을 바꿔버린 서기 9년 게르마니아 숲속의 전투를 분석한 책입니다. 미국 미네소타 대학의 인류학 교수인 저자는 '바루스 전투'의 최근까지의 발굴조사 결과를 바탕으로 전투 전야, 전투 개시와 진행과정, 결과, 역사적 의미, 유적 분석 등을 내용으로 하는 단행본을 냈습니다.

이런 종류의 글은 따분하기 짝이 없는 논문투가 되기 쉽지만 이 책은 너무나 재미있게 읽힙니다. 판형도 크지 않고 분량도 그리 많지 않으며 영어 문장도 쉬운 편입니다. 저자는 고고학적 설명을 해야 하는 부분에서는 인류학 전공자답게 전문적인 분석을 펼치지만, 전투상황은 전쟁소설처럼 박진감 넘치는 문장으로 복원시키고 있습니다. 상상력 부족하고 글 솜씨 없는 학자라면 시도하기 어려운 형식이지요.

사실 2천 년 전에 숲속에서 전투가 어떻게 벌어졌는지 정확히 아는 것은 불가능합니다. 발굴되는 유골의 상태나 자세를 보고 어떻게 죽었는지 추측하고, 유골이 여러 구 뭉쳐 있으면 그 현장에서 저항하다 몰살했을 것이라고 짐작하는 정도지요. 하지만 발굴결과를 면밀히 검토하고 빈 공간을 메우며 상상력을 발휘하면 고대의 전투를 동영상처럼 복원하는 것도 전혀 불가능한 일은 아닐 것입니다.

> 게르만군이 투창으로 일제공격을 개시한 지 10초도 안 돼 로마군 행군대열은 혼란에 빠져버렸다. 공격에 노출된 병사들이 날아드는 창을 피하기 위해 행군을 멈춰버렸기 때문이다. 행렬의 후미에 있던 병사들은 앞쪽에서 무슨 일이 발생했는지 몰라 계속 앞으로 전진했다. 고속도로에서의 연쇄충돌과 같이 로마군 병사들은 겹겹이 쌓이며 넘어졌다. 그런 중에도 게르만군의 철제 창은 한 덩어리로 뭉쳐 저항도 하지 못하는 로마군 병사들에게 쉼 없이 날아들었다.

저자의 전투상황 재현입니다. 좀더 밀도 있는 이야기를 쓰기 위해 불명확한 부분은 자신의 판단으로 채워넣었다고 합니다. 덕분에 독자는 실제상황에 근접한 고대의 전투를 손에 땀을 쥐고 지켜볼 수 있습니다.

서양건축사 1-땅과 인간·2-기독교와 인간(임석재 지음, 북하우스, 2003)

임석재 이화여대 교수가 저술한 서양건축사 전체 5권 중 1, 2권입니다. 두 권을 합하면 1,000페이지에 달하는 방대한 분량입니다. 건축학도나 볼 만한 이런 책을 읽은 것은 건축이 대부분을 차지하는 로마 유적을 이해하려면 서양건축의 뿌리와 흐름을 알아야 하기 때문입니다. 신화를 모르면 유럽 미술관에서 까막눈이 되듯 건축사를 모르면 고대 유적은 돌무더기일 뿐입니다.

다행히 책은 텍스트로만 빡빡하지 않습니다. 저자가 직접 촬영한 수많은 컬러 사진과 그림으로 가득합니다. 그래서 빠른 속도로 읽을 수 있습니다. 이 책을 읽고 나니 아테네의 파르테논 신전이 어떤 변화를 거쳐 남프랑스의 메종 카레가 되었는지 파악되더군요.

텍스트도 공학적 차원에만 머물지 않습니다. 건축을 창조한 시대와 사람들의 생각도 이야기합니다. 저자는 1세기 중반의 로마를 이렇게 진단합니다.

> 당시 로마 사회는 자정능력을 갖고 있었다. 사회가 하나의 체제로 작동하기 시작했음을 의미한다. 황제 개인에 의해 좌우되는 내용은 많지 않았다. 제국에는 이제 너무 많은 사람들의 이익이 걸려 있었다. 독재와 폭력으로 통치하는 황제

에게는 암살이라는 극단적이고 가차 없는 징벌이 이루어졌다.

로마의 건축이 개인적 성격을 넘어 공공성을 띠기 시작한다는 설명에서 나오는 이야기입니다.

세계문명기행, 유럽문화기행 1·2(위치우위 지음, 유소영·심규호 옮김, 미래M&B, 1999, 2001)

저자 위치우위(余秋雨)는 중국 상하이 희극학원 원장과 자오퉁 대학·화둥 사범대학의 교수입니다. 역사관련 저서가 많고 예술이론에도 조예가 깊은 분이지요. 최근 수필이나 기행문을 많이 발표하는데 글이 가볍지 않고 역사와 예술·문학에 대한 견해가 광범위하게 녹아 있어 지식인들 사이에 훌륭한 읽을거리가 되고 있습니다.

그의 작품은 발표될 때마다 수십만 권이 팔립니다. 하지만 그때마다 수십 종의 해적판이 나돌아 실제로 그의 글을 읽는 사람은 수백만에 달한다고 합니다. 중국은 자동차까지 가짜를 만드는 나라니 인기작가의 책을 복사하는 정도는 식은 죽 먹기겠지요.

책을 읽다보면 공간과 시대를 넘나드는 광범위한 지식에 놀라고 장중한 문체에 감탄합니다. 로마 도심 포로 로마노의 원로원 폐허를 거닐던 그는 공화주의자들의 칼에 찔려 죽은 독재관 카이사르를 생각하며 이렇게 이야기합니다.

> 영웅들이 만들어내는 세계, 거듭되는 흥망성쇠는 그 한계를 알 수 없다. 그 숱한 대지에 흩어지는 그들의 강인한 생명력은 상상을 초월하는 거대한 역량인 것이다. 그러나 방종의 결과는 수렴이며, 사방으로 흩어진 생명력의 대가는 복종일 수밖에 없다. 카이사르라고 해서 예외가 될 수는 없었다. 그는 죽음으로써 철저하게 수렴과 복종을 완성했다.

'일본 여성'과 '중국 남성'의 문체를 비교해보는 재미도 있습니다.

일리아스(호메로스 지음, 천병희 옮김, 단국대출판부, 2001)

우리들이 안다고, 또는 읽었다고 착각하는 대표적인 책 중의 하나가 바로 『일리아스』입니다. 착각하는 이유가 무엇일까요? 중학교 세계사 시간에 책 제목과 저자를 달달 외웠고, 영화나 드라마를 통해 내용의 대강을 알기 때문입니다. 아킬레우스를 연기한 브래드 피트가 매끈하고 섹시한 허벅지 근육으로 세상 여성들의 가슴을 두근거리게 한 영화 『트로이』도 호메로스에게 저작권료를 지급해야 할 영화입니다.

이 책을 소개하는 것은 그리스어 원전을 번역한 천병희 교수께 경의를 표하고 싶은 뜻도 있습니다. 천 교수는 이 책 외에도 수많은 그리스어와 라틴어 원전을 한글로 번역한 분입니다. 상당수 서양고전 번역서들이 영어 또는 일어판을 텍스트로 삼은 것과 대조되지요. 선생은 이 책을 1982년에 처음 번역한 이래 1996년과 2001년에 다시 다듬어 완성도를 높이는 노력을 아끼지 않았습니다.

『일리아스』는 서사시, 즉 이야기 시입니다. 일정하게 반복되는 장단의 틀에 맞춰 쓴 글이라는 말입니다. 천 교수의 이 책은 원래의 운문을 그대로 번역해 행(行)이 살아 있고 본문 옆에는 행의 수까지 표기되어 있습니다. 산문에 익숙한 독자에게는 어색한 느낌을 줄 수도 있겠지만 발음해서 읽어보면 고대 시의 율(律)을 즐길 수 있습니다. 이런 편집은 번역자나 편집자가 원전 내용의 일부를 임의로 삭제하지 않았다는 증거이기도 합니다.

영화로도 트로이 전쟁의 모습을 알 수는 있습니다. 하지만 문학에는 영화가 도저히 표현하지 못하는 향기가 있습니다. 날이 밝는 것을 호메로스는 이렇게 표현했습니다. "사프란 빛 옷을 입은 새벽이 온 대지 위에 퍼졌을 때." 해가 지는 정경은 이렇습니다. "찬란한 햇빛은 오케아노스로 잠기며 곡식을 가져다주는 대지 위로 어두운 밤을 끌어당겼다."

영화는 사람과 어울리는 신(神)도 연출하기 어렵습니다. '미스 그리스 선발대회'에 참가했던 아프로디테와 아테나 헤라가 등장해 각각 트로이와 그리스 전사들을 응원하는 것을 영화에서 어떻게 표현해내겠습니까?

이상이 제가 추천하고 싶은 책들입니다. 영어원서가 세 권이나 되는 것이 마음에 걸리기는 하지만 모두 좋은 책들이고 문장이 그리 어렵지 않아 소개했습니다. 특별한 사정이 없는 한 세 권 다 한글로 번역되기는 힘들 것입니다. 불편을 감수할 수밖에 없습니다.

아래에 소개하는 책들 역시 이 책을 쓰는 데 많은 참고가 되었습니다. '추천목록'에 포함되지 않은 것은 너무나 중요해 당연히 읽어야 하거나, 로마와 직접적인 관련이 없거나, 반드시 읽지는 않아도 되는 책들이기 때문입니다. 하지만 이 글이 '참고문헌'을 대신하고 있고 본문에서 인용 사실을 표기하지 않았기 때문에 이 자리에서 밝혀 둡니다.

이제, 이런 책도 읽어보는 건 어떨는지요

카이사르의 '갈리아 전기'는 두 가지를 참고했습니다. 갈리아 전기(박광순 옮김, 범우사, 1990)와 갈리아 전쟁기(김한영 옮김, 사이, 2005)입니다. 번역은 큰 차이가 없어보입니다. 다만 후자가 거리단위를 미터·킬로미터로 환산해 이해하기 편하며 그림자료도 풍부합니다. 카이사르가 라인 강에 가설한 다리 그림도 큼직하게 실려 있습니다. 카이사르의 내전기도 김한영 번역본으로 읽었습니다.

카이사르(한스 오퍼만 지음, 안미현 옮김, 한길사, 1997) 독일 문헌학자가 쓴 카이사르 전기입니다. 옮긴이는 이 책을 이렇게 평가합니다. "흥미진진한 전개를 통해 독자를 사로잡는 재주는 없지만 묵묵히 주어진 사실을 기록하는 문헌학자의 성실함과 신중함이 눈에 들어온다."

스키피오 상·하(로스 레키 지음, 이창식·고형지 옮김, 세종서적, 2004), 한니발(로스 레키 지음, 이창식·정경옥 옮김, 세종서적, 2004) 하나의 전쟁을 다른 사람의 관점에서 쓴 책들입니다. 즉 스키피오와 한니발이 각각 치른 제2차 포에니 전쟁이 내용입니다. 문장은 역사적 사실을 꼬치꼬치 따지기보다 영화 대본으로 쓰면 좋겠다 싶을 정도로 감각적이고 묘사적입니다. 칸나에 전투에서 로마군을 살육하는 한니발을 이렇게 묘사합니다. "내 칼이 예리하게 적의 배를 비집고 들어갈 때의 부드러운 느낌을 사랑한다. 단검이 목을 순식간에 잘라버리는 감촉도 사랑한다."

로마문학기행(마리온 기벨 지음, 박종대 옮김, 백의, 2001) 고대 로마 문학가들의 작품현장을 둘러보는 글입니다. 로마 사람들의 생각, 그때의 사건과 정치, 도시생활의 애환이 생생하게 전해집니다. 도시생활에 지친 풍자시인 유베날리스가 읊은 로마제국 수도의 모습을 볼까요? "어떤 다른 초라한 곳에 둥지를 튼다 하더라도 여기 이 대도시의 거친 세계에서 사는 것보다는 낫지 않겠소. 곳곳에 위험이 도사리고 있고, 언제 집이 내려앉을 지도, 언제 불이 날지도 모르는 곳……."

로마전쟁 영웅사(아드리안 골즈워디 지음, 강유리 옮김, 말글빛냄, 2005) 역사적인 전투에서 로마를 승리로 이끌었던 영웅들의 이야기입니다. 스키피오·폼페이우스·카이사르·트라야누스 등이 주인공입니다.

명상록(마르쿠스 아우렐리우스 지음, 유동범 옮김, 인디북, 2003) 너무나 유명해 소개가 필요 없겠습니다만 중간쯤을 펼쳐보니 이런 구절이 눈에 띄는군요. "죽음이란, 이 세상을 구성하는 모든 사물의 원자에로의 분해이다." 철학적이고 과학적인 말이지만 저자가 유능한 야전사령관이 아니었던 것만은 분명한 것 같습니다.

오디세이아(호메로스 지음, 유영 옮김, 범우사, 2003) 역시 안 읽어도 내용만은 훤한 책입니다. 유영 교수가 번역한 이 책은 산문형태라 소설처럼 편히 읽을 수 있지만 원래의 운문에 표기되어 있는 행(行)수는 없습니다.

영원한 문화도시 아테네(김봉철 지음, 청년사, 2002) 아테네 대학교에서 역사고고학을 수학한 저자가 한국인 여행자들이 그리스의 박물관이나 유적에서 제대로 된 안내서 없이 멀뚱거리는 모습이 보기 안타까워서 쓴 책입니다. 하지만 내용은 단순한 안내서를 훨씬 뛰어 넘습니다. 아크로폴리스에 올라갔을 때 이 책을 들고 열심히 파르테논을 공부하는 한국 대학생을 만나기도 했습니다.

이윤기의 그리스 로마 신화 1·2(이윤기 지음, 웅진, 2002) 베스트셀러가 되면서 우리나라에 그리스 신화 선풍을 일으킨 책입니다. 신화를 테마별로 간추려 쉽고 재미있게 풀어썼고, 사진과 그림을 많이 실어 빠른 속도로 읽을 수 있습니다.

이윤기, 그리스에 길을 묻다(이윤기 지음, 해냄, 2003) 그리스의 신화·철학·역사가 우리에게 어떤 영향을 주고 있는지 설명합니다. 현재 몽골 사람들이 쓰는 문자가 러시아를 거쳐서 간 그리스 문자라고 합니다.

고대 그리스(푸리오 두란노 지음, 노혜숙 옮김, 생각의 나무, 2003), 고대 로마(안나 마리아 리베라타·파비오 부르봉 지음, 김숙 옮김, 생각의 나무, 2003) 이탈리아 출판사가 낸 고대문명 시리즈를 국내에서 번역, 출판했습니다. 한 손으로 들기도 힘들 만큼 묵직하고 판형도 큽니다. 가격도 만만찮고요(각권 9만 5,000원). 하지만 책에는 지금까지 보지 못했던 양질의 사진과 그래픽이 가득합니다. 워낙 넓어 지상에서는 규모가 잘 파악되지 않는 하드리아누스의 티볼리 별장 항공사진, 아테네 아크로폴리스를 정교하게 복원한 그림 등이 대형으로 실려 있습니다.

콘스탄티노플 함락, 로도스 섬 공방전, 레판토 해전(시오노 나나미 지음, 최은석 옮김, 한길사, 1998) 이슬람 세력의 서진(西進)과 이에 맞서는 유럽 기독교 세력간에 벌어진 전쟁을 소재로 한 전쟁 3부작입니다. 노도처럼 밀려들던 이슬람의 파도가 레판토 해전으로 멈추는 역사가 영화처럼 펼쳐집니다. 사료를 참고해서 쓴 글이지만 빈 공간은 소설적 상상력으로 메워져 있습니다.

그리스인 조르바(니코스 카잔차키스 지음, 이윤기 옮김, 열린책들, 2000) 그리스의 자연과 정서

이제, 이런 책도 읽어보는 건 어떨는지요

를 알고 싶어 읽은 책입니다. 놀라운 것은 원래 한글로 씌어진 글처럼 번역이 좋다는 점입니다. 역자는 이 작품을 1980년도에 처음 번역하고 20년 만에 개역을 했는데 다시 보니 '낯 뜨거운' 대목이 많았다고 합니다. 결과적으로 결점이 거의 없는 책으로 다시 태어났겠지요.

먼 북소리(무라카미 하루키 지음, 김난주 옮김, 중앙엠엔비, 1997) 저자는 최근에는 노벨 문학상 후보로까지 거론되고 있습니다. 그는 『상실의 시대』 같은 대표작들을 에게 해의 조그만 섬들과 로마의 아파트를 오가며 썼습니다. 이 책은 그런 곳에서 살고, 글 쓰고, 먹고, 여행한 기록입니다. 거창한 목표 없이, 마음속의 '북소리'가 이끄는 대로 떠도는 여행이 건조한 듯하면서도 감칠맛 나는 문장으로 이어집니다.

첼리스트 카잘스, 나의 기쁨과 슬픔(앨버트 칸 지음, 김병화 옮김, 한길아트, 2003) 제가 읽었던 책은 같은 내용이기는 하지만 음악잡지 『객석』의 부록으로 나온 비매품이었습니다. 첼로 연주자 이전에 위대한 정신의 소유자였던 파블로 카잘스의 전기입니다. 저자는 수년 동안 여러 차례 카잘스를 인터뷰해 자서전 형식으로 글을 썼습니다. 같은 책이 다시 번역되어 발매되었더군요. 제가 읽은 책은 구하기 어려울 듯해서 구할 수 있는 책으로 소개합니다.

50년간의 유럽여행(잔 모리스 지음, 박유안 옮김, 바람구두, 2004) 저자는 원래 남자로 태어났지만 성전환해 현재는 할머니로 살고 있는 웨일즈 출신입니다. 『더 타임즈』의 기자 생활도 했습니다. 유럽을 50년간 여행했다는 것은 저자가 유럽 본토박이라는 것이겠지요. 유럽 역사의 구석구석이 위트 넘치는 설명으로 500페이지 넘게 이어집니다. 표현은 이런 식입니다. "예전의 샤를마뉴의 제국처럼 히틀러의 제국도 천 년 동안 지속되도록 예정된 것이었지만, 다행히도 12년 만에 사라졌다."

이 한 장의 명반(안동림 지음, 현암사, 1991) 우리나라에서 나온 최초의 본격적 클래식 음반 해설서입니다. 마니아들의 찬사를 받으며 3권까지 나왔는데 현재는 한 권으로 묶여 나오고 있습니다. 음반 선택이나 곡목 해설에 있어서 지금도 전혀 빛이 바래지 않았다고 생각합니다.

고딕 성당(데이비드 맥컬레이 지음, 하유진 옮김, 한길사, 2003) 고딕 성당을 언급해야 하는 상황에서 가장 쉽고 빠르게 볼 수 있는 참고서적을 찾다가 발견한 책입니다. 그런데 이 책에 매혹되어 여러 번 들춰보게 됐습니다. 성당의 건축과정이 큼직한 펜화로 설명되기 때문에 일독하는 데 한 시간이면 충분합니다. 하지만 그림 한 장 한 장이 작품이라 감상하듯이 오래 들여다보게 됩니다.

Atlas of the Roman World(Cornell & Matthews, Facts on File, 1982) 로마에 대한 광범위한 자료를 망라한 사전과 같은 책입니다. 무엇보다 큰 도움이 되었던 것은 로마제국의 속주별 지도입니다. 지도들에는 로마 가도가 상세히 그려져 있고 도시 명칭이 고대와 현대 두 가지로 병기되어 있습니다.

National Geographic 세계 최고의 교양잡지입니다. 지리와 역사·자연·문명 등에 대한 최고의 기사와 사진을 싣습니다. 부록으로 지도를 제공하는데 이 역시 다른 곳에서는 구할 수 없는 일급 자료입니다. 지도제작 부서를 따로 두고 있을 정도니까요. 독서를 하는 내내 이 잡지의 부록으로 나온 대형 로마제국 지도를 펼쳐놓고 봤습니다. 한 장에 로마제국 역사를 모두 담고 있다고 해도 과언이 아닐 정도로 충실한 지도입니다. 정기구독한 잡지의 로마 관련 기사도 큰 도움이 됐습니다.

이상이 로마제국 여행을 하고 이 책을 쓰는 동안 읽고 참고한 책들입니다. 본문에 일일이 표기하지 않은 것은 논문도 아닌 바에야 독자들이 속도감 있게 읽을 수 있도록 하기 위해서입니다.

책을 마무리하며 바라는 바가 있습니다. 많은 분들이 배낭을 꾸려 용감하게 여행을 떠났으면 하는 것입니다. 영국의 하드리아누스 성벽에서는 대만 청년을 만났고, 에스파냐 이탈리카의 원형경기장에서는 뚱뚱한 독일 아주머니들을 만났습니다. 주제가 있는 여행, 인문과 예술이 있는 여행은 개인을 살찌우고 나라를 선진국으로 만든다고 생각합니다. 당장 여행을 떠나기 어려우시다면 소개한 책 중 하나를 골라 읽으며 다음을 기약하면 되겠지요. 사실 책 속으로 떠나는 여행이 격조로는 최고입니다.

이제, 이런 책도 읽어보는 건 어떨는지요